现代经济管理学新视野研究丛书

国家自然科学基金青年项目"中国微观企业的行为变异及其宏观经济效应：经济扭曲视角的识别与测算"（71903059）资助出版

政策干预、资源配置与宏观经济效率

——基于中国工业企业的估算

张天华 著

 WUHAN UNIVERSITY PRESS

武汉大学出版社

图书在版编目(CIP)数据

政策干预、资源配置与宏观经济效率:基于中国工业企业的估算/
张天华著.—武汉:武汉大学出版社,2020.12
现代经济管理学新视野研究丛书
ISBN 978-7-307-22069-0

Ⅰ.政…　Ⅱ.张…　Ⅲ. 工业企业—经济效率—研究—中国
Ⅳ.F426

中国版本图书馆 CIP 数据核字(2020)第 272880 号

责任编辑:詹　蜜　黄河清　　　责任校对:汪欣怡　　　版式设计:韩闻锦

出版发行:**武汉大学出版社**　　(430072　武昌　珞珈山)
　　　　　(电子邮箱:cbs22@whu.edu.cn 网址:www.wdp.com.cn)
印刷:武汉中科兴业印务有限公司
开本:720×1000　　1/16　　印张:25　　字数:355 千字　　插页:2
版次:2020 年 12 月第 1 版　　　2020 年 12 月第 1 次印刷
ISBN 978-7-307-22069-0　　　定价:75.00 元

前　言

本书借鉴近年来在发展经济学中兴起的从微观企业资源配置角度分析宏观经济表现的研究路径，以 1998—2007 年的中国工业企业为样本，在纠正企业投入产出指标的测算偏差基础上，基于行政审批、开发区和交通基础设施建设为代表的三类典型政策干预，从静态和动态两方面考察政策干预所导致的宏观经济效应，并深入分析了其中的作用机制。静态方面，我们首先利用计量回归方法，识别出政策干预导致的投入要素在企业间配置效率的变化，进而估计出这些变化所带来的宏观经济效应；动态方面，我们在总量生产率增长分解框架下，通过对比不同类型企业对总量生产率增长的边际贡献的差异，识别出政策干预在企业演进过程中造成的摩擦，进而估算出政策干预通过企业的动态演进所造成的宏观经济效应，提供了一个观测政策干预影响宏观经济的全新视角。

对于行政审批中心的资源配置效应的研究发现：（1）行政审批中心设立对企业资源配置效率的影响取决于企业的要素投入状况，在要素投入过度的企业中，行政审批中心的设立恶化了企业要素投入状况，企业资本和劳动要素的边际成本和边际收益缺口分别上升 2.41% 和 105.7%；在要素投入不足的企业中，行政审批中心的设立缓解了企业要素投入扭曲，企业资本和劳动要素的边际成本和边际收益缺口分别下降 0.004% 和 2.33%。（2）总体上，行政审批中心通过影响微观企业资源配置效率促进了宏观经济效率的提升。具体来看，通过影响资本和劳动要素投入对总量生产率的影响分别为 0.35%

和-0.83%。综合起来,行政审批中心设立在 1998—2007 年对总量生产率年均提升幅度为 0.95%。(3)设立行政审批中心对资源配置效率的影响具有较强异质性,高层级城市、西部地区、私营企业和港澳台企业从设立行政审批中心获得的总量生产率提升幅度更大。(4)行政审批改革能够提升企业进入与退出的概率,并且促进在位企业全要素生产率以及市场份额的变动。这表明行政审批改革在微观层面上可通过构建竞争有序的市场环境、降低制度性交易成本的方式,对企业的演化产生积极的效果。(5)在行政审批改革的背景下,与非国有企业相比,国有企业进入和退出市场的概率更高,但其全要素生产率的提升效果不显著,且市场份额变动趋缓。虽然优胜劣汰的效果得到了充分的体现,但这表明政府对于国企仍可能存在政策性倾斜。(6)在宏观层面上,行政审批改革对于宏观经济效率的提升具有积极作用,但由于受到进入和资源再配置的负效应影响,致使提升空间相对有限。这在分所有制和分地区的讨论中进行了更为深入的补充说明。

对于设立开发区的资源配置效应的研究发现:(1)开发区的设立会对企业资源配置效率产生显著影响。设立开发区的区县,企业资本投入不足的情况得到缓解,资本投入的边际收益和边际成本缺口下降 4.25%;但开发区的设立使企业劳动过度投入的情况更加严重,劳动投入的边际成本和边际收益缺口上升 0.53%;综合来看,开发区的设立使得企业实际规模和理想最优规模的差异下降 46.87%,改善了企业资源配置效率。(2)开发区通过企业资源配置改善了宏观经济效率。从单一投入要素来看,通过影响资本和劳动投入效率带来的总量经济效应分别为 1.5% 和-1.24%。综合二者的影响,开发区使总量生产率年均提升 1.52%。总量生产率的提升与开发区优化要素配置产生的企业规模效应有关,扭曲的矫正提升了企业平均规模,并使得企业规模得以优化。(3)开发区的资源配置效应有很强的异质性,中西部地区、低层级城市、国有企业从设立开发区中获得的总量生产率提升幅度更大。(4)基本结果和稳健性检验的结果共同表明,开发区设立在总体上提高了企业进入的概率,同时降低了企业退出的风险,但对企业全要素生产率的影响不稳定。(5)宏观层面上,开发区通过企业的资源再配置效应对经济效率增长的贡献最大,但通过企业进入、退出和自身成长的环节对总体效率增长的作用并不显著。

对于交通基础设施建设的资源配置效应的研究发现:(1)高速公路建设可以矫正中间投入扭曲和劳动投入扭曲。稳健性分析表明,企业距离高速公路越近,则中间投入扭曲和劳动投入扭曲会得到改善,而资本投入扭曲会加剧,说明交通基础设施主要通过改善中间投入扭曲和劳动投入扭曲来促进经济增长。(2)进一步分析发现,高速公路建设通过优化资源配置和提高企业平均规模实现了总量生产率的进步,样本期平均高达 13.23%。而且高速公路建设通过矫正劳动投入扭曲提升的总量生产率水平(9.80%)是矫正劳动投入扭曲(4.39%)的两倍多。(3)中国高速公路建设对总量生产率的增进效应呈现一个逐年递减的态势,说明整体上高速公路建设逐步趋于饱和。(4)资源优化配置效应和总量生产率提升效应都有很强的异质性。中西部地区的总量生产率提升效应大于东部。私营企业和股份制企业的总量生产率提升效应最大。中小城市的提升效应大于大城市。轻工业和资本密集型的提升效应分别大于重工业和劳动密集型。说明今后我国应该加大对中西部和中小城市的高速公路建设。(5)修建高速公路之后,区域内存活企业生产率提升、进入概率增加、退出概率减少且平均市场份额下降。(6)生产率增长分解的结果表明,高速公路建设主要通过提升企业生产效率的途径影响区域经济效率,但通过企业资源配置、企业进入和退出等其他三种机制反而产生了负面作用,这一现象可视作资源配置效率恶化的表现。进一步的研究发现,国有企业在高速公路建设中受益更多,这可能是导致上述现象出现的重要原因。

本书的研究对于认识政府干预对宏观经济的影响提供了重要的启示。公平的市场环境下,投入要素的配置使资源得到更为合理的利用,各个生产主体才能够发挥出最大的潜力,从而使经济达到潜在的有效水平。因此,政府营造公平与良好的市场环境,对于提高经济运行效率、促进宏观经济平稳运行,具有重要意义。另外,经济资源通过企业演化渠道在生产主体间的流动也对经济运行效率的提高至关重要，为此，政府应该采取适当政策促进市场的竞争，保证资源能够在企业间进行合理的动态分配，这也是有效提升经济运行效率、促进经济健康发展的重要手段。

目 录

第1章 导　　论

在同一市场中竞争角逐的不同性质企业面临着截然不同的外部环境，将导致企业之间资源配置出现严重的失衡，这些严重背离市场的失衡将对宏观经济表现产生什么影响？在传统的经济增长研究中，学者们从储蓄率、技术进步甚至文化背景等方面解释一个国家的宏观经济表现，但都未能提供一个令人满意的答案。近年来，随着各个国家对微观企业数据的收集与发布，人们开始从投入要素在微观企业之间配置的角度重新审视这一问题。其中，对资源在微观企业间配置的影响因素进行识别，测算这些因素造成的宏观经济效率损失，是当前发展经济学研究的热点之一。借鉴这一研究思路，本书以测算政策干预产生的经济效率损失为主题，估算由于政府的政策干预对中国宏观经济产生的影响。

1.1　研究背景

政府对经济干预，导致微观企业面临的政策环境差异较大，成为影响宏观经济绩效的重要因素。因此，从微观企业角度研究宏观经济的表现，是探索中国经济问题非常适宜的研究路径。对于政府干预对经济效率的影响，学界一直存在着激烈的争论，双方的分歧典型地反映了新古典经济学与结构主义经济学两种学术思想的差异。新古典经济学以市场经济为背景，强调在市场均衡的模式中寻找经济运行的均衡点和财富积累的方式，认为对市场运行的任何扰动都将使经济偏离最优状态；结构主义则基于落后国家工业化的道路选择，认为发展中国家应该集中资源发展约束经济增长的瓶颈部门，从而实现经济发展对工业化国家的赶超。可以看出，二者对政府在经济运行中作用的认识截然不同。

在奉行赶超战略的发展中国家中，企业是政府干预经济的重要渠道，不同企业面临的外部政策环境截然不同。外部环境的差异将从两个方面影响企业产出：首先，企业的正常演进过程受到干扰，生产要素无法合理流动，大量生产资源处于低效利用状态；其次，企业所面临的投入要素价格出现差异，生产要素在企业间的配置不合理，导致产出偏离最优水平。这些因素都将导致宏观经济效率受到影响，明确政策干预影响宏观经济的机制，准确测算其对宏观经济造成的影响，是正确认识政策干预在经济运行中所扮演的角色、公允评价政策干预效果的基础。从微观企业角度测算政策的宏观效应，理论机制比较明确，所得到的结果准确度较高，因此，这一研究路径在当前的经济学研究中得到了广泛的应用。

企业面临的政策干预环境变化导致经济效率受到影响的上述两种机制可被概括为动态和静态渠道。对于第一种渠道，在经济发展的过程中，企业进入退出市场的动态演化是推动经济增长的重要动力。政府的政策干预环境变化使准备进入市场的潜在企业中，低效企业进入市场，高效企业无法进入市场，从企业进入环节造成了第一重宏观经济效率影响；在企业进入市场之后，政策干预环境变化导致效率较高的企业市场份额较低，效率较低的企业市场份额较高，导致企业演进中的第二重宏观经济效率影响；最后，在市场对低效企业的淘汰环节中，一些低效企业无法被顺利排除出市场，在市场容量有限的情况下，效率较高的企业被迫退出市场，从而导致第三重宏观经济效率影响。在理想情况下，各类企业在动态演进的各个环节对宏观经济效率增长的边际贡献应该趋于一致。不同类型企业对宏观经济增长的边际贡献出现差异，意味着微观企业对总量经济增长的推动潜力并没有完全发挥，宏观经济中存在潜在的效率损失。在以往的研究中,人们往往注重政策干预对企业产生的显性不平等和由此带来的宏观经济效应,忽略了政策干预通过企业的动态演进对经济产生的潜在影响。

对于第二种渠道,在经济处于稳态条件下,投入要素在企业间的配置状况不同,总产出将会出现非常大的差异。一般来说,每个企业的要素使用量达到边际收益与平均成本相等时,企业的生产能力得到合理利用,经济体的资源配置处于最优状态,总产出达到最高的潜在产出水平。在现实生活中,存在着非常多的外部干预因素,导致企业投入要素的平均成本偏离其边际收益,出现一些被称为"楔子"的要素配置问题。这些要素配置扭曲导致一些企业的要素投入过多,另一些企业的要素投入过少,实际产出远低于潜在产出水平。

目前,有大量的文献对这些投入要素问题造成的宏观经济效率损失进行分析。然而,导致投入要素配置问题的因素除了政府的政策干预以外,还包括文化、区位等自然性因素,政策性因素与自然性因素交织混杂在一起,共同导致了宏观经济产出效率降低。

将政策干预的影响进行分离,进而分析其宏观经济效应,是明确政府干预对微观企业影响机制的基础。政府的政策干预对总体经济带来了多大程度的影响?进一步,政府的政策干预如何通过影响微观企业行为进而产生宏观经济效应?在消除了政府政策性干预之后,企业规模会发生何种变化?市场化改革以来,政府通过干预企业产生的资源配置效应是降低还是升高?在近些年出现了国进民退争论的背景下,明晰这些问题,对于我们更深入地理解政府干预对经济造成的影响,具有重要的理论与现实意义,也构成了本书的选题背景与选题基础。

1.2 研究意义

如何对有限资源进行合理配置是经济学研究的永恒主题。经济资源在经济参与主体之间的配置具有不同配置主体和实现形式，传统上，配置资源的两大主体分别为政府和市场。虽然亚当·斯密在《国富论》中重点强调了市场这只"看不见的手"在经济中的作用，但人们历来对市场配置资源的效率抱有疑虑心态。尤其是一些急于发展经济的欠发达国家，往往对于市场配置资源机制下的经济增长速度失去耐心，大量采取政府干预模式，试图通过人为集聚经济资源，突破经济发展瓶颈，实现对发达国家的赶超。

因此，我们感兴趣的问题是，政府的政策干预到底造成了多少总量产出效应？这些效应通过何种机制与渠道实现？测算出政策干预所带来的成本，明确政策干预影响宏观经济效率的机制与渠道，对于更为合理地制定相关政策，改善政府干预对经济的影响，都具有重要的参考价值。

对于微观企业资源配置效率所带来的经济损失的研究，大量文献在稳态经济设定下，测算经济体中要素投入扭曲产生的经济效率损失，忽略了这些因素通过对经济资源动态配置过程产生的摩擦对宏观经济的影响，成为微观企业资源配置的宏观效应测算研究一大缺憾。即使少量从动态角度测算资源配置的经济效率损失的文献，也都在比较严格的理论假设下，对扭曲的经济效应进行模拟分析，由于模拟分析的前提假定一般都比较严格，估计结果的可靠性值得怀疑。因此，利用基于实际数据的经济核算方法，测算政策干预通过企业动态演进过程产生的经济效率损失，是现有理论与实证研究的有益补充。

中国经济处于转型当中，经济存在大量干预性政策。虽然有一些文献对中国的经济运行效率进行测算，但目前为止，还没有研究单独观测微观企业所面临的政策干预对宏观经济影响。将政策干预的影响进行分离，测算其带来的宏观经济效应，对于我们正确认识政府干预在经济中的角色、把握中国市场化改革的发展进程，具有重要意义。

另外，从微观到宏观的研究路径需要以准确的微观企业数据为基础，研究者在实证方面将面临着诸多挑战，其中首当其冲的便是微观企业投入、产出以及生产效率等变量的准确测算问题。这一问题在处于转型中的中国企业中表现得尤为严重：中国企业的异质性非常明显，不同类型企业成立时间的分布差异较大，导致一些变量对真实值偏离较为严重，极大地影响到这些变量的准确性。因此，本书在测算政策干预的宏观效应之前对微观企业基础变量进行了调整，并试图分析企业生产效率估算中实证因素的影响。这些分析对基于中国微观企业的实证研究具有重要意义，不仅确保了本书研究结果的稳健性，而且对于后续基于中国微观工业企业的实证研究，也具有重要的参考价值。

1.3 基本概念

1.3.1 政策干预

政策干预是本书研究中的重要概念，必须清晰界定其基本内涵，才能准确把握本书的研究主题。由于本书从微观企业角度观测扭曲对总量经济的影响，因此文中所关注的政策干预主要集中在三个方面：行政审批制度、开发区制度以及交通基础设施的设立。

1.3.2 资源配置

政策干预主要通过影响资源在企业间的配置影响宏观经济的效率，因此有必要对资源配置这一概念进行简要界定。经济学中的资源配置指对相对稀缺的资源在各种不同用途上加以比较做出的选择。在社会经济发展的各个阶段，相对于人们的需求，资源总是表现出相对的稀缺性，因此，需要对有限的资源进行合理配置，从而用最少的资源，生产出最佳的商品和劳务，获取最大收益。资源配置是否合理，对一个经济体的经济发展有着极其重要的影响。

资源的配置通过一定的经济机制实现，目标是实现最佳效益。具体来看，资源配置通过不同层次的经济主体实现，实现这些经济主体的利益，是它们配置资源的动力，进而构成资源配置的动力机制。合理的配置资源方案，需要及时、全面地获取相关的市场信息，而信息的收集、传递、分析和利用通过一定的渠道和机制实现的，这些信息的传递可以是横向的或者纵向的。同时，资源配置的决策权可以是集中的也可以是分散的，二者有着不同的权力制约关系，进而形成不同的资源配置决策机制。

在计划经济下，国家部门以计划配额、行政命令来统管资源和分配资源。这种资源配置方式下，生产资料由全社会占有，商品货币关系不再存在，因而主要通过社会的统一计划进行资源配置。中国改革开放以前，计划经济是资源配置的主要方式，市场则基本不发挥作用。在特定的历史条件下，计划资源配置方式便于从整体利益上协调经济发展，集中力量完成重点工程。但是，配额排斥选择，统管取代竞争，市场处于消极被动的地位，易于出现资源的闲置或浪费。

市场经济体制下，市场是资源配置的基础性力量，所有产品、资源都是可以交换的商品，这种资源配置方式使企业与市场发生直接的联系，企业根据市场供求关系的变化状况和产品价格的信息，在竞争中实现生产要素的合理配置。

1.3.3　宏观经济效率

当资源的配置不合理时，经济的实际产出将小于资源有效配置时的水平，经济增长速度也低于潜在水平，此时二者的差异可视为经济的效率损失。我们将资源合理配置时的产出定义为有效产出，指经济体在一定时期内，投入使用的经济资源得到合理利用时所能生产的最大产出。

这里所定义的有效产出与传统的潜在产出有所差异。传统的潜在产出指一个国家在正常强度下，充分利用其所有生产资源能够生产出的产品总量，所以也叫"充分就业的产出"，反映经济体中所有闲置的生产要素都投入生产当中时所获得的产出。本书所指的有效产出是指一个经济体中当前正在使用生产要素或经济资源，被更合理地在生产单位之间进行配置时所实现的经济产出。在有效产出下，不一定所有的生产要素都投入到生产中，但已经投入使用的投入要素的配置是最合理的。在实践中，生产要素是否已经被合理配置难以直接观测，我们需要设计一些指标对其进行测算，本书中所指的投入要素平均成本与边际收益之间存在的"楔子"，以及企业在演进过程对经济增长的边际贡献等概念，都是测算资源配置状况的指标。

1.4 文献综述

1.4.1 国外文献综述

经济增长的传统研究基本都采用了新古典增长模型的框架，从现实经济中抽象出具有固定规模报酬的代表性企业进行分析。在这种研究框架下，研究者只能分析宏观价格对总量投入要素积累的影响，无法观察到企业之间存在的差异以及企业的动态演化产生的宏观经济效应。显然，这种理论模型与实际经济差异较大，其所阐述的经济运行机制和所得到的结论都值得怀疑，因此引起了一些学者的不满，也成为演化经济学兴起的主要原因（Nelson，1982）。理论研究早已注意到这个问题，但限于微观数据的可获得性，实证研究裹足不前，也无法为进一步的理论发展提供必要的经验素材。

近年来，随着企业微观数据可得性约束的缓解，经济学界开始兴起了一股从异质性微观企业角度研究宏观经济增长的热潮。这一趋势沿着两条交织的主线发展：一些研究在经济处于稳定状态的设定下，观察要素投入在企业间不同的配置状况对总产出的影响；另一些研究从企业进入退出的动态角度，观测微观企业演进对宏观经济效率的影响。以下我们分别沿着这两条线索对相关文献进行简要介绍。

(1)静态效率损失测算

在静态条件下，经济体中的企业分布比较稳定，此时经济可视为处于一种均衡状态。由于静态设定便于进行理论分析，因此许多文献都以此作为研究前提，观测投入要素在各个企业之间的配置状况对宏观经济的影响。

这类研究的理论源头为 Hopenhayn(1992)对微观企业的进入退出达到平衡时，形成了宏观经济均衡的过程进行的理论分析。他通过建立一个扩展性较强的异质性企业增长模型，分析了均衡状态下微观企业的活动产生的宏观经济效应。随后，Melitz(2003)在一篇重要的文献中将 Hopenhayn(1992)的模型引入一般均衡下的垄断竞争中，观测贸易开放对异质性企业产生冲击，进而对宏观经济的影响。这一研究成为静态均衡条件下微观企业资源配置宏观效应研究的基础理论，大量文献在这一框架下分析要素投入在企业间不同配置方式对宏观经济产生的影响。

以上述理论发展为基础，Restuccia 和 Rogerson(2008)首次对要素配置扭曲影响宏观经济的过程进行建模，并通过模拟估算要素分配扭曲产生的宏观经济效应，这篇文献对后来的稳态条件下资源配置的宏观效应测算产生了深远影响。Restuccia 和 Rogerson(2008)在 Hopenhayn(1992)的理论框架下建立了一个异质性企业增长模型，在总的要素价格和总的要素投入量不变的设定下，模拟估算了一系列扭曲性因素对宏观经济产出的影响。Restuccia 和 Rogerson(2008)的模拟结果表明，即使总的要素投入数量和宏观要素价格保持不变，扭曲因素也将通过干扰资源在企业之间的分配，降低总产出水平。在基准的模型设定下，他们发现不同类型的扭曲将使总产出下降 30%到 50%。

这一理论分析为随后的实证研究带来了启发。Hsieh 和 Klenow(2009)以此为基础，利用微观企业数据估算了中国和印度资源错配产生的效率损失，他们发现，当经济体中所有微观企业的要素投入都调整全平均成本与边际产出相等时，中国总体经济效率将提升 30%～50%，印度总体经济效率将提升

40%~60%。这是资源配置领域最为经典的实证研究,其实证框架为许多后续的研究所借鉴。例如,Neumeyer 和 Sandleris(2009)对阿根廷的资源错配效率损失的测算、Casacuberta 和 Gandleman(2009)对乌拉圭的资源配置错配效率损失的测算以及 Camacho 和 Conover(2010)对哥伦比亚的资源错配效率损失的测算,都采用了同样的测算方法。

即使采用了不同测算框架的文献,也都发现投入要素配置扭曲具有显著的宏观经济效应。例如,Bartelsman 等(2013)利用跨国微观企业数据对企业的调整成本和扭曲参数进行校准,发现资源配置的扭曲将使产出发生很大的差异。Alfaro 等(2008)以 80 个国家的微观数据进行对比,发现要素配置扭曲对经济体收入差异的解释力非常强。

那么,要素投入的严重扭曲是由什么因素造成的?这些扭曲因素会造成经济体多大的效率损失?后续研究开始关注具体的扭曲因素对经济总体全要素生产率和产出的影响。Schmitz(2001)发现低收入国家生产率较低的主要原因在于政府对低效国有企业的政策性支持。Hsieh 和 Klenow(2007a)则认为投资部门的低效是低收入国家投资率较低的主要原因。

另外,Hopenhayn 和 Rogerson(1993)发现解雇税的实施干扰了劳动力资源在企业间的配置,导致总体经济生产率下降 5%。遵循相似的思路,Lagos(2006)利用一个匹配模型,分析诸如失业保险和职业保护之类的干预政策影响宏观经济效率的过程。Guner 等(2008)也从理论上分析了基于企业规模的扭曲性政策导致投入要素低效配置的形成机制,并选取了印度的制造业企业规模限制政策、日本的零售业规模限制政策以及意大利的就业政策进行实证检验,发现使平均企业规模下降 20%的政策干预将导致产出下降 8%。

在发展中国家,正式部门中存在的政府管制,沉重的税收以及较高的运营成本是非正式部门企业比例较高的主要原因。这些企业往往规模较小,并且生产效率低下,投入要素在这些企业之间的配置非常混乱。很多文献尝试分析这些非正式部门带来的效率损失。例如,Leal Ordóñez(2013)研究了税收及管制在墨西哥效率低下的非正式部门形成中所扮演的角色;D'Erasmo 和

Boedo(2012)在一个存在金融摩擦的理论框架下，研究了各个国家的非正式部门造成的效率损失。

不仅政策干预直接带来了要素投入的扭曲，歧视性政策造成的信贷市场摩擦也是间接造成要素投入扭曲的重要因素，Banerjee 和 Duflo(2005)系统总结了金融约束引起的资本误置造成不同国家间生产率差异的证据。Erosa (2001)、Amaral 和 Quintin(2010)、Buera 等(2011)、Caselli 和 Gennaioli (2013)以及 Midrigan 和 Xu(2010)在不同的设定条件下估计了各种信贷市场的缺陷对 TFP 的影响。这些文献的估计结果相差很大，凸显了对金融约束作为影响宏观经济效率渠道的重要性认识的分歧。Udry(2012)回顾了信贷约束导致不同国家出现生产率差异的微观证据，认为信贷约束是发展中国家生产率低下的重要原因。Peek 和 Rosengren(2005)发现非竞争性的金融体系给予特定企业的利率优惠，将导致金融资源在企业之间误配，这种情形在日本极为常见。Banerjee 和 Munshi(2004)也提供了金融市场的不完全导致信贷资源在企业之间低效配置的证据：政府可能会向某些企业提供特别的税收优惠以及定向合同，而这些优惠则基于对其他企业的征税。通常效率较低的国有企业，往往会从政府获得大量补贴，不仅如此，各种产品及劳动力市场的管制也将导致资源在企业之间错配。

上述分析表明，与政府行为相关的经济干预以及交易约束等是导致要素投入扭曲的重要因素。在现实中，这些政策性因素一般都持续时间较长且变化幅度较大，对其经济效应进行研究有助于我们理解特定政策、管制以及制度影响宏观经济的过程与后果。在中国经济运行当中，异质性企业面临的政策环境差异是引起经济扭曲的重要原因，因此，从企业性质维度分离出政策干预的影响，测算其宏观经济效应，对于我们进一步认识中国经济中存在的问题，理解中国经济的运行机制，都具有重要的意义。

(2)企业动态演进与经济效率

以上研究为了便于进行理论分析，对经济进行了静态的设定，是对实际经济的一种简化。现实经济实际上处于一个企业不断进入、增长和退出的动态演进过程。并且，企业的动态演进是经济重构和资源流动的主要动力之一，企业演进效率对宏观经济的表现至关重要。这一研究路径的经济原理与Schumpter(1942)年提出的"创造性破坏"思想不谋而合，因此，当前涌现的企业动态演进与经济效率关系的研究，其理论源头可以追溯到演化经济学，包含了行业周期理论(Abernathy 和 Clark，1985；Audretsch，1991；Klepper，1996)、熊彼特式经济增长及产业革命理论(Nelson，1982；Dosi，1988；Fagerberg，2003)、创新型企业的进入及增长理论(Henrekson 和 Johansson，2010；Coad，2009；Lee，2010)以及内生经济增长理论(Romer，1990；Aghion 和 Howitt，1992；Hopenhayn，1992)等经济思想。

20 世纪 80 年代，随着各个国家企业微观数据的发布，研究者们得以实证检验微观企业动态演进在宏观经济发展中的作用。在这一方面最具影响力的是 Baily 等(1992)对美国总体经济生产率增长的研究，他首创了总量经济增长分解方法，从企业进入退出的动态角度测算了资源配置的宏观效应，提供了观测经济资源配置动态演进的新视角，该分解方法也是我们对企业动态效率损失进行测算的基础性框架。

在 Baily 等(1992)的分解方法中，经济体的总生产率 Φ_t 可表示为企业生产率的加权平均：

$$\Phi_t = \sum_i s_{it}\varphi_{it} \tag{1.1}$$

(1.1)式中，s_{it} 是企业 i 在 t 期的市场份额，φ_{it} 是企业 i 在 t 期的对数生产率。两期之间的总量生产率增长可表示为：

$$\Delta\Phi = \Phi_2 - \Phi_1 \tag{1.2}$$

依据两期之间企业的生产份额和生产率的变动，进一步可将上式分解为四项：

$$\Delta\Phi = \Phi_2 - \Phi_1 \tag{1.3}$$

$$= \sum_{i=S} s_{i1}(\varphi_{i2}-\varphi_{i1}) + \sum_{i=S}(s_{i2}-s_{i1})\varphi_{i2} + \sum_{i=E} s_{i2}\varphi_{i2} - \sum_{i=X} s_{i1}\varphi_{i1} \tag{1.4}$$

(1.2)式中，$\Delta\Phi$ 是总生产率增长率，s_{i1} 和 s_{i2} 是企业 i 在第一期和第二期的市场份额，φ_{i1} 和 φ_{i2} 是企业 i 在第一期和第二期的生产率，S 表示在位企业，E 表示进入企业，X 表示退出企业。上述分解所得的四项当中，$\sum\limits_{i=E} s_{i2}\varphi_{i2}$ 表示进入效应，$\sum\limits_{i=X} s_{i1}\varphi_{i1}$ 表示退出效应，$\sum\limits_{i=S} (s_{i2}-s_{i1})\varphi_{i2}$ 表示资源再分配效应，$\sum\limits_{i=S} s_{i1}(\varphi_{i2}-\varphi_{i1})$ 表示企业的生产率增长效应，分别对应于行业生命周期理论、经济发展的演化观点、创新型企业增长以及内生增长理论。

其中，进入效应是指企业进入市场对总量全要素生产率增长的影响，按照行业生命周期理论（Klepper，1996；Peltoniemi，2011）以及熊彼特演进理论（Nelson，1982；Fagerberg，2003；Schumpeter，1961；Metcalfe，1994），企业在进入市场之前没有关于自身效率的信息，只有进入市场之后才会了解自身生产率水平，并在市场竞争中检验自身竞争能力（Dosi 等，1995；Brynjolfsson 等，2008）。在进入市场的潜在企业的生产效率分布既定的情况下，如果不存在摩擦，效率较高的企业将进入市场，效率较低的企业将被拒之门外。不同类型的进入企业，相当于从同一个潜在总体所抽样的子样本，对总量生产率的边际贡献应当一致。

退出效应是指企业在竞争过程中的优胜劣汰对总量生产率增长的推动作用。在开放的市场中，企业之间的竞争将淘汰生产率较低或增长较慢的企业，竞争的动力主要源于市场重组（Klepper 和 Miller，1995）、创新者以及模仿者之间的竞争、广义熊彼特式创新性破坏的技术竞争或者优胜劣汰的自然选择（Nelson，1982；Metcalfe，1994；Witt，1992）。在这个过程中，低效企业的退出是经济体新陈代谢的重要环节。如果经济中不存在摩擦，不同类型的退出市场企业对总量生产率的边际贡献一致，此时企业的退出效应对总量生产率的推动作用最大。

总量生产率增长的第三个动力源于资源在企业之间的再分配。经济的发展过程伴随某些企业获取更大的市场份额（Dosi 等，1995；Alchian，1950）。在这个过程中，宏观经济的表现并不确定（Coad，2009；Foster 等，2001）。某些企业增长的代价是另一些企业的衰落，两种效应的互相作用会导致总量经济呈现出不同的结果，如果总量生产率表现出增长的态势，反映了资源从低效企业配置至高效企业时总量生产率增长更快的情形。

总量生产率增长的第四个动力为企业内部效率提升。企业内部效率提升由企业的研发努力（Mansfield，1980）和研发类型（Czarnitzki 和 Thorwarth，2012）等因素驱动，反映了企业可能找到更有效率的运作方式（Nelson，1982；Silverberg 等，1988）、采取了新的经营策略（Agarwal 和 Helfat，2009）、应用了新技术（Parente，1994）、进行了员工培训（Dearden 等，2006）；也可能反映了低效率企业对高效率企业的追赶和模仿（Abramovitz，1990）以及新企业的干中学（Penrose，2009）等。在这个过程中，企业效率提升越快，总量生产率增长越快。

总量生产率在上述企业四个演进环节的分解，提供了观测经济资源动态配置的窗口，为许多后续的研究所借鉴。这些研究遵循同样的分解思想，通过企业生产率和市场份额变化观测企业动态演进对宏观经济效率的影响，一般致力于对分解精度进行提升。其中影响较大的是 Griliches 和 Regev（1995）对 Baily 等（1992）分解方法的改进，使用改进后的测算方法，他发现以色列的总量生产率增长主要源于在位企业的生产率增长；另外，Foster 等（2001）在对 Baily 等（1992）分解方法的发展也被广为引用。这些改进的着眼点主要在于选择不同时间点的企业市场份额和生产率，有些分解方法选择期初的变量值，另一些分解方法选择期末的变量值，还有一些分解方法选择期初与期末变量的均值。

在对宏观经济增长分解方法进行改进的同时，研究者也将这些方法广泛地应用于实证分析中。例如，20 世纪 80 年代盛行分解大型企业的热潮，人们认为小型企业更具活力，Baily 等（1996）通过对这一期间生产率增长进行动态分解发现，这一期间经济增长的原因主要在于高效企业获得了更多的市场份额，这是一个典型的资源配置优化的过程。Bartelsman 等（2003）在整理了 OECD 国家微观数据集的基础上，对 OECD 各个国家企业进入退出市场的动态特征进行分析。Bartelsman 和 Dhrymes（1998）对美国三个行业的生产率增长进行了分解，通过将总量生产率和企业的平均生产率进行对比，发现总量生产率逐年增长，而企业的平均生产率逐年下降。由于总量生产率是企业生产率的加权平均，与企业平均生产率出现背离的原因正是由于高效企业市场份额不断扩大，因此，我们从这个角度也可以观测到资源从效率较低的企业流动到效率较高的企业。

与此同时，很多研究者开始将目光转向对发展中国家的宏观经济增长分析。Schuh(1998)系统地回顾了墨西哥、土耳其、智利、哥伦比亚和摩洛哥等发展中国家的宏观经济增长与微观企业之间的关系，发现微观企业之间的竞争非常激烈，进入退出市场的演进过程对宏观经济效率的贡献与发达工业化国家极其相似。Aw 等(2001)使用了 Griliches 和 Regev(1995)的总量生产率分解方法，对中国台湾地区的总量生产率增长进行了分析，发现企业的进入退出的动态过程构成了总量生产率增长的主要动力。其中，进入企业和退出企业的生产率都要低于在位企业，但企业进入市场之后，生产率水平将向在位企业趋近，另外，退出企业的生产率一般都低于在位企业。

从上述文献发展脉络可以看出，对总量生产率进行分解的方法已经非常成熟，我们可以明确企业在各个演化环节对总量生产率的贡献，但缺憾在于，这些文献并没有进一步探究经济动态演进的影响因素，导致我们无法对企业的动态演进进行更深入的分析。

因此，一些文献开始关注影响企业动态演进的具体因素。很多研究发现，政府干预是企业动态演进中存在摩擦的重要原因。例如，Soto(1989)发现在秘鲁开办一家正式企业要面临着非常多的行政许可的障碍，并且认为这是导致秘鲁的经济水平发展较低的重要原因。Djankov 等(2002)收集了 85 个国家的数据，发现发展中国家正式部门的进入壁垒要远远高于发达国家，进一步验证了 Soto 的观点。Herrendorf 和 Teixeira(2011)发现投资部门垄断将使要素的相对价格发生变化，导致传统部门企业无法顺利进入现代制造业。这意味着，投资部门的低效无法使资源从低效的农业部门配置至效率较高的制造业部门。Bergoeing 等(2002)认为，智利在 20 世纪 80 年代的债务危机中之所以能先于墨西哥复苏,其中最大的原因在于破产法的实施,因此低效企业可以很快被排除出市场,其所占用的资源能顺利配给至高效企业。

上述研究证实,企业的演进过程存在着诸多的干扰因素,导致经济演进偏离了最优路径。虽然总量生产率分解框架提供了观测经济资源通过企业演化动态流动的重要窗口,但目前为止,并没有人在这一框架内对特定因素所造成的总量生产率的效率损失进行估计。因此,进一步在这一框架内分析政策性因素通过企业演进对宏观经济增长的影响,测算政策干预因素造成的经济效率损失,对于当前资源配置效率的宏观效应研究,具有重要的拓展意义。

1.4.2 国内文献综述

近年来,国内学者也开始关注中国的资源配置扭曲问题。这些研究大概可以分为四类。第一类文献以 Hsieh 和 Klenow(2009)的框架为基础,测算特定样本中投入扭曲要素的宏观效应;例如朱喜等(2011)运用 2003—2007 年全国农村固定跟踪观察农户数据,实证分析中国东、中、西部以及东北地区农户的要素配置状况及其与加总全要素生产率的关系,发现如果有效消除资本和劳动配置的扭曲,农业生产率有望再增长 20%以上。

出于对 Hsieh 和 Klenow(2009)测算结构约束太强的不满,陈永伟和胡伟民(2011)将资源错配效率损失的估算纳入传统的增长核算框架中,改进了测度要素价格扭曲引起的资源错配对加总全要素生产率以及产出变动影响的方法。发现目前中国制造业内部各子行业间的资源错配大约造成了实际产出和潜在产出之间 15%的缺口,并且近年来要素价格扭曲没有得到显著的纠正。这些研究的核算方法与我们在静态条件下对政策干预的宏观经济效率损失估算框架相近,但研究的主题和角度都有所不同。

第二类文献在传统的投入要素配置扭曲研究框架下,测算特定投入要素的扭曲程度。这些研究基本都以宏观数据为基础,采用数据包络分析(DEA)和随机前沿分析(SFA)以及其他计量分析方法,研究技术、要素投入或者要素配置对宏观经济的影响。这类研究虽然以计量方法测算出企业生产的技术和配置效率等，但并未解析配置扭曲的来源，而且无法分析个体所面临的扭曲与总量经济的联系。

其中比较典型的代表是，柏培文（2012）细致地测算了中国总体经济、省际及城乡的劳动力资源配置扭曲程度，并对其发展趋势进行详细的分析。赵自芳和史晋川（2006）以1999—2005年全国30个省（市、区）的制造业为样本，运用DEA方法对要素市场扭曲导致的技术效率损失进行了实证分析，并且也测算了要素市场扭曲的技术效率损失。另外，盛仕斌和徐海（1999）关于劳动力市场扭曲对就业影响的分析，蔡昉等（2001）关于劳动力市场扭曲的研究等，也属于此类文献。这些研究与本书主题类似，但实证所基于的数据层级不同，研究方法也差异较大。

第三类文献以理论建模及模拟分析为主。例如罗德明等（2012）在一个随机动态一般均衡模型框架下，考察我国偏向国有企业政策的效率损失。他们利用制造业企业微观数据校准企业全要素生产率随机增长机制。结果表明，源于政策扭曲的资源错置，导致了较高的经济效率损失。袁志刚和解栋栋（2011）利用一个资源错配对TFP影响的核算框架和中国改革开放30年的宏观经济、产业相关数据，估算了当前中国农业部门就业比重过大对全要素生产率产生的影响。孙宁华等（2009）用一个包含劳动力市场扭曲和两部门之间效率差异的一般均衡模型对城乡收入差距建模。运用参数校准和数值模拟方法，他们发现所建模型可以通过中国经济的特征事实的检验。鄢萍（2012）通过研究中国制造业企业的固定资产投资行为，用模拟矩方法估计了不同所有制类型的企业的资本调整成本函数、投资不可逆程度以及折现因子。发现民营企业面临的边际利率要远远高于外资企业，而后者面临的边际利率又高于国有企业和集体企业，因此认为，不同类型的企业面临差别利率是造成资本误配置的最重要因素。

除了以上三类文献，还有一些研究利用计量分析的方法，从异质性企业角度对中国经济中存在的资源错配状况及其对总量经济效率的影响进行分析，也与本书研究的切入点类似。这些文献着重研究资本要素的误配与经济效率损失的相关关系，结果都发现，不同类型企业之间的资源配置扭曲是造成宏观经济效率损失的重要原因。

例如，鲁晓东(2008)利用中国1995—2005年的省际面板数据对经济增长和引起经济增长的质和量的因素进行了实证研究，结果发现，国有企业的资本回报率要远远低于其他所有制类型的企业，私营企业的资本回报率最高，这是典型的资本要素的配置扭曲，邵挺(2010)的研究结果显示，如果消除了金融错配的现象，把更多的金融资源配置给资本回报率更高的私营企业，中国的GDP增长率可以比目前提高2%~8%。

融资相对困难的企业(主要是民营企业)通过商业信贷向资金相对充裕的企业(主要是国有企业)提供资金，是一种典型的金融资源错配，余靖和罗杰(2012)发现，各个行业上下游的集中度和国有经济比重会显著影响企业的商业信贷。他们认为，这是市场不完全竞争的情况下，民营企业的谈判能力处于相对弱势地位的结果。另外，张佩和马弘(2012)等从资本投入要素角度研究资源扭曲对经济增长、不同所有制企业等的影响。

从上述分析可以看出，关于异质性企业的研究文献都认为，基于企业性质的资源配置方式造成了严重的效率损失。这些研究一般使用传统的计量分析方法，基于单一的生产投入要素进行分析。实际上，企业生产过程中需要多种投入要素，且各投入要素之间具有一定的替代性，基于单一要素的分析结果可能会出现偏差。另外，要素投入扭曲中混合着大量各种因素，包括政策干预和自然性扭曲的共同影响，需要将自然性扭曲分离，才能准确测算出政策干预的影响。

1.4.3 微观企业变量测算稳健性

在从经济微观个体分析宏观经济表现的研究框架下，微观企业变量测算的准确性是得到稳健的研究结论的基础，历来是研究者所关注的首要问题。例如，Hsieh和Klenow(2009)在测算中国与印度的资源错配造成的宏观效率

损失时，坦称无法排除模型误设和变量误测对估计结果的影响。Dong(2011)
就此专门质疑过 Hsieh 和 Klenow(2009)的研究结果，他特别关注了企业资本
存量对测算结果的影响，发现企业资本存量的偏误将从资本要素投入扭曲测
算和生产函数系数估计两个方面造成测算结果的偏差。他在纠正了资本存量
的测算方式后对韩国资源配置的宏观效应进行了重新测算，发现资源错配引
起的宏观效率损失被夸大了 10%，生产函数中资本和劳动的替代弹性被夸大
了 15%。

　　另外，Baily 等(1992)对企业动态演进的宏观经济效应进行分解时，也
发现价格因子和企业生产效率估计方法等实证因素会对分析结果产生重要影
响，为此十分谨慎地选择了对价格因子比较稳健的估计方法。Foster 等
(2001)曾专门回顾了微观企业动态演进的宏观效应分解的相关研究，发现分
解结果对企业生产率的估计方法非常敏感。Bartelsman 等(2003)发现，大量
的微观企业宏观效应的实证研究的核心概念的定义和测量方式都有较大差
异，文献之间无法进行横向比较，为此专门建立了可以横向比较的国别微观
企业数据集，以保证数据的可比性。

　　为了排除实证因素的影响，很多研究采取对比不同实证方式所得结果的
方法，避免分析结果因为估计方法的变化而出现差异。例如，Bartelsman 和
Dhrymes(1998)在对美国的三个行业总量生产率进行分解时，对比了不同的
生产率测算方法的结果，以确保实证结论的稳健性。Olley 和 Pakes(1996)在
对美国电信设备行业的生产率进行分解之前，甚至专门对当时的企业生产率
估计方法进行改进，以排除估计方法对分解结果的影响。由此可见，实证要
素和估计方法的选择是我们进行实证测算之前需要特别注意的问题。

　　鉴于变量处理与企业生产效率的估计会对分析结果产生重要影响，加之
中国的微观企业数据的质量堪忧，为了确保本书的测算结果具有稳固的基
础，我们在第四章和附录中详细介绍了本书对微观企业变量的调整过程，以
及对企业生产效率估计中的实证因素影响的排除过程，有兴趣的读者可以
参照。

1.5 基本内容

1.5.1 研究方法

本书采取了理论与实证相结合的研究方法，其中理论研究采取了与经济模拟相结合的方式，实证分析包括了经济核算以及计量分析等方法。另外，本书还广泛地采用了比较研究与反事实分析的研究方法，以达到精确测算政策干预影响宏观经济效率的目的。

1.5.2 内容概要

1.5.3 行政审批改革的静态效率估计

过度的行政管制造成的投入要素在微观企业间配置效率低下，是降低中国经济运行效率的重要因素之一。本部分旨在从"资源错配与生产率"框架下识别中国行政审批中心设立对经济增长的促进机制，量化其通过影响企业资源配置效率产生的总量生产率提升效应。基于 Hsieh 和 Klenow（2009）的资源错配理论，本书在测算企业要素投入扭曲和资源配置效率的基础上，通过匹配行政审批中心的设立信息和中国工业企业数据，实证分析行政审批中心设立对企业资源配置效率的影响，并进一步测算其总量生产率效应。

1.5.4 行政审批改革的动态效率估计

本部分首先剖析了行政审批中心设立对企业进入、退出、全要素生产率与市场份额变动的影响，并基于 DOP 分解框架，进一步分析其对区域宏观经济效率的传导作用。本部分的研究有利于明晰行政审批改革影响微观企业演化与宏观经济效率的具体机理。

1.5.5　开发区的静态效率估计

本部分基于 Hsieh 和 Klenow(2009)的资源错配理论，在测算企业要素投入扭曲的基础上，通过匹配中国微观工业企业数据和开发区设立数据，实证检验开发区设立对企业要素配置效率的影响。进一步，在"资源错配和生产率"框架下，测算要素配置效率变化产生的宏观经济效应，识别中国开发区对经济增长的影响机制。本部分研究对于深入理解中国开发区设立引致经济增长的微观经济传导路径和作用机制，具有重要意义。

1.5.6　开发区的动态效率估计

微观企业健康成长是宏观经济有效增长的重要保障。开发区是我国推动区域经济发展的重要战略举措。由此产生一系列重要却悬而未决的问题是：开发区的设立能否促进企业演化？主要影响企业演化的哪些环节？开发区通过哪些演化环节对区域经济效率的提升做出贡献？为此，本部分基于微观企业动态演化的视角，探究开发区设立对区域经济效率的影响。利用 1998—2007 年中国工业企业数据和开发区数据相匹配，在识别开发区企业的基础上，探究了开发区对企业动态演化的影响，并进一步在 DOP 的分解框架下将区域经济效率提升的来源分解为企业进入、退出、生产率提升以及市场份额变化。

1.5.7　高速公路的静态效率估计

本部分旨在从"资源错配和生产率"框架下识别我国高速公路建设对经济增长的促进作用和量化其资源配置和总量生产率提升效应。基于中国制造业普遍存在中间投入品这一事实，本书借鉴 Hsieh 和 Klenow(2009)的测算框架，引入中间投入品，匹配中国工业企业数据库和高速公路建设数据，实证探讨了中国高速公路建设对三种要素扭曲(资本扭曲、劳动扭曲以及中间投入品扭曲)的纠正程度，并进一步测算了要素优化配置带来的总量生产率提升效应。本部分的研究有助于认识交通基础设施的经济增长效应和区域协调发展效应，对我国今后进一步开展高速公路建设方向和实行"一带一路"建设有着重要的指导意义。

1.5.8 高速公路的动态效率估计

本部分基于企业演化与宏观经济增长动态分解理论，研究高速公路建设通过促进企业演化提升区域经济效率的机制。为此，本书将中国高速公路建设信息与微观企业数据相匹配，分析中国高速公路建设对企业进入、退出、市场份额和生产率等核心演进要素的影响。进一步，以 DOP 框架分解区域经济效率中企业各演化环节的贡献，探究高速公路通过企业动态演化影响区域经济效率的作用机制。本部分的研究在一定程度上深化了对高速公路影响经济效率机制的认识，对未来交通基础设施投资计划的制定具有重要参考价值。

第2章 中国工业企业实际资本存量估算

目前，中国工业企业数据库已经成为研究中国经济问题的基准样本，其中企业资本存量是许多研究需要使用的重要基础变量。然而，企业上报的资本存量为以各期名义投资累加形成的名义值，与实际资本存量之间存在一定的偏差，需要对其进行价格调整。本书在 Brandt 等(2012)估算思想的基础上，通过区分固定资产原值与固定资产净值、改进企业名义资本增长率估计方法和纳入更丰富的数据信息，尝试将企业名义资本存量向真实的资本存量方向调整，以期为后续相关研究提供稳健的数据支持。

本书分析选取的样本期间为 1998—2007 年，原因主要有以下几个方面：(1)从数据的公布情况来看，2007 年之前的数据都是由该数据库的收集单位国家统计局官方提供，2007 年之后，由于考虑到信息的敏感性，国家统计局不再提供微观企业的详细信息。因此，2008 年之后的各种版本的数据，其来源存在失真的可能。(2)将数据进行匹配之后可以发现，2008 年开始，各项指标的连续性开始发生变化，数据开始发生剧烈的跳跃，表明 2008 年之后数据可能存在较为严重的质量问题，通过仔细的分析发现，后面一些年份的样本，部分是通过合成 1998—2007 年的样本而来，因此，表现出变量数值在 2008 年之后各年份之间跳跃较为严重的现象。(3)从数据变量的完整性来看，2008 年之后的数据中，企业增加值以及相关指标缺失，导致重要的被解释变量(资本和劳动投入扭曲、资源错配程度)都无法核算。(4)从已有研究对该样本的使用情况来看，当前，发表在《经济研究》、《管理世界》、*American Economic Review*、

Quarterly Journal Economic 等权威期刊上的文章，基本上使用 1998—2007 年的数据，显然，这些文章作者也充分意识到 2008 年之后的数据存在的质量问题，可能对研究结论的可靠性带来巨大的挑战。因此，在准确性与时效性二者之间，更加偏向于保证结果的准确性。基于上述原因，本书在分析过程中，同样选择数据可靠性较高的 1998—2007 年的区间样本展开研究。

2.1 引言

随着微观企业的经验研究兴起，中国工业企业数据库已经成为研究中国经济的基准数据库之一。大部分相关研究都涉及企业资本存量的使用，特别在一些对中国企业生产效率的研究中(Hsieh 和 Klenow，2009；谢千里等，2008；Brandt 等，2012；聂辉华和贾瑞雪，2011；余淼杰，2010；张杰等，2009；周黎安等，2007)，资本存量是其估计企业生产率的基础性指标。如同张军等(2004)在估计宏观资本存量时指出的，真实资本存量是估计生产率的关键所在，因此，对企业实际资本存量的准确测算具有重要意义。

宏观层面的实际资本存量估计已经比较成熟。相比之下，由于微观企业研究兴起时间较短，中国工业企业数据库公布时间也不长，并且企业的历史信息往往比较缺乏，目前还没有直接针对微观企业资本存量估计的研究。相关涉及资本存量的文献对企业实际资本估计基本都采取从简的原则，并未完全去除资本存量中的价格因素。

比如，目前对企业实际资本存量的使用主要采取两种处理方式：一些研究直接使用固定资本原值或者固定资产净值代表实际资本存量(Hsieh 和 Klenow，2009；李春顶，2010；李玉红等，2008)；另一些研究将 1998 年作为基期，只对 1998 年之后资本形成的价格因素进行调整，即通过固定资产投资价格指数对 1998 年之后的名义资本进行价格平减估计实际资本存量(谢千里等，2008；戴觅和余淼杰，2012)。

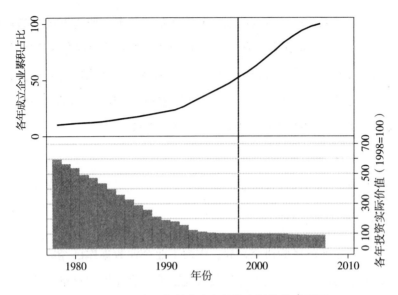

图 2-1　企业成立年份分布与投资实际价值对照图

　　上述处理方式并不能得到企业实际资本存量：首先，固定资产原值和固定资产净值都不能代表实际资本存量，黄勇峰等（2002）在讨论宏观实际资本存量估计时指出，固定资产原值和资本资产净值都是以历史购置价格表示资本品的价值的加总，因为价格发生了变化，各年名义投资并不能在一致的基础上进行加总，孙琳琳和任若恩（2005）也持有相同的观点。从图 2-1 中可以看出，在以 1998 年为基期的情况下，前期的投资实际价值要远远高于名义价值。其次，从图 2-1 企业成立年份分布与投资实际价值对照图中的企业成立时间分布图中可以看出，中国工业企业数据库 1998—2007 年有超过一半的企业成立于 1998 年以前，这些企业的资本存量中包含了 1998 年之前的价格因素，需要对其进行剔除。最后，固定资产投资价格指数反映的是当期固定资产投资额（流量）价格变动趋势，将之用于对并非当期成立的企业资本存量进行价格平减，① 违反了口径一致的原则，也无法得到资本存量的真实值。

————————

　　①　一般的处理方式都将企业第一次出现在中国工业企业数据库（1998—2007）的时间作为企业的成立时间，从而将当年的固定资本存量当做流量处理，这也是引起偏误的重要原因。

由于 1998 年之后的投资价格指数比较平稳,因此只对 1998 年之后的价格因素进行调整,所得到的资本存量与企业原始的名义资本存量相差不大。

实际上,由于名义固定资本存量由以原始购买价格计价的各年投资剩余累计而成,因此将低估累计折旧,与实际资本存量之间存在着与企业年龄相关的系统性偏差。以固定资产原始价值代表资本存量,将会夸大固定资本存量的实际增长率,从而低估作为残差项的全要素生产率的增长速度(Chen等,1988)。因此,名义资本存量必须折算为实际值,才能在不同企业和不同时期进行对比。

有鉴于此,本章尝试对中国工业企业数据库(1998—2007)中的企业的实际资本存量进行估计。我们发现,目前广泛使用的企业资本存量与企业的实际资本存量之间存在着系统性的偏离,偏离程度与企业的成立时间密切相关,且该关系在数据库不同的年份由于观测值成立年份分布不同而发生变化。在数据库的前期,企业年龄越大,则企业实际资本对名义资本的负偏离越大,但企业年龄所带来的负偏离效应慢慢降低,并在数据库的最后两年改变作用方向,呈现正偏离效应。

企业名义资本与实际资本的偏差在宏观层面的表现为,在数据库的前期实际资本存量大于名义资本存量,但由于增长速度较慢,在数据库的后期小于名义资本。即数据库前期企业名义资本存量对实际资本存在负向偏离,后期名义资本对实际资本存在正向偏离。

在行业层面上,比较传统的重工业如化学原料、石油加工和专用设备等行业中企业名义资本偏离度比较高;在地区层面上,传统工业基地如黑龙江、辽宁和重庆等地区企业名义资本偏离度比较高。另外,折旧率的选择对实际资本存量总量影响比较大,但对其增长速度没有太大的影响。

2.2 估算原理

2.2.1 宏观实际资本存量估算

传统对于实际资本存量的估计主要集中在行业、省份或总量经济层面

（黄勇峰等，2002；李治国和唐国兴，2003；许宪春，2002；张军等，2004；张军等，2003；许宪春，2000；宋海岩等，2003；任若恩和刘晓生，1997；胡永泰，1998；贺菊煌，1992；何枫等，2003），因为宏观层面实际资本存量估计与企业实际资本估计存量具有一定的相似性，我们在这里简要回顾一下相关研究成果。

目前，估算宏观层面实际资本存量的基本原理都是 Goldsmith（1951）开创的永续盘存法（PIM），但原始数据处理以及假定的设立都有分歧，造成估计结果存在较大差异。这些分歧主要集中在基期实际资本存量、每年新增固定资本存量、投资价格指数以及折旧率等永续盘存法估计实际资本所必需的四个指标上。

其中，对基期实际资本的估计主要有三种方法：①先假定或估算资本产出比，再以基期的产出估计基期的实际资本存量；②利用拟合增长率根据已有数据反推基期实际资本存量（贺菊煌，1992）；③以基期投资与投资增长率加折旧率之比作为基期的实际资本存量（张军等，2004；Hall 和 Jones，1999；Young，2003）。每年新增固定资本存量的衡量也有较多的选择，如全社会资本投资、资本形成总额或积累数据等，但新增固定资本存量一般都以当年价格表示，需要对其进行价格平减。早期的统计信息中并没有公布投资价格指数，所以大部分研究都自己构造一些指数（Young，2003；Chow，1993；Jefferson 等，1992）。对于折旧率的选择，由于对资产折旧的看法不同，选用的折旧率的差别也比较大，① 一些研究假定折旧率为 5%（胡永泰，1998；Perkins，1988；王小鲁，2000；Wang 和 Yao，2003）；另一些研究假定折旧率为 6%（Hall 和 Jones，1999；Young，2003）；还有一些假定折旧率为 10%（龚六堂，2004）；个别学者则根据经济增长率确定折旧率（宋海岩等，2003）。张军等（2004）在区分了折旧率和重置率的基础上，将投资品分为建筑安装工程、设备工器具购置和其他费用三个部分，分别就它们各自的

---

① 关于折旧率的选用依据，有详细的论述可供读者可参考。陈诗一. 中国工业分行业统计数据估算：1980—2008[J]. 经济学（季刊），2011（3）：735-776.

寿命期计算折旧率然后加权平均，得到经济折旧率是9.6%。

企业实际资本估计和宏观层面实际资本估计的原理一致，都采用永续盘存法，使用基期资本存量、投资、投资价格指数和折旧率四个关键变量。因此，宏观层面已有研究成果为本书的工作提供了重要借鉴。作为宏观数据的加总材料，宏观资本存量估计遇到的问题在微观企业资本存量中基本都存在，但由于可得信息不同，解决方法有些差异。与宏观实际资本存量估计相比，估计企业实际资本存量中的基期为企业成立年份，企业在该年的资本存量主要根据企业可得的名义资本存量和资本存量增长率等信息进行反推，这与贺菊煌(1992)估计宏观资本基期存量的方法类似；另外，在微观企业实际资本估计中，由于无法得到企业早期的每年新增固定资本存量(或固定资产投资额)，只能在一定的假设下进行推断。① 至于固定资产投资价格指数和折旧率，宏观层面的数据和微观层面的数据具有通用性，因此，可以直接借鉴宏观层面已有的研究成果。

宏观层面资本存量估计分为地区和行业等不同层次，我们经过分析发现，企业在行业间的差异大于地区间的差异。以价格指数为例，价格指数在行业间的波动要比在省份间的波动要大。因此，在利用一些总量指标时，我们较多地借鉴了分行业资本存量估算的研究成果。

分行业实际资本存量估计中比较有代表性的研究，有黄勇峰等(2002)估算了1978—1995年制造业15个行业的资本存量；王益煊和吴优(2003)估计了1981—1998年16个行业(含采掘业、制造业和水电煤生产供应业三类工业大类行业)的资本存量；任若恩和孙琳琳(2009)为估计行业层次TFP先计算了1981—2000年33个行业(含工业23个分行业)的资本存量；陈勇和李小平(2006)估算了1985—2003年中国39个工业行业的投入产出面板数据；上述工作都为本书提供了有益借鉴，特别是陈诗一(2011)构造38个两位数1980—2008年投入产出面板数据库的工作，其估计方法和指标构建方式都对

---

① 从这个角度看，微观企业实际资本存量估计的不确定性相较于宏观实际资本存量的估计更大一些。

本书工作具有重要参考价值。

资本品的加总理论非常复杂，有大量的研究对此进行了讨论，我们在这里并不一一介绍。基本上，实际资本存量是不同年份购置的实际资本的加权和，权数相当于各年实际资本的相对生产效率。以此原理为基础，大多数国家在一个基准年份资本存量基础上以永续盘存法估算各年实际资本存量，企业实际资本存量的估计与此类似。

2.2.2 企业实际资本存量使用现状

理想情况下，估计企业实际资本存量需要获得企业的历史投资记录及资本处置情况，但企业在中国工业企业数据库之外年份的相关信息基本无法获得，只能对其进行大致的估计。由于企业历史信息缺失，大部分研究都以中国工业企业数据库的起始年份1998年为基期进行价格平减，忽略资本存量中1998年之前的价格因素。只有Brandt等（2012）尝试通过拟合企业名义资本存量增长率消除企业资本存量中1998年之前的价格因素。卢锋和CCER"中国经济观察"研究组（2007）在估计微观资本回报率时，也曾试图估计企业的实际资本，其采用的方法与Brandt等（2012）及本书原理类似，仅在数据处理上有所区别。

为了进行对比，这里简要介绍Brandt等（2012）估计方法。Brandt等（2012）对于1998年出现的企业和1998年之后的企业采取不同的处理方式。对于1998年出现在数据库的企业，首先，联合1993年的企业普查数据和中国工业企业数据库（1998—2007），估计出各年分省分行业的名义资本存量年均复合增长率。将该增长率近似为该行业/地区内企业的名义资本增长率，再结合企业的年龄和企业当期名义资本存量等信息，推算出企业每年名义资本存量，根据每年名义资本存量可得出企业每年名义资本变化量。对于1998年之后的企业，中国工业企业数据库中有企业各年名义资本存量的详细信息，只需对企业前后两年的名义资本存量相减即可得到企业当年资本形成数量；以上述方法得到企业各年资本形成数量后，对其进行价格平减后加总即可得到实际资本存量。

经 Brandt 等(2012)调整资本存量中的价格因素后，资本存量在数据库初期(1998—2000)增长速度加快，2001 年之后开始下降，原始数据中人均资本存量增长速度 22.4%，调整后的人均资本存量增长速度为 35.9%。该调整也对企业间的相对生产率造成影响，由于国有企业成立时间较长，调整使得国有企业的资本存量上扬 15%。因此，利用未经价格调整的资本存量估计生产率往往会高估国有企业的生产率。由此可见，企业资本存量的价格因素调整对企业的实际资本影响是多方面的，不仅会改变资本存量的绝对值，而且不同类型企业的相对值也会受到影响。

因此，调整企业实际资本存量中的价格因素十分必要，对企业资本增长率的估算是其中的核心问题。我们遵循同样的思路，以分行业、省份的资本增长率近似企业的资本存量增长率，进而估计出现在中国工业企业数据库(1998—2007)中的企业的实际资本存量，但我们估计企业名义资本存量增长率的方法有以下不同：

首先，在利用前后两期统计数据估计行业/地区名义资本存量增长率时，Brandt 等(2012)将 1995 年的工业企业普查数据库误当做 1993 年处理，我们纠正该偏差，将时间调整至 1995 年，重新估计 1995—1998 年企业资本增长率。

其次，在利用后期的数据信息(中国工业企业数据库 1998—2007)时，Brandt 等(2012)排除了后期数据库中 1993 年之前成立的企业，人为将后期资本存量降低，意图排除进入企业对前后统计口径的干扰。然而，与进入企业相对的另一方面，前期数据库中有一些企业在此期间退出，二者的效应可能抵消，只排除后期成立企业可能低估了企业名义资本增长率。为了解决这个问题，我们将以地区行业代表性企业(即行业地区企业均值)名义资本存量的增长率，作为该地区/行业企业名义资本存量增长率的近似，从而更好地排除企业退出与进入的对统计口径的影响。

再次，Brandt 等(2012)利用 1995 年的普查数据到 1998—2007 年数据库各年分省分行业资本的增长率近似企业在 1978—1998 年所有年份的增长率。我们认为这种做法比较草率,1995 年前后宏观经济形势大不相同,企业的投资进度相差也比较大,用 1995 年之后的数据估算出的增长率作为整个估算期的增长率可能出现偏差。李治国和唐国兴(2003)曾通过资本—产出比率的波动考察资本形成路径,发现中国资本形成过程明显以 1994 年为界分为前后两个阶段,1994 年以前资本产出比率持续下降,1994 年之后的资本产出比率不断上升。并且,1995 年之前成立的企业占数据库样本总数的比例接近50%(表 2-1),这样处理波及的范围将比较大。我们利用 1980 年、1984 年和 1985 年工业企业普查信息,更精细地估算出 1980—1995 年分行业省份代表性企业名义资本的增长率,以尽可能精确地拟合这一期间企业资本存量增长率。

另外,在 1998—2007 年各年数据都可得的情况下,用 1993(1995)年到目标年份的资本存量的复合增长率近似每年的资本增长率,隐含着企业资本存量增长速度每年相同的假设。该假设在信息较少的情况下可近似使用,但在有详细数据的情况下,这样处理损失了比较多的可得信息。在掌握了1998—2007 年规模以上工业企业详细信息的情况下,可以精确估算出各年的行业地区资本存量增长率。我们即采取该方法估计这一期间的企业名义资本增长率,为了排除退出企业和进入企业的干扰,我们只以前后两年都存在的企业为样本估算该年地区行业的资本存量增长率。[①]

其他方面不同的是,企业出现在数据库的年份不一定是企业成立的年份,Brandt 等(2012)将 1998 年之后的企业出现在数据库的年份作为企业成立的年份处理。[②] 实际上,大部分企业都是在成立几年之后才出现在数据库中,不能直接将当年的资本存量折算成实际值,而应同样根据其成立年份和名义资本存量增长率等信息估计各年资本形成额并折算加总得出实际值。

---

① 经统计发现,样本中有间断的观测值有 17100 家企业的 88729 个观测值,在计算实际资本存量时,这些间断观测值以插值法补齐。

② 大部分文献也都如此处理。

2.2.3 两种估算途径

企业名义资本存量有固定资产原值和固定资产净值两项，二者在研究中都有用到，我们将分别以二者为基础估计企业实际资本存量并进行对比。固定资本存量净值为固定资本存量原值减去累计折旧的部分，其中已经不含折旧(资本随着时间相对效率递减部分)。因此，以固定资本存量净值估计实际资本时不必考虑折旧，调整各年净固定资本形成总额中的价格因素后累加即可得到实际资本存量。企业固定资产原值是企业各期投资原始价值的累加，除了需要考虑对不同时期的投资进行价格调整外，还要对其相对效率进行调整。

相对效率与是与生产性资本存量相联系的一个概念。资本存量分为生产性资本存量和财富性资本存量，资本存量财富和生产率资本存量的不同之处在于，资本存量财富量是用资本品相对价格进行加权，而生产性资本存量是用资本品相对效率进行加权。资本存量财富量是国民账户中的一项，用来表示资本存量的价值；而生产性资本存量反映资本品的相对效率，是测算资本投入的起点。估计生产性资本存量最通用的方法是永续盘存法，以不变价格计量的过去投资的加权和，权重是不同役龄的资本品的相对效率(孙琳琳和任若恩，2005)。

资本品相对效率的直接测量比较困难，一般方法是假定资本品服从一定的相对效率模式，而研究中常使用的相对效率模型有单驾马车式、相对效率直线下降模式和相对效率几何下降模式，而几何相对效率模式广泛应用于资本测量实证研究中。

同样，我们也假设企业各年的资本形成的相对效率遵循集合下降模式，对各期的资本形成以相对效率进行加权。虽然孙琳琳和任若恩(2005)认为，固定资产原值和固定资产净值都是财务会计中的概念，两者都没有与资本品的相对效率相联系。但二者是仍然是估计实际资本存量的主要信息来源，目前基本上所有估计资本存量的文献都以固定资产原值或净值估计当年新增投资，然后用当年的价格指数去平减当年的新增的投资额消除不同时期投资的价格差异(黄勇峰等，2002；陈诗一，2011；张军等，2004；任若恩和孙琳琳，2009），以折旧率反映不同时期投资的相对效率的变化，然后累加得到实际资本存量。本书也采取类似的方式估计实际资本存量，不同之处在于，我们对各期投资的估计分别以固定资产原值和固定资产净值为基础，便于进行对照和分析以得到稳健结果。

2.3　估计方法与数据处理

在上述思路的基础上，我们分别以固定资产原值和固定资产净值为基础估计企业实际资本存量。

2.3.1　固定资产原值

首先，估计企业成立年份（即基期）的实际资本存量

$$RK_{it_0} = \frac{NK_{it_d}}{p_{t_0} \prod_{t=t_0}^{t_d}(1+g_{it})} \tag{2.1}$$

其中，t_0 是企业 i 的成立年份，RK_{it_0} 是企业 i 成立年份的实际资本存量，t_d 是企业 i 第一次出现在数据库的年份，NK_{it_d} 是企业 i 第一年出现在数据库时的固定资产原值，g_{it} 是企业 i 固定资产原值的增长率，p_{t_0} 是 t_0 期的投资价格指数。

在得到企业初期的实际资本存量的基础上，对企业各期名义资本变化量进行价格平减，然后根据永续盘存法可估算出企业各期的实际资本存量：

$$RK_{it} = \begin{cases} \dfrac{NK_{it_d}}{p_t \prod_{s=t}^{t_d}(1+g_{is})} \times g_{it} + (1-\delta) \times Rk_{it-1} & t \leqslant t_d \\[4mm] \dfrac{NK_{it} - NK_{it-1}}{p_t} + (1-\delta) \times Rk_{it-1} & t \geqslant t_d \end{cases} \tag{2.2}$$

其中，RK_{it} 表示企业 i 的在时期 t 的实际资本存量，NK_{it} 表示企业 i 在时期

t 名义资本存量，g_{it} 表示企业 i 在时期 t 的拟合名义资本增长率，p_t 表示企业在时期 t 的投资价格指数，δ 表示折旧率。

(2.2)式中企业出现在中国工业企业数据库年份前后的实际资本存量估计有所不同。企业出现在中国工业企业数据库之前，因为缺乏相关的信息，需要以企业资本存量增长率估计企业每年的固定资产投资。企业出现在数据库之后，可以获得其各年固定资本存量，无需以增长率拟合的方式估计企业每年的资本形成额，只需以企业每年名义资本存量年变化量计算固定资产投资流量，所得结果更为准确。

2.3.2 固定资产净值

同样，首先以企业固定资产净值估计企业成立年份(即基期)的实际资本存量

$$RK_{it_0} = \frac{NK_{it_d}}{p_{t_0} \prod_{t=t_0}^{t_d} (1 + g_{it})} \tag{2.3}$$

其中，t_0 是企业 i 成立年份，RK_{it_0} 是企业 i 成立年份的实际资本存量，t_d 是企业 i 第一次出现在数据库的年份，NK_{it_d} 是企业 i 第一年出现在数据库时的固定资产净值，g_{it} 是企业 i 固定资产净值的增长率，p_{t_0} 是 t_0 期的投资价格指数。如果能够获得固定资产原值和净值的真实增长率，以固定资产原值和净值推算的企业初期的实际资本存量在理论上应该是一致的。

在得到企业初期的实际资本存量的基础上，对企业各期固定资产净值变化量进行价格平减并累加即可估计出企业的实际资本存量。因为企业各期固定资产净值变化量中不包含折旧，因此可以直接对价格平减后的各年变量累加，而不再考虑折旧：

$$RK_{it} = \begin{cases} \dfrac{NK_{it_d}}{p_t \prod_{s=t}^{t_d} (1 + g_{is})} \times g_{it} + Rk_{it-1} & t \leq t_d \\[4mm] \dfrac{NK_{it} - NK_{it-1}}{p_t} + Rk_{it-1} & t \geq t_d \end{cases} \tag{2.4}$$

其中，RK_{it} 表示企业 i 在时期 t 的实际资本存量，NK_{it} 表示企业 i 在时期 t 的名义资本存量，g_{it} 表示企业 i 在时期 t 的拟合名义资本增长率，p_t 表示企业在时期 t 的投资价格指数。

同样，(2.4)式中企业出现在中国工业企业数据库年份前后的实际资本存量估计有所不同。企业出现在中国工业企业数据库之前，因为缺乏相关的信息，需要以企业固定资产净值增长率估计企业每年的净固定资产投资。企业出现在数据库之后，可以获得其各年净固定资本存量，无需以增长率拟合的方式估计企业每年的资本形成额，只需以企业每年固定资产净值变化量精确计算出每年的资本形成额。不同的是，这里的各年固定资本形成额已经不包含折旧，因此可以直接累加得出企业实际资本存量。

2.4　企业成立年份和工业分类标准的统一

2.4.1　企业成立年份的统一

在以上估计方法中，企业成立年份是估计企业实际资本使用的重要变量。正常情况下同一企业在不同年份登记的成立时间应该相同，但中国工业企业数据库 1999—2007 年出现过的 572191 家企业中，有 196443 家企业登记的企业成立年份不一致，其中又有 44864 家企业登记的成立年份超过两个。①这些异常值占总观测值的相当大比例，需要对其进行统一处理。

当企业在不同年份申报的企业成立年份不一致时，其中被申报最多的成

---

① 共有 1556 家企业的 1938 个观测值具有企业固定资产原值信息而缺乏企业成立年份信息，为了不损失观测值，我们将根据这些企业其他年份的报告值确定这些观测值的成立年份，没有其他年份可供参考的有 180 家企业的 204 个观测值，我们默认这些企业在样本的第一期即 1998 年成立。

立年份最有可能为企业真实的成立时间，我们以此原则对其进行统一。① 经过处理，还有 454 家企业的 577 个观测值成立年份无法确认，其中大部分是缺失了成立年份的前两位，我们将之补齐，并再次利用用众数选择企业的成立时间。剩余 268 个观测值无法根据任何信息推算企业成立年份，我们将之默认为 1998 年，处理后的企业年份分布如表 2-1 所示：②

表 2-1　　中国工业企业数据库 1998—2007 所有企业成立年份分布表

成立年份	企业个数	占比	累计占比	成立年份	企业个数	占比	累计占比
1978	2581	0.45	10.22	1993	24648	4.31	30.85
1979	3196	0.56	10.78	1994	22493	3.93	34.78
1980	3754	0.66	11.44	1995	23926	4.18	38.97
1981	2523	0.44	11.88	1996	23199	4.06	43.02
1982	3167	0.55	12.43	1997	23453	4.1	47.12
1983	3058	0.53	12.96	1998	30176	5.28	52.4
1984	5986	1.05	14.01	1999	27374	4.79	57.18
1985	7397	1.29	15.3	2000	32944	5.76	62.94
1986	6159	1.08	16.38	2001	37101	6.49	69.43
1987	6646	1.16	17.54	2002	38563	6.74	76.17
1988	7671	1.34	18.88	2003	40443	7.07	83.24
1989	8364	1.46	20.35	2004	32786	5.73	88.97
1990	8401	1.47	21.81	2005	28955	5.06	94.03
1991	8688	1.52	23.33	2006	21468	3.75	97.79
1992	18355	3.21	26.54	2007	12664	2.21	100

注：以上企业个数单位为个，占比与累计占比均为百分数。

① 还有一些观测值申报的成立年份中异常值占多数，众数将选择出偏误值，我们发现这些偏误的观测值大部分都小于 100 或大于 2007 年(样本的最后一年)，这部分样本大概有 911 家企业的 1608 个观测值，我们将根据该企业其他年份申报的正常值确定该企业的成立年份。另一个重大偏误是有部分企业出现在数据库的年份在其成立年份之前，明显违反常理，这部分样本大概有 27330 家企业的 77647 个观测值，我们同样将这些偏误观测值替换为空值，以免众数取到这些偏误值。

② 由于篇幅限制，1978 年之前的统计量未显示。

由表 2-1 中的企业成立年份分布状况可以看出，中国工业企业数据库 1998—2007 中的企业，1998 年之前成立的企业占 47.12%，传统上以 1998 年为基期估计资本存量的方法无法调整这些企业资本存量中 1998 年之前的价格因素，造成估计结果的偏误。另外，即使 1998 年之后出现的企业，大部分也是在成立之后几年才进入数据库，其资本存量中在进入数据库年份之前的价格因素也应该调整。

表 2-2 是中国工业企业数据库 1998—2007 出现过的所有企业成立年份分布状况，由于企业不断地进入退出，数据库各年观测值的成立年份分布可能并不相同，造成不同年份名义资本对实际资本偏离方向和幅度也不尽一致。为了对比不同年份观测值成立年份分布状况，我们在表 2-2 中给出了中国工业企业数据库各年观测值的成立年份的描述性统计量。

表 2-2　中国工业企业数据库 1998—2007 各年观测值成立年份分布表

年份	观测值	年份均值	方差	偏度	峰度	p_5	p_{25}	p_{50}	p_{75}	p_{95}
1998	165118	1984	14.82	−1.47	5.94	1955	1975	1989	1994	1998
1999	161987	1984	14.78	−1.52	6.13	1956	1977	1990	1995	1998
2000	162805	1986	14.59	−1.61	6.51	1956	1979	1992	1996	1999
2001	171172	1988	14.1	−1.79	7.22	1957	1984	1993	1997	2000
2002	181474	1989	13.63	−1.94	7.84	1958	1986	1994	1998	2001
2003	196220	1991	12.93	−2.15	9.05	1958	1989	1996	2000	2002
2004	276358	1995	11.43	−2.61	12.17	1969	1993	1998	2001	2003
2005	271662	1995	11.07	−2.71	13.14	1970	1994	1999	2002	2004
2006	301810	1997	10.55	−2.85	14.52	1973	1995	2000	2003	2005
2007	336768	1998	9.89	−3.06	16.88	1979	1996	2001	2004	2006

注：$p_5/p_{25}/p_{50}/p_{75}/p_{95}$ 分别表示 5%/25%/50%/75%/95% 的分位数。

由表 2-2 可以看出，数据库各年观测值的平均成立年份都在 1998 年之前，处于传统估计企业实际资本存量方法所确立的基期以外。唯一让人欣慰的是，从企业成立年份分布的偏度来看，企业成立年份具有负偏离的特性，即企业成立年份位于均值左边的比位于右边的少，直观表现为成立年份曲线左边的尾部相对于与右边的尾部要长，这在一定程度上减轻了名义资本存量与实际资本存量的偏差。并且，从企业成立年份分布的峰度来看，随着时间的增加，企业成立年份也越来越向均值集中。但不管是企业成立年份分布左偏还是越来越集中，都有相当一部分企业成立于 1998 年之前，不对这部分企业固定资本存量的进行价格调整，将使企业资本存量出现系统性偏误。

表 2-3 　　　　　　　　　　投资价格指数表

Year	P	Year	P	Year	P
1978	16.8	1988	38.8	1998	100.0
1979	17.7	1989	47.2	1999	99.5
1980	18.6	1990	52.6	2000	100.6
1981	20.3	1991	55.7	2001	100.8
1982	21.2	1992	63.9	2002	100.7
1983	23.0	1993	81.8	2003	102.9
1984	25.3	1994	90.1	2004	108.8
1985	27.9	1995	94.7	2005	110.1
1986	30.6	1996	98.7	2006	111.7
1987	34.7	1997	100.3	2007	112

注：Year 表示年份，P 表示投资价格指数，该价格指数以 1998 年为基期，即 1998 年的投资价格指数为 100，此投资价格指数由 Perkins 和 Rawski（2008）构建。

我们的将根据投资价格指数剔除企业资本存量中 1978 年以来各年的价格因素。[①] 借鉴行业层面上的研究成果，投资价格指数可以有两种选择：一是按照建筑安装工程投资和设备投资占总投资的比例将两个价格指数加权平均，进而估算出行业的投资价格指数（黄勇峰等，2002；李小平和朱钟棣，2005）。二是 1991 年之后的投资价格指数直接使用中国统计年鉴公布数据，

————————————

① 由于 1978 年之前成立企业比例较低，且时间较早的投资对后期资本存量影响逐渐减弱，因此我们忽略 1978 年之前的价格因素。

1991 年之前的投资价格指数则使用郑玉歆等(1993)估计的固定资产投资价格指数(陈勇和李小平,2006)。我们使用 Perkins 和 Rawski(2008)所建立的固定资产投资价格指数(见表 2-3),该价格指数的建立与第一种方式类似。

　　由表 2-3 中的投资价格指数可以看出,1998 年前期的价格指数下降非常快,以 1998 年为基期(1998 年的价格指数为 100),1992 年的价格指数只有63.9。因此,企业成立时间越早,名义资本存量与实际资本存量之间存在的偏误可能越大。由各年数据库中企业成立年份的分位数分布表可以看出,1998 年数据库中企业中 75% 的企业都成立于 1994 年之前;1999 年数据库中企业有 75% 成立于 1995 年以前;2000 年数据库中企业成立于 1995 年之前的比例也超过 50%。如果不对价格因素进行调整,数据库前期(1998—2002)的实际资本存量偏误相对较大。

2.4.2　行业分类标准的统一

　　数据库中每个企业都有对应的 4 位数的工业行业代码,标示企业所属的行业。我们根据行业/地区企业均值估算企业名义资本存量增长率,需要不同时期的行业分类一致。然而,国民经济行业分类体系在 1994 年和 2002 年进行两次修订,前后的内容和范围都有较大幅度的变更(具体可见《国民经济行业分类新旧类目对照表》)。因此,如果要准确估算代表性企业的名义资本增长率,必须将行业分类进行统一。我们以《国民经济行业分类标准》1995版(GB/T 4754-1995)为基准,将前后两次的分类调整进行统一。对于 2002年之后分类标准,我们直接使用 Brandt 等(2012)的处理结果,对于 1994 年之前的分类标准,我们在两位数分类上将其统一到 1994 年的分类标准。[①]

―――――――――――

　　[①]　1995 年修订中比较大的更改包括:1984 年分类标准中的石油加工业和炼焦、煤气及煤制品业统一为石油加工炼焦业;将饲料工业和食品制造业统一之后又分为食品加工业和食品制造业;将制造工业拆分为普通机械制造业与专用设备制造业。由于 1995 年工业普查数据缺少行业代码为 39 的武器制造工业和行业代码为 43 的其他工业数据,因此我们将整个工业的资本增长率近似为这两个行业的增长率。2002 年修订中工业分类比较大的变动是将行业代码 43、42、41 和 40 分别调整为 42、41、40 和 39,我们将其进行回调处理,并对一些细类进行调整。

2.5 企业名义资本存量增长率估计

企业资本存量增长率的拟合是估计企业实际资本存量的重要步骤,我们将根据历史上的几次工业普查数据和已公布的中国工业企业数据库(1998—2007)估计 1978—2007 年的企业名义资本增长率。中国在 1986 年第一季度进行了第二次工业普查,共调查了 35.8 万个乡以上独立核算工业企业,取得了比较系统和详尽的工业信息。从中可以获得 1980 年、1984 年和 1985 年分行业/地区名义资本存量和企业数量;1995 年进行了第三次全国工业普查,普查对象是全部工业企业,其中也有分行业/地区的名义资本存量和企业数量;中国国家统计局公布的 1998—2007 年工业企业数据库是迄今学术研究使用最多的中国微观企业样本,其中包含该期间全部国有工业企业和规模以上非国有工业企业的详细信息。在上述数据基础上,我们分别估算出 1980—1984 年、1984—1985 年和 1985—1995 年分行业地区的企业平均名义资本存量复合增长率,拟合该期间的工业企业资本增长率。

1995—1998 年企业资本增长率估计存在统计口径的问题:1995 年数据为包含全部工业企业的普查数据,1998 年数据为规模以上工业企业以及全部国有工业企业数据,陈诗一(2011)曾特别提出需要注意二者口径不同的问题。1998 年的数据与 1995 年的数据相比,缺失了工业产值小于 500 万的非国有企业部分,如果以平均资产存量估算增长率,显然会高估资本存量的增长率,我们以此估计的结果为 0.378。如果以总资产存量估算增长率,又倾向于低估资本存量的增长率,我们以此方法估算出来的结果是 0.119。为了得到稳健的结果,我们假定不同规模企业的名义资本存量增长速度相近,并且相邻两年之间的资本存量增长率具有一定的稳定性。在此假设下,以 1999 年的名义资本存量增长率近似 1998 年的名义资本存量增长率,以 1995 年的名义资本存量增长率近似 1996 年的名义资本存量增长率,1997 年的名义资本存量增长率则取 1996 年名义资本存量增长率和 1998 年名义资本存量增长率的平均值。

因为有企业各年的详细信息,所以可以分年估算 1998—2007 年行业/地区固定资本原值的增长率。我们估计这一期间行业地区固定资本原值的增长率时,以前后两年都存续的企业为样本,从而排除企业进入退出对资本增长率估计的影响。① 在所有年份的企业名义资本增长率估计结果完成后,为了避免极端值对估计结果的影响,遵循 Brandt 等(2012)的做法,我们将估计结果中所有小于零的增长率视为零,大于 0.5 的增长率视为 0.5。按照以上方法,我们得到 1980—2007 年分行业/地区资本存量增长率,其描述性统计量如表 2-4 所示:②

表 2-4 各年企业名义资本存量增长率

年份	观测值	固定资产原值		固定资产净值	
		均值	方差	均值	方差
1980—1984	870	0.126	0.0821	0.127	0.0962
1984—1985	870	0.167	0.1063	0.174	0.122
1985—1995	870	0.169	0.1225	0.174	0.1226
1995—1998	870	0.131	0.1215	0.095	0.1319
1998—1999	870	0.09	0.1101	0.071	0.1109
1999—2000	870	0.069	0.0963	0.067	0.111

① 中国工业企业数据库 1998—2007 也存在统计口径的问题,1998—2006 年为全部国有及规模以上非国有工业企业,2007 年为年主营业务收入在 500 万元以上的工业企业,以匹配企业估计名义资本存量可以规避这个问题。

② 地区口径也需要进行前后统一,我们将海南省和广东省的数据进行了合并、重庆市和四川省的数据进行了合并;行业方面,行业代码 13、14 进行了合并,行业代码 35、36 进行了合并。最后我们得到 29 个省份 30 个行业的在 1980、1984、1984、1995 和 1998—2007 年的行业固定资产原值和企业数目等信息,据此估算地区行业名义资本存量的增长率。

年份	观测值	固定资产原值		固定资产净值	
		均值	方差	均值	方差
2000—2001	870	0.078	0.0961	0.071	0.1063
2001—2002	870	0.082	0.1009	0.088	0.1221
2002—2003	870	0.091	0.1052	0.096	0.121
2003—2004	870	0.107	0.1169	0.132	0.1327
2004—2005	870	0.142	0.1278	0.108	0.1167
2005—2006	870	0.119	0.1118	0.118	0.126
2006—2007	870	0.134	0.1195	0.127	0.0962

注：根据 1985 年、1995 年工业普查资料以及中国工业企业数据库（1998—2007）估算得出。

从 1980 年到 2007 年，每年都可以得到 29 个省市的 30 个工业行业共计 870 个的企业名义资本存量拟合增长率。从表 2-4 可以看出，1980—1984 年固定资本存量复合增长率均值为 0.1393；1984 年到 1985 年固定资产存量原值增长率的均值为 0.1672；1985—1995 年固定资本增长率的均值为 0.1685。1999—2007 年固定资本存量增长率，除了 1999—2000 年和 2005—2006 年的下滑以外，其他年份的资本存量的增长率都呈上升趋势，但增长速度基本都低于 1980—1998 年，固定资本存量净值的增长率和固定资本原值的增长率趋势保持一致。

2.6 估算结果

通过上述估计过程得到企业名义资本存量增长率后，我们就可以根据式（1）、式（2.2）和式（2.3）、式（2.4）分别以企业固定资产原值和固定资产净值估计企业实际资本存量。企业资本存量增长速度决定了基期实际资本存量和各年投资额,此时对估算结果影响比较大的只剩下投资价格指数与折旧率两个变量。对于投资价格指数,有分行业和全国两个层面上的数据可供选择,二者各有优缺点,采用其中任何一种都有充分的理由。我们经过对比发现,两种价格指数在各年的差别并不是很大,并且有共同的变化趋势,因此不会对估计结果造成根本性的影响。相比之下,折旧率的选取存在较大的分歧,从4%~10%不等,而资本存量估计对折旧率的大小十分敏感(单豪杰,2008),必须进行慎重选择。

我国企业计提固定资产的折旧一般采用直线折旧法,在1951年进行全国性的清产核资时确定的固定资产分项折旧率一直沿用,这些年中除了个别行业折旧率有较大幅度提高外,多数行业的综合折旧率只有轻微变化,通过计算得出全国工业企业综合折旧率(含机器设备和房屋建筑物)的情况是1953年为3.7%,1970年为4%,1977年为4.1%,1980年为4.2%(其中,机器设备为5.55%)(柳标和田椿生,1980),单豪杰(2008)通过统计年鉴数据的计算发现,在20世纪80年代折旧率基本处于4%~5.5%之间,90年代有所上升,在7%~9%。为了明确折旧率对估计结果的影响,我们分别在5%和9%的折旧率下估计出的资本存量,并对估计结果进行对照。

另外,针对目前对名义资本的利用分省价格指数以1998年为基期进行价格平减处理方式(李平等,2012;简泽,2011;聂辉华和贾瑞雪,2011),我们同样以此方式估计实际资本存量进行对比(表2-5)。

表2-5　　　　实际资本存量估计结果加总对比表(固定资产原值)

年份	N	固定资产原值估计结果				固定资产净值估计结果		
		Original	1998_ori	Bench_5%	Bench_9%	Original	1998_net	Bench_net
1998	165118	6.48	6.48	7.34	5.78	4.41	4.41	6.34
1999	160401	7.19	6.46	7.66	5.96	4.73	4.23	6.63
2000	161208	7.85	7.05	7.91	6.04	5.16	4.62	7.04

续表

年份	N	固定资产原值估计结果				固定资产净值估计结果		
		Original	*1998_ori*	*Bench_5%*	*Bench_9%*	*Original*	*1998_net*	*Bench_net*
2001	169168	8.57	7.7	8.19	6.26	5.5	4.93	7.27
2002	179255	9.32	8.47	8.51	6.47	5.89	5.34	7.59
2003	193742	10.46	9.62	9.16	6.98	6.53	5.98	8.17
2004	273765	12.46	11.48	10.47	8.09	7.88	7.24	9.41
2005	269390	14.19	13.22	11.57	9.09	8.84	8.21	10.17
2006	299177	16.71	15.71	13.24	10.53	10.43	9.79	11.58
2007	333895	19.66	18.55	15.24	12.27	12.17	11.46	13.06

注：N 为各年企业数量，K 为资本存量加总，单位是万亿。*Original* 表示原始数值，*1998_ori* 和 *1998_net* 分别表示在固定资产原值和固定资产净值下以 1998 年为基期的估计结果（该估计以分地区固定资本投资价格指数对各年投资进行价格平减），*Bench_5%*、*Bench_9%* 和 *Bench_net* 分别表示 5%、9% 的折旧率和固定资产净值下的基准方法估计结果。

由表 2-5 可以看出，以固定资产原值为基础的估计结果中，调整价格后的实际资本存量要远低于名义资本存量，① 并且增长率也相差较大。名义资本存量的年均增长速度为 13.18%，5% 的折旧率下实际资本存量年均增长率为 8.56%，9% 的折旧率下实际资本存量年均增长率为 8.89%。不同的折旧率所估计出来的实际资本存量增长率相差较小，说明折旧率的选择并不会影响所估计的实际资本存量的增长速度。但未经任何处理的名义资本存量与实际资本存量增长率差异较大，名义资本存量年均增长率远远超过所估计出来的实际资本存量增长率。因此，不管采取何种折旧率，经过价格折算的企业实际资本存量都要优于原始的资本存量。其中，以 1998 年为基期所估计出来的企业资本存量与原始的企业资本存量相差不大，其年均增长率为

① 因为 1998—2007 年投资价格折算因子比较稳定，接近于 1，传统上以 1998 年作为基期处理方法，得到的实际资本存量与名义资本存量的差别不是很大。

12.56%，也与原始的资本存量增长率相近。

相比之下，以固定资产净值为基础的估计结果中，调整价格后的实际资本存量要远高于名义资本存量，但增长率同样是调整后的资本存量较低。企业固定资产净值加总的年均增长率为 12.05%，但经过价格调整后的实际资本存量的年均增长率为 8.44%。其中，以 1998 年为基期所估计出来的企业资本存量仍然与原始资本存量保持高度一致，其年均增长率为 11.44%，相对于原始资本存量几乎没有变化。

2.6.1　企业名义资本存量偏离状况分析

因为我们的估计对象数目庞大，无法直接展示估计结果，只能对其进行分析性描述。为了更好地理解我们调整后的企业资本存量与企业名义资本存量之间的差别，我们设计一个名义资本偏离度的指标来衡量调整对企业资本存量的影响：

$$Bias_{it} = \frac{NK_{it} - RK_{it}}{NK_{it}} \tag{2.5}$$

其中，NK_{it} 表示企业 i 的名义资本存量，RK_{it} 表示企业 i 的实际资本存量，$Bias_{it}$ 表示企业 i 名义资本对实际资本的偏离程度，为企业名义资本与实际资本之差与企业名义资本存量的比值。以水平值刻画企业名义资本的偏离程度可能会受到企业规模的影响，在企业名义资本与实际资本之间的绝对差异比较大的情况下，可能企业名义资本与实际资本的相对差异很小，因此水平偏差可能造成误导，所以我们用比率刻画企业名义资本的偏离度。

为了更直观地了解中国工业企业数据库（1998—2007）名义资本的偏误状况，我们分别在省份和行业层面上对企业固定资产原值和以此估计出来的企业实际资本存量进行加总，以（2.5）式计算出省份和行业层面上的名义资本偏离度，并按偏离度从高往低排列。受篇幅所限，我们只列出各年平均偏离度最高和最低的 5 个省份和行业进行对比。

2.6.2 省级层面

表 2-6 省级名义资本存量偏离度

省级层面	1998	1999	2000	2001	2002	2003	2004	2005	2006	2007	平均
黑龙江	0.106	0.167	0.255	0.29	0.337	0.364	0.397	0.392	0.406	0.416	0.313
湖北	0.116	0.163	0.223	0.262	0.298	0.37	0.395	0.396	0.41	0.43	0.306
重庆	0.146	0.209	0.272	0.3	0.34	0.348	0.345	0.367	0.367	0.333	0.303
辽宁	0.103	0.179	0.239	0.292	0.331	0.358	0.383	0.38	0.385	0.374	0.302
广西	0.121	0.185	0.207	0.253	0.31	0.342	0.382	0.394	0.409	0.411	0.301
山东	0.112	0.179	0.231	0.257	0.28	0.305	0.312	0.327	0.356	0.367	0.273
山西	0.116	0.173	0.213	0.25	0.297	0.314	0.33	0.322	0.348	0.364	0.273
新疆	0.107	0.171	0.237	0.26	0.291	0.307	0.325	0.327	0.347	0.344	0.272
内蒙古	0.125	0.195	0.25	0.275	0.291	0.314	0.299	0.306	0.308	0.307	0.267
宁夏	0.117	0.177	0.222	0.252	0.272	0.299	0.293	0.317	0.339	0.359	0.265

注：上表数据为在省际层面加总后根据公式(2.5)计算，最后一列为各年平均值。

由表 2-6 分省级结果可以看出，工业企业资本存量偏离最高的五个省级区划分别为：黑龙江、湖北、重庆、辽宁和广西。在这五个省中，黑龙江、重庆和辽宁是典型的传统工业城市，辖区内分布着大量历史较长的重工业国有企业，这些企业庞大的历史资本累计经价格调整后，出现了与财务登记的名义资本存量的较大差距。而工业企业资本存量偏误最低的五个省级区划分别为宁夏、内蒙古、新疆、山西和山东，这五个省份中，除了山东省以外，其余四个省都是中西部欠发达地区，企业的成立时间都比较晚，没有沉重的历史包袱，因此名义资本的偏离度相对较低。

2.6.3 行业层面

表 2-7 行业名义资本存量偏离度

行业	1998	1999	2000	2001	2002	2003	2004	2005	2006	2007	平均
化学原料	0.106	0.167	0.255	0.29	0.337	0.364	0.397	0.392	0.406	0.416	0.313
石油加工	0.116	0.163	0.223	0.262	0.298	0.37	0.395	0.396	0.41	0.43	0.306
电子通信	0.146	0.209	0.272	0.3	0.34	0.348	0.345	0.367	0.367	0.333	0.303
专用设备	0.103	0.179	0.239	0.292	0.331	0.358	0.383	0.38	0.385	0.374	0.302
饮料制造	0.121	0.185	0.207	0.253	0.31	0.342	0.382	0.394	0.409	0.411	0.301
医药制造	0.112	0.179	0.231	0.257	0.28	0.305	0.312	0.327	0.356	0.367	0.273
造纸业	0.116	0.173	0.213	0.25	0.297	0.314	0.33	0.322	0.348	0.364	0.273
橡胶制造	0.107	0.171	0.237	0.26	0.291	0.307	0.325	0.327	0.347	0.344	0.272
家具制造	0.125	0.195	0.25	0.275	0.291	0.314	0.299	0.306	0.308	0.307	0.267
电气机械	0.117	0.177	0.222	0.252	0.272	0.299	0.293	0.317	0.339	0.359	0.265

注：上表数据为在行业层面加总后根据公式(2.5)计算，最后一列为各年平均值。

从表 2-7 可以看出，与省级区划之间的名义资本存量的偏离相比，行业之间的名义资本偏离度相对低一些。名义资本偏离度在行业间的分布也存在着一定的特征，偏离度比较高的五个行业中，化学原料、石油加工和专用设备制造三个行业都是典型的重工业，这些行业中也存在着大量成立时间较早的资本密集型企业，因此其名义资本的偏离度比较高。与此相对应，名义资本偏离度比较低的五个行业中，除了电气机械行业以外，其他都是典型的新兴轻工业。这些行业中并没有国家投入的传统，大部分企业都是成立时间比较短的新企业，因此名义资本对实际资本的偏离并不高。

2.6.4 异质性企业层面

企业成立时间与企业名义资本存量具有密切关系，而国有企业的成立时间普遍较早，这将影响国有企业相对于非国有企业的名义资本偏离度。因为成立时间更早，所以国有企业的实际资本往往比较高，为了证实这一点，我们将各年不同类型的企业名义资本的偏离度进行对比，如图 2-2 所示：

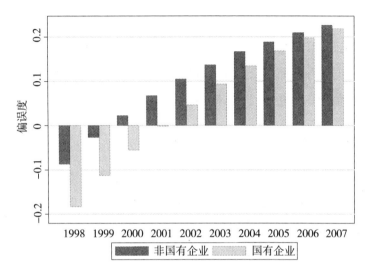

图 2-2　5%折旧率下不同类型企业名义资本存量偏误对比图

由图 2-2 可以看出，在数据库的前四年(1998—2001)，由于仍然处于国企改革的阶段，国有企业占据相当的比例，这些国有企业大部分成立时间比较早，所估计出来的实际资本相对较大，因此其名义资本对实际资本具有比较高的负向偏离度，即名义资本小于实际资本。从 2002 年开始，随着国企改革的推进和经济的发展，大量国有企业被关并、重组，大量资源整合到新成立的企业。这一时段内企业平均年龄下降，因此估算出来的企业实际资本相对较低，数据库中企业名义资本对实际资本的偏离方向开始发生变化，出现正向偏离，即名义资本存量大于实际资本存量。相对于非国有企业来说，国有企业仍然具有体制上的优势，生存环境更好，存续年份相对更长，所估计出来的实际资本仍然要大一些，在名义资本从负向偏离转向正向偏离的趋势下，其实际资本的下降速度低于非国有企业，因此其名义资本的正向偏离度小于非国有企业。

2.7　估计结果的稳健性检验

为了验证估计结果的稳健性，我们将对企业实际资本存量估计结果分别在行业层面与省际层面加总，与现有估计结果进行对比，加总基础是以企业固定资产原值为基础在5%折旧率下的估计结果。

2.7.1　分行业工业企业资本存量对比

对行业资本存量的估计，比较具有代表性的是任若恩和孙琳琳（2009）、陈勇和李小平（2006）、黄勇峰等（2002）和陈诗一（2011）。本书的处理方式与陈诗一（2011）比较相似，并且陈诗一（2011）在文中将自己的估计结果与陈勇和李小平（2006）和黄勇峰等（2002）进行了详细比较，是一个很好的参照系。因此这里选用陈诗一（2011）的估计结果进行对比。由于陈诗一（2011）采用了 2002 版（GB/T4754-2002）的行业分类标准，并且对一些行业进行了归并处理，而我们使用的为 1994 版行业分类标准（GB/T4754-1994），两种分类标准中有部分行业调整幅度较大，可能使我们的估计结果之间出现一些差异。

由图 2-3 可以看出，在 1998—2007 年，企业实际资本存量行业加总的平均值，与陈诗一（2011）对行业总体实际资本存量估计结果的均值相比，分布拟合的较好。相差比较大的行业是电子及通信设备制造业以及服装及其他纤维制品制造业，两个行业的分类标准都在 2002 年进行过调整，行业范围的不同可能是这两个行业出现较大差异的主要原因。排除这部分行业，企业实际资本存量估计结果加总的分布与陈诗一（2011）非常相近，说明在企业层面上对实际资本存量进行的估计并没有出现结构性偏差。但企业实际资本的行业加总在整体上相对大一些，其中一个重要原因是折旧率的差异。本书估计企业实际资本选用的折旧率为 5%，而陈诗一（2011）则根据行业的折旧额与固定资产原值之比构造出分行业时段的折工业行业折旧率。他在文章中并没

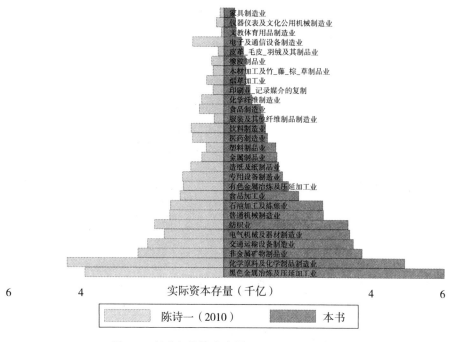

图 2-3 行业年均资本存量(1998—2007)对比

有给出具体的折旧率的大小，我们根据已有数据估算出其使用的折旧额年均值为 7% 左右，大于我们所使用的折旧率，因此其结果相对较小。

与总量相比，从各个行业的资本存量的增长率来看，本书估计结果与陈诗一(2011)更为接近(如图 2-4 所示)。陈诗一(2011)所估计出来的实际资本存量的行业年均增长率稍微大一些，但大体上相近，且在各行业的分布几乎对称。因此，从增长率来看，本书估计结果分行业加总后与行业层面的已有估计结果并没有偏差，说明我们的微观估计与传统的总量估计结果的差别只是绝对量上有差别，相对量以及结构都比较接近。

2.7.2 分省工业企业资本存量对比

省级方面，张军等(2004)所估计的省级资本存量被广为引用，但他们对省级资本存量的估计只到 2000 年。其所在的复旦大学中国市场经济研究中心发布的最新省级资本存量更新至 2005 年，覆盖了本书样本的大部分年份，

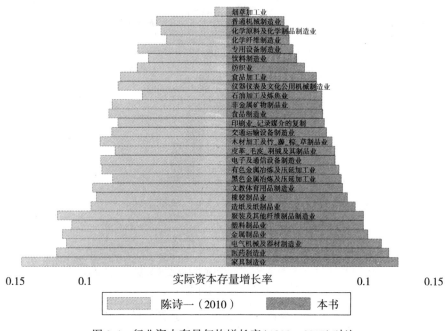

图 2-4　行业资本存量年均增长率(1999—2007)对比

已经具备了进行对比的基础。因此,我们将 1997—2005 年的估计结果与其进行对比。

　　相对于行业层面,我们估计结果在省级上加总与已有估计结果差异较大(如图 2-5 所示)。其中,差别比较大的是北京、黑龙江和辽宁等地区。这些地区具有自身的特点,北京作为行政中心,可以调配巨额资源,企业投资以外的基建投资要远远高于其他地区,其区域内总资本存量可能远大于企业资本存量,因此我们所估计出来的企业资本存量小于区域全部资本存量;黑龙江和辽宁等省市是传统的老工业基地,在张军等(2004)估计资本存量的基期1956 年,这些区域的固定资产投资额比较高,因此所估计出的基期资本存量比较大。并且,在各个年份中这些重工业都需要进行大量的固定资产投资更新,从而后续省际实际资本存量序列偏高。同时,自从改革开放伴随着国有企业改制以来,东北老工业基地面临着经济活力不足的问题,大量传统的重工业企业进行破产重组,资本存量的消逝比较严重,这可能是我们估计结果

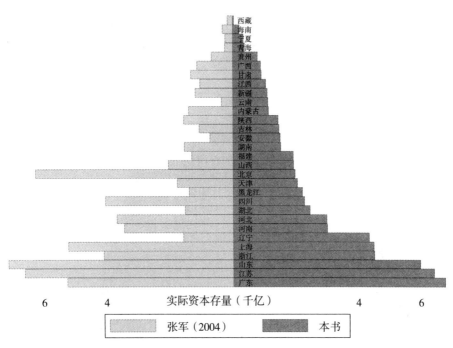

图 2-5 省级年均实际资本存量(1998—2005)对比

比较小的原因之一。

　　综合起来,我们与张军等(2004)之间出现差异的主要原因有:首先,统计口径不一致,我们的统计口径是规模以上非国有工业法人企业以及全部国有工业法人企业,张军等(2004)的统计口径是省际全部资本存量,相比之下我们的统计口径要窄。因此,以统计口径来看,张军等(2004)的估计结果应该更大一些。从实际的结果来看,我们估计结果的部分省份资本存量大于张军等(2004)的结果。出现这个矛盾的原因在于,我们估计企业实际资本存量所使用的折旧率是5%,而张军等(2004)所使用的折旧率是9.6%,其使用折旧率较大是造成其统计口径大而估计结果反而小的主要原因。

　　其次,两种估计结果分布状况也有不同,估计结果中排序的差异还是比较大的。我们认为原因在于,张军等(2004)以1956年省级固定资本形成除以10%作为该省市的初始资本存量,所估计出实际资本序列在很大程度上取决于基期当年的固定资本形成总额,有很强的随机性。我们以拟合增长率反

推基期的资本存量，可能会因为增长率的估计和折旧率的选择而使整体估计
结果出现相对偏差，但却不会出现不确定性问题，这种不确定性可能是二者
分布差异的重要原因。

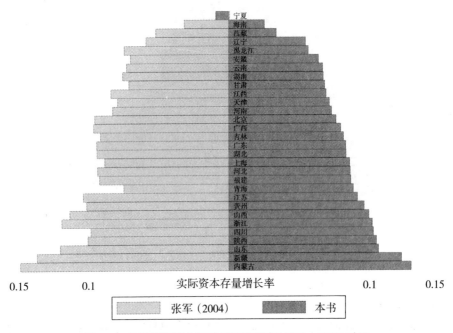

图 2-6　省级实际资本存量年均增长率(1998—2005)对比

从省级实际资本的年均增长率来看，我们的估计结果与张军等(2004)的
估计结果比较一致(如图 2-6 所示)，这说明排除基期的影响，仅从各年固定
资本形成额来看，我们的估计结果与张军等(2004)估计结果吻合比较好，从
另外一个角度验证了估计结果的稳健性。

2.8　企业名义资本偏离影响因素分析

在估计企业实际资本过程中，企业成立年份是我们所参考的重要信息，

因此企业的名义资本存量对实际资本存量的偏离可能与企业的成立年份密切相关。直观上看,企业成立年份越早,成立时间越长,其名义资本存量中的历史价格因素越复杂。这对企业实际资本存量有两个相反的影响:一方面,从投资价格指数序列可以看出,越早年份的投资价格指数越小,相应的实际资本存量中由该年累积而来的部分所占比例越大。另一方面,资本随着时间不断进行折旧,企业成立时间越长,早期投资被消耗的部分越多,在当前实际资本存量中所占份额越小。这两种相反力量的对比决定着企业实际资本与成立时间的关系,从而决定着企业名义资本偏差与企业成立时间的关系。

为了明确企业成立时间与企业名义资本偏离度的关系,我们通过将企业的名义资本存量偏离度与企业的企业年龄进行回归,观察企业成立时间对企业名义资本存量的影响:

$$Bias_{it} = \beta_{i0} + \beta_{i1} age_{it} + \beta_{ix} X_{it} + \varepsilon_{it} \tag{2.6}$$

其中,$Bias_{it}$ 表示企业 i 的名义资本存量在 t 期对实际资本存量的偏离度,age_{it} 表示企业 i 的年龄,X_{it} 是控制变量,表示其他影响企业名义资本存量偏差的因素,包括企业所处省份、行业的虚拟变量等。

以企业固定资产原值为基础估计企业实际资本,需要对资本进行折旧,不同折旧率下企业年龄对名义资本偏离度的影响机制可能不同。为了观测折旧率的影响,我们分别对5%和9%折旧率下的估计结果造成的名义资本偏离度进行实证检验,并对结果进行对比。[1] 在进行实证检验之前,我们分别去除各年企业名义资本存量和实际资本存量首尾1%,以排除异常值对估计结果的影响,估计结果见表2-8。

---

[1] 此时的偏离度是指企业固定资产原值对所估计出来的企业实际资本的偏离;以企业固定资产净值为基础估计企业实际资本,无需使用折旧率,此时的偏离度是指企业固定资产净值对所估计出来的企业实际资本的偏离。

表 2-8

企业名义资本存量偏离与企业年龄关系分析

变量/年份	1998	1999	2000	2001	2002	2003	2004	2005	2006	2007
Original_5%										
企业年龄	-0.0168***	-0.0206***	-0.0244***	-0.0142***	-0.0115***	-0.00721***	-0.00197***	-0.000362***	0.00141***	0.00346***
	-3.70E-05	-0.00111	-0.00301	-0.00053	-0.0006	-0.00039	-0.00015	-0.00012	-0.00015	-7.53E-05
Constant	-0.0534***	-0.120**	-0.11	-0.190***	-0.243***	-0.202***	-0.177***	-0.204***	-0.209***	-0.209***
	-0.0019	-0.0578	-0.162	-0.0299	-0.0336	-0.0226	-0.00801	-0.00662	-0.00787	-0.00417
R-squared	0.655	0.004	0.001	0.007	0.004	0.006	0.004	0.004	0.003	0.009
Original_9%										
企业年龄	-0.00156***	0.000261	0.00508***	0.00711***	0.0112***	0.0151***	0.0152***	0.0157***	0.0155***	0.0155***
	-1.60E-05	-0.00028	-0.00092	-0.0003	-0.00044	-0.00044	-0.00012	-0.00012	-9.10E-05	-7.77E-05
Constant	-0.127***	-0.221***	-0.275***	-0.237***	-0.273***	-0.262***	-0.232***	-0.257***	-0.247***	-0.257***
	-0.00082	-0.0147	-0.0493	-0.017	-0.0247	-0.0258	-0.00636	-0.00635	-0.00487	-0.00427
R-squared	0.155	0.001	0.001	0.005	0.005	0.008	0.068	0.077	0.102	0.12
Net										
企业年龄	-0.0404***	-0.0620***	-0.0856***	-0.0930***	-0.121***	-0.105***	-0.0852***	-0.0734***	-0.0647***	-0.0598***
	-9.30E-05	-0.0123	-0.0102	-0.016	-0.00927	-0.0041	-0.00278	-0.00226	-0.00198	-0.00135
Constant	-0.0296***	0.116	0.118	-1.112	0.889*	0.470*	0.461***	0.443***	0.408***	0.439***
	-0.00476	-0.647	-0.552	-0.896	-0.525	-0.243	-0.152	-0.125	-0.107	-0.0752
R-squared	0.638	0	0.001	0.001	0.002	0.005	0.004	0.005	0.005	0.007
N	150277	146038	146984	155074	165002	179131	254426	249965	277515	311055

注：括号内为对应的标准差值。***，**和*分别表示在 1%、5%和 10%的显著性水平下显著。Original_5%和 Original_9%表示以固定资产原值为基础在 5%和 9%的折旧率下估计结果的偏离状况，Net 表示以固定资产净值为基础估计结果的偏离状况。上述实证分析中都以行业虚拟变量和省级虚拟变量控制了行业和地区因素。

出于可操作性的考虑，我们在估计企业资本存量前，将所有1978年之前成立的企业的成立年份统一设定为1978年，[①] 因此上述估计结果中的年龄也以处理之后的企业成立年份估算得出。从表2-8中可以看出，估计结果的一个突出特点是1998年的 R 值远高于其他年份，[②] 原因在于1998年的企业实际资本存量大部分都根据企业年龄估计得出，因此企业的年龄对固定资本名义值偏离度的解释力较强。

以企业固定资产原值为基础的估计，在5%的折旧率下，数据库的前期（1998—2000）企业年龄对企业名义资本存量（固定资产原值）偏离度的影响相对较大，且有上升趋势，1998年、1999年和2000年企业年龄对名义资本偏离度影响系数分别为−0.0168、−0.0206和−0.0244。这意味着，在1998年同一行业和地区的规模以上工业企业中，企业早成立一年，名义资本对实际资本的偏离上升1.68%。在1999年和2000年，企业年龄增加一年所带来的企业名义资本的偏离度比1998年更高，分别达到了2.06%和2.44%。2000—2005年企业年龄对企业名义资本偏离度的影响基本上呈下降趋势，从−1.42%下降到微不足道的−0.03%。从2006年开始，企业年龄对名义资本偏离度的影响方向发生了变化，此时，企业成立年份越早，实际资本存量可能越小，企业名义资本对实际资本出现了正向偏离。

在9%的折旧率下，除了1998年以外，企业年龄都将使企业的名义资本出现正向偏离。原因在于，在比较大的折旧率下，企业实际资本的随着时间的损耗较大，成立时间较早的企业估计出来的实际资本存量反而比较少，因此名义资本高于实际资本。偏离幅度在1999—2002年逐年上升，从0.02%上升至1.12%，2003—2007年都稳定在1.5%~1.6%。

以企业固定资产净值为基础的估计，由于在估计过程中不需要考虑各年资本形成的相对效率的调整，而只需调整各年资本形成的相对价格，因此所

---

① 因此我们忽略了1978年之前成立企业的企业资本存量中1978年之前的价格因素。

② 由于微观数据样本庞大且自变量数据较少，估计结果的 R 值比较低是正常的。

估计出来的实际资本存量远大于原始的固定资产净值，造成企业年龄对企业名义资本偏离度的影响比较大。企业年龄对名义资本存量（固定资产净值）的偏离度也呈现出先升后降的倒 U 形，在数据库前期，企业年龄对名义资本的偏离度的负效应较小，到数据库的中期（2002）达到峰值，之后开始稳定地下降。

2.9　结论

由于企业历史信息缺乏，加之测量误差的存在，精确估计出企业的真实资本存量比较困难。然而，根据一些可得信息对企业名义资本存量进行调整，可能会更接近于企业真实资本存量。

为了确保估计结果的稳健性，我们分别以企业固定资产原值和固定资产净值为数据基础对企业实际资本存量进行估计。同时，以企业固定资产原值为数据估计的过程中，分别采用了 5% 和 9% 的折旧率进行对照。在对企业实际资本存量估计的过程中，我们发现：

第一，以任何估计方式所得到的企业实际资本都与企业名义资本存量存在着系统性的偏离。基本上，前期的企业资本存量会相对变大，后期的企业资本存量相对变小，导致资本存量的增长率降低。

第二，偏离程度与企业的年龄有密切关系。企业成立时间越长，则企业的实际资本与名义资本之间的偏离越大，名义资本存量倾向与低估了成立时间较长的企业的真实资本使用量。因此，资本存量的价格调整对与企业年龄相关的特定企业的资本存量的影响更大。例如，所估计出来的国有企业的实际资本存量相对较大，老工业基地的区域资本总量和重工业行业的实际资本存量比较高。

第三，企业年龄对企业名义资本偏离程度度的影响随着时间发生改变。具体而言，企业年龄对名义资本存量的偏离度基本呈现出先升后降的倒 U

形，在数据库前期，企业年龄对名义资本的偏离度的负效应较小，到数据库的中期达到峰值，之后开始下降。

根据企业的成立时间和名义资本增长率等信息对企业实际资本存量进行调整，将对企业生产率的估计产生重要的影响。总体来看，数据库前期的资本存量上升，后期的资本存量下降，因此整体的生产率增长速度将会加快。另外，国有企业的成立时间普遍早于非国有企业，国有企业实际使用的资本存量相对较高，在未进行调整的情况下，我们倾向于高估国有企业的生产率。

由于信息缺失相对较多，对微观企业资本存量的调整只能在一定的假设下进行，难免有一些偏误。实际上，通过与已有的省际与行业层面估计结果对比，我们的估计结果呈现出良好的稳健性，并未出现结构性偏差。以企业资本估计企业生产率，在不涉及国际企业生产率绝对值对比的研究中，使用更多的是企业之间的相对信息。本章则在企业间根据年龄和成立时间的信息差异对企业资本存量进行相对调整，能够更真实地反映不同特性的企业使用的相对资本存量，如果在此能有所借鉴，那么在总量上的偏误在一定程度上可以容忍。由于数据的局限性，目前只能根据有限可得信息尽可能将企业资本存量向实际的资本存量方向调整。当有更丰富的数据可供使用，以更精确地估计出企业历史各年的资本形成额时，那么对企业真实的资本存量的估测将更为准确，我们期待后续的改进工作。

第 3 章　中国工业企业生产效率估算

　　微观企业生产效率提升是宏观经济增长的基础。目前，大量研究开始对中国工业企业生产效率进行估算，这些文献在生产函数模型、样本范围与数据处理等实证因素方面各不相同，所估算出来的企业生产率也有较大差异。由此带来以下问题：在生产率的估计结果中，多大程度是企业真实效率的体现，多大程度是实证因素带来的误差？本章通过对比研究，分别观测生产函数模型、样本范围和价格因子等实证因素对各种估算方法的影响，并对比了基准处理方式下不同估算方法的估计结果。研究表明，在我们所观察的三种实证要素中，不同生产函数模型设定造成的估算结果差异最大，以全样本进行估计高估了企业生产率，以地区价格因子进行估计则倾向低估企业生产率，实证因素对各估计方法的影响程度因不同的估计方法而各异。另外，不同估计方法估算结果之间存在着较大差异，这意味着对企业生产率估算中仍然有大量的干扰因素有待消除。

3.1　估算背景

　　生产效率的提高是经济增长的基石，对生产效率的估算是经济研究中的重要领域。传统衡量生产效率的方法是劳动生产率，但劳动生产率是一种单要素生产效率估计法，不足以衡量使用多种投入要素企业的生产效率。由此，人们开始考虑多要素投入下生产率效率的衡量方法，在此基础上估计出来的生产率被称为全要素生产率（TFP）。全要素生产率的估算最早源于Solow（1956）的生产函数以及核算，在很多情况下，全要素生产率增长率又被称为索洛余值。早期全要素生产率估计一般应用于宏观层面的研究，随着数据可得性的改善以及微观企业研究的兴起，针对宏观数据的生产率研究方法开始应用于微观企业。

对中国经济效率的研究也经历了从宏观到微观的过程。改革开放以来，中国经济出现了持续高速增长的奇迹，大量研究开始尝试评估经济增长中的源于效率提升的部分。很多学者认为中国经济增长是由要素投入驱动的粗放增长，一旦要素投入下降，增长速度将会放缓，Krugman（1999）据此提出了著名的"东亚无奇迹"论断。影响较大的还有Young（2003）对中国经济增长奇迹的质疑：在对投入变量的价格因素和劳动力的教育投入进行调整后，Young（2003）发现中国非农业部门全要素生产率从3%下降到1.4%。从这里可以看出，对投入产出等名义变量的处理可能会对估计结果产生重要影响。另外，中国经济的主要推动力是制造业部门，大量研究显示，制造业部门的生产增长较快（Brandt等，2012），但Young（2003）选择了包括制造业和服务业的整个非农部门作为样本对生产率进行估计，由此得出中国全要素生产率增长缓慢的结论，说明估计样本的不同可能会影响估计结果。不难看出，对中国经济增长本质的争端产生的重要原因在于数据处理、样本范围以及估计方法等实证要素的差异，凸显出建构稳健的数据基础和选择合适估计方式的重要性。

越来越多的中国学者也投入到中国经济生产率研究中。受制于数据的可得性，这些研究也多限于宏观经济层面，比如张军和施少华（2003）、郭庆旺和贾俊雪（2005）和王小鲁（2000）等对中国整体经济全要素生产率的估算，以及一些分部门或地区的研究（Ozyurt，2009）。基于总量数据的宏观研究缺憾在于，我们无法从微观企业角度观测影响生产率的因素，从而不能多层次展示生产率的演进过程。

中国工业企业数据库的出现缓解了这一困境,该数据库基于国家统计局收集的《规模以上工业统计报表统计》整理而成,统计对象为规模以上工业企业,[①] 是《中国统计年鉴》的工业部分和《中国工业统计年鉴》两本年鉴的原始数据。该数据库的公布改善了中国微观经济研究环境,现在已经成为中国经济学和管理学研究领域的基础数据。基于该数据库的文献已经覆盖了国际贸易、公司治理、生产率、FDI、研发、民营化、公司金融、产业集聚和宏观政策的微观影响等各个方面(聂辉华等,2012)。其中相当一部分文献涉及对企业生产率的估计,典型的代表有:总体经济生产率方面,谢千里等(2008)对中国工业经济生产率增长和收敛的分析,Brandt 等(2012)对中国经济增长动力的研究;资源错配方面,Hsieh 和 Klenow(2009)对中国由于资源错配而产生的效率损失的估算,聂辉华和贾瑞雪(2011)对中国制造业资源错配的估计等;国际贸易方面,张杰等(2009)对于出口能否促进本土企业生产率的考察,余淼杰(2010)关于贸易自由化对中国制造业企业生产率的影响,关税减免以及加工贸易对企业生产率的提升;针对微观企业生产率演进的研究,有周黎安等(2007)关于企业生产率的代际效应和年龄效应的研究;鲁晓东和连玉君(2012)从计量方法的角度对 1999—2007 年中国工业企业生产率的估计等。

我们在表 3-1 中将目前基于中国工业企业数据库估计企业生产率的文献进行整理,发现这些文献在估计过程中,从样本处理到估计方法各实证操作因素都不尽相同,估计结果存在着较大差异。由此导致以下问题:第一,我们无法在这些文献之间进行横向比较;第二,无法排除这些估计过程中由实证要素造成的偏差。因此,将不同的实证操作方式与估计方法所得结果进行对比研究,对于进一步精确估计出中国工业企业生产率具有重要参考价值。其意义在于:首先,不同的实证处理方式对估计结果的影响不同,通过对比可以观测由实证因素引起的估计结果差异,分离出实证因素对估计结果的干扰,更好地理解所得结果;其次,不同的估计方法所蕴含的理论假定不同,

---

① 包括全部国有工业企业和主营业务收入高于 500 万元的非国有工业企业。

其差异反映了特定的数据特性和企业性质，将其进行对比，能使我们更深刻地理解样本特性；再次，某些实证操作方式明显有悖于现实，将这些因素对估计结果的影响提取并进行分析，有助于在进一步的研究中规避一些误区；最后，将不同的估计结果进行对比可以建立一个参照系，便于文献之间的横向比较。

为此，我们整理出估计微观企业生产率的七种方法，对这些估计方法的估计原理以及优缺点进行简要介绍。在进一步的经验分析中，将实证操作因素划分为生产函数模型选择、样本范围与名义变量处理三类要素，为了观测这些实证因素对估计结果的影响，我们以 $2 \times 2 \times 2$ 的对照结构对各种估计方法进行估计，分解模型、样本和数据三种因素对估计结果的具体效应。最后，在基准的实证处理方式下，我们对照了各种不同的估计方法的估计结果，并分析异质性企业对不同估计方法的敏感度。

在这个过程中，我们有以下发现：①生产函数模型的设定对估计结果的影响最大，在各种估计方法中，系统广义矩估计对生产函数模型的选择最为敏感，数据包络分析和 LP 方法对该因素相对稳健。②以全样本对企业生产率进行估计有悖于不同行业企业之间存在差异的现实，因此存在着偏误。其中，OP 方法和系统广义矩估计在全样本下估计结果误差较大。总体上看，全样本高估了企业的对数生产率，并且估计结果方差更小。③使用地区价格因子对名义变量进行价格平减，错估了企业所面临的价格环境，因此低估了资本系数和劳动系数，同时高估了中间投入品的系数。在各种参数估计方法中，LP 方法对价格因子比较敏感，但最为敏感的是非参数估计中的数据包络分析（DEA），在不同的价格因子下估计结果相差较大。④参数与非参数两类估计方法估计结果显著不同，特别是非参数估计中的指数法，其估计结果与其他估计方法的相关性非常低。

本章结构安排如下：第二部分对当前企业生产率的研究文献进行回顾，梳理常用的企业生产率估计方法，并对这些估算方法原理进行简单介绍；第三部分介绍对样本的标准处理方法；第四部分分析三种实证因素对估计结果的影响；第五部分对比基准处理方式下各估计方法的估计结果；最后一部分是结论。

3.2　估算方法

Del Gatto 等（2011）曾对生产率的估计方法做了一个很好的总结和分类，他将生产率的估计方法按宏观、微观，前沿、非前沿和参数、非参数，及确定性方法和参数估计方法等维度进行划分，将生产率估计方法分为数据包络分析（DEA）、自由处置包（FDH）、随机前沿分析、增长核算、指数法、增长回归和代理变量法等。其中，估计企业生产率可以用到的方法有数据包络分析、自由处置包、指数法、随机前沿分析以及代理变量法。目前估计中国工业企业生产率使用最多的方法是代理变量法，其次是指数法，具体的估计方法以及数据处理方式见表 3-1。

从表 3-1 可以看出，现有文献对中国工业企业生产率的估计方法大体上有四种：①传统的指数核算法；②普通最小二乘法；③Olley 和 Pakes（1996）在纠正最小二乘估计偏误基础上发展出来的 OP 估计法；④Levinsohn 和 Petrin（2003）改进 OP 估计法得到的 LP 估计法。其中，因为对估计偏误进行了处理，OP 估计法和 LP 估计法的应用频率较高。

上述估计企业生产率的方法中，指数法以要素份额替代要素弹性计算出生产率，其余估计方法根据投入要素系数估计值计算企业生产率。实际上，对企业生产率的估计方法由此可以分为参数估计法和非参数估计法，在我们所观察的估计方法中，指数法和数据包络分析属于非参数估计方法；随机前沿分析、普通最小二乘法、OP 法、LP 法和工具变量法（系统广义矩估计）属于参数估计方法。两种方法各有其优缺点，其适用范围有所不同，我们将在以下部分进行详细说明。

表 3-1 现有企业生产率估计结果一览表

作者（年份）	样本	估计方法	模型/价格	资本/价格	折旧	要素份额	TFP 均值	TFP 方差	TFP 增长率
涂正革（2005）	1995—2002	SF	VA/未说明	NET/未说明	—	—	—	—	6.80%
周黎安等（2007）	1998—2004 平衡	LP/POL/FE	Y/未说明	未说明/未说明	未说明	—	0.015（对数）	1.112	—
谢千里等（2008）	1998/2005	OIS/POL/POK	Y/IND	NET/未说明	无	0.316/0.684	2.13~2.58	—	6.14%
李玉红等（2008）	2000—2005	OP	Y/未说明	NET	未说明	—	1.307~1.479	—	2.50%
Hsieh（2009）	1998/2001/2005	核算法	—	NET	未说明	要素份额	—	0.74~0.63	—
张杰等（2009）	1999—2003 本土	OP/OIS/POL/POK	VA/未说明	NET/未说明	15%/12%/5%	0.257/0.555	—	—	—
余淼杰（2010）	1998—2002	OP/OIS	Y/IND	NET/IND	15%/10%/5%/4%	0.15/0.44/0.31	—	—	—
李春顶（2010）	1998—2007	核算法	VA/未平减	未平减	—	0.33/0.67（设定）	2.16~3.32	—	—
聂辉华等（2011）	1999—2007	OP 法	Y/PRO	NET/PRO	15%	0.05/0.06/0.9	1.61~1.91	0.44~0.58	2%
余淼杰（2011）	2000—2006 出口	OP	Y/IND	NET/IND	未说明	0.052/0.117/0.82	1.259	—	—
简泽（2011）	1998—2007 平衡	LP	VA/PRO	NET/PRO	当期折旧	—	105~2463	104~6903	—
Brandt（2012）	1998—2007	核算法	VA/IND	NET/PRO	12%	要素份额	235~501	—	9.41%
李平等（2012）	1998—2007	LP	VA/PRO	NET/PRO	当期折旧	—	235~501	—	—
邵敏等（2012）	2000—2006 补贴	LP	VA/IND	IND	未说明	未说明	1.284（2001）	—	—
鲁晓东（2012）	1999—2007 平衡	LP/OP/OIS/FE	VA/PRO	ORI/未说明	当期折旧	0.2~0.4/0.1~0.5	3.56~4.68	—	2%~5%

注：有些文献并未列出总体企业 TFP 均值，只列出分行业或地区的均值，我们将这些分类计算的均值中的最大值和最小值列出，总体企业 TFP 均值位于该范围内；估计方法中的 SF、LP、OP、POL、POK 和 FE 分别表示随机前沿、LP 估计法、OP 估计法，资本生产率、劳动生产率，因变量中的 Y 和 VA 分别表示产出模型和增加值模型，IND 表示行业价格平减指数，PRO 表示省际价格平减指数。固定资产净值中的 NET 表示固定资产净值，ORI 表示资产原值。

3.2.1　指数法

该估计方法首先需要设定生产函数：

$$Y_{it} = A_{it} F_{it}(X_{it}) \tag{3.1}$$

其中，Y_{it} 表示产出，A_{it} 表示生产率，X_{it} 表示投入要素。由于企业生产率本质上是相对概念，因此(3.1)式更一般的形式为：

$$\ln (A_{it}/A_{j\tau})_k = \ln(Y_{it}/Y_{j\tau}) - \ln(F_k(X_{it})/F_k(X_{j\tau})) \tag{3.2}$$

其中，t 和 τ 表示时期，i 和 j 表示企业。将企业下标固定($i=j$)可以得到企业生产率的增长率，将时期固定($t = \tau$)可以得到企业生产率的水平差异，可近似看做企业的生产率。产出方程(3.1)允许企业生产技术不同，但(3.2)式是对不同企业的生产率进行对比，需要假定企业使用同一生产技术，要素替代弹性即为要素份额。

利用(3.2)式中各项比率以要素份额为权重的加权平均值可估计全要素生产率的增长率，以此原理为基础测算生产率的基准方法是 Törnqvist 指数法，整个测算过程不需要任何参数估计：[①]

$$TFPG_{it}^{IN} = y_{it} - y_{it-1} - \overline{S_{it}}(l_{it} - l_{it-1}) - (1 - \overline{S_{it}})(k_{it} - k_{it-1}) \tag{3.3}$$

其中，$\overline{S_{it}} = S_{it} + S_{it-1}/2$ 是 t 期和 $t-1$ 期工资份额的平均值。y_{it}、l_{it} 和 k_{it} 分别表示工业增加值、劳动和资本的对数。为了比较同一行业中不同企业的生产率水平，Caves 等(1982b)提出以下估计全要素生产率水平值的方法：

$$TFP_{it}^{IN} = y_{it} - \overline{y_t} - \overline{S_{it}}(l_{it} - \overline{l_t}) - (1 - \overline{S_{it}})(k_{it} - \overline{k_t}) \tag{3.4}$$

即企业生产率是与行业平均值进行比较的相对值，劳动投入差异的权重是 $\overline{S_{it}} = (S_{it} + \overline{S_t})/2$，资本投入差异的权重是 $1 - \overline{S_{it}}$。不同的企业与同一基准企业进行对比，以此得到生产率的相对值。

由上述估计原理可以看出，指数法直接计算企业生产率，不需任何参数

---

① 参数估计方法假设同一行业中的所有企业采用同样的生产技术，该假设对所选择的技术模型比较敏感，所以一般需要将参数估计方法和非参数估计方法估计的结果进行对比。

估计，并且可对多要素投入产出企业生产率进行估计。另外，该估计方法还允许企业生产技术存在异质性，技术演化也可以设定为要素偏向。其主要缺陷在于模型的确定性性质（即不允许随机因素的存在），以及对市场结构和企业行为的假定过于严格。并且，由于没有引入随机因素，该估计方法对测量误差或者异常值的稳健性较低。

3.2.2　数据包络分析（DEA）

数据包络分析也被称为非参数前沿分析，最早可以追溯至 Farrell（1957）的研究。Charnes 等（1978）将该估计方法可操作化后，大量研究开始采用该方法测量决策单元的效率水平（Seiford 和 Thrall，1990）。数据包络分析并不需要设定生产函数，效率被定义为产出的线性组合与投入的线性组合之比，线性组合中产出权重 v_q 与投入权重（v_l，v_k）通过最大化所考察企业的效率确定。该估计方法对每个观测值求解一个线性规划问题，假定观测值为 1，则其面临的问题为：

$$\max_{v_q,\ u_l,\ u_k} \theta_1 = \frac{v_q Y_1 + v^*}{u_l L_1 + u_k K_1}$$

$$\text{s. t}\quad \frac{v_q Y_i + v^*}{u_l L_i + u_k K_i} \leq 1 \quad i = 1,\ 2,\ 3,\ \cdots,\ N \tag{3.5}$$

$$v_q,\ u_l + u_k > 0,\ u_l,\ u_k \geq 0$$

$$v^* \geq 0$$

除了投入权重不能为负，上述最大化问题面临的唯一约束是所有企业的效率都不能超过 100%。为了便于解出该线性规划问题，一般在求解之前都会对上述线性规划问题进行标准化处理：由于投入产出权重同比例变化将不影响求解过程，在求解过程中通常令 $u_l L_1 + u_k K_1$ 等于 1。v^* 是可变规模报酬的互补松弛条件，在固定规模报酬设定下（$v^* = 0$）生产前沿是穿过原点的射线，在规模报酬可变的设定下生产前沿是所有观测值的包络线。

数据包络分析在估计过程中无需对生产函数和企业的行为方式进行设定，并且对企业生产技术没有任何限制，企业之间使用的生产技术也可以不同。每个企业被视为一个独立的个体，其他企业加权组成的虚拟混合企业可以复制该企业的生产过程，求解过程则以最大化被观测企业效率的目标，解出规定范围内各对照企业的权数。这种估计生产率方法的缺陷在于，任何产出投入比最高的企业效率都为100%，如果将模型设定为可变规模报酬，那么最低投入水平或者最高产出水平的企业效率都为100%。并且，该方法常用的模型设定不是随机的，所以对异常值比较敏感。另外，在估计过程中被估计企业要与其他所有企业进行比较，所以某个企业的测量误差将影响所有企业的生产率估计(Van Biesebroeck，2007)。

3.2.3　普通最小二乘法

普通最小二乘法是一种典型的参数估计方法，企业生产函数中的投入要素弹性系数根据样本估计得出，从而无需完全竞争市场的假设。并且，规模报酬也由所估计出来的要素弹性确定，也无需固定规模报酬的假定。

假设生产函数取 $C\text{-}D$ 形式，即 $Y_{it} = \Omega_{it} L_{it}^{\beta_l} M_{it}^{\beta_m} K_{it}^{\beta_l}$，其中 Y 表示产出，Ω 表示全要素生产率，L 表示劳动，M 表示中间投入，K 表示资本。对生产函数取对数得到：

$$y_{it} = \beta_k k_{it} + \beta_l l_{it} + \beta_m m_{it} + \omega_{it} + u_{it} \tag{3.6}$$

其中，y_{it}、β_k、β_l 和 β_m 分别表示取对数之后的企业产出、资本、劳动力和中间投入；ω_{it} 表示不可观测且随时间变化的企业异质性生产率；u_{it} 表示生产率偏离预期水平的冲击以及被解释变量中的测量误差。ω_{it} 和 u_{it} 都无法观测，区别在于 ω_{it} 是状态变量，企业在观测到本期生产率 ω_{it} 后决定投入要素 l_{it} 的投入数量，因此 ω_{it} 会影响企业的投入决策，但企业无法观测到 u_{it}，因此 u_{it} 与投入要素不相关。

生产率冲击 ω_{it} 与要素投入相关导致估计普通最小二乘估计法的估计结果出现偏误，早期一些研究采用固定效应模型消除 ω_{it}，以排除其对估计结果的影响。但固定效应模型假定企业不可观测的生产率冲击 ω_{it} 固定不变，与现实中企业生产率不断变化的事实不符，因此无法将 ω_{it} 完全消除，所以固定效应不能完全解决生产函数估计中的内生性问题。

3.2.4 OP法

由于投入变量与生产率相关，如果不控制生产率冲击对要素投入决策的影响，则被影响的投入要素系数的估计值将产生向上的偏差。另外，同一生产率水平下具有更高资本存量的企业预期利润更高，生产率水平相同的大企业比小企业生存概率更大，造成企业的退出与企业规模相关，产生样本选择性问题，其结果是预期生产率与资本存量负相关，资本系数估计值产生向下的偏差。

为了解决这个问题，Olley 和 Pakes（1996）利用投资方程控制生产率冲击与中间投入的相关性。具体原理为：由于正的生产率冲击将提高企业的生产率预期进而提高投资，因此投资是生产率的单调增函数，从而可由投资方程的反函数将观测不到的生产率表示为投资、资本存量和企业年龄等变量的显性方程，该方程可用来控制内生性问题。

在实际的估计过程中，OP法采取两步估计的形式。第一步，利用上述生产率显性方程控制生产率内生性后，估计出劳动投入和中间投入品系数的一致估计量；第二步，以企业生存概率方程控制样本选择性偏差，可以将资本投入等对投入决策的影响将其对产出的影响中分离，进而估计出资本投入等变量系数的一致性估计量。

因为上述估计涉及多个步骤，所以无法得到系数估计量的标准差。在实际的估计中，一般将企业在不同年份的观测值作为一组，利用自体抽样法（Bootstrap）估计系数估计量标准差，这要求精确匹配同一企业在不同年份观测值。OP法可以将生产函数模型设定为产出模型或增加值模型，二者采用同样的估计方法进行估计。

OP估计方法的主要优点在于对生产率的设定约束较小，只需满足马尔科夫过程假定。其缺陷在于估计过程中对生产率冲击的非参数近似处理，即以投资函数的反函数将投资等状态变量表示为生产率冲击的函数，这种单调关系可能并不满足。另外，很多企业根据永续盘存法估算出来的投资为负，此类观测值无法进行估计。

3.2.5　LP 法

在实际应用中，对投资的估算是一个棘手的问题，并且投资与生产率之间可能并不满足单调性条件，导致 OP 估计量不满足一致性条件。Levinsohn 和 Petrin(2003)发现，在一定条件下，中间投入品也能解决内生性问题，使用中间投入品作为生产率冲击的代理变量还有以下优点：首先，相对于投资，中间投入品使用量基本都为正数；其次，企业对中间投入品的使用比较容易调整，因此中间投入品对生产率冲击的反应比投资更灵敏；最后，因为不是状态变量，所以中间投入品易于将估计方法与经济理论相联系。

有鉴于此，LP 法假定中间品投入取决于资本投入和生产率冲击，中间品投入是企业生产率冲击的增函数，因此可以以中间品需求的反函数将生产率冲击表示为资本投入和中间品投入的显性函数。

LP 法同样利用两步法进行估计：第一步，利用中间投入品反函数控制生产率冲击，得到劳动投入量的一致估计量；第二步，根据生产率冲击的马尔科夫过程假定，以及设定一个资本投入系数初始值，可以利用第一步的估计结果进一步估计出生产率冲击的一致近似值；利用该近似值和劳动投入系数以及设定的任意初始的资本投入系数，得到生产函数的残差项，通过不断循环估计得到最小化该残差的资本投入系数估计值。由此得到生产函数的全部系数的估计值，从而可计算出企业全要素生产率。该估计方法在产出模型和增加值模型两种设定方法下估计方法有些差别，利用产出模型进行估计时，需要将资本投入系数从中间投入系数中识别出来，此时 LP 法利用了中间投入与本期残差无关的矩条件。

OP 法和 LP 法以面板数据结构估计生产率，对同一企业的各年观测值进行自助抽样估算系数的标准差，这就需要尽可能将同一企业不同年份的观测值精确串联。另外，OP 法在估计生产率过程中以退出变量估计企业的生存概率以纠正样本选择偏差，也要求对样本进行精确匹配。

3.2.6 随机前沿分析

对于给生产函数估计带来严重干扰的生产率冲击，随机前沿分析直接假定该变量服从某一分布，从而将其从随机扰动项中分离，这种估计思想最早源于 Aigner 等(1977)、Meeusen 和 Van den Broeck(1977)。因为设定了生产率的具体分布，所以该方法利用最大似然估计法对其进行估计。生产函数的残差项(3.6)中的 ω_{it} 弱为负，为企业 i 在 t 期与生产前沿的效率差距。该方法初始用来估计截面企业样本，后来逐渐发展至面板数据样本。Battese 和 Coelli(1992)假定面板数据观测值的生产率函数为：

$$\Omega_{it} = - e^{-\eta(t-T)} \Omega_i \qquad \Omega_i \sim N^+ (\gamma, \sigma^2) \qquad (3.7)$$

每个企业的相对生产率 Ω_i 为服从非负断尾正态分布且不随时间发生变化的变量。当 Ω_i 为正(负)时，所有企业非效率确定性部分以同样的速率递增(递减)。截面数据下，设定比较严格的假定是将随机扰动项中的生产率部分分离出来的唯一方法；面板数据包含了更多信息，在相对弱假定下也可以识别出生产率。

随机前沿的优点在于，生产函数中确定性前沿产出可以进行更符合现实的设定，例如引入要素偏向的技术演进或采用更灵活的函数形式，不同的设定基本都是在生产函数的灵活性和估计结果的精确性之间进行平衡。在(3.7)式的假设下，企业相对位置固定，因此只需要估计三个系数，但估计结果精确性随着样本期变长而下降。另外，该估计方法仅由严格的生产率分布假定对生产率进行估计，这种估计原理受到很多学者质疑。

3.2.7 工具变量法(系统广义矩估计)

对于要素投入内生性的问题，另一种解决方法是工具变量法。Blundell 和 Bonds(1998)提出了估计特定误差项类型的系统广义矩估计法，他们先将这一估计方法应用于生产函数的估计(Blundell 和 Bond，2000)。在系统广义

矩估计的估计模型中，生产率被设定为具有一阶自回归性质的企业固定效应
（$\Omega_{it} = \Omega_{it-1} + \eta_{it}$），变量 η_{it} 用以捕捉测量误差和短期生产率冲击。对生产
函数进行差分可以得到下述估计方程。

$$y_{it} = \rho y_{it-1} + \alpha_l(l_{it} - \rho l_{it-1}) + \alpha_k(k_{it} - \rho k_{it-1}) + \omega_i' + (\eta_{it} + \varepsilon_{it} - \rho \varepsilon_{it-1})$$

$$(3.8)$$

因为投入变量与各年生产率新息 η_{it}、当年生产率短期冲击 ε_{it} 和上一期
的生产率冲击 ε_{it-1} 都具有相关性，估计上述差分方程仍然需要另外一些矩
条件。

（3.8）式的一阶差分形式剔除了企业生产率冲击固定效应，在初始条件
的标准外生假设下，三期以上的投入与产出滞后与 $\Delta \varepsilon_{it}$ 不相关。因为一阶差
分方程中包含 ε_{it-2}，该误差项与二阶滞后的产出相关（企业会基于该冲击做
出投入选择决策），因此必须使用三阶滞后作为工具变量，更多滞后变量则
可用来提高估计的精确性。

由滞后变量组成的工具变量可能是弱工具变量（Blundell 和 Bonds，
1998）。如果假定投入变化与企业固定效应无关，并且初始产出变化也与企
业固定效应无关，那么变量的一阶差分的二阶滞后是其有效工具变量。如之
前一样，（3.8）式中的滞后残差 ε_{it-1} 必须使用工具变量的更多滞后，在这种
情况下，包含更长的滞后期并不能提供更多的信息。生产函数通过由一阶差
分方程和原方程的组成的方程系统进行估计，二者都具有合适的工具变
量集。

系统广义矩估计可以获得较多的工具变量。在估计一阶差分方程时，因
为有很多工具变量可以使用，所以可以检验工具变量过度识别的约束。系统
广义矩估计的优点在于，除了固定效应和异质性因素，该估计方法允许生产
率中存在某些表现为自相关形式的因素。另外，相对于简单的固定效应估计
量，系统广义矩估计除了利用变量差分中的信息，还利用了变量水平值中包
含的信息，这些信息可能有利于克服测量误差（Griliches 和 Mairesse，1995）。
系统广义矩估计的主要缺陷在于，由于使用滞后变量作为工具变量，因此必

须使用比较长的面板数据，如果引入短期生产率冲击，至少需要 4 期观测值。并且，在弱工具变量的情况下，该方法和固定效应估计法一样将低估投入变量的系数。

3.3 数据处理

由上述各估计方法的估计原理可以看出，测量误差是影响估计结果的主要原因之一。因此，对原始数据的处理十分重要，在进行估计之前，需要尽可能地由原始数据获得变量的真实信息。对中国工业企业数据库原始数据的处理主要涉及样本匹配、名义变量的价格平减以及样本筛选等步骤。在这一部分，我们主要参照 Brandt 等（2012）对原始数据的处理过程进行介绍，并指出其中容易存在的误区。

3.3.1 样本匹配

企业代码是合并不同年份企业样本的主要依据，但由于企业的误报、改制或重组，可能出现企业代码和企业名称变动，识别出此类样本并进行匹配，是基于面板数据结构的估计方法得到稳健估计结果的基础。一般文献都很少提及如何解决这一问题，有所提及的主要有聂辉华等（2012）的交叉匹配法和 Brandt 等（2012）的序贯识别法。聂辉华等（2012）采用交叉匹配法匹配各年份数据，先将企业按企业名称分别进行分组，然后将同一名称组下所有企业代码下的企业归为一组（对每一名称组都依此进行操作，不断重新归组，因此称为"交叉匹配"）；Brandt 等（2012）利用序贯识别法匹配不同年份的样本，先根据相同的企业代码识别同一家企业，然后以企业名称匹配按照企业代码无法匹配的样本，最后利用法人代表、地区、电话号码的综合信息进一步匹配剩余的样本。综合各种因素考虑，我们选择序贯识别法对样本进行匹配，匹配结果见表 3-2：

表 3-2 数据库各年样本匹配结果

年份	初始样本	第一关键字匹配样本数目	第二关键字匹配样本数目	第三关键字匹配样本数目	第四关键字匹配样本数目	第五关键字匹配样本数目	剩余观测值数目
1998	165118						24834
1998—1999	162033	133504	4125	2169	332	154	21749
1999—2000	162883	133640	2699	829	247	48	25420
2000—2001	171256	121858	6855	432	342	10	41759
2001—2002	181557	145309	2308	2001	587	79	31273
2002—2003	196220	150031	4270	2812	455	0	38652
2003—2004	276474	143915	5803	7886	2155	0	116715
2004—2005	271835	230016	1913	2218	750	66	36872
2005—2006	301960	245000	1373	1954	761	80	52792
2006—2007	336768	273146	1111	1752	618	84	60057

注：第一关键字为企业代码，第二关键字为企业名称，第三关键字为企业法人+企业所处地区，第四关键字为企业所处地区+企业所处行业+企业电话，第五关键字为企业成立年份+企业所处行业+企业所在乡镇+企业主要产品。

由表 3-2 可以看出，大部分观测值都可以通过企业代码在两年之间进行匹配。各年通过企业代码成功合并的观测值占总观测值的比例基本都在 80% 以上。在所有成功匹配的观测值中，通过企业代码匹配的观测占 95% 左右，通过其他方式匹配的观测值占成功匹配观测值总数的 5%。假定所有企业都被成功匹配，表 3-2 中的剩余观测值可看做当期新进入市场的企业。

3.3.2　实际资本存量估算

资本存量是估计企业生产率的关键变量，数据库中企业上报的固定资本存量都是由以原始购买价格计价的各年投资剩余累计而成的原始资本存量。为了便于操作，大部分文献在估计实际资本过程中都忽略企业资本存量中 1998 年之前的价格因素，只对 1998 年之后的价格因素进行调整，只有 Brandt 等（2012）尝试调整企业整个存续期内所有年份的价格因素。

我们遵循同样的思路，以分行业、省级的资本增长率近似企业的资本存量增长率,进而估计出现在中国工业企业数据库(1998—2007)中的企业的实际资本存量。在估计过程中,我们尝试了包括固定资产原值与固定资产净值等多种途径,并且,以固定资产原值为基础估计企业实际资本时,我们对比了不同折旧率下的估计结果以保证稳健性。估计结果表明,未经任何处理的名义资本存量与实际资本存量增长率差异较大,名义资本存量年均增长率远远超过所估计出来的实际资本存量增长率。因此,不管采取何种折旧率和估算方式,经过价格折算的企业实际资本存量都要优于原始的资本存量,综合权衡之后,我们选取以固定资产原值为基础的5%折旧率下的实际资本估计值作为基准资本存量。

3.3.3 劳动者报酬的估算

指数法需要以劳动所得占增加值的比重估算劳动份额,中国工业企业数据库中包含劳动报酬的变量有工资、雇员补贴以及失业保险等,一般将这些变量之和作为劳动所得指标。然而,由此估算的劳动所得与宏观统计数据有较大的冲突,中国工业企业数据库中劳动所得占增加值的份额只有34.2%,而国民收入核算中工业行业的劳动所得份额大概为55%,企业报告的劳动报酬可能低估了支付给劳动的份额。Hsieh 和 Klenow(2009)在对生产率进行估算时,将所有企业的劳动工资份额等量调整至与国民核算中的份额一致,以纠正该偏差。本章以指数法估计企业生产率时,同样遵循该方式对数据进行纠正。

3.3.4 行业代码的统一

每个企业都有对应的4位数的工业行业代码,标示企业所属的行业,但国民经济行业分类体系在2003年经历了更改,行业代码的内容和范围都有较大的更改,因此,若进行行业层面的研究,需要将2003年前后的行业代码进行统一。

行业代码的统一还涉及名义变量的价格平减。目前相关研究对名义变量的价格平减分为两类，一种采用地区价格因子进行价格平减（聂辉华和贾瑞雪，2011；鲁晓东和连玉君，2012）；另一种采用行业价格因子进行价格平减（余淼杰，2010）。但采用行业价格因子对名义变量进行价格平减的问题在于，2003 年以前并没有可用的行业价格指数（陈诗一，2011）。我们借鉴 Brandt 等（2012）的做法，利用行业分类统一后的名义产出与实际产出之比估算出分行业价格指数，该估算过程将在下一部分进行详细介绍。

将这两种不同的价格指数对比后可以发现，同一年内，各省之间的价格波动幅度不大，而不同行业之间的价格波动幅度较大（表 3-3）。说明行业间的价格差异远大于地区间的价格差异，行业价格指数更能反映名义价值的变化。另外，在时间维度上，行业分类下的投入价格指数在各年之间的波动也要大于省级分类下的价格指数，因此使用行业价格指数更为适宜。

表 3-3　　　　　　　　　　　　　　价格指数对照表

年份	投入价格指数		产出价格指数	
	Ind	Pro	Ind	Pro
1998	0	0	0	0
1999	1.841	2.507	2.561	2.428
2000	5.909	6.038	6.256	6.923
2001	4.47	2.671	4.84	2.969
2002	4.722	2.645	5.102	1.8
2003	7.491	4.364	6.387	3.908
2004	11.937	5.274	9.34	4.298
2005	18.752	4.068	12.756	4.263
2006	24.973	4.031	17.996	3.861
2007	26.901	3.022	22.225	2.71
MeanSd	10.531	5.26	6.325	5.269

注：Ind/Pro 分别表示四位数行业分类下价格指数/省级价格指数，[1] MeanSd 表示不同分类的价格指数在时间维度上的方差均值。上表由以 1998 年为基期的价格指数计算得出。

_____

[1]　由于两位数产出价格指数和 14 部门价格指数都根据投入价格指数与源于投入产出表的同样口径的权重换算，因此二者结果是一致的。

表 3-3 是不同分类水平的价格指数分布对比。其中 Ind 是行业水平分类下的价格指数，Pro 是省级价格指数。从行业水平的价格指数分布来看，价格指数在不同行业间的发散程度都逐年增大，到 2007 年行业间价格指数的方差达到 26。相比之下，省级之间的价格指数在各年之间差异非常小，最高年份的方差不超过 7。这充分说明，企业所面临的环境在行业之间的差异大于在地区之间的差异，应该使用行业分类水平下的价格指数对名义变量进行价格平减。MeanSd 表示不同分类的价格指数在时间维度上的方差均值，用以刻画价格指数在时间上的变化。从中可以看出，投入价格指数中，行业分类水平下的价格指数在各年之间的波动比较大，方差为 10 左右，省级分类水平价格指数方差为 5.26，只有行业分类水平下价格指数波动的一半。相对于水平维度，两类产出价格指数在时间维度上的差异并不大。

3.3.5 总产出的估算与价格平减

总产出也是估计企业生产率的重要变量，该指标的衡量方式有工业总产值和销售收入两个变量，由于存货的存在，与销售收入相比，工业总产值对总产出的衡量更为精确。但工业总产值是以当年价格衡量的企业产出，消除价格因素之后才能在不同年份之间进行对比。1998—2003 年并没有可供使用的产出价格平减因子，需要利用数据库所隐含的信息进行估计：由于企业报告了企业的名义产出和实际产出，使用名义产出与实际产出之比可估计出当年的价格指数。为保证估计的稳健性，我们在构建行业价格指数时，舍弃了与均值的差异超过方差一半的观测值（这些观测值占总观测值的 15% ~ 25%），然后以企业的工业总产出现值为权重，重新构建了行业产出价格指数。2004—2007 年，有中国统计年鉴提供的两位数工业分类下出厂价格指数可供使用。总体上，产出价格指数在亚洲金融危机之后的 1998—2002 年下降，2003 年之后开始上升。在整个 1998—2007 年，产出价格上升幅度为 12.5%。

3.3.6　中间投入品的价格平减

产出、中间投入品和增加值存在着会计上的均衡关系，可以结合投入产出表和产出价格指数估计投入价格指数。各行业投入价格指数是产出价格指数的加权，权数从 2002 年投入产出表推算得出。由于投入价格指数中原材料和能源的权重较高，2003 年以后原材料和能源价格大幅上升，导致投入品价格指数从 1998 年到 2007 年上升了 24.9%，是产出价格指数上升幅度的两倍。

需要指出的是，以上构建的价格指数可能无法贴切反映加工贸易企业增加值的价格变动，可能是我国出口企业"生产率悖论"（李春顶，2010）产生的部分原因。但目前无法得到加工贸易企业投入品价格指数的相关信息，因此这种偏误无法得到有效纠正。

由于产出与中间投入的价格波动方向并不一致，对增加值直接进行价格平减隐含着二者价格指数相同的假设，即不变价核算中的单缩法（许宪春，2002），因此实际上存在很大的误差。最好对产出和中间投入分别进行价格平减后再利用二者之间的会计关系估算出实际增加值，即采用不变价核算中的双缩法（许宪春，2002）。

3.3.7　样本筛选

样本中的极端值往往会使估计结果出现不可预料到的偏误，我们将参照已有的筛选过程对异常值进行处理，[1] 以确保估计结果的稳健性。我们的剔

---

[1]　Cai 和 Liu(2009)使用了比较全面的剔除方式，因此被较多的研究者所借鉴。他们的筛选程序如下：第一步，剔除关键指标(例如，总资产、职工人数、工业总产值、固定资产净值和销售额)缺失的观测值；第二步，剔除不满足"规模以上"标准的观测值，即固定资产净值低于 1000 万元，或者销售额低于 1000 万元，或者职工人数少于 30 人的观测值；第三步，剔除一些明显不符合会计原则的观测值，包括总资产小于流动资产，总资产小于固定资产净值，或者累计折旧小于当期折旧的观测值；第四步，剔除关键指标的极端值(前后各 0.5%)。余淼杰(2011)借鉴了 Cai 和 Liu(2009)的筛选方式，剔除了违背了一般公认会计准则的观测值，另外还剔除了没有识别编号和成立时间无效的企业(例如成立时间在十二月之后或在一月之前)，但雇员人数的剔除标准是 10 人以下的企业样本。

除程序为：第一步，剔除估计生产率所需关键指标(工业总产值、工业增加值、职工人数、固定资本净值或原值、中间投入品)缺失或小于零的观测值。第二步，剔除职工人数少于 8 人的观测值。第三步，我们剔除(Cai 和 Liu, 2009)所定义的不符合一般会计准则的观测值。第四步，根据所使用的样本范围剔除所使用的关键指标(工业总产值、工业增加值、职工人数、固定资本净值或原值、中间投入品)的前后 1%。① 各年异常值分布如表 3-4 所示。

表 3-4   各年异常值分布

	I	II	III	IV	V	VI	VII
	Non.	Non-	Emp<8	Output<500m	Non acc	Extrime	Survival
1998	148026	27837	1685	31932	576	8888	95535
1999	126961	15380	1989	29945	505	8983	89895
2000	127645	19733	3962	27107	481	8180	88436
2001	134226	12454	1536	24649	487	9201	102036
2002	163197	19922	1638	23072	259	9928	121404
2003	178284	15697	1276	18411	284	10501	141583
2004	253289	15863	3079	12314	573	15613	214817
2005	248210	13140	1726	11322	148	15557	213060
2006	275373	12454	1618	9486	93	17501	240694
2007	308718	12031	1609	5297	87	20703	273730

注：I 表示关键观测值非空的数量；II 表示关键观测值非正的数量；III 表示雇佣人数小于 8 的观测值数目；IV 表示工业总产值小于 500 万元的观测值数目；V 表示不符合一般会计标准的观测值数目；VI 表示处于关键观测值首尾 1% 的企业数目；表示剩余观测值。由于 II-VI 都在基准样本上同时统计，彼此可能有重合，因此 VII 不完全等于 I 与 II-VI 之差。

————————————

①   当我们所使用的样本范围为总体样本时，我们将剔除总体样本各关键指标的前后 0.5%，当分行业进行估计时，我将剔除各行业样本关键指标的前后 1%。因为在估计中没有涉及企业成立时间变量，所以我们并未以此为标准进行剔除；工业企业数据库的统计标准之一是雇佣人数达到 8 人以上，因此我们将剔除标准定为 8 人。

另外，根据 OP 法估算企业生产率需要获得企业的投资数据，按永续盘存法进行估算，相当一部分企业所估计出来的投资为负，因此 OP 估计法可用样本小于其他估计所使用的全样本。工具变量法因为需要使用变量的 3 期滞后作为工具变量，所以只能使用有连续 4 期以上观测值的企业样本，因此可用观测值的数目可能更少。

3.4　实证因素对估计结果的影响

前文介绍了数据准备过程，本部分我们将分别观测模型设定、样本范围和变量处理三种实证要素对估计结果的影响。在这三种实证要素中，生产函数模型的设定影响所有的参数估计方法以及非参数估计方法中的数据包络分析(DEA)，样本选择将影响参数估计方法的估计结果，变量处理则波及所有的估计方法。

生产率估计的重要差异体现在不同的生产函数模型选择。生产函数模型以是否包含中间投入品分为产出生产函数和增加值生产函数，目前没有令人信服的证据证明何种模型更为适用，大部分估计文献都选择使用增加值模型。但陈永伟和胡伟民(2011)认为，中国制造业生产对原材料依赖程度较高，增加值模型忽略了中间投入品的作用，可能导致估计结果偏误。为了观测模型设定对估计结果的影响，我们设定其他实证因素相同，将增加值模型和产出模型的估计结果进行综合对比，从而评估生产函数模型对各种估计方法的影响方向和程度。

样本范围的选择对非参数估计方法与参数估计方法的影响不同，非参数估计并不受样本范围设定的影响：指数法以要素份额替代要素弹性，对企业生产技术的异质性是稳健的；数据包络分析(DEA)以线性规划问题求解企业效率，也不涉及生产函数。相对于非参数估计对样本选择的稳健性，对样本范围的选择是参数估计方法中常见的误区。参数估计以一组观测值为样本估计出共同的参数，隐含着样本中所有企业要素替代弹性相同的假定，样本中的企业要素弹性差异过大，估计结果可能出现偏差。

在现实中，不同要素密集型的行业企业要素弹性差别较大，但目前大部分以参数估计法估计企业生产率的文献以全部企业的混合样本对企业生产函数各项参数进行估计，可能会得到有偏的估计结果。选用分行业的样本进行估计是减少该偏差的有效方式，因此，参数估计理论的研究者在进行实证分析时，都采用行业样本进行估计。以 OP 法和 LP 法为例，Olley 和 Pakes (1996)提出 OP 估计法时，将该估计法的应用限于具有同类企业的通信行业内部；Levinsohn 和 Petrin(2003)提出改进 OP 方法的 LP 估计法时，同样对不同行业的企业分别进行估计。为了观测以全样本进行估计对估计结果的影响，我们分别以全样本和分行业样本对企业生产率进行估计，① 在其他实证要素相同的情况下，通过对比估计结果的差异观察全样本在各种估计方法下的偏误程度。

另外一个影响企业生产率估计的因素是对名义变量的处理(价格因子的选择)，地区价格指数错估了企业所面临的价格环境，以之对名义变量进行价格平减，无法得到实际变量，因此可能使估计结果出现偏差。同样，我们保持其他两种实证要素一致，综合对比各种方法下使用不同价格因子的估计结果，以观测估计结果中使用地区价格因子造成的偏误程度。

为了分解模型选择、样本范围和价格因子三种操作因素对估计结果的影响，我们将实证分析设计为两种模型设定—两种样本范围—两种价格因子的 $2 \times 2 \times 2$ 结构。在观测特定实证因素时，我们以其余两种实证要素的四种组合下对照结果的均值作为该要素的影响指标。以生产函数模型的选择为例，增加值模型和产出模型分别都有不同的样本与价格因子组合的四组对应的估计结果 Ⅰ、Ⅱ、Ⅲ、Ⅳ 和 Ⅴ、Ⅵ、Ⅶ、Ⅷ。其中，Ⅰ 对应 Ⅴ、Ⅱ 对应 Ⅵ、Ⅲ

---

① 分样本情况下，我们将在四位数分类下的行业内进行估计。四位数分类是最为详细的行业分类，在该分类标准下，中国工业制造业被分为 425 个行业。在如此细分的行业下，企业的生产技术差异比较低，可以近似为同质性企业。

对应 VII、IV 对应 VIII。我们以每组对应的估计结果的比值观察两种生产函数设定下估计结果差异，取这四个比值的均值，观测生产函数模型对估计结果的影响，各种实证要素观测指标的具体计算方法见式(3.10)~式(3.12)。表 3-5 是实证部分的计量结构表。

表 3-5 计量结构表

模型	增加值				产出				估计结果
样本	全样本		分行业		全样本		分行业		
价格	P_{ind}	P_{reg}	P_{ind}	P_{reg}	P_{ind}	P_{reg}	P_{ind}	P_{reg}	
代码	I	II	III	IV	V	VI	VII	VIII	
Index	✓	✓	✗	✗	✗	✗	✗	✗	表 3-14
Dea	✓	✓	✗	✗	✓	✓	✗	✗	表 3-15
Ols	✓	✓	✓	✓	✓	✓	✓	✓	表 3-16
Front	✓	✓	✓	✓	✓	✓	✓	✓	表 3-17
Sys	✓	✓	✓	✓	✓	✓	✓	✓	表 3-18
Op	✓	✓	✓	✓	✓	✓	✓	✓	表 3-19
Lp	✓	✓	✓	✓	✓	✓	✓	✓	表 3-20

注：非参数估计方法对企业生产技术的异质性稳健，样本范围的选择不会影响估计结果，因此指数法(IND)和数据包络分析法(DEA)无需分行业估计。指数法以要素所得份额替代要素弹性，因为无法获得中间产品所得份额，所以不能以产出模型对其进行估计。

值得注意的是，此处为与当前的研究结果保持一致，我们对资本和增加值的处理遵循目前比较传统的做法，资本存量以 1998 年为基期对价格因素进行价格平减，增加值则以单缩法进行价格平减。参数估计法下，我们将根据所估计出来的资本、劳动和中间投入品系数计算企业的对数生产率。以下若无特别说明，所有结果都以对数生产率为基础计算得出。

在对估计结果进行的对比分析中，异质性企业生产率差异是我们的重要观测指标。因为异质性企业对各实证要素的不同处理方式响应程度不同，其生产率差异提供了较好的观测实证要素影响估计结果的角度。我们将观测的异质性企业有国有企业、出口企业、年轻企业、进入企业与退出企业五类。对于各类异质性企业，我们以平均对数生产率差异观测其生产率的差异度，该指标的计算公式为：

$$D_h = \frac{\overline{TFP_{hi}} - \overline{TFP_{si}}}{\left| \overline{TFP_{hi}} \right|} \tag{3.9}$$

其中，$\overline{TFP_{hi}}$ 为异质性企业平均对数生产率，$\overline{TFP_{si}}$ 为对照企业平均对数生产率，异质性因素 h 包含国有企业 soe、出口企业 exp、年轻企业 you、进入企业 ent 和退出企业 exi 等五种企业。

下文可见各种估计方法在不同的模型设定、样本范围和数据处理下的详细估计结果。为了精练估计结论，我们在这里对上述三个实证要素对各种估计方法的影响进行总结性分析。在以下的分析中，我们主要以统计量 $\overline{X_f/X_g}$ 观测实证要素对估计结果的影响，该指标在不同实证要素下的计算方法为：

模型选择：

$$\overline{X_y/X_{va}} = \left(\frac{X_{\mathrm{I}}}{X_{\mathrm{V}}} + \frac{X_{\mathrm{II}}}{X_{\mathrm{VI}}} + \frac{X_{\mathrm{III}}}{X_{\mathrm{VII}}} \frac{X_{\mathrm{IV}}}{X_{\mathrm{VIII}}} \right) / 4 \tag{3.10}$$

样本范围：

$$\overline{X_y/X_{va}} = \left(\frac{X_{\mathrm{I}}}{X_{\mathrm{III}}} + \frac{X_{\mathrm{II}}}{X_{\mathrm{IV}}} + \frac{X_{\mathrm{V}}}{X_{\mathrm{VII}}} \frac{X_{\mathrm{VI}}}{X_{\mathrm{VIII}}} \right) / 4 \tag{3.11}$$

数据处理

$$\overline{X_y/X_{va}} = \left(\frac{X_{\mathrm{II}}}{X_{\mathrm{I}}} + \frac{X_{\mathrm{IV}}}{X_{\mathrm{III}}} + \frac{X_{\mathrm{VI}}}{X_{\mathrm{V}}} \frac{X_{\mathrm{VIII}}}{X_{\mathrm{VII}}} \right) / 4 \tag{3.12}$$

其中，X 表示所观测的变量，包括资本系数 K、劳动系数 L、中间投入品系数 M、各行业资本系数方差 Ksd、各行业劳动系数方差 Lsd、各行业中间投入品系数方差 Msd、异质性企业生产率差异 D_h、对数生产率均值 $mean$ 和对数生产率方差 var。I-VIII 为不同实证要素组合代码。所观测实证要素的对应处理方式分别包括：模型选择中的增加值模型 va 和产出模型 y，样本范围中的全样本 all 和分行业样本 sub 以及价格因子中的地区价格指数 reg 和行业价格指数 ind。$\overline{X_f/X_g}$ 大于 1，表明实证要素中的处理方式 f 所得估计结果大于处理方式 g，反之则 f 小于 g；$\overline{X_f/X_g}$ 越接近于 1，说明该实证要素对估计结果影响越小；若 $\overline{X_f/X_g}$ 符号为负，则说明该实证要素不同的处理方式所得估计结果完全背离。为排除异常值的影响，所有结果均在去除对数生产率首尾 1%后计算得出，下面是对三种实证要素影响分析结果。

3.4.1　模型选择

所有参数估计方法和非参数估计中的数据包络分析均涉及生产函数模型的选择，可以将生产函数设定为产出生产函数或增加值生产函数，表 3-6 描述了各种估计方法在不同生产函数模型下的估计结果差异。

表 3-6　　　　　　　　不同生产函数模型设定的估计结果差异

	Dea		Frontier	Ols	Op	Lp	Sys-GMM
	TE	SE					
$\overline{K_{va}/L_{va}}$			0.782	0.5145	0.9686	1.5985	0.863
$\overline{K_y/L_y}$			0.7485	0.4829	0.8043	0.8331	-0.6123
$\overline{K_{va}/L_{va}}$			0.3135	0.2802	0.2965	0.5118	0.3124
$\overline{L_y/L_{va}}$			0.3259	0.2978	0.3542	0.9884	0.0902
$\overline{Ksd_y/Ksd_{va}}$			0.6736	0.7103	0.5434	1.6363	0.7972
$\overline{Lsd_y/Lsd_{va}}$			0.6058	0.7324	0.6639	1.0154	0.8109
$\overline{\text{Cov}(TFP_y,\ TFP_{va})}$	0.1831	0.1924	0.6114	0.6214	0.6051	0.5792	0.4735
$\overline{D_{soe,\ y}/D_{soe,\ va}}$	0.108	-0.0787	1.7408	2.7814	3.3115	2.406	-0.2151
$\overline{D_{exp,\ y}/D_{exp,\ va}}$	0.3252	0.4453	-3.3174	-631.5584	244.2394	0.4548	-171.6955
$\overline{D_{you,\ y}/D_{you,\ va}}$	0.3783	0.2247	24.5106	3.0345	56.626	1.7917	1.297
$\overline{D_{ent,\ y}/D_{ent,\ va}}$	0.8099	0.7003	6.5286	7.4196		1.1255	
$\overline{D_{exi,\ y}/D_{exi,\ va}}$	-0.0259	0.2631	8.7837	8.3522	27.8728	3.4388	0.595

续表

	Dea		Frontier	Ols	Op	Lp	Sys-GMM
	TE	SE					
$\overline{mean_y / mean_{va}}$	2.0474	2.6661	0.0572	0.0486	−0.014	0.7991	2.9355
$\overline{var_y / var_{va}}$	1.2205	1.2303	0.6822	0.6729	0.6594	2.0213	0.6134

注：上述各变量中 K、L 分别表示资本和劳动的估计系数，Ksd 和 Lsd 表示行业资本投入系数和劳动估计系数方差，y 和 va 分别表示产出和增加值模型。TFP 表示所估计出来的全要素生产率，D 表示异质性企业平均生产率差异，mean 和 var 分别表示所估计出来的生产率均值与方差，变量上方横线表示四种不同处理方式(样本范围与价格因子不同处理方式的组合)所得结果的均值。OP 法和系统广义矩估计都涉及滞后变量，无法得到企业进入样本第一期的估计量，故进入企业估计量无法得到。该表根据附表中各估计方法估计结果整理得出。

产出是企业在一定时期内生产的货物和服务价值的总和，既包括新增价值，也包括转移价值；增加值则是企业在生产过程中创造的新增价值和固定资产的转移价值，包括劳动者报酬、生产税净额、固定资产折旧和营业盈余之和。二者的关系是：增加值 = 总产出−中间投入，从(3.13)式和(3.14)式可以看出两种模型设定的区别与联系：

$$\ln va = \alpha_0 + \beta_0 \ln k + \gamma_0 \ln L + \varepsilon_0 \tag{3.13}$$

$$\ln(va + m) = \alpha_1 + \beta_1 \ln k + \gamma_1 \ln l + \delta_1 \ln m + \varepsilon_1 \tag{3.14}$$

(3.13)式和(3.14)式分别为增加值生产函数的估计式与产出生产函数的估计式。在所观测的投入变量系数估计值、估计结果相关性和异质性企业生产率差异等指标中，不同生产函数模型设定对估计结果的影响如下：

①投入要素系数估计量。大多数估计方法产出模型所估计出来的资本和劳动投入系数都只有增加值模型估计结果的 30%左右，但 LP 估计法所估计出来的系数比较接近。系统广义矩估计对数据连续性比较高，而样本未能满足这个条件，因此两种生产函数模型下的估计结果差异非常大。从资本与劳动投入系数之比来看，增加值生产函数所下的资本-劳动弹性之比 $\overline{K_{va}/L_{va}}$ 基本都高于产出生产函数下的资本-劳动弹性之比 $\overline{K_y/L_y}$。

②不同生产函数模型设定下估计结果的相关系数。产出模型与增加值模型估计结果相关性在各种估计方法下普遍不高，参数估计法处于0.5~0.6，非参数估计法甚至更低，只有0.2左右。其中，相关性最高的是普通最小二乘法，相关系数为0.6214；最低的是数据包络分析，技术效率和规模效率的相关系数分别为0.1831和0.1924。另外，参数估计方法中，系统广义矩估计在两种模型估计结果的相关性最低，平均相关系数只有0.4735，显示了其对模型选择的敏感性。

③异质性企业生产率差异。数据包络分析(DEA)在不同模型下估计出来的异质性企业技术效率和规模效率差异方向基本一致，但产出模型下异质性企业效率差异都要低于增加值模型。参数估计方法中，OLS法在不同的模型下对异质性企业的生产率差异估计结果方向也比较一致，只有对出口企业生产率差异方向估计出现分歧，但产出模型估计出来的异质性企业生产率差异度普遍高于增加值模型。LP法下两种模型所得到异质性企业在差异度上比较接近。其余的三种估计方法都有两类异质性企业的生产率差异方向不一致，差异程度的差别也比较大。

从上述分析可以看出，不同的生产函数模型设定对各种估计方法都有比较大的影响，对异质性企业生产率差异程度的估计基本没有完全一致的情况。其中，系统广义矩估计在两种模型设定下的估计结果差异最大，LP法在两种模型设定下估计结果差异最小。这是因为LP法在设计之初便考虑了不同模型下的估计方法，决定了其估计结果对不同生产函数模型设定比较稳健。从对异质性企业生产率差异的估计看，产出模型在参数估计法下所估计出来的异质性企业生产率差异基本都高于增加值模型，非参数估计则恰恰相反，增加值模型下的异质性企业生产率差异基本都高于产出模型。

3.4.2 样本范围

参数估计方法对假定样本企业具有同质性，因此样本范围越大，估计结果偏误可能越大。在五种参数估计方法下，我们控制了生产函数模型和价格因子，以观测使用不同的样本范围对估计结果的影响，结果见表3-7。

表3-7　　　　　　　　　不同样本选择的估计结果差异

	Frontier	Ols	Op	Lp	Sys-GMM
$\overline{\overline{K_{all}}/\overline{K_{sub}}}$	1.0488	1.0599	1.3463	0.9358	5.4816
$\overline{\overline{L_{all}}/\overline{L_{sub}}}$	0.9780	0.9671	0.9821	1.1479	0.3837
$\overline{\overline{M_{all}}/\overline{M_{sub}}}$	0.9870	1.0091	0.9670	0.2259	2.0512
$\overline{\overline{Ksd_{sub}}/\overline{K_{sub}}}$	0.3607	0.5397	0.7790	1.0695	2.5219
$\overline{\overline{Lsd_{sub}}/\overline{L_{sub}}}$	0.5093	0.3861	0.3943	0.8667	1.0633
$\overline{\overline{Msd_{sub}}/\overline{M_{sub}}}$	0.1213	0.1282	0.1174	0.8218	0.4579
$\overline{Cov(TFP_{all}, TFP_{sub})}$	0.8422	0.8557	0.6812	0.5557	0.2330
$\overline{D_{soe, all}/D_{soe, sub}}$	24.0815	1.1054	−6.7516	−3.4676	3.2848
$\overline{D_{exp, all}/D_{exp, sub}}$	2.0217	−24.3841	−0.5866	0.7917	147.7614
$\overline{D_{you, all}/D_{you, sub}}$	−1.8114	0.3133	0.7585	0.5226	−6.8139
$\overline{D_{ent, all}/D_{ent, sub}}$	0.8941	1.1212		0.9215	
$\overline{D_{exi, all}/D_{exit, sub}}$	0.8040	0.7801	0.6567	0.6487	0.9792
$\overline{mean_{all}/mean_{sub}}$	1.2937	1.1141	−0.3814	1.2577	49.4689
$\overline{var_{all}/var_{sub}}$	0.9022	0.9037	0.7296	0.6158	0.6333

注：上述各变量中 K、L 和 M 分别表示资本、劳动和中间投入品的估计系数，Ksd、Lsd 和 Msd 表示行业资本、劳动和中间投入估计系数的方差，y 和 va 分别表示产出和增加值模型。TFP 表示所估计出来的全要素生产率，D 表示异质性企业平均生产率差异，$mean$ 和 var 分别表示所估计出来的生产率均值与方差，变量上方的横线表示该变量为四种不同处理方式(模型与价格因子不同处理方式的组合)所得结果的均值。OP 法和系统广义矩估计都要用到滞后变量，因此无法得到企业进入样本第一期的估计量，故进入企业估计量无法得到。该表根据附表中各估计方法估计结果整理得出。

假定生产函数取最简单的 $y = \alpha k + \varepsilon$，其中 y 为人均产出对数，k 为人均资本对数，我们需要估计出 α 的估计值。样本由两个行业组成，行业一采用的生产技术决定了 $\alpha_1 = 1.2$，行业二的生产技术决定了 $\alpha_2 = 0.8$。图 3-1 以显示使用两种样本范围的差别。

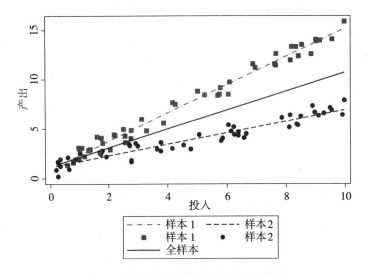

图 3-1　样本范围对估计结果影响示意图

从图 3-1 中可以很明显地看出，如果以全样本进行估计，我们倾向于高估样本 2 的系数，同时低估样本 1 的系数。在表 3-7 的估计结果中，从所观测的投入变量系数估计值、估计结果相关性和异质性企业生产率差异等指标可看出，样本范围对估计结果的影响如下：

①投入要素系数估计量。除了 LP 法，各估计方法在全样本下都倾向高估资本投入的系数，同时低估中间投入品的系数。此处仍然可以看出，系统广义矩估计的两种估计结果相差极大，证明了该估计方法在样本连续性较差的情况下的不稳定性。分样本的估计系数的方差均值之比 $\overline{Ksd_{sub}} / \overline{K_{sub}}$、$\overline{Lsd_{sub}} / \overline{L_{sub}}$ 和 $\overline{Msd_{sub}} / \overline{M_{sub}}$ 反映了行业企业生产技术的差异程度，从该比值可以看出，各样本的劳动和资本替代弹性在样本均值的 30%～100% 之间波动，

表明不同行业之间的要素弹性差异较大，支持了分行业估计的处理方式。在各种估计方法中，LP 法和系统广义矩估计结果中行业差异最大，随机前沿分析估计结果下行业差异最小。

②不同样本范围估计结果相关性。普通最小二乘法在两种样本选择下估计结果的相关性最高，相关系数为 0.8557；其次是随机前沿分析，相关系数未 0.8442；相关性最小的是系统广义矩估计，相关系数只有 0.233。由此也可以看出，系统广义矩估计对样本范围比较敏感。

③异质性企业生产率差异。LP 法对样本范围最为稳健，在五种异质性企业中只有国有企业在不同样本范围下生产率差异方向不一致。而常用的 OP 法，在四种异质性企业中，有三种在全样本和分样本两种估计方式下估计结果差异方向不一致，并且对国有企业生产率差异程度估计结果也有明显不同。可以看出，以全样本进行估计将使 OP 法的结果出现严重偏误。

④对数生产率均值与方差。全样本下估计出来的对数生产率均值基本都要大于分样本估计结果，其中，OP 法和系统广义矩估计在不同的样本选择下差异比较大。从 OP 法的估计结果进一步探究其原因发现，产出模型和行业价格因子下不同样本范围所得结果差异较大，是造成 OP 法差异较大的主要原因。另外，全样本下估计结果更为集中，即对数生产率方差更小。

3.4.3 价格因子

使用正确的价格因子是去除名义变量中价格因素的关键，因为涉及投入产出变量的实际值估计，价格因子将影响到所有的估计方法，表 3-8 中显示了使用不同价格因子的差异。

表 3-8 不同的价格因子估计结果差异

	Index	Dea		Frontier	Ols	Op	Lp	S-GMM
		TE	SE					
$\overline{K_{reg}/K_{ind}}$				0.9527	0.9934	0.971	1.0225	0.9119

续表

	Index	Dea		Frontier	Ols	Op	Lp	S-GMM
		TE	SE					
$\overline{L_{reg}/L_{ind}}$				0.9139	0.9916	0.9604	0.9686	1.0747
$\overline{M_{reg}/M_{ind}}$				1.0339	1.0054	1.0351	2.3724	1.0223
$\overline{Ksd_{reg}/Ksd_{ind}}$				1.0047	1.0057	0.9948	1.035	1.0253
$\overline{Lsd_{reg}/Lsd_{ind}}$				0.975	1.0123	0.9945	0.97	1.0097
$\overline{Msd_{reg}/Msd_{ind}}$				0.9933	1.0064	1.0012	0.9323	1.0153
$\overline{Cov(TFP_{reg}, TFP_{ind})}$	0.975	0.6277	0.6005	0.9787	0.9836	0.973	0.9193	0.9294
$\overline{D_{soe,reg}/D_{soe,ind}}$	1.2323	0.108	-0.0799	0.9451	1.1751	0.72	1.0047	0.5195
$\overline{D_{exp,reg}/D_{exp,ind}}$	0.9649	0.3252	0.4452	0.0152	-2.9989	0.5908	0.5013	1.9198
$\overline{D_{you,reg}/D_{you,ind}}$	-0.8	0.3784	0.2246	-12.593	1.9971	0.651	0.8546	0.8353
$\overline{D_{ent,reg}/D_{ent,ind}}$	1.0571	0.8099	0.7001	1.2951	1.0174		0.986	
$\overline{D_{exi,reg}/D_{exit,ind}}$	1.5286	-0.0253	0.2746	1.2377	1.0932	1.167	-2.729	0.91
$\overline{mean_{reg}/mean_{ind}}$	0.978	2.0474	2.6656	0.7808	0.8959	1.3685	0.934	-27.001
$\overline{var_{reg}/var_{ind}}$	0.9897	1.2205	1.2303	0.9896	0.9947	0.988	0.9445	1.021

注：TE 和 SE 分别表示数据包络分析下的技术效率和规模效率，K、L 和 M 分别表示资本、劳动和中间投入品的估计系数，Ksd、Lsd 和 Msd 表示行业资本、劳动和中间投入估计系数的方差，y 和 va 分别表示产出和增加值模型。TFP 全要素生产率，D 表示异质性企业平均生产率差异，mean 和 var 分别表示所估计出来的生产率均值与方差，变量上方的横线表示四种不同处理方式（模型与价格因子的组合）所得结果的均值。OP 法和系统广义矩估计都要用到滞后变量，因此无法得到企业进入样本第一期的估计量，故进入企业估计量无法得到。该表根据附表中各估计方法估计结果整理得出。

　　行业价格因子与产出价格因子随着时间差别扩大，从上文的价格指数对照分析中可以看出，行业价格指数在样本后期波动越来越剧烈，不同行业之间的价格差异越来越大，使用地区价格指数倾向于高估通胀程度较高的行业企业的生产率，低估通胀程度较低的行业企业的生产率。从所观测的各种指标中可以看出，价格指数对估计结果的影响如下：

①投入要素系数估计。地区价格指数基本上低估了资本系数和劳动系数,同时高估了中间投入品的系数。其中的原因在于,地区价格指数在水平值上高于行业价格指数,经过该价格指数平减得到的变量实际产出较低,因此所估计出来的劳动投入和资本系数相对较小。另外,在分行业估计的结果中,地区价格指数所估计出来的资本和中间投入品系数相对分散,而劳动投入系数在各行业间相对集中,但趋势并不是很明显,且具体影响程度因估计方法不同而异。

②估计结果的相关系数。相比其他实证因素,不同的价格因子所估计出来的结果相关性相对较高,除了数据包络分析(DEA)以外,基本都在 0.9 以上。其中相关性最高的是普通最小二乘法,相关系数达到 0.9836,参数估计中相关性最低的是 LP 法,相关系数只有 0.9193。从源数据表 3-20 中探究 LP 法相关性指数较低的原因可知,在产出模型的分行业估计下,使用地区价格因子和行业价格因子两种估计结果的相关系数只有 0.7 左右,说明 LP 法的产出模型分行业估计对价格指数比较敏感。但对价格指数最为敏感的还是非参数估计中数据包络分析(DEA),不同价格因子下估计结果相关系数只有 0.6 左右,这印证了 DEA 估计方法的对数据的测量误差比较敏感的估计特性,而价格指数恰恰是变量衡量准确性的关键一环,DEA 对此反应剧烈,并不令人意外。

③异质性企业生产率差异。地区价格因子下,随机前沿分析错估年龄异质性企业的生产率差异方向,大部分估计方法在地区价格因子下都倾向于低估年龄异质性企业生产率差异度。我们对年龄异质性企业分布进行分析,发现数据库前期老企业较多,后期新企业较多,地区价格指数在时间维度上与行业价格指数差异较大,导致对两种企业生产率差异估计出现偏差。另外,地区价格指数低估了出口企业的生产率差异程度;普通最小二乘法则错估出口企业的生产率差异方向,并且对其他异质性企业的生产率差异都有轻微的高估;OP 法和 LP 法则倾向低估异质性企业的生产率差异程度。非参数估计方法中,指数法将错估年龄异质性企业的生产率差异方向,对其余种类的异

质性企业生产率差异程度都有些高估；对于数据包络分析，地区价格指数则倾向于低估异质性企业技术效率和规模效率的差异程度。

相比生产函数模型和样本范围，价格因子对估计结果的影响相对较小。但从数据分析的价格指数介绍可以看出，两种价格因子的差异随着时间渐渐增大。这意味着，如果在时间维度上观测价格因子的影响，可以预计，采用不同价格因子的估计结果的差异会随着时间逐渐变大。

3.5 不同估计方法估计结果对比

3.5.1 不同估计方法估计结果对比

以上我们观测了实证操作因素对估计结果的影响，在这一部分，我们将不同估计方法在基准处理方式下所得结果进行对比，以观测不同估计方法的差异。由于生产函数模型的选择是中性的，我们在对比过程中将同时保留产出与增加值两种模型的估计结果。另外，此处对数据的处理与上述于传统方法保持一致的处理方式有以下不同：首先，对于增加值，此处采用双缩法进行价格平减，先将产出与中间投入品利用相应的价格指数分别估算出实际值，再对二者相减求出实际的增加值，与直接对增加值进行价格平减的单缩法对应；① 其次，对于资本存量，此处对所有年份价格因素都进行调整，与以 1998 年为基期对名义资本存量进行价格平减对应。另外，所有名义变量的价格因素都以行业价格因子进行平减，所有参数估计方法以分行业样本进行估计。我们将上述处理方法作为基准处理方式，对不同的估计方法所得结果进行比较，对比结果见表 3-9。

---

① 以单缩法或双缩法平减增加值对估计结果影响较大，笔者对比了 LP 和 OP 两种缩减法下估计结果核密度图，发现二者有较大差异。

表 3-9

不同估计方法估计结果对比

模型	Index	Dea va TE	Dea va SE	Dea y TE	Dea y SE	Ols va	Ols y	Frontier va	Frontier y	Sys-GMM va	Sys-GMM y	Op va	Op y	Lp va	Lp y
$\bar{K}$						0.2681	0.0241	0.2745	0.0286	0.2044	0.0224	0.4009	0.0361	0.2017	0.0712
$\bar{L}$						0.3468	0.0198	0.3394	0.0236	0.3997	0.0582	0.3973	0.036	0.0576	0.0185
$\bar{M}$						.	0.9312	.	0.9197	.	0.8279	.	0.9176	.	0.6617
Ksd						0.0832	0.0208	0.0806	0.0204	0.3936	0.0532	0.1951	0.0345	0.1318	0.0883
Lsd						0.1497	0.0369	0.1609	0.0386	0.3399	0.0767	0.1101	0.0243	0.1222	0.0371
Msd						0.0371	0.0337	.	0.0401	.	0.0951	.	0.0298	.	0.2829
D_{soe}	-0.242	-0.7525	0.1606	-0.0787	-0.0712	-0.0762	-0.0391	-0.0492	-0.0119	-0.0595	-0.0158	-0.1755	-0.0602	0.0051	0.1182
D_{exp}	0.11	-0.4831	0.2395	-0.1522	0.1002	-0.0086	-0.0025	-0.0225	-0.0162	-0.0123	0.067	0.0418	0.0507	0.0048	-0.0143
D_{you}	0.031	0.2365	-0.1692	0.0971	-0.0312	0.0141	0.0276	0.0074	0.0185	0.0175	-0.0063	0.0587	0.0417	-0.0174	-0.0564
D_{eui}	-0.0994	0.2359	-0.4354	0.2012	-0.2387	-0.0688	-0.0339	-0.0702	-0.036	.	.	.	.	-0.0724	-0.0536
D_{exi}	0.1188	0.1678	-0.1792	-0.0637	-0.3567	0.0371	0.066	0.0322	0.0619	0.0398	0.0447	0.0769	0.0875	0.0079	-0.0071
mean	2.0773	0.1706	0.2493	0.3466	0.5758	4.5575	0.6885	4.5682	0.728	4.4459	1.3147	3.1212	0.6296	6.7345	3.1526
variance	0.8948	0.1462	0.2383	0.1757	0.2774	0.9863	0.2313	0.9806	0.2237	1.8969	0.5953	1.2241	0.2695	1.0539	2.3191

注：上述估计结果均在基准处理方式下得出，其中，指数估计法遵循 Hsieh 和 Klenow（2009），将增加值与劳动所得同时增加直达到与投入产出中相同劳动份额 50%。$\bar{K}$、$\bar{L}$ 和 $\bar{M}$ 分别为分样本估计出来的资本、劳动和中间投入品系数均值，Ksd、Lsd 和 Msd 分别表示分样本估计出来的资本、劳动和中间投入品系数的方差。

　　从表 3-9 中可以看出，在所观测的投入变量系数估计值、估计结果相关性和异质性企业生产率差异等指标中，不同的估计方法估计结果具表现出以下差异：

　　对投入变量系数的估计，普通最小二乘法和随机前沿分析在两种模型下的估计结果比较类似。相比之下，系统广义矩估计得到的资本和中间投入品系数较低，劳动系数较高。OP 法估计结果具有比较突出的特点，其资本和劳动系数基本都大于其他几种方法的估计结果，特别是资本投入系数远高于其他估计方法，达到了其"纠正资本投入内生性"的目的。与之相比，LP 法增加值模型下资本和劳动系数远低于其他估计方法，产出模型估计结果也与其他模型有较大差异，表现在资本系数高于其他估计方法，劳动系数和中间投入品系数低于其他估计方法，从纠正资本投入内生性这一点来说，LP 法的产出模型有很好的体现，但增加值模型并未体现出这一点。

　　从异质性企业生产率差异来看，各估计方法具有以下差异：①国有企业方面，除了数据包络分析增加值模型下的规模效率和 LP 估计方法，所有估计方法都显示，国有企业的平均生产率低于非国有企业的平均生产率，其中，OP 法下二者的差异最大。②出口企业方面，大部分估计方法显示，出口企业的平均生产率低于非出口企业的平均生产率，支持了"生产率悖论"的存在。不支持"生产率悖论"的几种估计方法中，除了系统广义矩估计估计结果不稳定可以忽略，常用的 OP 法也不支持"生产率悖论"的存在。另外，与发现"生产率悖论"的李春顶（2010）同样采用核算方式估计的指数法也不支持"生产率悖论"的存在，原因可能在于这里调整了要素所得份额，因此得出了与其不一致的结果。③年龄异质性企业方面，大部分估计方法显示，年轻企业平均生产率高于年老企业，并且 DEA 法估计出来的规模效率为负，证明年轻企业距离其最优规模相对较远。但 LP 法在两种模型下都显示，年轻企业平均对数生产率低于年老企业。④进入退出企业方面，各种估计方法的估计结果非常一致：进入企业平均对数生产率低于在位企业，退出企业平均对数生产率高于在位企业。该结论意味着中国工业制造业中,进入企业存在着逆向选择,退出企业存在着逆向淘汰,即生产率较低的企业进入市场,而生产率较高的企业退出市场。该悖论的出现可能有两种原因:首先,这里的进入退出企业并非企业真正的进入退出,而只是企业出现与退出统计样本,不能体现该类企业的特性;其次,上述基于混合样本的统计结果未考虑时间维度,有可能进入退出企业生产率差异在时间分布上不一致,导致了上述异常结果,若分年份统计该类企业生产率差异,可能会得到更合理的结果。

从对数生产率均值可以看出,增加值模型所得结果基本上高于产出模型,因为生产率是相对概念,生产率的量纲并不重要,所以该结果的参考意义并不大。生产率的方差反映了该估计方法所估计出来的企业生产率分散程度,具有重要的参考价值。从估计结果中可以看出,LP 法在产出模型下所估计出来的生产率最为分散,其次是 OP 法在增加值模型下的估计结果,分布比较集中的是 OLS 在产出模型下的估算结果。非参数估算结果与参数估算结果绝对量的计量方式不同,因此不具可比性。

3.5.2 不同估计方法估计结果的时间分布差异

从上节分析中可以看出,某些异质性企业的生产率差异出现异常结果,其中的一个可能的原因是时间维度未被考虑。这里我们将异质性企业在各年内的生产率差异进行统计,从时间维度观测不同的估计方法下异质性企业的生产率差异。限于篇幅,我们以一个简单的回归方程测定异质性企业生产率差异是否具有时间趋势:

$$D_{ht} = \alpha + \beta_h t + \varepsilon_t \qquad (3.15)$$

其中,D_{ht} 为中 t 期 h 类企业生产率差异,α 为常数项,β 为时间变量 t 的估计系数,ε_t 为误差项。我们重点关注系数 β_h,β_h 绝对值越大,意味着异质性企业 h 的生产率差异随时间变化越快,我们将上述回归方程中的 β_h 的估计值与 t 值整理在表 3-10 中。

从表 3-10 中可以看出,在大多数估计方法下,异质性企业生产率差异都显现出一定的时间趋势，表现为其时间系数都显著不为零。国有企业在各种估计方法下都有与非国有企业生产率差异收窄，甚至超过非国有企业的趋势；同样的趋势表现在出口企业中，出口企业生产率随着时间逐渐趋近于非出口企业，在几种估计方法的估计结果中，甚至在最后的几年超过了非出口企业，说明"生产率悖论"逐渐消失。同样，年轻企业相对于年老企业的优势也随着时间逐渐缩小。进入企业的生产率差异在时间维度上进行观测，仍然存在着"逆向选择"的问题。大部分估计结果都显示，进入企业相对于在位企业的生产率具有劣势，这与李玉红等（2008）的发现一致，并且该劣势逐年扩大。

唯一的例外是退出企业，从最后一列可以看出，退出异质性企业的显著性大多都不高，无法拒绝 β_h 为零的原假设，反映了退出异质性企业生产率差异在各年之间比较稳定。并且，从表3-10中可以看出，从时间维度上观测退出异质性企业生产率差异产生的重要变化。各年退出的企业平均对数生产率低于在位生产率，这意味着"逆向淘汰"的问题并不存在。

3.5.3　不同估计方法估计结果的相关性

相关性是评价各估计方法差异的重要指标，从各种不同估计方法结果的相关系数表3-11可以看出，不同的估计方法和模型设定下的估计结果的相关性具有以下特点：

首先，非参数估计与参数估计结果之间相关性较低。从第一列中可以看出，与指数法相关性最高的增加值模型下的 OP 法，其相关系数也只有 0.23 左右，与其余的估计方法所得结果的相关系数基本只有 0.1 左右。因为参数估计与非参数估计的差异主要在于对企业异质性的设定，二者估计结果差异在一定程度上反映了企业生产技术的差异度。以非参数估计法的估计结果为基准来看，即使分样本的参数估计结果，行业同质性假设对估计结果仍然具有较大的影响。

表3-10 各估计方法异质性企业生产率差异时间趋势分析

	Index	OLS		Frontier		Sys-GMM		OP		LP	
D_{soe}	0.0043	0.0059***	0.0041	0.0036***	0.0044***	0.0036***	0.0121***	0.0080***	0.0066***	-0.0001	0.0109***
	(-1.3712)	-10.0574	-6.6998	-7.4861	-7.9527	-7.4252	-12.2674	-5.1816	-5.1718	(-0.2341)	-12.7714
D_{exp}	-0.0106***	-0.0013***	0.0044	0.0003	0.0049***	0.0031***	-0.0024***	-0.0039***	-0.001	0.0018***	0.0053***
	(-8.5067)	(-2.0806)	-4.6506	-0.4593	-5.4312	-2.2913	-3.1512	-4.5492	(-1.5752)	-3.171	-3.1215
D_{you}	-0.0096***	-0.0034***	-0.0014	-0.0030***	-0.0016***	-0.0043***	-0.0034***	-0.1060***	-0.0001	-0.0017***	0.0002
	(-9.6919)	(-4.6615)	(-2.5833)	(-3.9669)	(-2.4295)	(-2.8348)	(-2.9214)	(-4.1200)	(-0.1167)	(-2.5398)	(-0.2604)
D_{ent}	-0.0099***	-0.0040***	0.0013	-0.0049***	0.0007	-0.0043***	-0.0034***	-0.0060***	-0.0001	-0.0044***	-0.002
	(-2.6959)	(-4.3271)	-1.1401	(-4.7872)	-0.6075	(-2.8348)	(-2.9214)	(-6.1298)	(-0.1167)	(-4.5165)	(-0.6744)
D_{exi}	0.0048	-0.0003	0.0025	0	0.0031***	-0.0027	-0.0003	0.0003	0.0045***	0.0007	0.0014
	(-1.0255)	(-0.1721)	-1.8095	-0.0009	-2.8343	(-0.7154)	(-0.1367)	-0.0782	-2.2623	-0.3974	-0.4769

表 3-11　不同估计方法估计结果相关系数

	TFP_{in}	$TFP_{ols,va}$	$TFP_{ols,y}$	$TFP_{fro,va}$	$TFP_{fro,y}$	$TFP_{sys,va}$	$TFP_{sys,y}$	$TFP_{op,va}$	$TFP_{op,y}$	$TFP_{lp,va}$	$TFP_{lp,y}$	$SE_{dea,va}$	$TE_{dea,va}$	$SE_{dea,y}$	$TE_{dea,y}$
TFP_{in}	1														
$TFP_{ols,va}$	0.1606	1													
$TFP_{ols,y}$	0.1193	0.5537	1												
$TFP_{fro,va}$	0.1432	0.9549	0.5275	1											
$TFP_{fro,y}$	0.1164	0.4784	0.932	0.5229	1										
$TFP_{sys,va}$	0.0788	0.4966	0.2867	0.4957	0.2448	1									
$TFP_{sys,y}$	0.1357	0.2901	0.3496	0.259	0.3493	0.4801	1								
$TFP_{op,va}$	0.2298	0.6942	0.4741	0.6695	0.4273	0.419	0.2613	1							
$TFP_{op,y}$	0.1898	0.489	0.7856	0.4359	0.7081	0.2945	0.4094	0.538	1						
$TFP_{lp,va}$	0.0783	0.8195	0.4606	0.8067	0.3987	0.4427	0.2528	0.5764	0.4133	1					
$TFP_{lp,y}$	0.0327	0.3518	0.3876	0.2616	0.2225	0.2803	0.2223	0.2786	0.3784	0.4076	1				
$SE_{dea,va}$	-0.0091	0.448	0.2672	0.4872	0.3051	0.1943	0.1529	0.2735	0.1974	0.6179	0.1007	1			
$TE_{dea,va}$	0.0059	0.069	0.0038	0.07	0.0203	0.0621	-0.0026	0.1206	0.0138	-0.172	-0.1004	-0.309	1		
$SE_{dea,y}$	-0.0226	0.3333	0.0419	0.3596	0.0729	0.128	0.0543	0.205	0.0166	0.4257	0.0372	0.5093	-0.2588	1	
$TE_{dea,y}$	-0.0641	0.0708	0.1498	0.0672	0.1468	0.0689	0.0392	0.1051	0.113	-0.0821	0.0064	-0.0834	0.6777	-0.384	1

其次，同一种方法下的两种模型估计结果的相关系数一般在 0.5~0.6。例如，普通最小二乘法下两种模型的估计结果的相关系数为 0.5537、随机前沿分析为 0.5229、系统广义矩估计为 0.4801、OP 法为 0.5380、LP 法为 0.4076、DEA 中的技术效率(te)为 0.6777，规模效率(se)为 0.5093。二者的相关性并不高，意味着不同模型下的估计结果相差较大，进一步研究这种差异的含义具有重要的意义。

再次，同一种生产函数模型设定下不同的估计方法才有可能有比较高的相关性，增加值模型下各估计方法的平均相关系数为 0.63752，产出模型下各估计方法的平均相关系数 0.47448，而各估计方法的产出增加值模型交叉相关性的平均相关系数只有 0.3867。具体来看，相关性最高的几组估计结果分别为增加值模型下的 OLS 与随机前沿分析，产出模型下的 OLS 与随机前沿分析，增加值模型下的 OLS 与 LP，增加值模型下的 LP 与随机前沿分析。在两种生产函数模型之间，增加值模型下的不同估计方法的相关性比产出模型下不同估计方法的相关性更高。

最后，不同估计方法相关性较高的是 OLS 与 FRO，在同种生产函数模型之间具有非常高的相关性，其次是 OLS 与 LP 之间，说明 OLS 与 FRO 以及 LP 的估计原理的差异并不大。

一个有意思的发现是，非参数估计中的数据包络分析中的规模效率与参数估计中的 LP 估计方法和 OLS 估计结果相关性较高，但技术效率与大部分的参数估计结果相关性都非常低。数据包络分析中的规模效率是可变规模报酬下的技术效率与固定规模报酬下的技术效率之比，代表企业与其最佳规模的距离。规模效率与这两种估计方法相关性较高意味着，这两种估计方法下生产效率较高的企业，其规模也比较接近企业最佳规模。

3.6 结论

实证要素会造成估计结果出现比较大的差异，但即使在纠正了各种操作性偏差的基准处理方式下，不同的估计方法之间的结果仍然不具有一致性。这为我们提出了一个巨大的难题：在我们所估计出来的企业生产效率差异中，多大程度上是由实证操作因素造成？又有多大程度上是企业之间真正的生产率差异？本章将各实证要素进行分解，分离出实证要素对估计结果的影响，并进一步对比了基准处理下的各种估计方法的估计结果，在此过程中我们发现：

第一，在生产函数模型、样本选择和变量处理三种实证要素中，生产函数模型对生产率估计结果影响最大。但对模型的选择是一个中性问题，目前并未出现有说服力的文献对二者进行区分。在各种估计方法中，系统广义矩估计对生产函数模型的选择最为敏感，数据包络分析和 LP 法对该因素相对稳健。基准处理方式下，各种估计方法在两种模型下估计结果相关性都不高，在 0.5 左右。

第二，样本范围对估计结果的影响仅次于生产函数模型，以全样本对企业生产率进行估计明显有悖于不同行业企业之间存在较大差异的现实，因此所估计出来的结果存在着偏误。在所观察的几种估计方法中，OP 法和系统广义矩估计在全样本估计下产生的偏误最大。总体上看，全样本高估了企业的对数生产率，并且估计结果分布更为集中。

第三，名义变量的价格平减是经常被忽略，但却影响估计结果的重要因素。使用地区价格因子低估了资本系数和劳动系数，同时高估了中间投入品的系数。在所有估计方法中，LP 法对价格因子比较敏感，但最为敏感的还是非参数估计中的数据包络分析(DEA)，不同价格因子估计结果相关系数最低，只有 0.6 左右，使用地区价格因子在这两种估计方法下引起的偏误将比较大。两类估计方法中，参数估计方法对不同的价格平减指数相对稳健，相比之下，非参数估计方法放大了价格因子带来的差异。

第四，参数估算结果与非参数估算结果差异比较大，特别是指数法，所得结果与其他结果的相关性非常小。Van Biesebroeck(2007)通过数据模拟证实，非参数估计方法的优点在于对企业异质性比较稳健，而参数估计方法因为考虑了随机因素，故而对变量测量误差相对稳健。我们对两类估计方法进行对比发现，两类估计方法的估计结果差异极大。如果以参数估计方法的估计结果为基准，意味着样本存在着比较严重的测量误差，如果以非参数估计方法的估计结果为基准，意味着样本中企业在分行业估计下仍然存在着严重的异质性问题。

上述发现在一定程度上为排除实证要素对估计结果的干扰提供了借鉴。然而，在控制了实证要素偏差的基准处理方式下，不同估计方法的估计结果仍然存在巨大差异的现实，显示出企业生产率估计过程中仍然有大量干扰因素有待消除。进一步分离这些目前显现为中性的干扰因素，精确估计不同企业的生产效率，还有待继续努力。

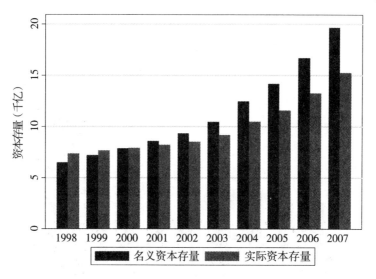

图 3-2　75%的折旧率下各年企业固定资产原值与实际资本对照图

注：该对照图为根据企业名义固定资产原值估计得出的实际资本加总与企业名义固定资产原值加总对比。

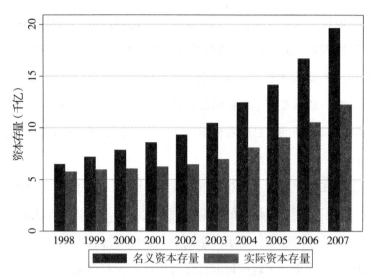

图 3-3　89% 的折旧率下各年企业固定资产原值与实际资本对照图

注：该对照图为根据企业名义固定资产原值估计得出的实际资本加总与企业名义固定资产原值加总对比。

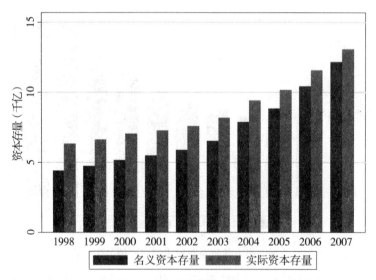

图 3-4　名义固定资产净值与实际资本对照图

注：该对照图为根据企业名义固定资产净值估计得出的实际资本与企业名义固定资产净值对比。

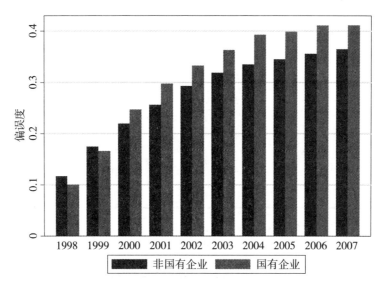

图 3-5　9%折旧率下不同类型企业名义资本存量偏误对比图

注：该偏离度是依据固定资产原值估计出来的实际资本存量对固定资产原值的偏离。

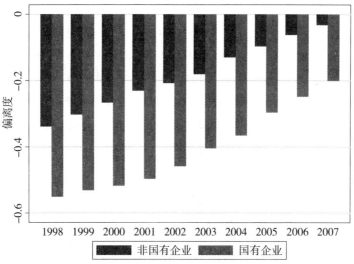

图 3-6　固定资产净值下不同类型名义资本存量偏误对比图

注：该偏离度是依据固定资产净值估计出来的实际资本存量对固定资产净值的偏离。

表3-12 企业成立年份偏误分布状况

申报成立年份个数	企业个数	占比	累计占比
1	437389	76.46	76.46
2	89847	15.71	92.17
3	32101	5.61	97.78
4	9617	1.68	99.46
5	2376	0.42	99.88
6	572	0.10	99.98
7	101	0.02	100.00

注：根据中国工业企业数据库(1998—2007)统计。

表3-13 中国工业企业实际资本存量省际加总表

省份＼年份	1998	1999	2000	2001	2002	2003	2004	2005	2006	2007
北京	1.85	1.67	1.89	1.79	1.83	1.71	2.38	2.68	3.34	4.19
天津	1.72	1.81	1.96	2.09	2.2	2.13	2.18	2.32	2.6	3.04
河北	2.48	2.6	2.6	2.82	2.91	3.04	3.54	3.88	4.51	5.05
山西	1.56	1.56	1.74	1.72	1.67	1.88	2.45	2.83	3.53	3.93
内蒙古	0.82	0.83	0.73	0.93	0.97	1.17	1.44	2.22	2.35	3
辽宁	4.05	4.52	3.7	4.32	4.29	4.35	4.47	4.98	5.41	6.52
吉林	1.23	1.29	1.21	1.31	1.45	1.47	1.84	1.99	2.78	3.04
黑龙江	1.98	1.76	2.03	2.07	2.36	2.52	2.3	2.73	2.84	3.27
上海	3.22	3.51	4.07	4.43	4.5	4.66	5.51	5.92	6.36	6.58
江苏	5.39	5.38	5.67	5.66	5.89	6.32	8.04	8.91	10.8	12.4
浙江	3.71	3.49	4.07	3.94	4.14	4.44	5.66	6.41	7.67	9.31
安徽	1.36	1.44	1.44	1.36	1.41	1.53	1.71	1.82	2.13	2.73
福建	1.53	1.65	1.73	1.8	1.83	2	2.4	2.47	2.82	3.15
江西	1.01	0.98	1.07	1.03	1.03	1.1	1.05	1.16	1.61	1.96

续表

年份 省份	1998	1999	2000	2001	2002	2003	2004	2005	2006	2007
山东	4.73	4.65	4.96	5.27	5.64	6.28	7.42	8.8	10.6	13.2
河南	2.72	2.85	2.66	2.72	2.84	3.14	3.28	3.75	4.5	5.36
湖北	2.27	2.29	2.15	2.25	2.08	2.84	2.43	3.1	3.67	4.52
湖南	1.38	1.42	1.32	1.48	1.46	1.68	1.67	1.8	1.88	2.21
广东	5.88	5.87	5.86	5.98	6.11	6.52	8.68	9.07	10.6	11.5
广西	0.8	0.75	0.77	0.82	0.84	0.92	1.11	1.17	1.39	1.64
海南	0.25	0.26	0.22	0.14	0.15	0.18	0.22	0.29	0.31	0.35
重庆	1.53	1.76	1.07	0.71	0.85	0.91	0.97	1.04	1.24	1.48
四川	1.56	1.95	2.11	2.22	2.14	2.46	2.7	3.09	3.16	4.06
贵州	0.62	0.66	0.74	0.76	0.74	0.79	0.94	1.07	1.2	1.28
云南	0.96	1.02	1.16	1.05	1.02	1.15	1.15	1.36	1.51	1.68
西藏	0.05	0.05	0.03	0.05	0.04	0.04	0.05	0.05	0.06	0.08
陕西	1	1.25	1.17	1.33	1.38	1.54	1.66	2.27	1.93	2.26
甘肃	0.76	0.86	0.86	0.92	0.95	0.94	1.1	0.94	1.36	1.39
青海	0.31	0.45	0.41	0.28	0.3	0.39	0.47	0.55	0.6	0.67
宁夏	0.5	0.52	0.2	0.2	0.26	0.34	0.37	0.43	0.59	0.64
新疆	0.5	0.46	0.79	1.14	1.27	1.34	1.55	1.69	1.76	2.13

注：本表根据作者针对中国工业企业数据库(1998—2007)的估算结果加总得出。(单位：千亿)

表 3-14　　　　　中国工业企业实际资本存量行业加总表

行业	1998	1999	2000	2001	2002	2003	2004	2005	2006	2007
食品加工业	2.46	2.46	2.16	1.99	2	2.07	2.6	2.28	3.41	4.32
食品制造业	1.23	1.16	1.07	1.05	1.11	1.12	1.26	1.28	1.51	1.71
饮料制造业	1.16	1.19	1.35	1.43	1.33	1.36	1.42	1.5	1.65	1.89

续表

行业	1998	1999	2000	2001	2002	2003	2004	2005	2006	2007
烟草加工业	0.6	0.67	0.7	0.72	0.75	0.79	0.87	1	0.79	0.78
纺织业	3.67	3.62	3.69	3.82	3.75	4.09	4.56	4.69	5.43	6.12
服装及其他纤维	1.48	1.35	1.66	1.33	1.21	0.98	1.06	1	1.38	1.85
皮羽制品	0.7	0.82	0.6	0.57	0.54	0.57	0.6	0.58	0.79	0.98
木材加工	0.8	0.81	0.77	0.71	0.71	0.67	0.63	0.59	0.82	1.13
家具制造业	0.32	0.3	0.28	0.26	0.27	0.3	0.36	0.33	0.43	0.58
造纸及纸制品业	1.25	1.26	1.51	1.55	1.56	1.73	1.98	2.38	2.59	2.9
印刷业	0.87	0.88	0.94	0.85	0.78	0.81	0.96	0.92	1.07	1.28
文教体育	0.38	0.38	0.36	0.32	0.36	0.4	0.39	0.36	0.45	0.62
石油加工	1.99	2.39	2.68	3.39	3.71	3.47	3.69	4.24	4.55	4.75
化学原料	6.18	6.47	5.94	6.08	6.03	6.35	6.92	7.6	8.25	8.87
医药制造业	0.97	0.99	1.03	1.1	1.22	1.33	1.69	1.97	2.14	2.42
化学纤维制造业	0.7	0.77	0.79	0.83	0.9	0.97	1	1.26	1.33	1.33
橡胶制品业	0.53	0.56	0.53	0.57	0.6	0.68	0.77	0.9	1	1.24
塑料制品业	1.66	1.66	1.53	1.24	1.34	1.45	2.05	1.8	2.24	2.83
非金属矿物	4.12	3.92	3.86	3.96	4.07	4.21	5.25	5.16	6.82	7.63
黑色金属	6.13	6.44	6.67	6.86	6.91	7.53	8.6	10.1	11.8	13.5
有色金属	1.95	1.94	1.94	2.05	2.14	2.31	2.71	2.93	3.22	3.75
金属制品业	1.67	1.66	1.74	1.56	1.5	1.49	1.57	1.6	2.34	3.27
普通机械制造业	4.29	4.5	3.41	3.07	3.1	2.95	3.06	3.27	4.02	5.25
专用设备制造业	2.43	2.3	2.17	2.07	2.08	2.08	2.11	2.26	2.51	3.03
交通运输	3.79	3.71	3.71	3.73	3.89	4.22	4.46	5.44	6.07	6.99
武器弹药制造业	2.23	2.27	2.31	2.27	2.34	2.43	2.63	2.89	3.38	4.01
电气机械	2.39	2.55	2.73	3.01	3.46	3.86	4.9	5.5	6.13	6.84
电子及通信	0.62	0.62	0.58	0.51	0.52	0.56	0.61	0.61	0.72	1.05
仪器仪表	0.42	0.39	0.37	0.31	0.3	0.32	0.39	0.35	0.48	0.63
其他制造业	0.03	0.02	0.03	0.02	0.02	0.02	0.02	0.02	0.03	0.05

注：本表为作者根据中国工业企业数据库(1998—2007)估算结果加总得出。(单位：千亿)

表 3-15 指数法估计结果

样本	全 样 本	
价格	P_{ind}	P_{reg}
	I	II
I	1.000	0.975
II	0.975	1.000
D_{soe}	−0.155	−0.191
D_{exp}	0.114	0.110
D_{you}	−0.005	0.004
D_{ent}	−0.070	−0.074
D_{exi}	0.070	0.107
$mean$	2.134	2.087
$variance$	0.878	0.869

注：该估计方法为非参数估计方法，对企业异质性生产技术稳健，无需分行业进行估计。另外，由于以要素所得份额对要素弹性进行估计，无法得到中间投入品的所得份额，因此只能以增加值模型进行估计。该估计方法不存在样本范围选择的问题。我们只对比不同的价格因子平减名义变量下的估计结果，以观察价格因子对指数法的影响。

表 3-16 数据包络分析估计结果

模型	增加值				产出			
效率	技术效率(TE)		规模效率(SE)		技术效率(TE)		规模效率(SE)	
价格	P_{ind}	P_{reg}	P_{ind}	P_{reg}	P_{ind}	P_{reg}	P_{ind}	P_{reg}
	I	II	III	IV	V	VI	VII	VIII
I	1	−0.3509	0.9928	−0.3505	0.5914	−0.1907	0.5333	−0.142
II	−0.3509	1	−0.3456	0.9991	−0.3323	0.6639	−0.2961	0.6692
III	0.9928	−0.3456	1	−0.3467	0.5866	−0.1885	0.5321	−0.1361
IV	−0.3505	0.9991	−0.3467	1	−0.3314	0.6618	−0.2953	0.6689
V	0.5914	−0.3323	0.5866	−0.3314	1	−0.5775	0.9107	−0.5268
VI	−0.1907	0.6639	−0.1885	0.6618	−0.5775	1	−0.5797	0.9551
VII	0.5333	−0.2961	0.5321	−0.2953	0.9107	−0.5797	1	−0.5449

续表

模型	增加值				产出			
效率	技术效率(TE)		规模效率(SE)		技术效率(TE)		规模效率(SE)	
价格	P_{ind}	P_{reg}	P_{ind}	P_{reg}	P_{ind}	P_{reg}	P_{ind}	P_{reg}
	I	II	III	IV	V	VI	VII	VIII
VIII	−0.142	0.6692	−0.1361	0.6689	−0.5268	0.9551	−0.5449	1
D_{soe}	−0.7529	−0.7569	0.2646	0.2562	−0.0849	−0.0781	−0.0023	−0.0387
D_{exp}	−0.4731	−0.4737	0.2337	0.2329	−0.1683	−0.1396	0.1203	0.0875
D_{you}	0.2345	0.2352	−0.2322	−0.2301	0.094	0.0837	−0.0599	−0.044
D_{ent}	0.2492	0.2494	−0.3122	−0.313	0.2128	0.191	−0.1911	−0.2467
D_{exi}	0.1316	0.1306	−0.7292	−0.8161	−0.0252	0.0184	−0.3486	−0.058
mean	0.1688	0.1688	0.2069	0.2079	0.3415	0.3497	0.5091	0.5968
variance	0.1453	0.1454	0.2169	0.2178	0.1783	0.1765	0.2665	0.2683

注：P_{ind}表示以行业价格因子对名义变量进行价格平减，P_{reg}表示以省份价格因子对名义变量进行价格平减，I-VIII表示相关系数，D表示异质性企业平均生产率差异，mean表示生产率均值，variance表示生产率方差。数据包络分析不存在样本范围选择的问题，并且可以对多投入产出决策单元效率进行估计，因此可以估计增加值和产出两种生产函数模型。我们同样也观测不同价格因子对估计结果的影响。数据包络分析有很多模型设定可选，我们以投入最小化为标准，采用多阶段估计法估计可变规模设定下的企业效率。对于 DEA 来说，中国工业企业数据库数据样本过大，很多估计软件无法处理。为此，我们随机抽取各年观测值的 10%，对所取样本进行估计。因为采用随机抽取的方式，样本结果可近似总体结果。

表 3-17 随机前沿分析估计结果

模型	增加值				产出			
样本	全样本		分行业		全样本		分行业	
价格	P_{ind}	P_{reg}	P_{ind}	P_{reg}	P_{ind}	P_{reg}	P_{ind}	P_{reg}
	I	II	III	IV	V	VI	VII	VIII
K	0.2754	0.2826	0.2599	0.2662	0.0933	0.0796	0.0873	0.0792

续表

模型	增加值				产出			
样本	全样本		分行业		全样本		分行业	
价格	P_{ind}	P_{reg}	P_{ind}	P_{reg}	P_{ind}	P_{reg}	P_{ind}	P_{reg}
	I	II	III	IV	V	VI	VII	VIII
L	0.3745	0.2826	0.3795	0.3761	0.1235	0.1127	0.1088	0.1085
M					0.7118	0.7462	0.7314	0.7456
Ksd			0.0596	0.0616			0.0413	0.0403
Lsd			0.1237	0.1241			0.0771	0.073
Msd							0.0899	0.0893
I	1	0.9932	0.852	0.8503	0.6813	0.6617	0.5511	0.542
II	0.9932	1	0.8511	0.8569	0.6631	0.6581	0.5422	0.53
III	0.852	0.8511	1	0.9958	0.6117	0.593	0.5702	0.5373
IV	0.8503	0.8569	0.9958	1	0.6065	0.594	0.5626	0.536
V	0.6813	0.6631	0.6117	0.6065	1	0.9722	0.8258	0.8059
VI	0.6617	0.6581	0.593	0.594	0.9722	1	0.8169	0.8341
VII	0.5511	0.5422	0.5702	0.5626	0.8258	0.8169	1	0.9536
VIII	0.542	0.53	0.5373	0.536	0.8059	0.8341	0.9536	1
D_{soe}	−0.0952	−0.1017	−0.0433	−0.0486	−0.2142	−0.3276	−0.0613	−0.0037
D_{exp}	0.0087	0.008	0.0026	0.0029	−0.1308	−0.2401	−0.0342	0.1303
D_{you}	0.004	0.0057	−0.0021	−0.001	0.0007	−0.0143	0.0032	−0.1019
D_{ent}	−0.066	−0.0664	−0.0634	−0.0641	−0.2788	−0.4482	−0.3781	−0.5882
D_{exi}	0.0195	0.0273	0.0202	0.0282	0.1483	0.172	0.2504	0.2491
$mean$	4.5921	4.5456	4.5527	4.4888	0.418	0.2242	0.2489	0.1521
$variance$	0.7864	0.7951	0.8559	0.8602	0.5369	0.5187	0.605	0.5907

注：P_{ind}表示以行业价格因子对名义变量进行价格平减，P_{reg}表示以省份价格因子对名义变量进行价格平减，K、L和M分别表示资本、劳动和中间产品估计系数，Ksd、Lsd和Msd分别表示分样本估计所得资本劳动和中间产品的方差。I-VIII表示相关系数，D表示异质性企业平均生产率差异，$mean$表示生产率均值，$variance$表示生产率方差。此表为采用对数形式的技术效率随机前沿生产模型估计结果。

表 3-18   普通最小二乘法估计结果

模型	增加值				产出			
样本	全样本		分行业		全样本		分行业	
价格	P_{ind}	P_{reg}	P_{ind}	P_{reg}	P_{ind}	P_{reg}	P_{ind}	P_{reg}
	I	II	III	IV	V	VI	VII	VIII
K	0.2506	0.251	0.2275	0.2278	0.0685	0.0665	0.0663	0.0663
L	0.4588	0.4589	0.4727	0.4711	0.1376	0.1342	0.1417	0.1409
M					0.7414	0.7494	0.7387	0.7387
Ksd			0.0714	0.0715			0.0505	0.051
Lsd			0.1048	0.1067			0.0772	0.0777
Msd							0.0944	0.095
I	1	0.9933	0.8729	0.8643	0.6493	0.6582	0.5733	0.575
II	0.9933	1	0.8735	0.877	0.6307	0.6542	0.5592	0.5745
III	0.8729	0.8735	1	0.9945	0.5859	0.5917	0.593	0.5924
IV	0.8643	0.877	0.9945	1	0.5671	0.5863	0.5774	0.5891
V	0.6493	0.6307	0.5859	0.5671	1	0.9715	0.8396	0.7901
VI	0.6582	0.6542	0.5917	0.5863	0.9715	1	0.8299	0.8333
VII	0.5733	0.5592	0.593	0.5774	0.8396	0.8299	1	0.9749
VIII	0.575	0.5745	0.5924	0.5891	0.7901	0.8333	0.9749	1
D_{soe}	-0.1095	-0.1162	-0.1002	-0.1062	-0.2643	-0.3743	-0.2623	-0.3051
D_{exp}	0.0001	-0.0014	0.0104	0.0088	-0.2775	-0.3518	-0.0301	0.0033
D_{you}	0.0083	0.0102	0.0122	0.0141	-0.0024	-0.011	0.0875	0.0893
D_{ent}	-0.0657	-0.066	-0.0589	-0.0592	-0.4519	-0.5269	-0.4619	-0.4129
D_{exi}	0.024	0.0322	0.0294	0.0377	0.2222	0.201	0.3175	0.268
mean	4.3922	4.3595	4.3494	4.3212	0.2696	0.1973	0.2041	0.1767
variance	0.7884	0.7976	0.8642	0.8773	0.539	0.5198	0.594	0.5867

　　注：P_{ind} 表示以行业价格因子对名义变量进行价格平减，P_{reg} 表示以省份价格因子对名义变量进行价格平减，K、L 和 M 分别表示资本、劳动和中间产品估计系数，Ksd、Lsd 和 Msd 分别表示分样本估计所得资本劳动和中间产品的方差。I-VIII 表示相关系数，D 表示异质性企业平均生产率差异，$mean$ 表示生产率均值，$variance$ 表示生产率方差。全样本下普通最小二乘法估计一般会设立时间、地区和行业虚拟变量，以反映生产率在不同年份、地区和行业的差异。虽然设立虚拟变量允许处于不同年份、地区和行业的企业生产率存在着水平差别，但没有放松要素替代弹性相同的约束，仍然与现实有较大的差异。由于投入要素内生性的原因，普通最小二乘法是有偏的，因此，上述结果仅作对比与参考。

表 3-19   OP 法估计结果

模型	增加值				产出			
样本	全样本		分行业		全样本		分行业	
价格	P_{ind}	P_{reg}	P_{ind}	P_{reg}	P_{ind}	P_{reg}	P_{ind}	P_{reg}
	I	II	III	IV	V	VI	VII	VIII
K	0.4388	0.4329	0.3327	0.3328	0.1398	0.1257	0.0961	0.0959
L	0.3791	0.368	0.4321	0.4318	0.1573	0.1391	0.1356	0.1339
M					0.6926	0.7361	0.7359	0.7414
Ksd			0.18	0.1796			0.0981	0.0973
Lsd			0.1089	0.1089			0.0727	0.0719
Msd							0.0867	0.0868
I	1	0.9927	0.6792	0.6752	0.6988	0.6734	0.4036	0.4107
II	0.9927	1	0.6741	0.6819	0.6794	0.6698	0.3833	0.4034
III	0.6792	0.6741	1	0.9715	0.4899	0.4755	0.5269	0.5484
IV	0.6752	0.6819	0.9715	1	0.477	0.4737	0.4949	0.5248
V	0.6988	0.6794	0.4899	0.477	1	0.9699	0.6871	0.6557
VI	0.6734	0.6698	0.4755	0.4737	0.9699	1	0.6589	0.6767
VII	0.4036	0.3833	0.5269	0.4949	0.6871	0.6589	1	0.9578
VIII	0.4107	0.4034	0.5484	0.5248	0.6557	0.6767	0.9578	1
D_{soe}	−0.204	−0.2058	−0.1325	−0.1453	−2.595	−0.3678	0.106	0.0671
D_{exp}	−0.0051	−0.0047	0.0309	0.0253	−4.0272	−0.2984	2.2906	1.2572
D_{you}	0.0373	0.0384	0.0292	0.0321	0.3678	0.1554	5.924	0.312
D_{ent}								
D_{exi}	0.0434	0.0537	0.0418	0.0531	0.669	0.4545	1.691	2.5041
$mean$	3.2534	3.3304	3.6294	3.6144	0.0693	−0.1811	−0.0118	−0.0716
$variance$	0.7865	0.7958	1.0698	1.0798	0.5269	0.5071	0.7264	0.7034

注：P_{ind} 表示以行业价格因子对名义变量进行价格平减，P_{reg} 表示以省份价格因子对名义变量进行价格平减，K、L 和 M 分别表示资本、劳动和中间产品估计系数，Ksd、Lsd 和 Msd 分别表示分样本估计所得资本劳动和中间产品的方差。I-VIII 表示相关系数，D 表示异质性企业平均生产率差异，$mean$ 表示生产率均值，$variance$ 表示生产率方差。参照 Yasar 等（2008）的做法，我们对各变量的具体设置如下：状态变量为企业年龄和实际资本存量；控制变量为年份；自由变量为劳动投入以及中间产品投入等变量；若企业在样本中消失，则我们假设该企业退出市场，由此得到退出变量。

表 3-20　　　　　　　　　　　　　　LP 法估计结果

模型	增加值				产出			
样本	全样本		分行业		全样本		分行业	
价格	P_{ind}	P_{reg}	P_{ind}	P_{reg}	P_{ind}	P_{reg}	P_{ind}	P_{reg}
	I	II	III	IV	V	VI	VII	VIII
K	0.1846	0.1806	0.1754	0.1763	0.081	0.0854	0.0973	0.1024
L	0.1252	0.1149	0.1029	0.1073	0.1252	0.1131	0.1029	0.104
M					0.0446	0.1648	0.4462	0.4684
Ksd			0.0945	0.0993			0.157	0.16
Lsd			0.0917	0.0876			0.0917	0.0903
Msd							0.3884	0.3621
I	1	0.9939	0.9153	0.9153	0.9891	0.9831	0.1807	0.1999
II	0.9939	1	0.9049	0.92	0.9843	0.9888	0.155	0.1979
III	0.9153	0.9049	1	0.9871	0.908	0.8983	0.1755	0.163
IV	0.9153	0.92	0.9871	1	0.9076	0.9117	0.14	0.1632
V	0.9891	0.9843	0.908	0.9076	1	0.9903	0.1845	0.1995
VI	0.9831	0.9888	0.8983	0.9117	0.9903	1	0.1651	0.2028
VII	0.1807	0.155	0.1755	0.14	0.1845	0.1651	1	0.706
VIII	0.1999	0.1979	0.163	0.1632	0.1995	0.2028	0.706	1
D_{soe}	−0.0216	−0.0225	0.0092	0.0021	−0.004	−0.0087	0.0237	0.0136
D_{exp}	0.0272	0.0271	0.0168	0.0173	0.0273	0.0256	−0.0313	0.03
D_{you}	−0.0131	−0.0126	−0.0209	−0.0178	−0.017	−0.0159	−0.0539	−0.0361
D_{ent}	−0.0636	−0.0639	−0.0642	−0.0636	−0.0649	−0.0666	−0.0811	−0.0748
D_{exi}	0.0016	0.0065	−0.0009	0.0054	−0.0006	0.0053	−0.0117	0.0017
$mean$	6.5291	6.5827	6.662	6.6351	6.9571	5.7905	4.3795	3.9394
$variance$	0.8552	0.866	0.9191	0.9192	0.8747	0.7912	3.0372	2.6145

注：P_{ind} 表示以行业价格因子对名义变量进行价格平减，P_{reg} 表示以省份价格因子对名义变量进行价格平减，K、L 和 M 分别表示资本、劳动和中间产品估计系数，Ksd、Lsd 和 Msd 分别表示分样本估计所得资本劳动和中间产品的方差。I-VIII 表示相关系数，D 表示异质性企业平均生产率差异，$mean$ 表示生产率均值，$variance$ 表示生产率方差。LP 方法估计企业生产率两种生产函数模型的估计方法有所不同。增加值模型最后一步采用黄金分割法搜索使目标函数方差最小的资本系数，这种估计方法允许使用除中间投入以外的另一个变量作为生产率的代理变量；产出模型最后一步采用矩估计法估计资本和中间投入的系数，可以选择使用非线性最小二乘估计法中的牛顿——拉姆齐迭代法和格子搜索法两种估计方法，在矩估计法下，只允许使用一种变量作为生产率代理变量。中国工业企业数据库中 2004 年的工业增加值指标缺失，遵循聂辉华等 (2012) 的建议，我们根据会计准则：工业增加值 = 工业总产值 − 工业中间投入 + 增值税，估计 2004 年的工业增加值。聂辉华等 (2012) 曾对比推算的工业增加值与企业实际报告的增加值，二者之间差异比较小，可以忽略由其带来的影响。

表 3-21   系统广义矩估计估计结果

模型	增加值				产出			
样本	全样本		分行业		全样本		分行业	
价格	P_{ind}	P_{reg}	P_{ind}	P_{reg}	P_{ind}	P_{reg}	P_{ind}	P_{reg}
	I	II	III	IV	V	VI	VII	VIII
K	1.0688	0.9363	0.1675	0.1651	0.3107	0.2544	0.0581	0.0562
L	0.7592	0.7544	0.4139	0.4144	-0.1634	-0.2138	0.1784	0.1776
M					1.0391	1.0867	0.5185	0.5179
Ksd			0.2485	0.2567			0.1996	0.2031
Lsd			0.305	0.3052			0.2451	0.2497
Msd							0.2355	0.2391
I	1	0.994	0.1817	0.2012	0.4591	0.3542	0.119	0.1293
II	0.994	1	0.2061	0.2325	0.4357	0.3374	0.1334	0.1424
III	0.1817	0.2061	1	0.9399	0.163	0.1394	0.5972	0.4656
IV	0.2012	0.2325	0.9399	1	0.1328	0.1202	0.5769	0.5002
V	0.4591	0.4357	0.163	0.1328	1	0.9599	0.2989	0.2049
VI	0.3542	0.3374	0.1394	0.1202	0.9599	1	0.2772	0.2187
VII	0.119	0.1334	0.5972	0.5769	0.2989	0.2772	1	0.8238
VIII	0.1293	0.1424	0.4656	0.5002	0.2049	0.2187	0.8238	1
D_{soe}	-0.149	-0.3361	-0.4785	-0.0273	-0.0251	0.0069	0.2827	0.0114
D_{exp}	-0.0444	-0.1184	-0.6369	-0.0002	-0.0281	-0.0158	0.0309	0.1375
D_{you}	0.0551	0.162	-0.672	-0.006	0.0128	0.0009	-0.0898	-0.0289
D_{ent}								
D_{exi}	0.0386	0.1329	2.9251	0.0346	0.0209	-0.0024	0.2061	0.0618
mean	-8.4452	-2.7443	-0.0436	4.6258	-3.0006	-2.9596	-0.4362	1.4043
variance	1.5281	1.3838	1.873	1.8278	0.6867	0.6522	1.2573	1.5749

注：P_{ind} 表示以行业价格因子对名义变量进行价格平减，P_{reg} 表示以省份价格因子对名义变量进行价格平减，K、L 和 M 分别表示资本、劳动和中间产品估计系数，Ksd、Lsd 和 Msd 分别表示分样本估计所得资本劳动和中间产品的方差。I-VIII 表示相关系数，D 表示异质性企业平均生产率差异，根据(3.9)式计算得出；mean 表示生产率均值，variance 表示生产率方差。从估计原理来看，在存在测量误差与技术异质性的情况下，系统广义矩估计能够提供最稳健的估计结果。遗憾的是，系统广义矩估计需要三阶滞后期作为工具变量，因此要求样本至少有四期连续的观测值。中国工业企业数据库中相当一部分企业都短于三期，另外，能存续更长时间的观测值一般自身的生产效率比较高，因此，以此方法估计出来的结果可能高估了整体企业的生产率水平。

表3-22　　异质性企业生产率差异年份分布表

	Year	Index	Ols		Frontier		Sys_GMM		OP		LP	
D_{soe}	1998	-0.0473	-0.0487	0.0093	-0.0154	0.0307	.	.	.	.	0.0313	0.0924
	1999	-0.0376	-0.0408	0.0236	-0.0155	0.0415	-0.0272	-0.0097	-0.1206	-0.0028	0.0297	0.0893
	2000	-0.0579	-0.0387	0.019	-0.0159	0.039	-0.0293	-0.0064	-0.1237	0	0.0277	0.0928
	2001	-0.0945	-0.0234	0.0328	-0.0051	0.0509	-0.0181	0.0174	-0.0898	0.0128	0.0318	0.1192
	2002	-0.0846	-0.023	0.0265	-0.0052	0.047	-0.0183	0.0192	-0.0915	0.035	0.0292	0.1172
	2003	-0.0921	-0.0207	0.0248	-0.0047	0.0453	-0.0166	0.0257	-0.0875	0.0307	0.0256	0.1302
	2004	-0.0356	-0.0006	0.0359	0.0126	0.0575	-0.0154	0.0491	-0.0693	0.0353	0.0353	0.1469
	2005	-0.0231	-0.0026	0.0409	0.008	0.0586	-0.0025	0.0692	-0.0504	0.0557	0.0275	0.1684
	2006	-0.0185	-0.002	0.0518	0.0098	0.0728	-0.0003	0.0788	-0.0709	0.045	0.0284	0.1694
	2007	-0.0223	0.0006	0.0487	0.0117	0.0738	-0.0031	0.0751	-0.065	0.0409	0.0303	0.1769
D_{exp}	1998	0.1835	0.0044	-0.0129	-0.0218	-0.0306	.	.	.	.	-0.0007	-0.0198
	1999	0.1651	-0.001	-0.0278	-0.0201	-0.0413	-0.0315	0.0751	0.0626	0.0575	-0.0004	-0.0391
	2000	0.1665	-0.0004	-0.0242	-0.0199	-0.0385	-0.0254	0.0819	0.0597	0.0545	-0.0002	-0.048
	2001	0.1372	-0.0076	-0.0249	-0.0259	-0.0416	-0.0288	0.0734	0.0543	0.0554	-0.0047	-0.0367
	2002	0.1255	-0.0117	-0.0091	-0.0287	-0.0241	-0.0204	0.0757	0.0483	0.0539	-0.004	-0.0424
	2003	0.1217	-0.0129	-0.0112	-0.029	-0.0249	-0.0142	0.0737	0.0424	0.0503	-0.0037	-0.0397
	2004	0.1	-0.0089	0.0103	-0.0216	-0.0043	-0.0033	0.0812	0.0529	0.0638	0.0074	-0.0057
	2005	0.0893	0	0.0092	-0.0113	-0.0041	0.006	0.0622	0.0474	0.0534	0.014	0.0037

续表

	Year	Index	Ols		Frontier		Sys_GMM		OP		LP	
	2006	0.0949	-0.0045	0.009	-0.0144	-0.0034	-0.0027	0.0616	0.0398	0.0477	0.0141	0.0056
	2007	0.1002	-0.0167	0.0088	-0.0267	-0.0025	-0.023	0.0579	0.0215	0.0464	0.0096	0.0039
D_{you}	1998	0.0647	0.0303	0.0305	0.0187	0.0233	.	.	.	.	-0.0141	-0.053
	1999	0.0398	0.0264	0.0232	0.0211	0.0178	0.0327	0.0063	0.0828	0.0277	-0.0064	-0.0527
	2000	0.0429	0.0246	0.0265	0.018	0.0187	0.0438	0.0092	0.0834	0.0383	-0.0085	-0.0561
	2001	0.0473	0.0138	0.0172	0.0089	0.0092	0.0244	-0.0072	0.0609	0.0192	-0.015	-0.0581
	2002	0.0364	0.008	0.0137	0.003	0.0056	0.0043	-0.0191	0.0526	0.0197	-0.0199	-0.0549
	2003	0.0169	0.0061	0.0154	0.0012	0.0059	0.0084	-0.0217	0.0482	0.0247	-0.0213	-0.0584
	2004	0.0157	-0.0067	0.0083	-0.0137	-0.0021	0	-0.0264	0.0424	0.0213	-0.0337	-0.0664
	2005	-0.0005	0.0009	0.0163	-0.005	0.0071	-0.004	-0.0202	0.0394	0.0294	-0.0244	-0.0514
	2006	-0.0192	0.0042	0.0157	-0.0006	0.009	0.0056	-0.0175	0.039	0.0319	-0.0205	-0.055
	2007	-0.0284	0.0047	0.0182	0.0003	0.0108	0.0123	-0.0166	0.0394	0.0255	-0.0198	-0.0479
D_{ent}	1998	.	.	.	.	.	.	.	.	.	.	.
	1999	0.0016	-0.0274	0.0153	-0.0239	0.0112	.	.	.	.	-0.0358	-0.0112
	2000	0.0514	-0.0358	-0.0078	-0.0425	-0.0133	.	.	.	.	-0.0631	-0.0864
	2001	0.0493	-0.0204	-0.0015	-0.0228	-0.0053	.	.	.	.	-0.0482	-0.0734
	2002	0.028	-0.0345	0	-0.042	-0.005	.	.	.	.	-0.0582	-0.0487

113

续表

	Year	Index	Ols		Frontier		Sys_GMM		OP		LP	
	2003	0.0038	-0.0333	0.0049	-0.041	-0.0035	.	.	.	.	-0.0595	-0.0691
	2004	0.0363	-0.0417	-0.0031	-0.0528	-0.0094	.	.	.	.	-0.0748	-0.0812
	2005	-0.0402	-0.058	0.0096	-0.0645	0.0011	.	.	.	.	-0.0752	-0.053
	2006	-0.0451	-0.0518	0.0053	-0.0574	-0.0027	.	.	.	.	-0.0733	-0.0697
	2007	-0.0318	-0.0549	0.0204	-0.0623	0.0115	.	.	.	.	-0.077	-0.0563
D_{exi}	1998	-0.0039	-0.0224	0.0088	-0.0256	0.0045	.	.	.	.	-0.0466	-0.0188
	1999	-0.0265	-0.0484	-0.0182	-0.0479	-0.0167	-0.0437	-0.0267	-0.0575	-0.0329	-0.0621	-0.0476
	2000	-0.0611	-0.0225	0.0012	-0.0195	-0.0013	-0.0166	-0.0274	-0.0169	-0.0063	-0.0372	-0.018
	2001	-0.0514	-0.0388	0.0044	-0.0399	0.001	-0.0282	-0.0258	-0.0385	-0.0093	-0.0559	-0.0295
	2002	-0.0636	-0.0306	0.0115	-0.0291	0.0097	-0.0016	-0.0133	-0.0041	0.0119	-0.0447	0.0089
	2003	-0.041	-0.0005	0.0222	0.0005	0.0182	0.0097	0.0011	0.0227	0.0178	-0.0199	0.02
	2004	0.0514	-0.0328	0.0007	-0.0352	0.0041	-0.0556	-0.0363	-0.0511	-0.0005	-0.0576	-0.0408
	2005	-0.0026	-0.0392	0.0093	-0.037	0.0112	-0.0476	-0.0317	-0.0405	-0.0023	-0.0485	-0.0308
	2006	-0.008	-0.0387	0.0217	-0.036	0.0232	-0.0438	-0.0244	-0.0349	0.0137	-0.0454	-0.0109
	2007											

注：OP 法和 LP 法估计过程中涉及滞后变量，因此无法得到进入企业的估计值；1998 年为样本第一年，无法分辨出进入企业，该年进入异质性企业生产率差异无法计算。2007 年为样本的最后一年，无法分辨出退出企业，该年退出异质性企业生产率差异无法计算。为了更容易进行观测，我们将负值加粗处理。

第4章 中国行政审批中心设立的 资源配置效率研究

4.1 引言

当前，中国经济发展已经进入以经济转型为主题的新常态阶段，简政放权成为构建完善的社会主义市场经济体制、优化资源配置效率的关键一环。在此背景下，中央政府提出，应当以壮士断腕的勇气深化政府自身革命，推动政府职能深刻转变(李克强，2018)。这一政策主张的深刻经验教训源于传统计划经济体制配置要素资源的低效性(王克稳，2015)，由于市场机制受到干扰，产品和要素价格产生扭曲(林毅夫等，2017)，经济运行效率低下。改革开放以来的中国经济增长奇迹，与一系列铲除了阻碍要素自由流动体制障碍的改革措施密切相关，其中以行政审批制度改革为典型代表。行政审批制度的改革发挥了政府帮扶之手的作用，同时斩断了政府过多伸向经济、社会的权利触须(沈岿，2014)，恢复了市场在资源配置中的基础性作用，能够最大化投入要素的价值。可以看出，提高资源配置效率可能是行政审批中心影响经济运行效率的重要途径，因此，研究行政审批改革影响资源配置效率的机制及其经济效应具有重要意义。

中国的行政审批制度改革具有逐步推进的特点。深圳市在 1995 年率先自发设立全国首个具有行政审批中心性质的机构。2001 年，国务院正式开展行政审批制度改革的全面部署工作，并成立了改革工作领导小组以指导全国各地的改革工作(孙寿山，2009)。自此，行政审批中心作为地方政府深入推进行政审批制度改革的重要举措，陆续在全国各地推行(于秀琴等，2016)。2013年，新一任中央政府履职后，将由行政审批改革发展而来的商事制度改革作为推进简政放权、转变政府职能的"先手棋"。可以看出，作为行政审批制度改革的重要派生制度，在全国范围内进行推广，必将对经济社会产生广泛而深入的影响。

然而，目前学界对于行政审批中心设立产生的具体影响仍然存在争议，分歧主要源于政府管制可能存在着双重作用。一些研究认为，政府管制促进了资源的合理分配(Maurer，1988)，减少了市场失灵(Posner，1974；Breyer，1990；Rothstein，2015)，并提高了资源配置效率(North，1990)，这一影响被称为"帮扶之手"(Rothstein，2015)。另一些研究认为，政府管制干预了企业经营，降低了企业绩效(陈信元等，2007；章卫东等，2014)，此时，政府管制充当着"攫取之手"的角色(Frye 和 Shleifer，1997)。如果政府管制同时扮演了不同角色，意味着行政审批制度改革可能存在双重作用。一方面，行政审批制度改革能够有效促进政府职能转变，减少政府的自利性问题(顾平安，2008)；另一方面，在审批制度改革进程中，存在服务粗放化和设立形式化等问题(艾琳等，2013)，企业并未真正能享受制度改革的红利，反而由于制度变更增加了企业负担，最终导致经济效率损失。行政审批中心作为推进行政审批制度改革的重要派生制度安排，究竟在深化资源配置效率改革中扮演何种角色？对总体宏观经济效率产生多大幅度的影响？回答上述问题，对于进一步的深入推进审批制度改革具有重要意义。

现有关于行政审批中心的研究大部分从行政审批中心自身问题(张康之，2003；唐亚林、朱春，2014)、改进措施和作用效果(夏杰长、刘诚等，2017；毕青苗等，2018)等角度展开，对于深入理解行政审批中心的经济效应具有重要价值。然而，企业的要素投入行为及资源配置效率可能是行政审批中心设立的影响经济效率的重要途径，却鲜有文献从这一角度探究行政审批中心设立产生的影响，测算由此带来的总量生产率提升效应。虽然现有一些研究已经注意到政府管制可能产生的资源配置效应（Buchanand J M，1986），但并没有研究从理论和实证层面细致分析行政审批对微观企业间资源配置的具体影响，以及由此可能带来多大幅度的宏观经济效应，忽略了行政审批改革通过资源配置效率这一渠道影响宏观经济增长的机制。因此，进一步研究行政审批改革如何影响微观企业的资本和劳动投入的决策，量化通过这一作用机制产生的宏观经济效应，是对现有文献的重要补充和拓展。与此同时，发展经济学的最新研究进展表明，微观企业间资源配置效率的差异，可能是不同经济体发展水平产生分化的重要原因。为此，本书基于 Hsieh 和 Klenow（2009）的测算框架，构建行政审批中心设立对企业资源配置效率影响的理论基础。进一步，通过匹配行政审批中心设立信息与中国微观工业企业数据，分析审批中心设立对企业要素投入扭曲和资源配置效率的影响。在此基础上，测算设立行政审批中心所产生的总量生产率效应，并考察不同地区、行业、要素密集型及所有制企业中，行政审批中心设立对企业资源配置效率影响的异质性。

本部分的研究对现有研究的边际贡献体现在以下方面：①基于 Hsieh 和 Klenow（2009）的资源错配理论，本书首次系统性地评估了设立行政审批中心对企业要素投入扭曲和资源配置效率的影响，为研究行政审批制度改革成效提供了新的思路。②本书基于"资源错配与生产率"框架，不仅可以测算出微观企业资源配置效率的影响因素，还可以进一步识别与量化行政审批中心设立通过影响微观企业资源配置效率所产生的宏观经济效应，为中国经济增长提供一个新的微观机制解释。③本书进行了多角度的异质性分析，分析企业在不同条件下所形成的经济效应差异，对于更具针对性的改革措施，具有重要的参考价值。

4.2 文献综述与理论假说

4.2.1 行政审批改革对企业资本配置的影响

新制度经济学中经典的"诺斯悖论"，充分展现政府的双重性，即有着社会产出最大化和租金最大化的双重矛盾目标。行政垄断代表政府走在公众利益的剥削方向，这会引发诸如国家垄断利益部门化、政府监管难见成效等一系列社会问题，致使经济主体的行为受消极影响。大量研究显示，赋予政府过度的权力会导致资源错配（即资本和劳动等生产要素的错配）（Shleifer 和 Vishny，1993；韩剑、郑秋玲，2014；陈小亮等，2017），抑制企业创新（张峰等，2016），降低就业及减少创业机会（Ciccone 和 Papaioannou，2007；陈刚，2015），削弱审计市场绩效（于李胜、王艳艳等，2010），导致经济多重失衡（陈斌开、陆铭，2016），对经济运行带来大量负面效应。此时，政府发挥的是"攫取之手"的作用。而当政府的权力被适当地"关进笼子里"，正如实行有效的行政审批改革，破除"行政垄断"制度时，政府将会伸出"帮扶之手"，给经济带来正效应。例如，此时政府能提高企业进入率（Alfaro 和 Chari，2014；毕青苗等，2018）、促进企业创新（王永进等，2018）、推动经济增长等（夏杰长、刘诚，2017）。总体来讲，行政审批改革可有力地击破行政垄断的消极影响，推动社会主义市场经济制度的良性发展，使得各生产要素能顺畅地流向经济效率更高的经济主体，促进资本配置实现优化，加速经济增长（王子林，2014）。作为行政审批改革的派生制度——行政审批中心具有相对于原制度的帕累托改进优势（陈时兴，2006），能够很好地提供各行为主体对制度供求的均衡点，有效地促进制度的改善。此外，行政审批中心能够有效减少制度实施过的"摩擦成本"（樊刚，1993），也有利于缩短企业及民众跑审批需花费的时间，除提高办事效率外，还可减少交易费用（陈天祥、张华、吴月等，2012）。

制度创新是行政审批改革不断推进并深化的关键（王克稳，2014）。作为一种创新的派生制度，审批中心在行政审批改革的推进过程中孕育而生（陈时兴，2006）。中国的审批中心是行政审批改革的主要载体与集大成者，贯穿了行政审批改革的整个过程。一般来说，行政审批改革的进程主要体现在审批中心的设立，其设立推动着改革继续稳定向前（夏杰长等，2018）。而推进改革全面深化的关键，是行政审批中心所具备的"创新再造"和"聚集整合"能力（艾琳等，2013）。故某个地区是否设立了行政审批中心，往往是行政审批改革的重要信号，标志着该地区的审批改革取得了重大进展（夏杰长等，2018）。所以，我们可通过考察行政审批中心来窥探行政审批改革对中国企业资源配置效率的影响。

中国设立行政审批中心对资本配置的影响主要有两个方面：一方面，行政审批中心通过发挥"集中一地办公、跨部门业务协同"的优势，运用合并审批机制简化审批流程与环节，减少政府在前置审批过程中过多可设租的程序，尽可能地弱化审批部门所拥有的、可直接支配社会资源的权力。除此之外，审批中心内部各审批部门之间的协作，可在部门间产生制衡、促进规则透明，减少了腐败行为的发生，使其能够在既定的权力框架内提高行政审批效率，构建更加良好的营商环境，减少政府抽租与企业寻租的机会和空间。同时，规范化管理的审批收费标准，降低了企业审批费用的负担。总体而言，行政审批中心的设立降低了企业与政府打交道的制度性交易成本，使得其原本用于寻租和应付抽租的资金投入到生产经营活动中的可能性增大。另一方面，审批中心内部审批事项的合并、流程的简化以及部门间的相互制衡等举措，会弱化审批部门对经济活动的干预行为（王克稳，2015）。长期以来，中国的金融市场存在着明显的信贷歧视，表现为资本回报率较低的国有企业更容易获得信贷支持，而非国有企业大多只能依靠自有资本维持着企业的生存与发展（邵挺，2010）。此源于地方政府具有很强的动机通过间接或直接的方式干预银行的信贷决策，从而为国有企业投放信贷支持（余明桂等，2008）。此种不同所有制间不对等的融资能力，是中国企业资本错配的一个侧面反映。所以当某个政府部门支配了大部分的审批许可、获取资金资源的权力时，政府补贴和信贷资金的发放就主要由政府部门决定（方军雄，2007）。所以，信贷机构对国有企业的偏好是在政府对信贷市场较强干预背景下的次优选择。而行政审批中心的设立，有利于减少某些政府部门对信贷机构决策的干扰，斩断政府过多伸向经济、社会的权利触须（沈岿，2014），减少对国有企业的政策支持，促进国有企业资本的合理分配。除此之外，行政审批中心的设立还使得企业进入市场的成本降低，有助于更多的企业进入市场。资本有更大的概率可以配置给资本回报率可能更高的潜在进入者，进而提高资本要素投入的配置效率。

鉴于行政审批改革前，非国有企业资本更多存在资本不足的情况，因此，基于上述理论推演，我们提出假说1：

假说1：行政审批中心的设立将对企业的资本要素投入扭曲起到纠正作用，且主要通过改善企业资本投入的不足以产生作用。

4.2.2　行政审批改革对企业劳动配置的影响

从劳动力要素的配置看，新经济制度学派认为，要促进经济良性发展，需处理好劳动力分割问题，更全面地发挥劳动力资源配置效率。斯密(1997)认为，行政垄断会限制劳动力的自由流动，严重损害劳动者的利益，相应地，企业等经济主体的利益也受严重波及。行政垄断企业由政府直接参与经营，企业的人事、分配、经营等诸多方面也受到政府管控(余晖，2001)，而企业也会有动力束缚劳动力在竞争行业与行政垄断行业间的自由流动，走关系式和缴费式流动在制度改革前是普通人进入国企的途径(苏永照，2011)。此外，行政垄断下的就业制度安排使得城市居民的就业过于固定，而户籍制度和排他性城市福利体制也进一步阻碍了劳动要素的在部门、地域和所有制间的自由流动(蔡昉，2007)，致使企业自由雇佣劳动力的权利受到限制，寻找与企业发展相匹配人力的成本抬高，雇佣效率降低(蔡昉，2001)，进一步恶化了资源配置效率(Yang 等，2003)。对此，解决部门间和区域间劳动力流动障碍，革除劳动力市场制度障碍和束缚，优化劳动资本的配置以提高经济运行效率迫在眉睫(曹玉书，2012；纪韶，2019)。

制度改革本身是在争取最大限度地挖掘效率潜力并获得收益(蔡昉，2008)，但改革初期，随着制度的逐步放松，劳动力跨区域流动速度加快的同时，也产生一个严峻的问题，即政府管理和职能转变不到位，即未完全脱离政府与行政相对人"管理"与"被管理"的关系。不匹配的行政服务方式和不透明的政府部门利益分配等因素，削弱了劳动力转移制度改革的有效性(纪韶，2019)。而作为一种新兴的行政组织形式，审批中心更加强调"客户关系"的服务理念(王胜君等，2010)。通过整合各部门职能，将不同审批服务介质中的人力资源、信息资源、流程安排等要素进行整合与优化，并通过"前台一站式"的审批，有效解决审批手续"低效跑"的问题（朱旭峰、张友浪，2014），满足公众对于"减少审批信息迷航"的需求。同时通过合并政府部门，大力压缩削减办公程序、申报材料和收费标准，有效改善与市场化发展不相匹配的行政审批方式，减少审批过程的随意性和盲目性，实现更公开透明的审批和更公平合理的审批收费，节省了公众寻求更多"关系"去应付"后台"的成本与代价。长期以来，劳动力跨区域流动过程中需要办理劳务用工手续和暂住证等相关证件，大多需要经过"多口审批"，且各部门都可以在手续办理过程中收取费用，多头、多层审批所产生的利益可得性滋生了腐败，加剧外来劳动力进入的无序性，进一步恶化劳动力市场环境，大大提高政府部门监察难度（时宪民，1999）。而审批中心明确的职责分配和管理规定，形成了更好的制度环境，更高效透明的审批机制，并加速了原来被限制资源要素的流动（陈时兴，2006）。推进了劳动力转移制度改革的落实程度，增强不同行业、部门、区域间劳动力流动效率。可以看出，行政审批中心改革主要通过促进劳动力的流动影响企业劳动要素投入效率，这一影响对于劳动要素投入状况不同的企业的影响可能存在差异：对于劳动要素投入过多的企业来说，劳动力供给的增加可能更加恶化了过度投入的情况，而对于劳动要素投入不足的企业，高效的劳动力流动机制带来的劳动力供应增加，更有可能会缓解企业的劳动力投入不足的情况。结合上述理论推演，鉴于不同企业的劳动要素投入状况不同，我们提出假说2：

假说2：行政审批中心的设立将缓解企业的劳动要素投入扭曲，且政策效应随着要素投入状况不同而存在差异。

4.2.3 行政审批改革对企业资源配置效率的影响机制

以上分析表明，过度的行政管制阻碍了市场机制的有效发挥，降低了资本和劳动要素配置效率。从 Hsieh 和 Klenow（2009）的资源错配理论可知，资本和劳动要素的配置效率与微观企业资源配置效率息息相关。行政审批改革作为厘清政府与市场、政府与企业边界的重要抓手，将行政审批限定在合理的范围之内，提高了市场配置资源的比重，可促进拔除不合理制度这一市场资源配置的外部性问题的根源(North，1990；Williamson，2000)，进而提升资源配置效率。关于行政审批制度改革的历程表明，行政审批制度改革与行政审批中心的发展存在着相互促进的关系(艾琳等，2013)。行政审批制度改革的开展充分依托了行政审批中心的集成优势，将分散在各个部门的审批事项集聚到行政审批中心办理，对内构建对审批许可实施日常集中管理的平台，并对外提供"一站式"服务。通过清理、取消、下放和调整行政审批项目，减少政府对微观经济活动的直接干预与介入，压缩了寻租空间，提高行政效能，引导了市场机制的有效发挥，一定程度上能优化资源配置(温家宝，2012)。鉴于不同企业资源配置效率的基础情况有所不同，结合上述理论推演，我们提出假说3：

假说3：行政审批中心作为行政审批改革的典型代表，通过重新整合行政部门原有资源、变革审批流程、减少政府直接干预，其设立将对企业的资源配置效率产生重要影响，但政策效应随要素投入情况而变。

4.3 测算框架、数据来源与模型设定

4.3.1 资源配置效应测算框架

基于 Hsieh 和 Klenow(2009)的测算框架，本书采用 τ_{Ksi} 和 τ_{Lsi} 分别作为衡量资本要素投入扭曲和劳动要素投入扭曲程度的指标，并通过测算企业最优产出规模与实际产出规模之间的差异，进一步构建资源配置效率测算指标来反映微观企业层面的资源配置效率。

(1)要素投入扭曲的测算

假定行业 s 是垄断竞争市场，由 N 个生产差异化产品的企业构成，企业 i 的产出为 Y_{si}。行业生产以 CES 常替代生产函数形式进行：

$$Y_s = \left(\sum_{i=1}^{N} Y_{si}^{\frac{\sigma-1}{\sigma}} \right)^{\frac{\sigma}{\sigma-1}} \tag{4.1}$$

其中，σ 表示企业生产产品的替代弹性；假定企业通过投入资本 K 和劳动 L 两种生产要素进行生产，企业 i 的生产函数为柯布-道格拉斯函数（C-D）形式：

$$Y_s = A_{si} K_{si}^{\alpha_s} L_{si}^{\beta_s} \qquad (4.2)$$

其中，A_{si} 表示行业 s 中企业 i 的全要素生产率，K_{si} 表示行业 s 中企业 i 的资本投入，L_{si} 表示表示行业 s 中企业 i 的劳动投入，α_s 表示资本对产出的贡献比例、β_s 表示劳动对产出的贡献比例，且有 $\alpha_s + \beta_s = 1$。企业在产品市场处于垄断竞争地位，在要素市场则面临完全竞争。政府扭曲要素价格及资源市场价格是引起资本和劳动要素投入扭曲的重要原因（王晓姝、孙爽，2013）。本书以 τ_{Ksi} 表示资本要素投入扭曲，τ_{Lsi} 表示劳动要素投入扭曲，则企业利润函数为：

$$\pi_{si} = P_{si} Y_{si} - (1 + \tau_{Ksi}) R K_{si} - (1 + \tau_{Lsi}) \omega L_{si} \qquad (4.3)$$

其中，R 和 ω 分别表示企业的资本和劳动价格。由（4.3）式可知，要素投入扭曲为正表明最后一单位投入要素的边际产出大于边际成本，要素投入不足；要素投入扭曲为负表明最后一单位投入要素的边际产出小于边际成本，要素投入过度。

在利润最大化目标下，由（4.3）式的一阶条件可得：

$$\frac{K_{si}}{L_{si}} = \frac{(1 + \tau_{Lsi}) \omega \alpha_s}{(1 + \tau_{Ksi}) R \beta_s} \qquad (4.4)$$

将（4.4）式代入垄断厂商的生产函数可得：

$$L_{si} = \frac{Y_{si} (1 + \tau_{Lsi})^{\alpha_s}}{A_{si} \left(\frac{R}{\alpha_s}\right)^{\alpha_s} (1 + \tau_{Ksi})^{\alpha_s} \left(\frac{\omega}{\beta_s}\right)^{1-\beta_s}} \qquad (4.5)$$

将（4.4）式和（4.5）式代入（4.3）式并整理可得垄断厂商的产品垄断价格为：

$$P_{si} = \left(\frac{\sigma - 1}{\sigma}\right)^{\sigma} \left(\frac{R}{\alpha_s}\right)^{\alpha_s} \left(\frac{\omega}{\beta_s}\right)^{\beta_s} \frac{(1 + \tau_{Ksi})^{\alpha_s} (1 + \tau_{Lsi})^{\beta_s}}{A_{si}} \qquad (4.6)$$

在求得垄断价格的基础上，根据行业生产函数和厂商生产函数可求得其实际产出为：

$$Y_{si} = \left(\frac{\sigma-1}{\sigma}\right)^{\sigma}\left(\frac{\alpha_s}{R}\right)^{\sigma\alpha_s}\left(\frac{\beta_s}{\omega}\right)^{\sigma\beta_s}\frac{P_s^{\sigma}Y_s A_{si}^{\sigma}}{(1+\tau_{Ksi})^{\sigma\alpha_s}(1+\tau_{Lsi})^{\sigma\beta_s}} \tag{4.7}$$

由(4.6)式和(4.7)式可知,同一行业中的企业产品价格和产出除了与生产率 A_{si} 有关外,还跟企业面临的资本、劳动投入扭曲密切相关。生产率 A_{si} 越高,企业产出越多,产品价格越低;要素投入扭曲越严重(τ_{Ksi}、τ_{Lsi} 的绝对值越大),会使得企业产品产量下降,产品价格上升。

资本的边际产出价值为:

$$MRPK_{si} \equiv \alpha_s\frac{\sigma-1}{\sigma}\frac{P_{si}Y_{si}}{K_{si}} = (1+\tau_{Ksi})R \tag{4.8}$$

劳动的边际产出价值为:

$$MRPL_{si} \equiv \beta_s\frac{\sigma-1}{\sigma}\frac{P_{si}Y_{si}}{L_{si}} = (1+\tau_{Lsi})\omega \tag{4.9}$$

按照古典经济理论假设,无摩擦情形下的要素自由流动,会使得各部门的要素边际收益和边际成本相等,从而达到经济的帕累托最优。从(4.8)式、(4.9)式可以看出,在各种扭曲因素的作用下,要素的边际收益和边际成本会发生偏离,使得要素投入相对于最优配置状态发生偏离。

为了测算要素投入扭曲,根据(4.8)式、(4.9)式,可以求得资本、劳动要素投入扭曲 τ_{Ksi}、τ_{Lsi}。

$$\tau_{Ksi} = \alpha_s\frac{\sigma-1}{\sigma}\frac{P_{si}Y_{si}}{RK_{si}} - 1 \tag{4.10}$$

$$\tau_{Lsi} = \beta_s\frac{\sigma-1}{\sigma}\frac{P_{si}Y_{si}}{\omega L_{si}} - 1 \tag{4.11}$$

(2)资源配置效率的测算

根据(4.7)式本书可以进一步得到去除要素投入扭曲后的企业理想规模。具体来说,令 $\tau_{Ksi}=0$,可以求得不存在资本投入扭曲的情况下的企业理想产出规模:

$$Y_{Ksi} \infty \frac{A_{si}^{\sigma-1}}{(1+\tau_{Lsi})^{\sigma\beta_s}} \tag{4.12}$$

令 $\tau_{Lsi} = 0$，可以求得不存在劳动投入扭曲的情况下的企业理想产出规模：

$$Y_{Lsi} \propto \frac{A_{si}^{\sigma-1}}{(1+\tau_{Ksi})^{\sigma\alpha_s}} \tag{4.13}$$

当要素投入不存在扭曲的情况下，即 $\tau_{Ksi} = 0$ 和 $\tau_{Lsi} = 0$，企业最优产出规模为：

$$Y_{Esi} \propto A_{si}^{\sigma-1} \tag{4.14}$$

由(4.12)式、(4.13)式、(4.14)式可以分别得到存在扭曲情形下的得到企业实际产出规模和最优产出规模之间的关系：

$$Y_{Ksi} = Y_{si} * (1+\tau_{Ksi})^{\sigma\alpha_s} \tag{4.15}$$

$$Y_{Lsi} = Y_{si} * (1+\tau_{Lsi})^{\sigma\beta_s} \tag{4.16}$$

$$Y_{Esi} = Y_{si} * (1+\tau_{Ksi})^{\sigma\alpha_s}(1+\tau_{Lsi})^{\sigma\beta_s} \tag{4.17}$$

从(4.15)式、(4.16)式和(4.17)式可以看出，扭曲造成的规模偏离度与要素投入扭曲楔子、投入份额和要素产出贡献率有关。相关研究认为替代弹性 σ 在 3 到 5 之间，鉴于替代弹性的上升会导致扭曲造成的宏观经济效率损失加剧(Hsieh 和 Klenow，2009；邵宜航等，2013)，本书选取较为保守的取值，令产出替代弹性 $\sigma = 3$。

我们利用式(4.7)表示的企业实际产出规模和式(4.17)表示的企业最优产出规模的差异估计企业的资本和劳动投入扭曲共同作用下企业资源配置效率：

$$Misallocation_{si} = \frac{Y_{Esi}}{Y_{si}} - 1 \tag{4.18}$$

式(4.18)表示要素投入配置扭曲造成的企业实际产出规模与企业最优产出规模的偏离程度，两者之间偏离程度越大，表明企业面临的扭曲越严重，企业投入要素资源配置的效率越低。

4.3.2 数据说明

(1)企业层面数据

本书数据来源于中国统计局调查的 1998—2007 年的"制造业规模以上企

业年度调查数据库"。该数据库涵盖了所有国有工业企业和主营业务收入在500万元以上的非国有工业企业，样本观测值总量超过200万。企业的产值加总大概占中国工业总产值的85%，是目前可以获得的最大的中国微观企业数据。

鉴于数据库存在样本匹配混乱、指标存在缺失、指标大小异常、测度误差明显和变量定义不清晰等问题(聂辉华等，2012)，为获得更为准确和稳健的估计结果，本书借鉴 Brandt 等(2012)的方法对数据进行整理：①调整行业代码、关键变量样本重新匹配、名义变量价格平减(以1998年为基期)和样本筛选。②剔除员工数少于8人的观测值。鉴于这类企业可能为小型国有企业，为避免样本选择问题，删除这类企业样本。

同时，遵循已有文献的异常值处理原则，做如下处理：①剔除关键变量为空值或负值、不符合会计准则如产出、投入、总资产、销售额等关键指标为负以及总资产小于其固定资产的样本(Cai 和 Liu，2009)，以及关键变量前后1%的观测值。②计算得出企业面临的要素投入扭曲后，删除资本、劳动投入扭曲前后1%的观测值，重新对重要参数进行校准后进行再估算，防止估计结果受极端值影响。最终剩下约146万个样本观测值。

测算资本、劳动投入扭曲及资源配置效率运用到的关键指标有企业的行业代码、所有制、员工工资、工业增加值、资本存量以及企业总产出。其中，我们以固定资产净值衡量企业使用资本数量；利用工业增加值衡量企业产出；数据库中包含劳动报酬的变量有从业人员人数和工资、雇员补贴以及失业保险等。鉴于2003年以后实施退休和健康保险，2004年实施住房补贴。为统一统计口径及遵循连续性原则，使用工资、雇员补贴和失业保险作为整个样本期的员工的工资指标。需要指出，数据库劳动所得工资额占增加值的份额约为34.2%，而国民收入核算中行业的劳动所得份额大概为55%，数据之间存在较大冲突。本书参考 Hsieh 和 Klenow(2009)的方法，将所有企业的劳动工资份额进行等比例提高处理，直至由这些微观样本加总而成的总体工资份额与国民收入核算指标一致，以消除可能因低估而导致的偏差，从而得出更为准确的估计结果。

（2）行政审批中心数据

本书使用的行政审批中心数据主要源于中山大学岭南学院徐现祥教授团队整理的中国地级行政单位行政审批中心数据库，数据截至2015年12月（毕青苗等，2018）。鉴于样本中直辖市的观测值众多（166090个样本），但行政审批中心数据库中缺少直辖市的相关信息，笔者通过整理当地政府官网信息、政府工作文件和电话咨询等方式手工补入直辖市的审批中心数据。经过补充、匹配、剔除缺失值等处理后，收集了270个地级行政单位与直辖市的行政审批中心数据。资料显示，从2001年始，全国开始推广行政审批改革，各地相继设立行政审批中心，且成立时间大多集中于2001至2006年，该时期的设立数量共占总体的60.25%。这一现象与全国于2001年开始统一推进行政审批制度改革有关。行政审批中心在时间和空间上渐进实施，能充分反映各地进行行政审批改革的差异，为分析行政审批改革对企业资源配置效率以及由此引发的宏观经济效率提供了较好的样本。

4.3.3 计量模型设定

为检验设立行政审批中心对企业资源配置效率的影响，建立如下计量模型：

$$y_{si} = \alpha + \beta \, \text{treat}_{si,\,t} + \gamma X_{si} + \varepsilon_{si} \tag{4.19}$$

（4.19）式中，y_{si}为被解释变量，分别是企业资本投入扭曲、劳动投入扭曲和企业资源配置效率。资本投入扭曲（y_{Ksi}）、劳动投入扭曲（y_{Lsi}）和企业资源配置效率（y_{Msi}）分别由（4.10）式、（4.11）式、（4.18）式计算得出。$\text{treat}_{si,\,t}$表示企业i所在城市s在t年是否设立行政审批中心的虚拟变量，是本书的核心解释变量。当城市s在t年设立或已经设立行政审批中心取值为1，当城市s在t年未设立行政审批中心则取值为0。

控制变量X_{si}包含企业特征、城市特征和省份特征。企业特征变量包括：①以企业年末从业人员衡量的企业规模。②以企业人均固定资产衡量的企业资本密集度。③以失业保险衡量的企业福利程度的指标。④企业收入。⑤企业存续时间。城市特征变量主要来自《城市统计年鉴》，包括：①以地区的 GDP 衡量的经济发展水平。②以地区人口规模衡量的城市规模。③地区第二产业就业人口数量。

鉴于市场化使得要素投入流向生产效率更高的企业，能够显著地影响企业资源配置效率(樊纲等，2011)，本书进一步控制省份层面的市场化水平，数据来自中国经济改革研究基金会国民经济研究所编制的中国分省市场化进程指数(樊纲、王小鲁、朱恒鹏，2011)，具体变量包括：①市场分配资源比重；②政府对企业的干预程度；③价格市场决定程度；④金融市场化程度；⑤劳动力流动性。变量的详细构建方式参见樊纲等(2011)。此外，X_{si} 还包括地区固定效应、行业固定效应和年份固定效应，以此反映行业、年份、地区等不可观测因素对企业要素投入扭曲和资源配置效率的影响。最后，ε_{si} 是随机扰动项。

4.3.4　描述性统计

表 4-1 报告了主要变量的描述性统计。在企业要素投入扭曲方面，资本要素投入扭曲均值为 7.693，表明总体上中国工业企业资本平均投入的边际收益大于边际成本，资本要素总体投入不足；劳动要素投入扭曲均值为 -0.0382，表明中国工业企业劳动平均投入的边际收益小于边际成本，劳动要素总体投入过度，大体与中国国情相符。从资源配置效率上看，其总体均值的数值较大，反映了中国的工业企业面临较为严重的资源错配。样本城市特征和省份特征、最大值与最小值之间差异明显，反映了中国区域间、城市间和城乡间存在着发展不均衡、不充分的状况(陈斌开和林毅夫，2013)。

表 4-1　　　　　　　　　　　　描述性统计

变量名称	样本数	均值	标准差	最小值	最大值
资本投入扭曲	1464373	7.693	10.32	-0.477	38.60
劳动投入扭曲	1464373	-0.0382	0.974	-0.843	2.952
资源配置效率	1464373	183.6	850.4	-0.996	13431

续表

变量名称	样本数	均值	标准差	最小值	最大值
企业资本密集度	1464373	74.01	155.3	0.0479	18403
企业雇工规模(对数)	1464373	4.791	1.011	2.398	8.333
企业收入	1464373	10.07	1.095	0	15.50
企业的存续时间	1464373	10.05	10.98	0	178
失业保险	1464373	101.5	727.3	0	317403
地区的GDP(对数)	1464373	10.02	0.859	5.549	12.96
地区的人口规模(对数)	1464373	6.264	0.600	2.678	8.688
地区第二产业从业人口数(对数)	1464373	3.873	0.287	2.131	6.332
市场分配资源比重	1464373	9.116	1.646	-15.30	13.45
政府对市场的干预程度	1464373	6.660	3.071	-2.170	12.67
价格市场决定程度	1464373	8.183	1.634	0	10.27
金融市场化程度	1464373	8.136	2.262	0.150	12.01
劳动力流动性	1464373	6.371	4.171	0	17.03

4.4 行政审批中心的资源配置效率

4.4.1 基本回归结果

理论部分的分析显示,要素投入扭曲为正,表明企业最后一单位投入要素的边际产出大于边际成本,要素投入不足;要素投入扭曲值为负,表明企业最后一单位投入要素的边际产出小于边际成本,要素投入过度。不同要素投入状况下,行政审批中心影响的估计值具有不同的含义:在要素投入不足的情况下,行政审批中心设立的估计值为正意味着其加剧了要素扭曲,反之则缓解了要素扭曲;在要素投入过度的情况下,行政审批中心设立的估计值为正意味着其缓解了要素扭曲,反之则加剧了要素扭曲。根据描述性统计可知,中国工业企业资本要素投入扭曲的均值为正,表示资本要素总体上投入不足;企业劳动要素投入扭曲的均值为负,表示劳动要素总体上投入过度。根据袁富华、张平等(2015)的研究显示,在1970—2010年,随着中国大规

129

模的工业化发展，中国明显表现出"第二人力资本壅塞"，这与我们的研究结果相符。

表 4-2 报告了设立行政审批中心对企业要素投入扭曲和资源配置效率影响的估计结果。为检验估计结果的稳健性，逐步加入控制变量，依次控制企业特征、城市特征、省份特征等因素。其中，第 1~3 列的被解释变量为资本投入扭曲，第 4~6 列的被解释变量为劳动投入扭曲，第 7~9 列的被解释变量为资源配置效率。

对于企业资本投入扭曲，表 4-2 第 1~3 列显示，行政审批中心的设立对企业资本要素投入扭曲产生显著缓解作用。逐步加入企业层面特征、城市层面特征、省份层面特征等控制变量后，估计系数绝对值发生一定幅度下降，但基本符号和显著性水平不变。在中国工业企业资本要素总体投入不足的背景下，设立行政审批中心显著缓解了资本投入不足，基于第 3 列的结果来看，设立行政审批中心的估计系数为 -0.2085，且在 1% 水平上显著。意味着企业面临的资本扭曲得到 2.71% 的缓解。

对于劳动投入扭曲，表 4-2 第 4~6 列显示，设立行政审批中心显著恶化了企业劳动要素投入扭曲。这一结果在逐步加入控制变量后仍旧稳健。第 6 列结果显示，审批中心设立加剧了企业劳动要素投入扭曲状况，估计系数为 -0.0421，且在 1% 的水平上显著。描述性统计显示，劳动要素扭曲的均值为 -0.0382。因此，这一估计结果意味着企业劳动要素扭曲受到 110.21% 的恶化，可能的原因是在中国推进城市化的进程中，设立行政审批中心通过下放和简化土地、户籍审批制度，促进了劳动力的流动，使得乡镇地区的劳动力更多流向城市的企业，加剧了劳动投入过度的情况。

对于资源配置效率，表 4-2 第 7~9 列表明，行政审批中心的设立会对企业资源错配起显著的矫正作用。在逐步控制企业、城市和省级层面特征后，基本符号不变。具体而言，第 9 列结果显示，行政审批中心的设立之后，企业资源错配效率提升 8.13%。总体来说，在各类要素扭曲中，核心变量估计系数的绝对值逐渐下降，表明若不考虑上述因素，行政审批中心设立的影响将被高估。

表 4-2

基本回归结果

变量	资本投入扭曲			劳动投入扭曲			资源配置效率		
	(1)	(2)	(3)	(4)	(5)	(6)	(7)	(8)	(9)
行政审批中心设立	-0.5643***	-0.4700***	-0.2085***	-0.2494***	-0.1864***	-0.0421***	-50.2868***	-25.9801***	-14.6781***
	(0.0153)	(0.0160)	(0.0305)	(0.0015)	(0.0015)	(0.0028)	(1.2181)	(1.2759)	(2.6033)
企业资本密集度	-0.0122***	-0.0123***	-0.0207***	0.0000***	0.0000***	-0.0000	-0.4093***	-0.4237***	-0.7372***
	(0.0003)	(0.0003)	(0.0005)	(0.0000)	(0.0000)	(0.0000)	(0.0112)	(0.0114)	(0.0188)
企业员工数量(对数)	-3.8413***	-3.9934***	-3.8976***	-0.4475***	-0.4954***	-0.5847***	-246.6941***	-266.8031***	-240.9068***
	(0.0172)	(0.0176)	(0.0220)	(0.0014)	(0.0014)	(0.0015)	(1.3806)	(1.4595)	(1.4933)
企业收入(对数)	3.2537***	3.3566***	3.3522***	0.4198***	0.4712***	0.5347***	229.8325***	251.5729***	226.5914***
	(0.0182)	(0.0187)	(0.0243)	(0.0013)	(0.0013)	(0.0014)	(1.4231)	(1.5068)	(1.5275)
企业年龄	-0.0234***	-0.0261***	-0.0293***	0.0003***	-0.0011***	-0.0009***	1.6179***	1.0348***	0.9491***
	(0.0007)	(0.0007)	(0.0008)	(0.0001)	(0.0001)	(0.0001)	(0.0478)	(0.0483)	(0.0565)
失业保险	-0.0002***	-0.0002***	-0.0002***	-0.0001***	-0.0001***	-0.0001***	-0.0106***	-0.0113***	-0.0103***
	(0.0000)	(0.0000)	(0.0000)	(0.0000)	(0.0000)	(0.0000)	(0.0014)	(0.0016)	(0.0019)
地区的 GDP(对数)		-0.4094***	1.3724***		-0.2822***	0.1411***		-110.0973***	53.2733***
		(0.0105)	(0.0760)		(0.0009)	(0.0070)		(0.8570)	(6.3954)
地区的人口规模(对数)		-0.3558***	1.5312***		-0.0456***	0.1929***		-35.0405***	57.5534***
		(0.0129)	(0.1295)		(0.0012)	(0.0115)		(1.0309)	(11.7060)
地区第二产业从业人数(对数)		-0.6515***	-1.0028***		0.1198***	-0.0800***		-1.3534	-19.9984***
		(0.0305)	(0.0699)		(0.0026)	(0.0061)		(2.7006)	(6.3213)

续表

变量	资本投入扭曲			劳动投入扭曲			资源配置效率		
	(1)	(2)	(3)	(4)	(5)	(6)	(7)	(8)	(9)
市场分配资源比重			-0.0412***			-0.0087***			-8.8668***
			(0.0113)			(0.0011)			(0.7970)
政府对市场的干预程度			-0.0357***			0.0102***			1.6385**
			(0.0084)			(0.0008)			(0.7546)
价格市场决定程度			0.0528***			0.0163***			4.9502***
			(0.0106)			(0.0010)			(1.0572)
金融市场化程度			0.1502***			0.0022**			4.4407***
			(0.0116)			(0.0010)			(0.9451)
劳动力流动性			-0.1015***			0.0180***			-8.3969***
			(0.0095)			(0.0009)			(0.8445)
常数项	-5.1546***	3.0519***	-23.7270***	-1.9445***	0.3809***	-5.5665***	-901.1415***	290.3758***	-1099.6111***
	(0.1027)	(0.1605)	(1.3365)	(0.0122)	(0.0169)	(0.1190)	(8.4929)	(14.1550)	(118.3909)
行业固定效应	Yes	Yes	Yes	Yes	Yes	Yes	Yes	Yes	Yes
年份固定效应	Yes	Yes	Yes	Yes	Yes	Yes	Yes	Yes	Yes
地域固定效应	Yes	Yes	Yes	Yes	Yes	Yes	Yes	Yes	Yes
观测值	1649012	1645486	1464373	1649012	1645486	1464373	1649012	1645486	1464373
R^2	0.160	0.162	0.236	0.213	0.263	0.368	0.086	0.099	0.202

注：括号内是稳健标准误，* 表示 $P<0.1$，** 表示 $P<0.05$，*** 表示 $P<0.001$，此处采用逐步加入控制变量的方法进行回归，以保证估计结果的稳健性。

第 1、4、7 列的模型控制了企业特征。从估计结果看出，控制资本密集度及企业规模后，审批中心设立对资本要素投入扭曲改善程度和对劳动要素投入扭曲的恶化程度均下降，说明行政审批中心的设立对要素扭曲的影响受到企业异质性特征影响较大。第 2、5、8 列的模型控制了城市特征。结果显示，城市规模越大，企业面临的资本和劳动要素投入扭曲会得到一定程度的缓解。结合现实情况，城市规模越大意味着其经济社会发展水平高，优越的硬件环境和软环境使得设立行政审批中心对企业的资源配置效率提升效应更高。第 3、6、9 列的模型控制了省级市场化程度。控制市场化水平后，设立行政审批中心对要素投入扭曲的影响变小，表明若不充分考虑其他因素，设立行政审批中心对资源配置效率的影响将被高估。

4.4.2 不同要素投入状况分析

以上基于两类扭曲的总体状况进行了实证估计。根据理论分析可知，不同的要素投入扭曲情况下，估计系数的经济含义具有较大差异，只根据样本总体状况来分析，估计结果反映了整体样本的情况，不够精确。因此，为了更为细致地分析行政审批中心设立产生的具体影响，我们进一步分不同要素投入状况进行分析。

表 4-3 分别报告行政审批中心在要素投入不足和过度情况下产生的影响。在要素投入不足的情况下，行政审批中心设立影响系数的估计值为负，说明行政审批中心设立使企业要素投入不足的情况得到缓解。具体来看，第 1 列的结果表明，在资本要素投入不足的情况下，设立行政审批中心对资本要素投入扭曲的缓解幅度为 2.1%；第 2 列的结果表明，在劳动要素投入不足的情况下，设立行政审批中心对劳动要素投入扭曲的缓解幅度为 3.5%；在资源配置效率方面，第 3 列的结果表明，设立行政审批中心对企业资源配置效率的改善幅度为 7.6%。在要素投入过度的情况下，行政审批中心设立的估计系数为负，但仅对劳动投入扭曲的影响较为显著。这一结果说明，对于要素投入过度的企业，行政审批中心设立在一定程度恶化了企业劳动投入过度的情况，对资本要素投入扭曲和资源配置效率无显著影响。

可以发现，设立行政审批中心对不同投入要素扭曲状态的企业有着不同的影响，对于要素投入不足的企业，行政审批中心能显著缓解企业要素投入的不足，发挥"帮扶之手"的作用；但对于要素投入过度的企业，行政审批中心显著恶化了企业劳动投入扭曲，使得企业的劳动投入偏离最佳产出水平，经济效率下降。在这种情况下，行政审批中心充当了"攫取之手"的角色。因此，如果只从单一视角评价行政审批中心对微观企业资源配置的影响，将导致结论的片面性。

表 4-3　　　　行政审批中心的资源配置效率：不同要素投入状况

变量	要素投入不足		
	资本投入扭曲 （1）	劳动投入扭曲 （2）	资源配置效率 （3）
行政审批中心设立	−0.1854 ***	−0.0404 ***	−19.7116 ***
	（0.0332）	（0.0059）	（3.5713）
控制变量	Yes	Yes	Yes
观测值	1309755	427486	1038368
R^2	0.239	0.173	0.220
变量	要素投入过度		
	资本投入扭曲 （1）	劳动投入扭曲 （2）	资源配置效率 （3）
行政审批中心设立	−0.0003	−0.0089 ***	−0.0026
	（0.0016）	（0.0009）	（0.0017）
控制变量	Yes	Yes	Yes
观测值	154618	1036887	426005
R^2	0.073	0.223	0.115

注：括号内是稳健标准误， * 表示 $p<0.1$， ** 表示 $p<0.05$， *** 表示 $p<0.001$。

4.4.3 行政审批改革程度的绩效影响

前文虽然通过行政审批中心设立的时序差异来进行实证研究，但并未能反映行政审批中心的改革程度所带来的影响差异。因此，我们将审批中心的进驻部门、事项和窗口数纳入考量，以交互项分析不同的行政审批改革力度所产生的影响差异。若一个城市在第 t 期没有设立审批中心，则其进驻部门、事项和窗口数均设为 0。一般认为，进驻部门、事项或窗口越多，审批中心整合各部门资源、协调办公的能力越强，审批效率更高（毕青苗等，2018），因此改革绩效更好。

回归结果表明，各交互项的系数显著为负，表明资本投入扭曲会得到缓解，劳动投入扭曲会进一步恶化，但总体上，资源配置效率会得到提升（回归结果详见表 4-4），与基本回归结果一致。进驻部门、事项或窗口越多，一定程度上表明审批改革程度越高，进一步加强了行政审批中心设立对资源配置效率的影响。其中，进驻部门数的影响最大，这一发现同时也印证了毕青苗等（2018）的结果。

4.4.4 稳健性检验

（1）内生性分析

基本估计模型已尽可能地控制可能影响企业要素投入扭曲和资源配置效率的因素，并加入地区、行业和年份固定效应，以减轻遗漏变量偏误的影响。这一处理方式可能仍然未能排除因样本选择偏差和反向因果造成的估计偏误。为了分析可能的内生性问题带来的影响，本部分从以下角度进一步分析可能存在的内生性问题。

工具变量法。借鉴毕青苗等（2018）的方法，本书以同省其他地级市行政审批中心设立比率作为工具变量，分析内生性问题的影响。这一工具变量需要相关性和外生性两个特性：①相关性。同一省份的不同城市之间会互相观察、学习和模仿对方的创新行为，行政审批中心作为审批制度改革的创新措

表4-4

行政审批改革程度的绩效影响

变量	资本投入扭曲 (1)	劳动投入扭曲 (2)	资源配置效率 (3)	资本投入扭曲 (4)	劳动投入扭曲 (5)	资源配置效率 (6)	资本投入扭曲 (7)	劳动投入扭曲 (8)	资源配置效率 (9)
行政审批中心设立 *进驻部门数	-0.0413*** (0.0082)	-0.0155*** (0.0008)	-4.9540*** (0.7113)						
行政审批中心设立 *进驻事项数				-0.0160*** (0.0054)	-0.0095*** (0.0005)	-1.9676*** (0.4699)			
行政审批中心设立 *进驻窗口数							-0.0409*** (0.0068)	-0.0117*** (0.0006)	-3.9256*** (0.5967)
常数项	-24.7535*** (1.3487)	-5.5100*** (0.1199)	-1146.2658*** (118.9262)	-25.4366*** (1.4438)	-5.5776*** (0.1314)	-1365.1461*** (136.0322)	-25.2006*** (1.3447)	-5.5653*** (0.1198)	-1187.4836*** (118.6818)
控制变量	Yes	Yes	Yes	Yes	Yes	Yes	Yes	Yes	Yes
观测值	1400414	1400414	1400414	1327616	1327616	1327616	1379781	1379781	1379781
R^2	0.235	0.373	0.202	0.237	0.374	0.202	0.234	0.373	0.201

注:括号内是稳健标准误,*表示 $p<0.1$,**表示 $p<0.05$,***表示 $p<0.001$。此处,进驻部门、事项、窗口数均进行 $\ln(X+1)$ 处理。另外,为减少多重共线性对估计结果可能产生的干扰,本书对三个衡量指标分别进行回归,而非统一纳入一个模型中。

施，会向同省其他地级市扩散，省内设立行政审批中心的城市越多，扩散效应越大(朱旭峰、张友浪，2015)。②外生性。省内地级市审批中心设立率作为宏观政策的具体形式，微观企业主体难以通过改变自身行为影响其政策推行，进而影响其要素投入扭曲和资源配置效率。该因素应是通过影响该市设置行政审批中心的概率进而作用于要素投入扭曲和资源配置效率。尽管该变量可能通过其他途径影响企业的资源配置效率，例如，省内设立行政审批中心的数量越多，营商制度环境可能更优越，而优越的制度环境有利于企业投入更多的精力到生产性活动中，从而推动资源配置效率提升。但这些问题可通过控制地区固定效应、年份固定效应来分别控制各个地区的特性，以及不同时间外生冲击的影响。

首先，我们进行了豪斯曼检验(见表4-5)。结果表明，资本要素投入扭曲、资源配置效率均未通过显著性水平为10%的统计检验；而劳动投入扭曲在1%的水平上高度显著，表明存在显著的内生性问题，需要使用工具变量法。稳健起见，我们依然进行了两阶段最小二乘估计，结果如表4-5所示。与基本回归结果相比，估计系数并未发生太大变动，说明估计结果稳健。

表 4-5   **2SLS 回归结果**

	资本投入扭曲	劳动投入扭曲	资源配置效率
行政审批中心设立	-0.2386^{***}	-0.2166^{***}	-28.7787^{***}
	(0.0778)	(0.0072)	(6.0943)
常数项	-25.0346^{***}	-5.9102^{***}	-1202.3349^{***}
	(1.4412)	(0.1290)	(125.8483)
控制变量	Yes	Yes	Yes
豪斯曼检验(P 值)	0.9824	0.0000	0.1550
观测值	1464373	1464373	1464373
R^2	0.2358	0.3663	0.2017

注：括号内是稳健标准误，＊表示 $p<0.1$，＊＊表示 $p<0.05$，＊＊＊表示 $p<0.001$。

排除内生性嫌疑样本。行政审批改革的全国性部署和推进从 2001 年正式开始，在此之前，各地的行政审批中心设立更多的是一种地方自发行为，存在一定程度的样本选择问题。为了缓解上述问题带来的影响，我们剔除 2001 年以前的样本后再进行回归分析，估计结果如表 4-6 所示。排除 2001 年以前的样本之后，行政审批中心设立仍在 1% 水平上显著，且符号均为负，与基本回归结果并无显著差异。

表4-6 排除内生性嫌疑样本

变量	资本投入扭曲 （1）	劳动投入扭曲 （2）	资源配置效率 （3）
行政审批中心设立	−0. 2296***	−0. 0605***	−17. 7849***
	（0. 0319）	（0. 0030）	（2. 7602）
常数项	−25. 8084***	−5. 7633***	−1202. 6862***
	（1. 4478）	（0. 1329）	（135. 8263）
控制变量	Yes	Yes	Yes
观测值	1315814	1315814	1315814
R^2	0. 241	0. 369	0. 205

注：括号内是稳健标准误，* 表示 $p<0.1$，**表示 $p<0.05$，***表示 $p<0.001$。

(2)扩充回归样本

为了反应中国行政审批改革的新变化，同时为了做进一步的稳健性检验，本研究将回归样本拓展至 2013 年。回归结果表明(详见表 4-7)，扩大回归样本后，行政审批中心设立对资源配置效率的影响依然显著存在，本书的基本结果依然稳健成立。

表 4-7　　　　　　　　行政审批中心设立与资源配置效率：1998—2013

变量	资本投入扭曲 (1)	劳动投入扭曲 (2)	资源配置效率 (3)
行政审批中心设立	-0.6136^{***}	-0.0586^{***}	-56.2661^{***}
	(0.1120)	(0.0025)	(6.3281)
常数项	-147.4178^{***}	-5.5394^{***}	-4635.7121^{***}
	(5.4147)	(0.1223)	(300.9997)
控制变量	Yes	Yes	Yes
观测值	1898200	1898200	1898200
R^2	0.278	0.395	0.409

注：括号内是稳健标准误，＊表示 $p<0.1$，＊＊表示 $p<0.05$，＊＊＊表示 $p<0.001$。

（3）互联网因素的影响

李克强总理在 2016 年全国两会的《政府工作报告》中提到"大力推进'互联网+政务服务'，实现部门间数据共享，让居民和企业少跑腿、好办事、不添堵"。由此可知，随着互联网的快速发展，互联网+政务服务已然成为电子政务建设的重点之一。在当今的互联网时代发展背景下，行政审批中心的运行与审批模式已经出现新的变化，因此，我们有必要在文章中考虑互联网这一重要因素。

具体而言，我们将企业中"是否有电子邮箱"、"是否有官方网站"表征企业融入互联网的程度，并基于此再次进行回归，结果参见表 4-8。结果显示，①企业自身融入互联网潮流的程度会显著影响其资本、劳动投入扭曲及资源配置效率，影响方向与审批中心设立相一致；②在进一步控制互联网发展的因素后，行政审批中心设立仍然显著影响企业的资本投入扭曲、劳动投入扭曲以及资源配置效率，基本回归结果依然稳健；③在考虑上述因素后，设立审批中心的政策效应会有所上升。

表 4-8　　　　　　　　　　　互联网因素的影响

变量	资本投入扭曲 （1）	劳动投入扭曲 （2）	资源配置效率 （3）
行政审批中心设立	−0.2172***	−0.0431***	−15.4092***
	(0.0305)	(0.0028)	(2.6021)
是否有电子邮箱	−0.1066***	−0.0304***	−15.9750***
	(0.0367)	(0.0029)	(2.6101)
是否有官方网站	−0.5735***	−0.0153***	−26.9485***
	(0.0394)	(0.0032)	(2.7783)
常数项	−24.4107***	−5.6266***	−1148.4401***
	(1.3370)	(0.1192)	(118.5467)
控制变量	Yes	Yes	Yes
观测值	1464373	1464373	1464373
R^2	0.236	0.368	0.202

注：括号内是稳健标准误，* 表示 $p<0.1$，** 表示 $p<0.05$，*** 表示 $p<0.001$。

（4）敏感性分析

为检验上述结论的稳健性，我们替换直辖市行政审批中心数据。首先，鉴于直辖市经济体量庞大、人口数量众多、所辖地域广阔，在级别上高于其他地级市，相应地，其区县在一定程度上可与普通地级市相当。其次，直辖市在区县一级首次设立行政审批中心到全市普遍推行审批中心需经历一定的时间跨度。且由于行政审批中心存在着明显的相邻扩散效应，首个设立审批中心的区县会对周边地区产生影响(朱旭峰和张友浪，2015)。而且，四个直辖市的数据在样本中占比大，对估计结果影响较大。考虑两种统计口径差异，能够检验前文结论的稳健性。具体地，用直辖市所属区县一级最早设立行政审批中心的数据替换直辖市市级审批中心设立年份。敏感性分析的结果如表 4-9 所示，设立行政审批中心对要素投入扭曲和资源配置效率均产生显著影响。从总体效果来看,设立审批中心缓解了资本要素投入扭曲,恶化了劳动要素投入扭曲,并对资源错配起到矫正作用,与前文基本回归的发现基本一致。

表 4-9 敏感性分析

	资本投入扭曲	劳动投入扭曲	资源配置效率
行政审批中心设立	−0.1002 ***	−0.0211 ***	−12.6428 ***
	(0.0308)	(0.0029)	(2.6033)
常数项	−24.0803 ***	−5.6353 ***	−1108.8800 ***
	(1.3360)	(0.1190)	(118.4161)
控制变量	Yes	Yes	Yes
观测值	1464373	1464373	1464373
R^2	0.236	0.368	0.203

注:括号内是稳健标准误, ∗ 表示 $p<0.1$, ∗∗表示 $p<0.05$, ∗∗∗表示 $p<0.001$。

(5)倾向得分匹配法(PSM)

行政审批中心的设立,可能源于城市具有更优的营商环境,企业资源错配幅度本身可能更低。为缓解上述问题的影响,本书基于 PSM 匹配出与设立行政审批中心类似的对照组,再基于(4.19)式进行回归。用于匹配的变量包括:市场分配资源比重、价格市场决定程度、劳动力流动性、地区 GDP(对数)、地区工资水平(对数)、企业资本密集度、地区 FDI 水平(对数)与地区第二产业从业人口数(对数)。

为了更好地分析本次 PSM 的适用性和变量选择的恰当性,我们进行了平衡性检验,并报告了共同取值范围与匹配前后的得分密度差异(相关图表参见附录)。结果显示,匹配后样本所有变量的标准偏差皆大幅减小,处理组和对照组之间的差异变得不显著,两组数据之间的可比性大幅增加并满足平衡条件的要求。其次，处理组的个体得分并未大量聚集且呈现正态分布，说明本书所选用的匹配变量合适。匹配后样本的变量的标准化偏差明显缩小，大多数观测值均处于共同取值范围内，两组之间可比性大幅提升。

我们基于匹配后的样本做进一步分析，重新考察行政审批中心设立对企业要素投入扭曲和资源配置效率的影响。表 4-10 报告了全样本的回归结果。第 1-3 列的估计结果与基本回归结果相似，资本投入扭曲、劳动投入扭曲和资源配置效率的系数符号皆为负，且皆在 1% 水平上显著。上述结果表明，行政审批中心设立显著缓解了企业资本要素投入扭曲，但恶化了劳动要素投入效率。从总体上看，资源配置效率仍得到明显矫正。

表 4-10　　　　　　　　倾向评分匹配估计结果

	资本投入扭曲	劳动投入扭曲	资源配置效率
	(1)	(4)	(7)
行政审批中心设立	−0.1562***	−0.0630***	−17.1997***
	(0.0372)	(0.0034)	(3.2394)
常数项	−4.5555***	−3.4506***	276.0777***
	(1.3700)	(0.1205)	(77.7680)
控制变量	Yes	Yes	Yes
观测值	790131	790131	790131
R^2	0.214	0.345	0.179

注：括号内是稳健标准误，* 表示 $p<0.1$，** 表示 $p<0.05$、*** 表示 $p<0.001$。

4.4.5　异质性检验

企业所属的城市行政层级、地理位置、企业所有制类型、要素密集类型等不同，可能导致企业对设立行政审批中心的反应出现差异，因此，本书基于 PSM 匹配后的样本进行异质性分析，表 4-11 是异质性分析回归结果。

（1）城市行政层级

由政府行政干预衍生而来的城市行政层级，会使各类资源配置向高行政层级城市靠拢（魏后凯，2014）。高行政层级城市所具备的先天优势，使其拥有其他层级城市难以企及的资源攫取能力（Henderson 等，2005）。城市行政层级的不同，会导致城市的制度安排、资本集聚、管理权限等资源的差异化表现（黄燕芬和肖翔，2014）。根据 Tiebout（1956）提出的居民选择偏好观点，政府的"偏爱"会让拥有更优质资源和发展机会的高行政层级城市充满吸引力。因此，企业的资本和劳动等要素投入在不同行政层级城市之间也很可能存在不同程度的扭曲。对此，本书将直辖市和省会城市归为中心城市、其他城市归为一般城市，基于城市行政级别对行政审批中心的影响进行异质性分析。

第 1、2 列显示了基于城市行政级别的异质性分析结果。在要素投入不足的情况下，中心城市的行政审批中心设立恶化了企业资本扭曲，相较之下，一般城市企业的资本扭曲和劳动扭曲都得到显著的缓解。这意味着，行政审批中心的设立能够有效改善一般城市企业资金投入不足和劳动力缺乏的状况，矫正由政策扭曲所造成的不同行政级别城市之间的资源错配，发挥"帮扶之手"的作用。总体上看，无论是中心城市还是一般城市企业，资源配置效率都明显提升，且中心城市提升幅度更大。在要素投入过度的情况下，除了中心城市企业的资本扭曲被显著缓解，劳动扭曲和一般城市企业的资本、劳动扭曲都显著恶化，且一般城市企业的资源配置效率也明显加剧。

基于上述结果，我们可以发现，行政层级较高城市的行政审批中心设立使得企业资本要素投入下降，行政层级较低城市企业的资本和劳动要素投入上升。可能的原因在于，对于中心城市而言，设立行政审批中心更利于小微企业和民营企业进入市场（毕青苗等，2018），且企业偏好集中扎堆于行政层级更高的城市（谢小平等，2017），使得大量新企业集聚于中心城市。新企业更需要资金支持，但偏向于大企业的信贷政策使得这些企业难以获得足够其充分发展的资金，加剧了中心城市中企业资本要素投入不足的状况。另一方面，高行政层级城市集聚着大量大型国有企业，这些企业一般都面临因地方政府干预而出现过度投资的问题(谭劲松等，2012)。政府通过行政审批改革减少和下放各项审批事项，企业能够取得更多自主经营管理权，源于政府干预形成的过度投资下降(章卫东等，2014)，缓解了企业资本要素投入过度的情况。对于一般城市，一方面，金融市场发展相对滞后，设立审批中心能通过简化审批流程、降低投资门槛等措施优化了一般城市的投融资环境，提升民间投资和企业融资的便利性，一定程度缓解了企业资金支持不足的情况。另一方面，设立行政审批中心一定程度简化了户籍和土地审批流程，促进了农村劳动力向城市转移。

(2)所有制类型

政府干预会影响国有企业和私营企业的融资能力，并加剧银行贷款支持的低效率(余明桂、潘红波，2008)。事实上，国有企业和私营企业的生产效率和融资能力的差异惊人(Allen 等，2005；Dollar 和 Wei，2007；Song 等，2010)，国有企业的资本收益仅为私营企业的一半，但银行贷款和政府资助的额度却高达私营企业的三倍以上(Boyreau-Debray 和 Wei，2005；袁志刚、邵挺，2010)。所有制歧视和不同所有制企业生产效率不同(姚洋，2009；刘小玄，2000；胡一帆等，2006)，会造成要素投入扭曲和资源配置效率形成机制出现差异，本书将企业划分为国有企业、集体企业、股份公司、港澳台公司、外资企业及私营企业，考察行政审批中心设立对不同所有制企业要素投入扭曲和资源配置效率的影响。

第 3~8 列显示了不同所有制企业的分析结果。可以看出，在要素投入不足的情况下，私营企业的资本、劳动扭曲、港澳台企业和外资企业的劳动扭曲都得到显著缓解，此外，私营企业和外资企业的资源配置效率也显著改善；在要素投入过度情况下，虽然港澳台企业的资本扭曲和外资企业的劳动扭曲显著缓解，但集体企业、股份公司、港澳台公司和私营企业的劳动扭曲都显著恶化，且行政审批中心对所有不同所有制企业的资源配置效率不起显著影响。此外，值得注意的是，国有企业资源配置效率并不受设立行政审批中心的影响。

上述结果表明，不同所有制企业的资源配置受政府影响的程度有所不同，也意味着行政审批中心的设立并不总是使企业要素扭曲、资源错配的情况得到改善。基于前文分析，我们认为可能的原因在于：一方面，国有企业受到国家"倾向性政策"的支持，并不受行政审批中心带来的管制放松影响。另一方面，设立行政审批中心作为改善营商环境的商事制度安排，传达着放松政府管制、减少政府干预的信号，降低了地方政府干预银行信贷决策的动机，便于资源流向非国有部门。

(3)地理位置

中国虽疆域辽阔，但由于地理位置、历史因素和政策倾向等方面的综合影响，各地区资源配置并不均衡(韩剑和郑秋玲，2014)。改革初期，为实现经济的高速发展，国家通过政府干预将有限的资源配置到特定地区，以"集中力量办大事"的资源配置方式使东部地区获得率先发展(曹玉书和楼东玮，2012)，这使得中国东、中、西部地区的市场化推进程度存在明显差异(樊纲等，2011)。此外，政府干预通常会加速所在地区资本形成、劳动力集聚以及产业发展(赵勇等，2015)，相应地，受"冷落"地区的各要素资源配置也就相对不足。因此，企业各要素投入扭曲状况和资源配置效率在各地区可能存在一定程度上的差异。对此，本书考察行政审批中心设立对不同地区企业要素投入扭曲和资源错配影响差异。

第9~11列显示了不同地区企业的异质性分析结果。结果显示，在要素投入不足的情况下，东部地区各要素扭曲缓解，且资源配置效率也被显著提升，而行政审批中心设立对中部地区企业并无显著影响。值得关注的是，设立行政审批中心加剧了西部地区要素投入不足的情况，且恶化了资源错配效率。可能的原因是，政府实行偏向于西部地区的区域平衡战略，导致资源分散，难以形成经济集聚，因此，西部地区资源配置效率趋于恶化（陆铭、向宽虎，2014）。与此同时，户籍制度的放松导致西部地区大量劳动力流向东部经济发达地区，加剧西部地区劳动力要素投入不足的情况。在要素投入过度的情况下，行政审批中心设立使得东部地区的劳动扭曲被显著加剧，资源配置效率被显著加重，中部地区的劳动扭曲则被显著缓解，西部地区的资源配置效率也得到显著矫正。可能的原因是，相较于西部地区，东部地区经济社会发展水平高，营商环境、法律环境和制度环境较为优越，利于充分发挥审批中心对企业资源配置的提升效应。中部地区拥有更好的资源禀赋，具备一定发展潜力，审批中心通过优化营商环境，显著提高了中部地区的企业资源配置效率。对于西部地区，虽然政府在政策上给予了更多倾向性的支持，但多年的计划经济使得某些地方政府存在的"回头张望式"的路径依赖（陈时兴，2006），对市场过度干预，投资者权益因政策风险增加而得不到有效保护，不利于资源的集聚（石川，2008）。

（4）不同密集度

经验研究表明，中国轻、重工业比例严重失调，过多资源被配置到需要大量资本的重工业部门（韩剑和郑秋玲，2014），劳动力密集程度高的轻工业则具有资本配置不足的倾向（季书涵等，2016）。考虑到不同要素密集类型企业的要素投入扭曲、资源配置效率有所不同，本书将企业划分为轻工业企业、重工业企业，对比设立行政审批中心的影响差异。

第12、13列显示了基于不同要素密集型企业的异质性分析结果。在要素投入不足的情况下，所有受到显著影响的企业的要素扭曲都得到显著缓解，资源配置效率都得到显著改善。其中，重工业的资源配置效率获得的矫正力度最大；在要素投入过度的情况下，所有类型企业的资本扭曲都没有被显著影响，而所有类型企业的劳动要素扭曲都显著加剧，其中，重工业企业的劳动扭曲恶化最严重，轻工业企业的资源配置效率也显著加重。

表4-11 异质性分析

要素投入不足

	(1) 中心城市	(2) 一般城市	(3) 国有企业	(4) 集体企业	(5) 股份公司	(6) 港澳合公司	(7) 外资企业
资本投入扭曲	0.2895***	-0.1434***	0.1781	0.1134	-0.1582	-0.0935	0.0416
劳动投入扭曲	-0.0242	-0.0469***	0.0278	-0.0103	-0.0157	-0.0690***	-0.0484*
资源配置效率	-32.9253***	-14.7539***	-0.1516	-5.9962	-13.2635	-7.5767	-23.3865*

	(8) 私人企业	(9) 东部地区	(10) 中部地区	(11) 西部地区	(12) 轻工业	(13) 重工业	(14) 全样本
资本投入扭曲	-0.1309**	-0.1801***	-0.1579	0.5332***	-0.0733	-0.1508**	-0.1288***
劳动投入扭曲	-0.0734***	-0.0774***	0.0021	0.0899***	-0.0553***	-0.0473***	-0.0506***
资源配置效率	-31.4518***	-30.3876***	-14.0048	55.6926***	-18.7415***	-25.4107***	-22.1453***

要素投入过度

	(1) 中心城市	(2) 一般城市	(3) 国有企业	(4) 集体企业	(5) 股份公司	(6) 港澳合公司	(7) 外资企业
资本投入扭曲	0.0070*	-0.0005	0.0019	-0.0057	-0.0013	0.0111**	0.0051
劳动投入扭曲	-0.0161***	-0.0101***	0.0005	-0.0077**	-0.0097***	-0.0063**	-0.0155***
资源配置效率	0.0053	-0.0065***	-0.0010	-0.0073	-0.0031	0.0035	-0.0101

	(8) 私人企业	(9) 东部地区	(10) 中部地区	(11) 西部地区	(12) 轻工业	(13) 重工业	(14) 全样本
资本投入扭曲	-0.0005	0.0032	-0.0023	0.0092	0.0004	0.0022	0.0012
劳动投入扭曲	-0.0134***	-0.0167***	0.0078***	0.0022	-0.0110***	-0.0157***	-0.0133***
资源配置效率	-0.0046	-0.0045*	0.0014	0.0181**	-0.0078*	0.0023	-0.0050**

注：同表4-8。

147

4.5　行政审批中心设立的总量生产率效应

　　上述分析表明，行政审批中心设立显著改善了企业资本要素投入的配置效率，虽然同时恶化了劳动要素投入的配置效率，但从总体上看，审批中心设立导致企业最优产出规模与企业实际产出规模之间的差距缩小，改善了企业资源配置效率。企业资源的有效配置将引起微观企业产出水平的提升，进而影响宏观经济产出水平。本书在这一部分将基于设立行政审批中心影响企业产出规模的作用机制，进一步探讨该机制所引发的总量生产率提升幅度。

4.5.1　作用机制分析

　　基于理论部分的测算框架及微观企业资源配置效率影响的实证结果，我们可得到消除行政审批中心影响后，由其他因素导致的资本和劳动要素投入扭曲幅度。定义扭曲楔子分别为 τ_{K-lsi} 和 τ_{L-lsi}，具体估算方法如下：

$$\tau_{K-lsi} = \tau_{Ksi} - \beta_K * \mathrm{Treat}_{si,\,t} \tag{4.20}$$

$$\tau_{L-lsi} = \tau_{Lsi} - \beta_L * \mathrm{Treat}_{si,\,t} \tag{4.21}$$

　　β_K 和 β_L 是第四部分使用倾向评分匹配方法后，估计得到的设立行政审批中心对企业两类要素投入扭曲的影响系数。$\mathrm{Treat}_{si,\,t}$ 是表示企业 i 所在城市 s 在 t 年是否设立行政审批中心的虚拟变量，据此可以得到消除设立行政审批中心影响后的要素投入扭曲。

　　通过式（4.20）和（4.21）测算出消除行政审批中心的影响后，企业的次优产出规模为：

$$Y_{K-lsi} = Y_{si} * \left(1 + \tau_{K-lsi}\right)^{\sigma\alpha_s} \tag{4.22}$$

$$Y_{L-lsi} = Y_{si} * \left(1 + \tau_{L-lsi}\right)^{\sigma\beta_s} \tag{4.23}$$

　　图 4-1 为消除设立行政审批中心对要素投入扭曲的影响后企业次优产出规模分布和企业实际产出规模分布图。具体来看，图 4-1 左图表明消除设立

行政审批中心引发的资本要素投入扭曲后，产出规模分布向右偏且更趋向于分散，处于平均产出水平的企业大幅度减少。图 4-1 中图表明，消除设立行政审批中心引发的劳动要素投入扭曲后，产出规模分布向左偏且更趋向于分散，处于平均产出水平的企业数量发生较大程度的下降。综合来看，行政审批中心设立带来的资源配置优化效应主要来自于对资本和劳动投入扭曲的矫正。行政审批中心设立使得企业的平均规模扩大。根据图 4-1 右图，消除所有要素投入扭曲的影响后，处于产出规模平均值的企业数量明显下降，企业产出规模分布趋于分散。从反向说明设立行政审批中心对企业资源配置具有优化效应，使原本产出规模偏小的企业规模扩大、产出规模偏大的企业规模缩小，发挥规模经济优势和避免规模不经济。

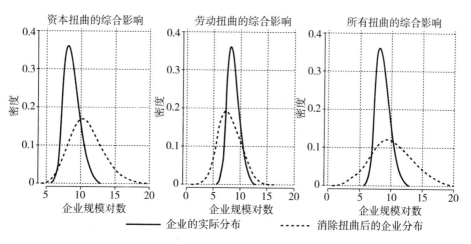

图 4-1 行政审批中心设立对于企业规模分布的影响

4.5.2 资源配置优化与总量生产率提升

基于行政审批中心设立对微观企业资源配置效率影响的估计结果，本书使用(4.22)式、(4.23)式所得出的企业次优产出规模(消除行政审批中心设立对要素投入扭曲的影响以外其他导致要素投入扭曲的因素)和企业实际产

出规模(消除所有导致资源配置扭曲的影响),借助 Hsieh 和 Klenow(2009)的
测算框架,加总得到实际总产出和次优总产出,通过计算两者间的差值测算
出设立行政审批中心通过资源配置扭曲对总量生产率的影响。

假设最终产品的生产以 CES 函数形式表示,使用该函数形式,即使企业
层面的全要素生产率(TFP)不可知,也能获得与真实结果较为接近的生产总
量。总量生产函数的设定如下:

$$Y = \left(\sum_{s=1}^{S} \theta_s Y_s^{\frac{\varphi-1}{\varphi}} \right)^{\frac{\varphi}{\varphi-1}} \tag{4.24}$$

基于上述生产函数的设定,利用企业最优产出规模,测算出消除资本和
劳动要素投入扭曲后的总产出:

$$Y_K = \left(\sum_{s=1}^{S} \theta_s Y_{Ks}^{\frac{\varphi-1}{\varphi}} \right)^{\frac{\varphi}{\varphi-1}} \tag{4.25}$$

$$Y_L = \left(\sum_{s=1}^{S} \theta_s Y_{Ls}^{\frac{\varphi-1}{\varphi}} \right)^{\frac{\varphi}{\varphi-1}} \tag{4.26}$$

$$Y_{KL} = \left(\sum_{s=1}^{S} \theta_s Y_{KLs}^{\frac{\varphi-1}{\varphi}} \right)^{\frac{\varphi}{\varphi-1}} \tag{4.27}$$

(4.25)式、(4.26)式、(4.27)式分别表示消除资本投入扭曲、劳动投
入扭曲,以及同时消除资本和劳动投入扭曲之后,经济的总产出水平。Y_{Ks}、
Y_{Ls}、Y_{KLs} 分别是(4.15)式、(4.16)式、(4.17)式在行业层面的加总。基于
上述得出的结果,将要素投入扭曲消除后的总量生产率变化幅度定义为:

$$Misallocation_K = \frac{Y_K}{Y} - 1 \tag{4.28}$$

$$Misallocation_L = \frac{Y_L}{Y} - 1 \tag{4.29}$$

$$Misallocation_{KL} = \frac{Y_{KL}}{Y} - 1 \tag{4.30}$$

(4.28)式、(4.29)式、(4.30)式分别表示消除资本和劳动投入扭曲,
以及同时消除资本和劳动投入扭曲后,所提升的总量生产率。$Misallocation_K$

和 $Misallocation_L$ 的数值越大，表明资本或劳动要素投入扭曲所导致的宏观经济效率损失越严重。

为进一步测算行政审批中心对总量生产率的影响效应，我们剔除行政审批中心以外对要素投入扭曲的影响后，其经济总产出水平为：

$$Y_{K-I} = \left(\sum_{s=1}^{S} \theta_s Y_{K-Is}^{\frac{\varphi-1}{\varphi}} \right)^{\frac{\varphi}{\varphi-1}} \qquad (4.31)$$

$$Y_{L-I} = \left(\sum_{s=1}^{S} \theta_s Y_{L-Is}^{\frac{\varphi-1}{\varphi}} \right)^{\frac{\varphi}{\varphi-1}} \qquad (4.32)$$

$$Y_{KL-I} = \left(\sum_{s=1}^{S} \theta_s Y_{KL-Is}^{\frac{\varphi-1}{\varphi}} \right)^{\frac{\varphi}{\varphi-1}} \qquad (4.33)$$

其中，Y_{K-I}、Y_{L-I}、Y_{KL-I} 分别为（4.22）式、（4.23）式在行业层面的加总。遵循相同的方法，定义总量生产率变化幅度为：

$$Misallocation_{K-I} = \frac{Y_{K-I}}{Y} - 1 \qquad (4.34)$$

$$Misallocation_{L-I} = \frac{Y_{L-I}}{Y} - 1 \qquad (4.35)$$

$$Misallocation_{KL-I} = \frac{Y_{KL-I}}{Y} - 1 \qquad (4.36)$$

（4.34）式、（4.35）式、（4.36）式表示除设立行政审批中心以外的其他因素导致的资本投入和劳动投入扭曲均剔除后，总量生产率的变化幅度。$Misallocation_{K-I}$、$Misallocation_{L-I}$ 的数值越大，表明除行政审批中心影响外对应的资本和劳动要素投入扭曲造成的宏观经济效率损失越严重。

基于上述推导，可进一步量化行政审批中心设立对总量生产率的影响。行政审批中心设立通过资本、劳动投入配置，以及综合起来的企业资源配置效率带来的总量生产率变化幅度分别为：

$$Improvement_K = Misallocation_K - Misallocation_{K-I} \qquad (4.37)$$

$$Improvement_L = Misallocation_L - Misallocation_{L-I} \qquad (4.38)$$

$$Improvement_{KL} = Misallocation_{KL} - Misallocation_{KL-I} \qquad (4.39)$$

4.5.3　测算结果分析

(1)设立行政审批中心的总体经济效应测算

借助以上测算框架,我们测算了行政审批中心通过影响企业要素投入扭曲所带来的总量生产率提升效应。从总效应看(详见表4-12),行政审批中心通过影响各要素投入扭曲程度,使总量生产率增加了0.95%。分别从资本和劳动要素投入来看,行政审批中心通过对资本和劳动投入扭曲的纠正,分别使总体经济效应变化约0.35%和-0.83%。可以看出,劳动投入扭曲纠正带来的经济效应略高于资本投入扭曲纠正,而各要素投入扭曲一并纠正之后,总体产出水平优于单一要素投入扭曲纠正所带来的提升效应。此结果表明,虽然行政审批中心设立加剧恶化了劳动要素投入扭曲,且劳动投入扭曲纠正带来的总量生产率恶化效应虽高于资本投入扭曲纠正所带来的总量生产率增进效应,但总体上依然可以产生对总量生产率的增进效应。

从时间轴上看总量生产率的变化,行政审批中心设立对总体经济产出产生积极影响,但其影响幅度总体上呈现先减后增再减的趋势。在2001年以前,行政审批中心在各地大多是自发建立,缺乏相对成熟的制度规范与配套措施,其对总量生产率提升效应有限。而在2001—2005年,是行政审批中心在全国范围内逐步推广并改进的过程,对总量生产率的增进效应呈现增长趋势,在2003年达到峰值,为2.16%。后续年份虽有一定的下降趋势,但总体的提升效应仍然趋高。

表4-12　　行政审批中心设立的总量生产率影响效应:全样本

要素	1998	1999	2000	2001	2002	2003	2004	2005	2006	2007	均值
资本投入	0.0020	0.0011	0.0017	0.0027	0.0055	0.0067	0.0044	0.0044	0.0032	0.0031	0.0035
劳动投入	-0.0038	-0.0021	-0.0030	-0.0065	-0.0132	-0.0164	-0.0119	-0.0100	-0.0069	-0.0096	-0.0083
所有投入	0.0049	0.0029	0.0037	0.0062	0.0140	0.0216	0.0137	0.0134	0.0056	0.0085	0.0095

（2）不同地区的宏观经济效应测算

改革开放以来，中国地区差距总体呈现先缩小而后不断扩展的过程（许召元、李善同，2006）。随着全球化进程的不断推进和市场经济体制的初步建立，东部地区坐拥得天独厚的地理位置，抢占对外贸易兴起的发展先机，依托产业集聚与规模经济实现经济的高速增长（金煜等，2006）。而中西部地区存在着一系列阻碍其向东部沿海地区趋同的因素，如市场的分割与扭曲、人力资本禀赋匮乏和开放性不足等（蔡昉、都阳，2001），导致其与东部地区的差距愈发明显。中国区域间存在的巨大差距，使得分区域研究行政审批中心对企业总量生产率的影响显得十分必要。

表4-13比较了不同区域设立行政审批中心引发的总量生产率提升效应。综合来看，行政审批中心通过优化要素投入，提升了总体总量生产率。其中，从资本要素投入优化所导致的总量生产率增进效应看，西部地区比中部和东部地区更加明显。特别是在政府实施扶持西部地区的政策后，其经济增进效应更加可观。例如，2000年国家开始大力推行西部大开发战略，同时，西部地区的行政审批改革也在深入推进，上述措施便利了西部地区的招商引资。因此，西部地区总量生产率因资本投入扭曲纠正带来的增进效应从2000—2004年呈现上升趋势，最高达1.51%。上述结果表明，行政审批中心的要素投入优化作用促进了要素的区域间流动，有助于企业资源配置效率的提高和区域间经济差距的缩小，发挥"帮扶之手"的作用。从劳动要素投入扭曲恶化带来的总量生产率损失看，恶化效应在西部地区也最为明显。结合上文异质性分析的回归结果，西部地区的劳动要素投入扭曲恶化主要体现为，要素投入不足的企业劳动投入愈加不足。有鉴于此，可能的解释是行政审批改革在一定程度放松了户籍和土地审批制度，促进了劳动要素在区域间流动，在经济利益的驱使下，人口会流向劳动力市场价格更高的东部地区。在一定程度上，行政审批改革对西部地区也扮演着"攫取之手"的作用，但总体上看，依然带来西部地区总体总量生产率的提升。

从时间维度来看，相较于中西部地区，东部地区的总量生产率从 2004 年至 2007 年呈下降态势，可能的原因是：一方面，2004 年国家出台了《行政许可法》，出于贯彻落实国家政策精神的需要，各地纷纷设立行政审批中心，审批中心数量趋于饱和，且其职能、性质和定位带有一定随意性，发挥的效果参差不齐。另一方面，东部地区社会、经济发展水平相较于中西部地区更加优越，经济总量大，在同等条件下(如同等的政策效应)，行政审批中心设立的影响更小。因此，行政审批中心设立带给东部地区企业的产出效益提升并不明显。

表 4-13　　　　行政审批中心设立的总量生产率影响效应：不同地区

地区	1998	1999	2000	2001	2002	2003	2004	2005	2006	2007	均值
消除资本投入扭曲											
东部地区	0.0022	0.0012	0.0018	0.0025	0.0054	0.0066	0.0044	0.0025	0.0032	0.0029	0.0033
中部地区	0.0000	0.0000	0.0008	0.0017	0.0068	0.0081	0.0038	0.0090	0.0002	0.0002	0.0031
西部地区	0.0020	0.0019	0.0032	0.0063	0.0058	0.0045	0.0151	0.0041	0.0021	0.0023	0.0047
消除劳动投入扭曲											
东部地区	-0.0045	-0.0023	-0.0030	-0.0054	-0.0130	-0.0178	-0.0143	-0.0085	-0.0084	-0.0124	-0.0090
中部地区	0.0000	0.0000	-0.0009	-0.0036	-0.0137	-0.0210	-0.0076	-0.0097	-0.0014	-0.0015	-0.0059
西部地区	-0.0056	-0.0017	-0.0174	-0.0110	-0.0165	-0.0108	-0.0418	-0.0052	-0.0022	-0.0131	-0.0125
消除所有要素投入扭曲											
东部地区	0.0055	0.0032	0.0038	0.0057	0.0140	0.0203	0.0118	0.0058	0.0052	0.0052	0.0080
中部地区	0.0000	0.0000	0.0020	0.0050	0.0184	0.0284	0.0104	0.0159	0.0002	0.0019	0.0082
西部地区	0.0109	0.0035	0.0237	0.0206	0.0251	0.0140	0.0859	0.0056	0.0011	0.0249	0.0215

注：截至 1999 年，中部地区尚无行政审批中心设立。根据公式(4.20)、(4.21)的定义，在该情况下，虚拟变量 treat 为 0。在此时段、此地域范围内，行政审批中心并未对宏观上生产率产生影响，故效应为 0。

(3) 不同行业宏观经济效应测算

政府优先发展重工业的战略是导致重工业膨胀、产能过剩和生产效率下降的重要原因，也造成了地方保护和市场长期分割(林毅夫等，2004)，进而阻碍了资本要素流动和降低了全社会的资源配置效率。为实现经济增长方式由粗放型向集约型转变，1998年国家开始实施产业结构调整、转型措施，引导重工业向内涵式发展，更加注重技术和创新；同时扶持、促进劳动密集型产业向资本、知识密集型等新兴产业转型升级，推进新型工业化、信息化、城镇化、农业现代化同步发展。对此，我们进一步研究了行政审批中心对不同行业总量生产率的影响。

表4-14报告了设立行政审批中心对不同行业总量生产率影响效应的测算结果。从优化资本投入配置的总量生产率增进效应看，轻工业的总量生产率增进效应高于重工业。从劳动投入配置带来的总量生产率恶化效应来看，轻工业略高于重工业。从消除所有扭曲所带来的总量生产率增进效应看，轻工业高于重工业。从时间趋势上看，2004年后总体总量生产率增进效应逐渐放缓且略有下降，此与各地纷纷响应《行政许可法》，随意性、形式性地设立行政审批中心有关。上述结果出现的可能原因在于，政府采取重点发展重工业的政策，使得重工业的相关产业更易于得到信贷支持，享受较低的资本要素价格，受行政审批改革的影响较小。轻工业产业多为非国有企业，对外部市场环境的变化较为敏感。行政审批中心设立在一定程度上放松了政府对要素市场价格的管制，缓解了要素价格扭曲，对轻工业资源错配起到了更为显著的矫正作用。

表4-14　行政审批中心设立的总量生产率影响效应：不同要素密集型

行业类型	1998	1999	2000	2001	2002	2003	2004	2005	2006	2007	均值
消除资本投入扭曲											
轻工业	0.0025	0.0014	0.0019	0.0028	0.0056	0.0069	0.0045	0.0045	0.0033	0.0032	0.0036
重工业	0.0013	0.0006	0.0014	0.0024	0.0053	0.0056	0.0037	0.0020	0.0018	0.0026	0.0027
消除劳动投入扭曲											
轻工业	−0.0043	−0.0024	−0.0031	−0.0071	−0.0133	−0.0170	−0.0122	−0.0108	−0.0077	−0.0109	−0.0089
重工业	−0.0026	−0.0015	−0.0027	−0.0054	−0.0131	−0.0148	−0.0113	−0.0084	−0.0055	−0.0075	−0.0073
消除所有要素投入扭曲											
轻工业	0.0062	0.0036	0.0042	0.0068	0.0144	0.0222	0.0138	0.0141	0.0056	0.0085	0.0099
重工业	0.0026	0.0014	0.0026	0.0046	0.0129	0.0184	0.0131	0.0060	0.0055	0.0086	0.0076

(4)分城市行政层级的宏观经济效应测算

如前文所述，不同行政层级城市间的资源配置存在差异（黄燕芬等，2014），攫取和吸引资源的能力也有所不同（Henderson 等，2005；魏后凯，2014）。此种分布在不同行政层级城市之间的能力差异，是否会显著影响行政审批中心通过纠正当地要素投入扭曲所带来的总体经济效应提升效果？对此，我们做了进一步研究。

表4-15 报告了分城市行政层级的总量生产率。从资本要素投入扭曲纠正带来的总量生产率提升效应上看，一般城市是中心城市的2~3倍。这一结果表明，行政审批中心通过优化一般城市的投融资环境，吸引了更多资本流向一般城市生产效率更高的企业，提高了一般城市企业的资源配置效率，缩小与中心城市的差距，发挥了行政审批中心"帮扶之手"的作用。从劳动要素投入扭曲纠正带来的总量生产率恶化效应上看，一般城市明显高于中心城市，这可能与推行行政审批改革后，不同城市的营商环境优化程度不同带来的劳动力吸引力不同有关。可以看出，相较于中心城市，一般城市对行政审批制度改革更为敏感：无论是资本要素扭曲的矫正程度，还是劳动要素投入的恶化幅度，均大于中心城市。最后导致两者的总量生产率提升效应并无巨大差异，中心城市的提升效应略高于一般城市。

从时间趋势上看，2004—2007 年一般城市的总体总量生产率增进效应均高于中心城市，此与2004 年国家颁布《行政许可法》有关。《行政许可法》的颁布促进了各中小城市行政审批改革的进程，各地纷纷设立行政审批中心。而中心城市相较于一般城市更早设立行政审批中心，其经济增进效应也随着时间推进逐步放缓。上述结果说明，行政审批改革对低层级城市的经济增长有着明显的积极作用，如果能进一步在低层级的中小城市推广、建立和完善行政审批中心改革，将有利于推进中小城市经济发展，并成为中国经济进入新常态后的又一增长动力来源。

表 4-15　行政审批中心设立的总量生产率影响效应：不同城市行政层级

城市等级	1998	1999	2000	2001	2002	2003	2004	2005	2006	2007	均值
消除资本投入扭曲											
中心城市	0.0028	0.0003	0.0006	0.0031	0.0020	0.0020	0.0024	0.0012	0.0003	0.0007	0.0015
一般城市	0.0018	0.0017	0.0024	0.0030	0.0073	0.0090	0.0062	0.0066	0.0050	0.0049	0.0048
消除劳动投入扭曲											
中心城市	-0.0055	-0.0006	-0.0012	-0.0070	-0.0041	-0.0137	-0.0099	-0.0029	-0.0082	-0.0051	-0.0058
一般城市	-0.0034	-0.0030	-0.0039	-0.0069	-0.0169	-0.0205	-0.0148	-0.0149	-0.0128	-0.0159	-0.0113
消除所有要素投入扭曲											
中心城市	0.0071	0.0010	0.0038	0.0095	0.0340	0.0696	0.0086	0.0016	0.0060	0.0033	0.0145
一般城市	0.0047	0.0043	0.0050	0.0073	0.0187	0.0267	0.0188	0.0287	0.0118	0.0168	0.0143

（5）不同所有制宏观经济效应测算

国有企业和非国有企业面临的政策环境存在明显差别。相较于非国有企业，国有企业在经营过程中享受着各种政策优惠，如政府对市场的直接干预和对国有企业的重点扶持（包括金融抑制、税费减免和市场垄断等），资源分配受到政府的干预影响较大。鉴于此，有必要分不同所有制考察设立行政审批中心对企业总量生产率的影响。

表 4-16 报告了设立行政审批中心对不同所有制企业总量生产率的提升效应。从总效应看，港澳台企业、私营企业的总量生产率提升幅度显著高于其他所有制企业。可能的原因是，一方面，私营企业和港澳台企业作为中国私营经济的主体，主要受来自政府的管理。通过行政审批改革，营造了更加公开透明、平等竞争的营商环境，保护了私营企业和港澳台企业的合法权益。另一方面，国有企业和集体企业受到国家政策支持，在获取资源上享受着优于其他所有制企业的便利，受行政审批改革的影响较小。而外资企业受到政府准入管理和逐案审批制度的严格管控，地方层面的行政审批中心设立并不

能触及关于外资审批层面的制度，所以行政审批中心对外资企业资源配置效率的提升作用甚微。这为下一步政府部署加大引进外资力度，营造更高水平对外开放环境提供了重要参考。

表4-16　　行政审批中心设立的总量生产率影响效应：不同所有制

企业所有制	1998	1999	2000	2001	2002	2003	2004	2005	2006	2007	均值
消除资本投入扭曲											
国有企业	0.0030	0.0021	0.0011	0.0024	0.0099	0.0071	0.0100	0.0111	0.0019	0.0012	0.0050
集体企业	0.0010	0.0005	0.0012	0.0017	0.0039	0.0048	0.0036	0.0010	0.0014	0.0008	0.0020
股份制公司	0.0003	0.0006	0.0028	0.0050	0.0073	0.0084	0.0036	0.0029	0.0021	0.0019	0.0035
港澳台企业	0.0040	0.0028	0.0037	0.0061	0.0091	0.0070	0.0046	0.0090	0.0038	0.0052	0.0055
外资企业	0.0017	0.0018	0.0000	0.0027	0.0072	0.0085	0.0053	0.0023	0.0017	0.0029	0.0034
私营企业	0.0006	0.0005	0.0011	0.0019	0.0034	0.0055	0.0137	0.0032	0.0019	0.0002	0.0032
消除劳动投入扭曲											
国有企业	-0.0054	-0.0047	-0.0025	-0.0075	-0.0179	-0.0197	-0.0273	-0.0162	-0.0023	-0.0015	-0.0105
集体企业	-0.0017	-0.0010	-0.0028	-0.0054	-0.0126	-0.0157	-0.0155	-0.0081	-0.0075	-0.0078	-0.0078
股份制公司	-0.0001	-0.0010	-0.0029	-0.0085	-0.0155	-0.0196	-0.0144	-0.0092	-0.0070	-0.0076	-0.0086
港澳台企业	-0.0042	-0.0033	-0.0040	-0.0090	-0.0147	-0.0137	-0.0035	-0.0242	-0.0086	-0.0139	-0.0099
外资企业	-0.0030	-0.0015	0.0000	-0.0050	-0.0098	-0.0139	-0.0106	-0.0063	-0.0054	-0.0092	-0.0065
私营企业	-0.0006	-0.0004	-0.0006	-0.0005	-0.0002	-0.0005	-0.2216	-0.0095	-0.0069	-0.0079	-0.0249
消除所有要素投入扭曲											
国有企业	0.0113	0.0133	0.0006	0.0064	0.0247	0.0041	0.0289	0.0126	0.0022	0.0001	0.0104
集体企业	0.0030	0.0031	0.0033	0.0072	0.0409	0.0260	0.0147	0.0034	0.0051	0.0023	0.0109
股份制公司	0.0001	0.0030	0.0068	0.0104	0.0167	0.0216	0.0114	0.0065	0.0083	0.0134	0.0098
港澳台企业	0.0031	0.0015	0.0045	0.0172	0.0331	0.0127	0.0037	0.1085	0.0026	0.0234	0.0210
外资企业	0.0020	0.0015	0.0000	0.0042	0.0179	0.0377	0.0196	0.0074	0.0039	0.0087	0.0103
私营企业	0.0013	0.0012	0.0010	0.0013	0.0009	0.0055	0.2352	0.0150	0.0091	0.0011	0.0272

4.6 结论与启示

行政审批中心设立是否会显著影响企业的资源配置效率？此项制度改革将会在多大程度上影响企业的总体规模分布？总量生产率将如何变化？基于 Hsieh 和 Klenow(2009) 的资源配置测算框架、行政审批中心设立信息与工业企业数据库，本书对上述问题进行了回答，为审批制度改革、企业生产率提升的分析提供一个独具中国特色的、基于微观层面的传导路径与解释机理。

经验研究发现：①行政审批中心对企业资源配置效率的影响取决于企业的要素投入状况。具体而言，在企业要素投入不足的情况下，行政审批中心设立改善了企业的资源配置效率，使得资本和劳动要素投入的边际收益和边际成本缺口分别下降 0.004% 和 2.33%，缓解了要素投入不足的问题。在企业要素投入过度的情况下，行政审批中心设立恶化了企业资源配置效率，分别使资本和劳动要素投入的边际收益和边际成本缺口上升 2.41% 和 105.7%，加剧了要素投入过度的问题。②设立行政审批中心能对企业平均规模的优化起到促进作用，促使原本规模偏小的企业规模扩大，发挥规模经济效益；使得原本规模过大的企业规模缩小，规避规模不经济的损害。通过这一作用渠道，企业资源配置效率得到改善，进而促进宏观经济效率的提升。③总体而言，行政审批中心通过影响企业要素投入状况使得总量生产率提升约 0.95%。进一步分析发现，设立行政审批中心对总量生产率的影响具有较强异质性，总量生产率增进效应在不同区域、不同所有制间表现出显著差异。行政审批中心的设立对经济相对落后的西部地区的总量生产率促进作用较大，体现了审批制度改革在缩小区域之间发展差距的"帮扶之手"作用。一般城市作为中国城市的主体，其发展是中国经济实现总体发展的保证。设立行政审批中心通过矫正一般城市的要素投入扭曲带来的总量生产率提升效应明显。此意味着，若低层级城市的制度环境能得到有效改善，其经济增长的潜力具备巨大空间。本书还发现，设立行政审批中心对港澳台企业、私营企业的总量生产率提升效应显著高于其他所有制企业。

本书具有明确的政策含义：①资源配置效率提升的需要催生了行政审批制度的改革（王克稳，2015），作为改善资源配置的重要抓手，行政审批中心将对企业资源配置效率产生显著影响。宏观上，行政审批中心优化了资源配置，促进了要素的跨区域流动，有利于宏观经济效率的提升。微观上，促进企业平均规模提升，发挥规模经济效益。为进一步释放行政审批制度改革促进企业资源配置效率提升和推动经济发展的作用，应明确行政审批制度改革的目的，加大推行简政放权力度，充分发挥市场机制在资源配置的决定性作用。具体而言，完善财政补贴制度，加强政务信息披露和监督，通过行政审批制度改革调整对低效率国有企业的倾向性政策，运用市场力量将更多优质资源配置向生产效率更高的私营企业。②建成全面小康社会需大力推进区域协调发展。管理者应充分发挥"帮扶之手"的作用，依托行政审批中心，通过户籍、土地等审批制度改革，建立土地有效流转机制、破除阻碍劳动力要素自由流动的障碍，打破劳动力市场分割；通过精简投资审批事项和环节，提升民间投资和企业融资的便利性，适度向资金缺乏地区给予一定的政策倾斜，引导资本流向急需发展的区域，一定程度兼顾效率与公平。

表 4-17　　　　　　　　　　倾向评分匹配的平衡性检验

变量	样本匹配	平衡检验					
		均值		%标准偏差 T	标准偏差变化量	统计量	伴随概率
		处理组	对照组				
市场分配资源比重	匹配前	7.9947	8.878	−38.1	90.3	−5.03	0.000
	匹配后	7.9828	8.0684	−3.7		−0.47	0.636
价格市场决定程度	匹配前	7.2509	6.4023	46.2	84.5	6.42	0.000
	匹配后	7.209	7.3405	−7.2		−0.78	0.434
劳动力流动性	匹配前	3.9535	3.1842	25.9	88.9	3.76	0.000
	匹配后	3.8391	3.9245	−2.9		−0.31	0.758

续表

变量	样本匹配	均值		%标准偏差 T	标准偏差变化量	统计量	伴随概率
		处理组	对照组				
地区的 GDP（对数）	匹配前	9.258	9.0195	29.9	87.2	4.63	0.000
	匹配后	9.2062	9.2367	−3.8		−0.42	0.676
人均工资（对数）	匹配前	9.3638	9.1364	54.1	95.7	7.08	0.000
	匹配后	9.3463	9.3561	−2.3		−0.32	0.751
企业资本密集度（对数）	匹配前	11.627	11.338	45.5	87.9	6.00	0.000
	匹配后	11.624	11.659	−5.5		−0.69	0.491
外资成分	匹配前	8.4348	8.1926	10.1	50.7	1.45	0.147
	匹配后	8.3908	8.5102	−5		−0.52	0.600
地区第二产业从业人口数（对数）	匹配前	3.7413	3.6947	14.4	37.4	2.03	0.042
	匹配后	3.7323	3.7615	−9		−1.03	0.305

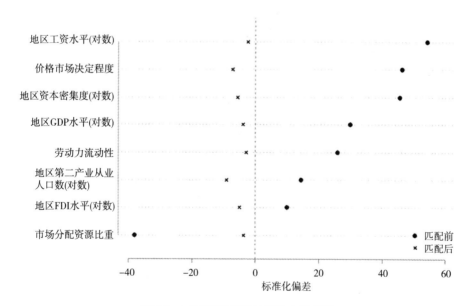

图 4-2　PSM 匹配前后的标准化偏差图

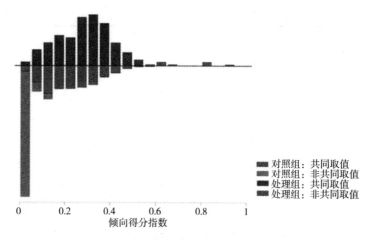

图 4-3　共同取值范围图

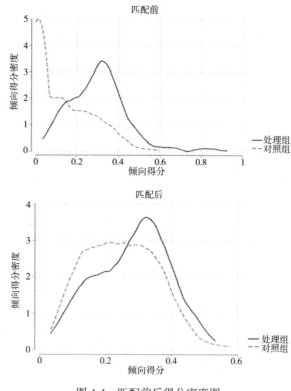

图 4-4　匹配前后得分密度图

第5章 行政审批中心设立、企业演化与宏观经济效率

5.1 引言

我国经济发展已"调挡换速",进入中高速增长的"新常态"。在此重要战略机遇期,我国经济结构的优化完善具有更深刻的现实意义。优化经济结构需要进一步扫清市场经济发展的阻碍,激发市场主体的活力。2018年底召开的中央经济工作会议中,"微观主体活力"一词被多次强调;在2019年的总体经济规划布局中,"着力激发微观市场主体活力"被纳入重要要求,这体现出中央政府激发市场活力,促进经济社会发展的决心。企业是微观市场主体的最主要成分,其自身的演化,是推动经济结构优化升级的重要动力。

为破除当前阻碍企业成长发展的因素,国家推动行政审批改革,出台了"放管服"等一系列政策,使政府和企业的关系得到进一步的良性发展。政府通过下放一系列审批事项、加强科学监管和发挥政府服务职能等方式,扫除企业成长发展过程中的障碍,拓宽企业生存与发展的空间,让企业的演化动力得到更为充分的发挥。设立行政审批中心是行政审批改革的具体贯彻,其目的在于将审批事项流程化,统一于审批中心内部,实现多部门在同一审批中心协同工作(冯笑等,2019)。由此,企业登记注册所需时间和企业业务办

理所需证件数有效减少，持有一份审批申请表即可完成各项流程手续。其次，审批中心作为政府服务的窗口，其工作内容的透明化程度提高，公权力受到有效的制约，对企业的行政干预减少。最后，审批中心作为政务公开的重要实现形式，通过线上平台与线下平台相结合的方式，让企业对政府的新政策出台有了更深入的认知，减少信息不对称带来的一系列问题。

在微观层面上，企业演化包括企业进入和退出市场、企业在改进生产方式过程中所带来的全要素生产率提高，以及在竞争过程中带来的市场份额变动。而市场活力的激发为企业的成长和演化提供了动力（石亚军，2018）。现阶段学者从企业演化的部分或整体进行了探讨（Bartelsman 等，2000；李玉红等，2008；范林凯等，2019）。在衡量企业进入与退出的影响机制上，现有研究分析了企业自发涌入高利润率行业并退出低利润率行业的自然选择行为（Geroski 和 Schwalbach，1991；Geroski，1995）。但只有在有效的价格、供求和竞争机制的条件下，自然选择理论方能得到有效体现。在现实情况中，企业进入和退出在不同市场中条件下会产生较大差异。比如，在出现信息滞后、政府设定准入门槛等情况下（Mankiw，1986），企业的进入退出无法与市场实际的容量实现有效的协调。在我国，这一现象具体表现为政策利好信号和市场准入门槛的影响，具有特色的规制性因素（杨蕙馨，2004）。

与此同时，企业的创新活动是企业提高自身竞争力、适应市场竞争的重要方式。具体而言，企业全要素生产率（Total Factor Productivity，TFP）是影响企业产品质量和发展潜力的重要指标，其提升的根本动力来自于对企业的创新研发投入。一方面，企业的研发投入比重主要受到企业家创新精神和行为选择的影响，企业研发投入所产生的实际作用效果存在较为明显的地方差异，具有较高市场化水平的地区较少发生腐败和寻租现象，这有利于企业家将时间和精力配置于创新研发的生产性活动中（Baumol，1990），带动企业整体创新氛围和生产积极性的提升，提高生产效率。另一方面，企业研发投入同样受到政府管制力度的影响。余泳泽等（2019）认为地方经济增长目标"层层加码"的政策硬约束，不利于企业全要素生产率的提升。再者，制度性交易成本与宏观税负同样会对生产效率的改善产生抑制作用（王永进，2018）。而重视企业创新活动也是完善市场竞争环境的重要方式，重视研发投入的企业往往拥有更强的产品竞争力，进而拥有更高的市场份额，研发落后企业的市场份额下降更为明显，加速了优胜劣汰。企业市场份额的提高离不开产品市场规模的扩大，而这其中一方面来自于自身的生产效率、管理质量的提升（林慧婷，2018）；另一方面同样可能受到政府补贴、地方保护主义的干预，使得受保护企业的市场规模与提升速度高于未受保护企业，而这一现象也间接促成了企业垄断的发生，破坏了市场公平秩序，也遏制了新兴企业的成长（王晓晔，2008）。

宏观经济效率的整体提升受到微观市场主体演化的影响。Schumpeter（1942）提出，市场主体需要通过技术创新带来的效率提升，在优胜劣汰的环境下实现演化。企业的演化带来的是实体经济结构的优化升级和创新氛围的逐步深化。但进入、退出、成长和资源再配置并非仅仅作用于企业自身，企业是市场的构成要件，企业的演化不可避免地对整体经济效率提升产生影响。而微观市场主体的演化对宏观经济效率的影响并非始终产生积极影响，以企业进入为例，在考虑在位企业的生产效率基础上，新进入企业如果生产效率低于同行业在位企业的平均生产率，那么微观层面的企业进入将会导致宏观经济效率的下降。研究企业演化对于宏观经济效率的影响，关键在于对进入企业、在位企业和退出企业的生产率测算及其分解。Baily（1992）构建 BHC 分解框架对演化所带来的宏观经济影响进行统计意义上的加权求和，而这一方法存在无确定基期所带来的多选择性问题。Foster 等（2001）提出的 FHK 核算方法对该缺陷进行了适度的优化，统一采用样本初期平均生产率作为核算框架分解宏观经济效率的提升。在此基础上，Baldwin 和 Gu（2003）提出 BG 分解方法，引入了进入企业和退出企业的退出差额以衡量新进入企业所产生的净效应，进一步考虑了企业演化的动态过程。但上述分解方法仅单纯利用统计手段进行刻画，且结果缺乏稳健性（吴利学等，2016）。而新近提出的 DOP 分解框架（Melitz 和 Polanec，2015）能够反映存活企业之间资源配置效率的变化，更好地捕捉动态效应，且具有更好的稳健性（张天华等，2018）。

为明晰政府在激发市场主体活力的过程中，对整体区域经济发展的综合影响，并找到进一步优化改革成效的现实路径，本书在剖析行政审批中心设立对微观层面企业动态演化影响的基础上，结合其对整体宏观经济效率的提升进行深入分析。本研究基于企业演化环节分解和 Melitz 和 Polanec（2015）的 DOP 测算框架，构建行政审批中心设立对于企业演化和宏观经济效率的作用函数。在实证层面上，将 1998—2007 年的中国工业企业数据与行政审批中心设立数据相匹配，分析微观层面上行政审批中心设立对于企业进入退出、全要素生产率和市场份额提升的作用效果；并结合 DOP 测算框架，将行政审批中心设立通过企业演化对区域宏观经济效率所产生的影响，并引入企业异质性、区域异质性进行深入探讨。

与现有研究相比，本书的主要贡献如下：①克服了静态分析的局限性，进一步引入了动态测算的分析。②行政审批改革对于企业微观层面演化的研究众多，但缺少对"行政审批中心设立-微观企业演化-宏观经济动态"这一宏微观相结合的重要机理进行深入探讨。毕青苗等（2018）曾探究了行政审批改革对企业进入的影响，但未聚焦到企业演化的全过程。张天华等（2019）在分析行政审批中心设立与微观企业资源配置效率的基础上，测算其对地区总量生产率的影响。但该研究所采用的分析框架是静态的，未能捕抓动态效应。本书正是弥补了上述研究空白，在分析企业演化全过程的基础上，运用动态的宏观经济效率测算框架进行分析，深入阐释营商环境改善与市场竞争环境提升对宏观经济效率影响的具体机理。

本研究的基本发现是：①行政审批改革能够提升企业进入与退出的概率，并且促进在位企业全要素生产率以及市场份额的变动。这表明行政审批改革在微观层面上可通过构建竞争有序的市场环境、降低制度性交易成本的方式，对企业的演化产生积极的效果。②在行政审批改革的背景下，与非国有企业相比，国有企业进入和退出市场的概率更高，但其全要素生产率的提升效果不显著，且市场份额变动趋缓。虽然优胜劣汰的效果得到了充分的体现，但这表明政府对于国企仍可能存在政策性倾斜。③在宏观层面上，行政审批改革对于宏观经济效率的提升具有积极作用，但由于受到进入和资源再配置的负效应影响，致使提升空间相对有限。这在分所有制和分地区的讨论中进行了更为深入的补充说明。

5.2 理论推演

5.2.1 行政审批中心设立影响微观企业演化的机制

(1)降低了企业的成本负担

成本视角下，行政审批中心设立之前，传统的制度性交易成本以及企业进入的微观管制对企业的成长发展具有较大的阻碍(Kerr，2014)，企业需要消耗更多的时间与资金成本在审批流程上，并且直接获得审批通过的概率较低，容易产生无谓损失。尚未获得生产许可前企业处于发展的停滞期，该阶段对于企业的微观演化会产生较大的阻碍作用。

行政审批中心的设立能够有效精简审批流程，缩短纳税、缴费所需时间，企业每年审批业务办理次数得到有效的减少(刘胜和申明浩，2019)。另一方面，审批中心发挥了再整合作用，结合地方经济规模和产业特征有针对性地制定涉企业务流程手续，构建了"一窗式"招商引资服务体系，以优化投资审批业务结构(庞凤喜和牛力，2019)。基于此，设立行政审批中心能降低准入成本，促进企业进入，以此带来市场竞争程度的提高。因此，企业生产成本下降可由行政审批中心设立这一政策效应所反映。

在这一阶段，考虑制度性交易成本与规制束缚，城市 j 的企业 i 在时间 t 的总成本 TC_{ijt} 可设定为

$$TC_{ijt} = C(center_{jt}, \ Z_{ijt}, \ F_{jt}) \tag{5.1}$$

其中，Z_{ijt} 代表了影响成本的企业自身因素，F_{jt} 代表影响企业成本的城市特征因素。以 $center_{jt}$ 作为行政审批中心设立的标志性变量，若 $center_{jt} = 1$，则代表企业所在城市 j 在时间 t 已设立（或存在）行政审批中心；若 $center_{jt} = 0$ 则代表未设立行政审批中心。行政审批中心所带来的制度交易成本下降和束缚减轻可衡量为 $\Delta C_{ijt} = C(0, Z_{ijt}, F_{jt}) - C(1, Z_{ijt}, F_{jt})$。

（2）提高了企业的收益

在收益角度下，行政审批中心设立对新进入企业和在位企业的制度优惠会推动企业创新，促进经济增长（夏杰长和刘诚，2017）。在竞争环境加剧所带来的创新激励的基础上，如果营商环境层面的制度性交易成本得到有效降低，市场主体将拥有更多的时间和资金投入至生产活动中，推动企业积极改进生产技术，提高生存能力。因此，行政审批中心的设立可带来创新刺激效应。同时，信息不对称程度的降低，提高了企业贯彻政府涉企政策的时效性。一方面，在涉企补贴政策出台时，潜在进入企业能适当调整预期生产规划，如调整产品靶向群体或通过市场细分、低耗能设备购置等方式对政策作出反应。另一方面，在位企业可根据政府政策做出有效的调整，响应政府号召，通过改进生产方式或调整生产规模以获得更高的收益增长空间。

此时，企业的收益变动，包括创新激励收益和政府补贴收益，可通过设立行政审批中心所反映。在这一阶段，考虑到生产动力提升和外部补助，企业总收益可设定为：

$$R_{ijt} = R(center_{jt}, Z_{ijt}, F_{jt}) \tag{5.2}$$

与成本变动同理，行政审批中心所带来的企业收益变化可衡量为 $\Delta R_{ijt} = R(1, Z_{ijt}, F_{jt}) - R(0, Z_{ijt}, F_{jt})$。

（3）构建企业的利润函数

由于行政审批中心设立这一政策在理论上可带来潜在进入企业和在位企业的成本与收益发生变动，因此该政策会对企业利润产生实际的影响，需要

构建利润函数进行衡量。企业 i 在时间 t 的实际利润可表示为

$$\omega_{ijt} = R(center_{ijt}, Z_{ijt}, F_{jt}) - C(center_{jt}, Z_{ijt}, F_{jt}) \qquad (5.3)$$

对于潜在进入市场的企业，审批门槛、未来生产经营所预期的成本以及企业进入市场后所能产生的实际收益，是决定企业是否进入市场的重要标志。假设 $entry_{ijt} = 1$ 代表企业进入，$entry_{ijt} = 0$ 则代表企业未进入市场。企业所创造利润须大于某个门槛值 α，企业才会选择进入市场。结合企业对成本收益所作的基本决策，企业的进入行为可构造如下方程，当审批中心设立带来成本下降后，企业更倾向于进入市场。

$$entry_{ijt} = \begin{cases} 1, & \omega_{ijt} > \alpha \\ 0, & \omega_{ijt} \leq \alpha \end{cases} \qquad (5.4)$$

同理，假设 $exit_{ijt} = 1$ 代表企业的退出，$exit_{ijt} = 0$ 代表企业未退出市场，若企业创造利润 ω 低于门槛值，企业不再具备继续存活于市场的能力。在竞争加剧与利润过低的条件下，企业将选择退出市场，竞争环境的加剧会导致低效能企业的利润率下降，该行为可表示为如下方程：

$$exit_{ijt} = \begin{cases} 1, & \omega_{ijt} \leq b \\ 0, & \omega_{ijt} > b \end{cases} \qquad (5.5)$$

(4) 全要素生产率和市场份额变动率的提升

证明行政审批中心设立带来的企业成本和收益变动可引致企业进入退出行为的变化后，本研究下一步将分析其影响全要素生产率和市场份额变动率的具体机理。企业演化的根本动力来自于技术革新，而技术革新的目的在于提高产品竞争力，但技术革新同样需要较多的资金和时间的投入。如果企业能节省更多的时间在行政审批流程环节，节约更多的金钱在制度性交易成本上，全要素生产率提高将具有更大的动力和空间。

假定企业 i 参与行政审批流程所耗费的时间为 d_{ijt}，而制度性交易成本的花费为 $C_{0, ijt}$，创新所需成本为 $C_{TFP, ijt}$，现有技术水平下的非研发要素投入成本 C_{ijt}，参考 Melitz 和 Ottaviano(2008)的测算方法，企业 i 的总成本 $TC_{ijt} =$

$C(center_{jt},\ Z_{ijt},\ F_{jt})$ 可采用如下方式衡量:

$$C(center_{jt},\ Z_{ijt},\ F_{jt}) = \frac{1}{1-d}C_{0,\ ijt} + C_{TFP,\ ijt} + C_{ijt} \qquad (5.6)$$

基于此,过高的制度性交易成本会挤出企业的研发投入,阻碍企业降低生产成本。研发投入的提高可带来企业生产技术水平的革新,降低 C_{ijt},提高企业的总收益。通过技术革新带来高效能企业总收益提升的基础上,企业经营业绩的提高,市场份额会上升;而企业的发展处于市场竞争的环境中,行政审批改革带来更为公平开放的市场竞争环境,在促进创新的同时,也会促使企业间的竞争加剧,加速企业的优胜劣汰。假定用 $Share_{ijt}$ 衡量企业市场份额的变动,我们可认为市场份额变动率与竞争环境激烈程度存在正向关联,而企业的进入行为以及市场环境优化带来的 ω_{ijt} 增长以及 C_{ijt} 下降可激励企业从事创新研发活动,带来竞争环境的加剧;缺少创新能力的企业在公平开放的环境中更倾向于被淘汰,以此带来企业市场份额变化率的提高。基于上述推论,本研究提出假设 H1。

H1:设立行政审批中心能加速企业进入和退出市场;在更为激烈的竞争环境中,优胜劣汰提高了市场份额的变动率,刺激在位企业全要素生产率的提升。

5.2.2 微观企业演化与宏观经济效率提升

行政审批中心的设立可带动微观层面的企业演化,但企业演化在宏观层面产生影响的具体机制,需要结合宏观经济效率的分解进行分析。伴随着市场准入门槛的降低和制度性交易成本的下降,企业进入市场的意愿提高。竞争的加剧,可促使落后企业加速退出市场;竞争加剧带来了市场份额变化率的提高,并刺激企业改进生产技术,带动全要素生产率的提升。

考虑宏观分析时,企业自身的效率需要与区域内宏观经济效率相比较。首先是新进入企业的生产率与区域内加总生产率的对比,若假定 $TFP_{entry,\ ijt}$ 为某潜在进入企业 i 在时间 t 的实际生产率,$TFP_{exit,\ ijt}$ 为退出企业 i 的实际生产率,若区域内平均生产率为 Φ,则企业演化对宏观经济效率所产生的影响可简单表示为：

$$\Delta \boldsymbol{\Phi} = \begin{cases} \text{企业进入，} TFP_{entry,\,ijt} - \boldsymbol{\Phi} \\ \text{企业退出，} \boldsymbol{\Phi} - TFP_{exit,\,ijt} \end{cases} \qquad (5.7)$$

因此，行政审批改革虽然带来了进入市场成本的降低，但现阶段初创企业的生存能力仍相对较弱，而且企业进入市场的行为存在一定的自发性，行政审批流程的简化可能让效率低、稳定性弱和生存能力差的企业进入市场，如果进入市场的企业实际效率低于市场在位企业，区域整体宏观经济效率将下降。

反观正向的退出效应，企业退出机制的完善也依赖于行政审批改革。企业的退出形式以破产清算和注销登记为主。行政审批中心的设立，可有效精简审批注销的流程。在原有审批制度下，部分僵尸企业甚至无法提供退出市场所必需的材料，机制缺陷使得僵尸企业长期存在于市场中，阻碍了非僵尸企业的资源获取和市场份额的提升(黄少卿和陈彦，2015)，退出机制的完善以及审批流程的简化可以有效促进企业退出所产生的正效应。

对于在位企业而言，全要素生产率的提升可带动区域整体宏观经济效率的提升，通过创新成本降低以及企业竞争加剧促使企业更多从事研发创新活动，自身生产效率的提升 ΔTFP 可一定程度上带来区域宏观经济效率 $\boldsymbol{\Phi}$ 的增加。基于此，可区分在位企业生产率水平的高低，行政审批中心设立对宏观经济效率所产生的资源配置效应也可以由此区分。通过资源配置效应所产生的宏观经济效率变化主要来自于两个方面。一方面，行政审批中心有利于优化企业的资源配置，审批中心可通过对政府多部门的分散化业务进行统一规划整合的方式，在各部门各司其职、相互监督的背景下，有效削减各业务部门恶化资源配置的行为(王克稳，2015)，将资源尽可能的配置于具有较高生产率的企业，对宏观经济效率产生正向影响。但另一方面，由于不同企业的自身特征、所处行业、市场环境的差异，行政审批改革的过程中无法完整地考虑企业的综合性差异，采取必要手段改善劳动力、资本的流动环节的过程中也有可能导致资源配置的过度集中于大型企业，加大了中小型企业资源配置不足带来的资源需求缺口。最后，如果政府在改革过程中对市场份额较大的国有大中型企业存在地方保护的政策性倾向，对于原市场份额较小的企业可能带来恶化作用。基于上述推论，本研究提出假设 H2。

H2：在优胜劣汰的基础上，行政审批中心设立有利于带动整体宏观经济效率的提升，但仍可能产生负向的进入效应和资源配置效应。

5.3　研究设定与数据说明

5.3.1　企业演化模型

为验证微观层面行政审批改革对企业进入退出所产生的影响，城市 j 的企业 i 在第 t 年所创造的利润可为如下方程所表示：

$$\omega_{ijt} = R(center_{jt},\ Z_{ijt},\ F_{jt}) - C(center_{jt},\ Z_{ijt},\ F_{jt}) + \mu_{ijt} \qquad (5.8)$$

该方程结合理论推演的成本收益分析，对不同城市的不同企业进行了综合分析。其中，$center_{jt}$ 为行政审批中心设立的政策效应，作为本书的核心变量。若城市 j 在时间 t 已设立（或存在）行政审批中心则赋值为 1，否则为 0。Z_{ijt} 代表了模型中企业层面的控制变量，包括企业资本劳动投入比、企业收入、企业员工数和企业年龄构成。F_{jt} 代表企业所在城市的基本特征，包括第二产业从业人数、城市人口规模、城市 GDP 和城市 FDI，以及地区的市场化程度。市场化程度具体包括市场分配经济资源比重、政府对市场干预程度、价格由市场决定程度和劳动力流动性四个维度的指标。

在此前提下，结合第二部分理论推演的公式(5.4)、(5.5)，城市 j 的企业 i 在第 t 年进入市场的概率 $P(entry_{ijt} = 1) = P(\omega_{ijt} > a)$，而在位企业在第 t 年选择退出的概率为 $P(entry_{ijt} = 1) = P(\omega_{ijt} \leqslant b)$。其中 a 和 b 为常数，分别表示进入和退出的利润临界值。基于成本和收益角度，若假设 ω_{ijt} 可由行政审批中心变量、企业和城市变量线性表示，且随机误差项 μ_{ijt} 服从 Logit 分布，则可建立面板二值选择模型表示企业进入和退出的概率：

$$P(entry_{ijt} = 1) = \frac{e^{\mu_{ijt}+\alpha_{entry}+\beta_{entry}center_{jt}+\gamma_{entry}Z_{ijt}+\sigma_{entry}F_{jt}+\eta_{(entry)ijt}+\lambda_{(entry)t}+\varphi_{(entry)ij}}}{1 + e^{\mu_{ijt}+\alpha_{entry}+\beta_{entry}center_{jt}+\gamma_{entry}Z_{ijt}+\sigma_{entry}F_{jt}+\eta_{(entry)ijt}+\lambda_{(entry)t}+\varphi_{(entry)ij}}}$$

$$(5.9)$$

$$P(exit_{ijt} = 1) = \frac{e^{\mu_{ijt}+\alpha_{exit}+\beta_{exit}center_{jt}+\gamma_{exit}Z_{ijt}+\sigma_{exit}F_{jt}+\eta_{(exit)ijt}+\lambda_{(exit)t}+\varphi_{(exit)l}}}{1+e^{\mu_{ijt}+\alpha_{exit}+\beta_{exit}center_{jt}+\gamma_{exit}Z_{ijt}+\sigma_{exit}F_{jt}+\eta_{(exit)ijt}+\lambda_{(exit)t}+\varphi_{(exit)l}}} \quad (5.10)$$

为充分考虑企业进入的稳定性，本书根据成立年份和企业接受调查年份相同的企业作为新进入企业进行识别，减少企业由于经营业绩剧烈变化导致被识别为市场新增企业的偏误(吴利学等,2016;张天华等,2018)。

在衡量行政审批改革对企业成长所产生的实际作用效果时，本研究采用企业市场份额的变动率与企业全要素生产率的提升，分别体现竞争环境变化所带来的企业规模与生产技术的改变。衡量公式分别为:

$$Share_{ijt} = \alpha_s + \beta_s center_{jt} + \gamma_s Z_{ijt} + \sigma_s F_{jt} + \eta_{(s)ijt} + \lambda_{(s)t} + \varphi_{(s)l} + \varepsilon_{(s)ijt}$$
$$(5.11)$$

$$\ln TFP_{ijt} = \alpha_{TFP} + \beta_{TFP} center_{jt} + \gamma_{TFP}Z_{ijt} + \sigma_{TFP}F_{jt} + \eta_{(TFP)ijt}$$
$$+ \lambda_{(TFP)t} + \varphi_{(TFP)l} + \varepsilon_{(TFP)ijt} \quad (5.12)$$

其中，企业市场份额的变化率 $Share_{ijt}$ 采用本年度市场份额 S_{ijt} 与上年度市场份额 $S_{ij(t-1)}$ 的差额占上年市场份额的比例衡量(取绝对值):

$$Share_{ijt} = \left| \frac{S_{ijt} - S_{ij(t-1)}}{S_{ij(t-1)}} \right| \quad (5.13)$$

$Share_{ijt}$ 和 $\ln TFP_{ijt}$ 代表城市 j 企业 i 在 t 年的市场份额变化率和全要素生产率，是模型的被解释变量;α 为常数项;主要解释变量为 $center_{jt}$ 和控制变量 Z_{ijt}、F_{jt} 的含义与上文相同。最后，$\eta_{(s)ijt}$ 和 $\eta_{(TFP)ijt}$ 代表仍未被控制的企业个体特征层面的差异，$\lambda_{(s)t}$ 和 $\lambda_{(TFP)t}$ 代表了未控制的时间趋势的影响，$\varphi_{(s)l}$ 和 $\varphi_{(TFP)l}$ 代表未控制的行业特征差异的影响，$\varepsilon_{(s)ijt}$ 和 $\varepsilon_{(TFP)ijt}$ 代表了模型的残差项。

5.3.2 宏观经济效率测算

为有效量化审批中心设立对宏观经济效率提升的影响，需对宏观经济效率进行分解。相较于前文所述的 BHC、FHK 和 BG 分解方法，DOP 方法具有以下优势(吴利学等,2016):①避免了对组内和组间效应的低估。DOP 方法的组内效应来自于未加权在位企业技术进步率，组间效应来自于在位企业资源配置效率变化，独立于进入退出效应。②克服了参照同期时间节点造成的测量误差。DOP方法针对进入和退出企业，分别设定了期末和期初存活企业生产率作为对照，更为具体地考虑了生产率在时间上的动态变化。③对在位企业的定义更为准确。DOP分解方法采用企业成立准则作为在为企业的衡量标准，避免了将截断边界企业——即仅存活于某一期的企业错误纳入样本。基于上述原因，本研究采用 Melitz 和 Polanec（2015）所提出的 DOP 方法对 1998—2007 年中国工业企业的全要素生产率增长进行分解，测算框架具体如下。

首先定义某一行业、地区或不同类型企业的全要素生产率与市场内全体企业的加总生产率比例关系为：

$$\Phi_t = \sum_{i \in \Omega} \varphi_{it} \ln TFP_{it} \tag{5.14}$$

其中，Ω 代表全体企业，$\ln TFP_{it}$ 表示 i 企业在 t 时期全要素生产率的对数，φ_{it} 为加总生产率核算时所采用的权重指标。权重指标通常采用企业产值、增加值、销售额或就业量占全部企业的比重（Petrin 和 Levinsohn，2012；Brandt 等，2012；Melitz 和 Polanec，2015）。本研究采用企业产值 $outcome_{it}$ 衡量企业权重，因此有：

$$\varphi_{it} = \frac{outcome_{it}}{\sum_{i \in \Omega} outcome_{it}} \tag{5.15}$$

DOP 分解的具体思路为，将第 $t-k$ 期的地区加总生产率分解为在位企业和退出企业的加总生产率之和，并将第 t 期的地区加总生产率分解为在位企业和进入企业的加总生产率之和，即作出如下变换：

$$\Phi_{t-k} = \Phi_{S(t-k)} \sum_{i \in S} \delta_{i(t-k)} + \Phi_{X(t-k)} \sum_{i \in X} \delta_{i(t-k)}$$

$$= \Phi_{S(t-k)} + \sum_{i \in X} \delta_{i(t-k)} \left[\Phi_{X(t-k)} - \Phi_{S(t-k)} \right] \tag{5.16}$$

$$\Phi_t = \Phi_{St} \sum_{i \in S} \delta_{it} + \Phi_{Nt} \sum_{i \in N} \delta_{it} = \Phi_{St} + \sum_{i \in N} \delta_{it} (\Phi_{Nt} - \Phi_{St}) \tag{5.17}$$

上述表达式中，S 代表在位企业，X 代表退出企业，N 代表新进入企业，Φ_{St} 和 $\Phi_{S(t-k)}$ 各自代表在位企业在第 t 期和第 $t-k$ 期的加总生产率，Φ_{Nt} 表示

新进入企业在第 t 期的加总生产率，$\Phi_{X(t-k)}$ 表示退出企业在第 $t-k$ 期的加总生产率。δ 为企业 i 的产出占据当年其所在城市产出的比例，作为衡量加总生产率的权重。

对上述公式进行一系列变形后，可最终得到宏观层面的 DOP 分解结果：

$$\Delta\Phi_t = s_{Nt}(\Phi_{Nt} - \Phi_{St}) + \{-s_{X(t-k)}[\Phi_{X(t-k)} - \Phi_{S(t-k)}]\} + \Delta\overline{\varphi_{St}} + \Delta\mathrm{cov}_S(s_{it}, \varphi_{it})$$

$$\overset{\text{def}}{=\!=\!=} \sum_{k=1}^{4} Effect_k \tag{5.18}$$

其中，宏观经济效率的实际变化体现为 $\Delta\Phi_t$ 的变化；$s_{Nt}(\Phi_{Nt} - \Phi_{St})$ 为进入效应，该效应为正代表新进入企业的 TFP 高于在位企业的 TFP，由此将带来整体宏观经济效率的提升。$-s_{X(t-k)}[\Phi_{X(t-k)} - \Phi_{S(t-k)}]$ 为退出效应，该效应为正表示退出市场的企业属于落后企业，其生产率为负即代表低于市场存活企业平均效率的企业被淘汰，进入效应和退出效应有利于反映市场的优胜劣汰。

$\Delta\overline{\varphi_{St}}$ 为组内效应，表示在位企业通过提升企业管理水平与技术创新的方式提升了自身的全要素生产率，对宏观经济效率所产生的全要素生产率增长效应。$\Delta\mathrm{cov}_S(s_{it}, \varphi_{it})$ 为组间效应，表示在位企业通过市场份额变化形成的资源再配置对区域经济效率的贡献。正向的组间效应代表生产率较高的企业获得了更大的市场份额，整体宏观资源配置效率提升。

在行政审批改革优化营商环境的过程中，市场主体的实际演化对整体宏观经济效率是否具有改善作用，需要通过宏观经济效率的分解进行更好的衡量。本研究中利用 DOP 方法将制度环境优化的经济效应解构，并寻找需要进一步优化改善的切入点。具体地，将宏观经济效率的增长分解为进入效应、退出效应、组间效应（资源再配置效应）与组内效应。最后，本书利用下述模型分析行政审批改革对区域整体宏观经济效率的实际影响：

$$Effect_{kjt} = \alpha_k + \beta_k\,center_{jt} + \sigma_k F_{jt} + \xi_{kjt} + \theta_{kt} + \nu_{kjt} \tag{5.19}$$

其中，$Effect_{kjt}$ 表示城市 j 在时间 t 经过 DOP 分解得到的第 k 种效应。此

处显然有 $\Delta\Phi_{jt} \equiv \sum_{k=1}^{5} Effect_{kjt}$。其中 $k=1$，2，3，4，5，依次代表组间效应、组内效应、进入效应、退出效应以及总体效应。$center_{jt}$ 衡量行政审批改革的政策变量，F_{jt} 为城市层面的控制变量，ξ_{kjt} 代表仍未得到控制的城市特征差异的影响，θ_{kt} 为未控制的时间趋势影响，ν_{kjt} 为模型的误差项。

5.3.3　数据说明

行政审批中心设立信息主要源于中山大学岭南学院徐现祥教授团队整理的中国地级城市行政审批中心数据库，数据截至 2015 年 12 月（毕青苗等，2018）。为填补行政审批数据库中所缺失的直辖市数据，使之与工业企业数据相匹配，本书从政府官方网站和政府公开文件中，提取和整理直辖市数据。经过补充、匹配、剔除缺失值等处理后，收集了 270 个地级行政单位与直辖市的行政审批中心数据。行政审批改革具有渐进式推进的特征，全国层面的行政审批改革自 2001 年开始实施，至 2006 年全国主要地区陆续设立了行政审批中心，此阶段的审批中心设立数约占总数 60.25%。时间和空间层面的渐进式推进为研究行政审批中心设立对企业微观层面的演化和宏观经济效率的提升提供了较为完善的样本。

企业数据来源于中国工业企业数据库，数据囊括了 1998—2007 年中国大陆地区所有国有工业企业以及规模以上非国有工业企业。为保证行政审批改革的政策效应在企业层面的精准对应，本书将企业所在城市信息与行政审批中心设立位置进行细致匹配。为避免极端值所产生的影响，对企业层面的关键变量进行前后 1% 的缩尾处理。城市层面的控制变量主要来自于《中国城市统计年鉴》。市场化程度指标来自于樊纲等（2011）所编制的中国分省市场化进程指数，选取了其中的四个维度作为控制变量（市场分配经济资源比重、政府对市场干预程度、价格由市场决定的程度与劳动力流动性）。各变量的描述性统计结果如表 5-1 所示。

表 5-1   描述性统计

变量	观测值	均值	标准差	最小值	最大值
行政审批中心设立	1669648	0.5566	0.4968	0.0000	1.0000
企业进入(是=1)	1669648	0.1804	0.3846	0.0000	1.0000
企业退出(是=1)	1669648	0.0712	0.2572	0.0000	1.0000
市场份额变动	1032721	0.7166	1.1526	0.0057	7.7425
全要素生产率	1570306	4.5392	0.9096	2.3599	6.8978
企业资本劳动投入比	1669648	73.2359	109.4547	1.5492	703.7963
企业收入	1669648	4.5299	7.1025	0.4695	44.2984
企业员工数(对数)	1669648	4.8222	1.0147	2.7726	7.4307
企业年龄(对数)	1669648	1.8730	0.9991	0.0000	5.1818
第二产业从业人数(对数)	1669648	3.8981	0.2344	3.1532	4.3097
城市人口规模(对数)	1669648	6.2567	0.5931	4.6430	8.0385
城市 GDP(对数)	1669648	9.9436	0.8525	8.1374	12.5140
城市 FDI(对数)	1669648	10.5821	1.8994	5.0752	13.5823
市场分配经济资源比重	1669648	9.2189	1.7941	-0.0500	14.1000
政府对市场干预程度	1669648	6.4242	3.0367	-2.1700	12.6700
价格由市场决定的程度	1669648	8.0092	1.7148	-0.5500	10.2700
劳动力流动性	1669648	6.0951	4.1666	0.0000	17.0300

5.4 实证分析结果

5.4.1 基本回归结果

本部分首先考察行政审批中心设立对企业演化的影响。微观层面上,中国工业企业的演化过程可从以下四个维度展开分析:企业进入、企业退出、在位企业全要素生产率与在位企业市场份额的变化(吴利学等,2016)。实证结果如表 5-2 所示。其中,表 5-2 第 1、3、5、7 列报告了未加入控制变量的估计结果。鉴于企业演化还受到企业自身特征、所在城市基本概况以及区域市场化水平的影响,后续模型对上述因素进行了控制(表 5-2 第 2、4、6、8列)。研究发现,设立行政审批中心对微观层面的企业演化具有显著的影响。

加入控制变量后，除企业退出层面外，核心自变量的估计系数相较之前有所下降。总体而言，设立行政审批中心使企业进入的概率提高 12.22%，退出概率提高 5.57%，同时使企业的全要素生产率提高 3.33%，带动市场份额变动率提高 2.35%。

现有研究结果有利于阐释以下现象：在企业进入方面，行政审批中心设立通过精简审批事项、整合行政审批手续的方式有效减少了企业审批登记的时间(毕青苗等，2018)，这更有利于新企业进入市场。进入企业的增多加剧了市场竞争，促使企业通过产品优化和技术进步提高自身竞争力，进而促进了在位企业 TFP 的增长。在优胜劣汰的背景下，企业市场份额的变动也加剧。技术水平低、产品竞争力差的低效率企业的绩效相对降低，企业退出流程的简化更有利于低效能企业选择退出市场，促进了企业的优胜劣汰以及市场经济的良性循环(周开国等，2018)。

5.4.2　内生性分析

基本回归模型引入了企业特征、城市特征以及地区市场化水平，并进一步纳入年份、行业效应，以尽可能地控制影响企业演化的因素。尽管如此，模型依然可能存在两类问题：第一类是部分城市自发设立行政审批中心所带来的选择偏差问题，第二类是存在某些不可观测的因素对结果产生影响，即遗漏变量带来的偏误。为解决上述问题，本研究从两个角度展开分析：①排除内生性嫌疑样本；②工具变量法。

(1)排除内生性嫌疑样本

行政审批改革工作的全面启动始于 2001 年下半年，但在此之前，部分地级市存在自发设立行政审批中心的现象。为排除由此而产生的内生性问题，本研究剔除了 2001 年及之前设立行政审批中心的样本，而后再次回归。回归结果如表 5-3 所示，行政审批中心设立对于企业演化的四个部分的影响依然显著成立，回归系数未出现较大差异。

表5-2

基本回归结果

变量	企业进入		企业退出		企业全要素生产率		企业市场份额变动率	
	(1)	(2)	(3)	(4)	(5)	(6)	(7)	(8)
行政审批中心设立	0.2086***	0.1222***	0.0183**	0.0557***	0.0699***	0.0333***	0.0405***	0.0235***
	(0.0055)	(0.0061)	(0.0092)	(0.0094)	(0.0028)	(0.0025)	(0.0050)	(0.0051)
企业资本劳动投入比		-0.0007***		-0.0008*		-0.0012***		0.0003***
		(0.0000)		(0.0000)		(0.0000)		(0.0000)
企业收入		-0.0613***		-0.0260***		0.0589***		0.0096***
		(0.0008)		(0.0010)		(0.0003)		(0.0005)
企业员工数(对数)		-0.3732***		-0.4441***		-0.2319***		-0.0116**
		(0.0034)		(0.0052)		(0.0020)		(0.0046)
企业年龄(对数)		-1.3346***		0.1952***		0.1290***		-0.5090***
		(0.0031)		(0.0051)		(0.0029)		(0.0086)
第二产业从业人数(对数)		-0.0407***		-0.2855***		0.0692***		-0.0149
		(0.0127)		(0.0198)		(0.0070)		(0.0151)
城市人口规模(对数)		-0.0651***		-0.0132		-0.1233***		-0.0145
		(0.0059)		(0.0092)		(0.0119)		(0.0277)
城市GDP(对数)		0.0504***		0.1244***		-0.0017		-0.0588***
		(0.0067)		(0.0105)		(0.0056)		(0.0112)

179

续表

变量	企业进入		企业退出		企业全要素生产率		企业市场份额变动率	
	(1)	(2)	(3)	(4)	(5)	(6)	(7)	(8)
城市 FDI(对数)		0.0484***		−0.0146***		0.0142***		0.0228***
		(0.0032)		(0.0046)		(0.0014)		(0.0029)
市场分配经济资源比重		−0.0154***		−0.0366***		−0.0118***		−0.0056***
		(0.0019)		(0.0023)		(0.0010)		(0.0020)
政府对市场干预程度		−0.0125***		0.0146***		−0.0096***		−0.0022
		(0.0013)		(0.0021)		(0.0007)		(0.0015)
价格由市场决定的程度		−0.0646***		−0.0251***		0.0196***		0.0122***
		(0.0023)		(0.0035)		(0.0008)		(0.0016)
劳动力流动性		0.0125***		−0.0363***		−0.0152***		0.0041**
		(0.0010)		(0.0015)		(0.0007)		(0.0018)
年份固定效应	✓	✓	✓	✓	✓	✓	✓	✓
行业固定效应	✓	✓	✓	✓	✓	✓	✓	✓
常数项	−1.9079***	2.1485***	−2.6961***	−0.0564	4.4248***	5.8400***	0.8572***	2.0579***
	(0.0144)	(0.0864)	(0.0236)	(0.1324)	(0.0232)	(0.1042)	(0.0399)	(0.2260)
观测值数量	1486167	1486167	1301595	1301595	1570306	1, 5	1032721	1032721
企业数量	416671	416671	379922	379922	429092	429092	292187	292187
R^2					0.1473	0.2677	0.0160	0.0244

注: ***、**、* 分别代表 1%、5%、10% 的显著性水平。列(1)—(4)采用面板二值选择模型,列(5)—(8)采用面板固定效应模型。

表 5-3   排除内生性嫌疑样本

变量	企业进入	企业退出	企业全要素生产率	企业市场份额变动率
	（1）	（2）	（3）	（4）
行政审批中心设立	0.1128***	0.0646***	0.0242***	0.0224***
	(0.0066)	(0.0105)	(0.0022)	(0.0055)
常数项	2.6045***	0.2519*	5.1826***	1.5074***
	(0.0955)	(0.0298)	(0.0871)	(0.2250)
控制变量	✓	✓	✓	✓
观测值数量	1335455	1170088	1411659	926876
企业数量	375768	342891	387128	262923
R^2			0.2745	0.0254

注：***、**、*分别代表1%、5%、10%的显著性水平，下同。列(1)、(2)采用面板二值选择模型，列(3)、(4)采用面板固定效应模型，如无说明，下同。

（2）工具变量回归

本研究以同省其他地级市设立行政审批中心的比率（毕青苗等，2018；张天华等，2019）和企业所在城市与省会城市的距离作为工具变量①。为保证工具变量的有效性，工具变量需同时满足相关性与外生性假设。

相关性说明。同省其他地级市行政审批中心设立比率是反映区域内行政审批中心设立数量的重要指标。比率越高，区域间的改革扩散效应更强（马亮，2012），行政审批改革工作的相互借鉴与学习更为明显。而企业所在城市与省会城市的距离，反映了各地级市行政审批改革受到省会城市行政审批改革的扩散影响程度，同样与各地级市行政审批中心的设立具有高度的相关性。同省其他地级市行政审批中心设立比率越高，企业所在城市距离省会城

――――――――――

① 若所在地即为省会城市，则距离设定为0。

市的距离越近，则改革所带来的溢出效应越明显。

外生性说明。同省其他地级市行政审批中心设立比率属于行政审批改革影响下的自然结果，企业自身行为以及演化过程所带来的影响难以直接作用于政策的推行；同时，与省会城市的距离也属于客观的地理变量，难以受其他因素影响。

采用工具变量的回归结果如表 5-4 所示。行政审批中心设立会提升企业进入、退出概率，促进在位企业 TFP 的提升以及市场份额的变动，本研究的基本结果依然是稳健的。

表 5-4　　　　　　　　　　　　工具变量回归

变量	企业进入	企业退出	企业全要素生产率	企业市场份额变动率
	（1）	（2）	（3）	（4）
行政审批中心设立	0.0078 ***	0.0058 ***	0.1550 ***	0.0779 ***
	（0.0004）	（0.0006）	（0.0052）	（0.0134）
常数项	2.0648 ***	-0.4732 ***	5.6130 ***	1.9848 ***
	（0.0878）	（0.1379）	（0.0844）	（0.2161）
控制变量	✓	✓	✓	✓
观测值数量	1457571	1275715	1537619	1018107
企业数量	403587	367611	414587	285304

注：***、**、* 分别代表 1%、5%、10%的显著性水平。

5.5　行政审批中心设立、国有企业与企业演化

5.5.1　全样本分析

中华人民共和国成立后曾实施过长期的计划经济体制，从矿产、能源和土地等关键要素资源领域到电信、医疗、养老等一系列公用事业领域，均由

国有企业垄断,虽然经过长期的市场化改革,但这些领域的国家垄断格局并未真正被打破(王克稳,2014)。不具有自然垄断性质的、经营效率较为低下的产业应适当交由市场进行配置,吸引更多的民营资本,以推动市场化的发展。基于此,本部分进一步引入企业异质性,深入对比改革对国有企业与非国有企业所产生的差异化影响。具体地,在模型中纳入"是否国有企业"这一虚拟变量,并将其与"行政审批中心设立"构成交互项。回归结果如表5-5所示。

在引入前文所述相同控制变量的条件下,行政审批中心设立对企业演化四个环节的影响依然显著为正,估计结果与前文结果并无显著差异。表5-5第1~4列所报告的交互项回归系数分别为0.1986,0.5343,−0.0009和−0.0748。其中,在企业进入、企业退出和企业市场份额方面,交互项的回归系数均显著。这表明在行政审批中心设立的条件下,与非国有企业相比,国有企业的进入、退出概率更高,但是市场份额变动率却呈现了下降态势。其原因在于,受到政治关联的影响,行政审批改革对于国有企业仍可能有一定的政策倾向性(孙艳阳,2019)。相对而言,国企比起非国企更容易进入市场,而且国企具有较为庞大的经济规模和政策倾斜,在竞争加剧的环境下拥有更为稳定的抗风险能力;与此同时,以技术创新为基础的竞争环境促进了市场中所有企业的优胜劣汰,国有企业的行政垄断被打破(叶刘刚和黄静波,2016),缺乏足够创新能力的国有企业同样面临被淘汰的风险,企业退出市场的概率进一步加大。

全要素生产率层面上,行政审批中心设立对于全要素生产率的回归系数显著为正,但交互项并不显著。即行政审批改革总体上促进了整体企业全要素生产率的提升,但对于国有企业和非国有企业全要素生产率提升的影响无显著差别。全要素生产率提升的关键因素在于效率改善和技术进步(杨汝岱,2015),诚然,国有企业在融资渠道、资产规模上具有较大的优势地位(张静等,2013),其竞争压力相对于非国有企业本应相对较小,但是行政审批中心设立所带来的竞争环境加剧却同样激励了国有企业提升自身全要素生产率,与非国有企业无本质区别。改革有效激励了国企管理者在时代背景下同样选择走创新发展道路提升企业质量,改进自身的全要素生产率。另一方面,在改革政策的支持下,非国有企业的融资渠道逐渐拓宽,准入门槛逐渐降低,竞争环境加剧带来的创新驱动使整体市场份额变化率加快。但在国有企业层面上,政策实施背景下的市场份额变动率出现了下降。其可能的原因在于,受到政策倾斜和自身发展稳定性的影响,国有企业仍能保持稳定而庞大的经济体量,市场份额受到的冲击相对更小。

表5-5　　　　行政审批中心设立、国有企业与企业演化:全样本

变量	企业进入	企业退出	企业全要素生产率	企业市场份额变动率
	(1)	(2)	(3)	(4)
行政审批中心设立	0.1189***	0.0277***	0.0332***	0.0286***
	(0.0061)	(0.0096)	(0.0021)	(0.0054)
行政审批中心设立*国有企业	0.1986***	0.5343***	-0.0009	-0.0748***
	(0.0373)	(0.0319)	(0.0060)	(0.0153)
国有企业	-0.0407*	0.0693***	-0.0330***	0.0388***
	(0.0229)	(0.0193)	(0.0051)	(0.0135)
常数项	-10.2918***	0.1534***	5.8346***	2.0744***
	(0.0864)	(0.0297)	(0.0827)	(0.2127)
控制变量	✓	✓	✓	✓
观测值数量	1486167	1301595	1570306	1032721
企业数量	416671	379922	429092	292187
R^2			0.2678	0.0245

5.5.2 区域异质性

由于不同地区的地理位置、经济发展水平和营商环境仍存在较大区别,

行政审批改革的执行和推进存在一定的地区差异。因此，我们需要分析行政审批中心设立所产生的区域异质性效应。

东部地区的行政审批中心设立显著提高了企业进入和退出概率，提升了企业全要素生产率，带动了市场份额变动率的提高。具体如表5-6第1、4、7、10列所示，表现为审批中心设立对企业演化四个环节的回归系数均为正，与中西部地区相比拥有正向且显著的政策效应。这一现象离不开东部地区较高的城市密度与城市化水平，在与多个相邻城市的对比与学习压力下，行政审批中心改革的力度与成效具有更强的实效性与更适宜的地区性，对于企业整体的演化提升能产生更大的效果。

与非国有企业相比，审批中心的设立显著提高了国有企业进入与退出的概率，但对于提升全要素生产率并无显著差异，且国有企业的市场份额变动率出现了下降，与中西部地区相比市场份额变动率降幅最小。这一结果表明改革所带来的优胜劣汰同样适用于国有企业，但结合改革开放以来的国企改革历史可知，国有企业经历了从早期的"放权让利"和股份制试点等系列改革，到中期国有企业内部的产权改革，再到通过分类改革方式实施的"新型国有企业改造"，以保障多种所有制经济的协调发展（黄速建等，2019）。然而地区发展水平存在较大的差异性，东部地区国有企业改革实施成效领先于中西部地区，整体市场化水平高，国有企业本身在改革背景下由于庞大的经济规模和更为稳定的抗风险能力等因素，对于优胜劣汰所带来的竞争激励作用相对较小，全要素生产率提升的动力有限，且市场份额不易被冲击而改变。另一方面，虽然东部地区市场份额变动率与中西部地区相比下降幅度最小，但仍具有较大的变动幅度，竞争程度较高。这间接反映了东部地区拥有更为公平开放且有序竞争的市场环境。

中部地区的行政审批中心设立显著降低了市场整体企业的退出概率并提高了企业的进入概率，且国有企业相较于非国有企业具有更高的退出概率；审批中心设立对于整体全要素生产率和市场份额影响不显著，但与东部地区相似，国有企业的市场份额变动率同样出现了下降（第2、5、8、11列）。其与东部地区存在的差异，一方面表现在中部地区审批中心降低了市场上整体企业的退出概率。"地方企业退出难"问题一直存在于我国行政审批改革推进的全过程中，中部地区可能有较多城市在市场退出环节未有效简化行政审批手续，致使企业在注销业务的办理上存在较多障碍。但中部地区的国有企业在行政审批中心设立的条件下，与市场全体企业相比，企业退出概率更高，其潜在的可能性在于被淘汰的、落后的国有企业因为具有更为齐全的退出材料与审核资质，便利于国有企业退出市场。另一方面，行政审批中心设立虽然提高了企业进入概率，而对于整体全要素生产率、企业市场份额的影响不显著，这需要我们更加关注中部地区行政审批改革对于营商环境优化的实际作用效果：如果仅仅是简化了审批事项，便利了企业进入市场，但是进入市场的企业的生产效率和企业质量未能提高整体的经济效率和质量，那这一部分新进入企业在市场中可能会造成不必要的资源浪费，挤占在位企业的发展空间。

表 5-6 第 3、6、9、12 列报告了西部地区的回归结果：审批中心设立对于整体企业的进入和退出概率的回归系数为负，改革抑制了新企业进入市场，且不利于落后企业淘汰市场。但与非国有企业相比，设立行政审批中心更能促进国有企业的进入与退出。而且，进入效应在三个地理分区中最大，退出效应在三个地区中最小，这将导致西部地区国有企业在位数量的提高。结合西部地区的企业特征分析可知，西部地区的国有企业作为国家"西部大开发"战略的重要支撑点，其基建类、军工类国有企业具有不可替代的战略地位，国有企业投资额比例占据了 36.04% 的比重（周博，2016）。西部地区的国有企业在改革过程中，虽然逐渐完善了退出机制，但现存的国有企业仍然重点分布于基础产业和传统产业中，这些产业资源占用比重大，民营企业的发展规模和发展空间受到限制。而企业退出机制的完善亦取决于行政审批改革的深化，现有的退出机制尚未完善，需要进一步得到有效简化，缩短企业退出市场所需的流程办理时间。

表5-6 行政审批中心设立、国有企业与企业演化：区域异质性

变量	企业进入			企业退出			企业全要素生产率			企业市场份额变动率		
	(1)	(2)	(3)	(4)	(5)	(6)	(7)	(8)	(9)	(10)	(11)	(12)
	东部地区	中部地区	西部地区	东部地区	中部地区	西部地区	东部地区	中部地区	西部地区	东部地区	中部地区	西部地区
行政审批中心设立	0.1367***	0.1257***	-0.0496**	0.0838***	-0.1476***	-0.3021***	0.0415***	-0.0020	0.0448***	0.0294***	0.0074	0.0500**
	(0.0069)	(0.0188)	(0.0231)	(0.0109)	(0.0249)	(0.0349)	(0.0030)	(0.0068)	(0.0101)	(0.0060)	(0.0144)	(0.0201)
行政审批中心设立*国有企业	0.2447***	0.1249*	0.2722***	0.4906***	0.6554***	0.3950***	-0.0087	-0.0208	-0.0138	-0.0419**	-0.1441***	-0.0717*
	(0.0530)	(0.0657)	(0.0895)	(0.0465)	(0.0506)	(0.0800)	(0.0117)	(0.0134)	(0.0194)	(0.0204)	(0.0257)	(0.0380)
国有企业	-0.1312***	0.1181***	-0.1013*	0.1241***	-0.0713**	0.0302	-0.0160**	-0.0203	-0.0490**	0.0267*	0.1043***	-0.0060
	(0.0311)	(0.0424)	(0.0596)	(0.0258)	(0.0333)	(0.0482)	(0.0095)	(0.0143)	(0.0192)	(0.0159)	(0.0273)	(0.0307)
常数项	3.0545***	2.2141***	0.6861*	0.5420***	-0.4928	-2.3309***	8.1306***	2.0336***	4.5810***	3.2016***	2.6703***	0.8745
	(0.1093)	(0.2935)	(0.3813)	(0.1626)	(0.3673)	(0.5292)	(0.1783)	(0.2735)	(0.3884)	(0.3447)	(0.6702)	(0.8681)
控制变量	√	√	√	√	√	√	√	√	√	√	√	√
观测值数量	1144026	223197	118944	1000185	197574	103836	1207321	237300	125685	800283	150156	82282
企业数量	317023	65666	33987	289688	59632	30608	325712	68229	35157	223896	44650	23642
R^2							0.2553	0.3275	0.2973	0.0254	0.0296	0.0163

注：***，**，* 分别代表1%、5%、10%的显著性水平。

187

5.5.3　微观层面企业演化的研究小结

以上研究表明，行政审批改革对于微观层面企业演化的四个环节均有显著的正向影响。在引入政策效应与国有企业的交互项后，可以发现行政审批改革对于国有企业和非国有企业的影响具有明显区别。上述结果在分地区讨论时可发现更为明显的差异。总体而言，行政审批改革加速了企业的进入与退出；对于市场中的在位企业而言，逐渐加剧的竞争压力促使企业不断改善自身生产效率，也促使了市场份额变动率的提高。在异质性分析中，行政审批中心设立与国有企业的交互项并不显著。结合基本回归结果将更有利于理解上述现象：市场竞争程度的提升对所有企业均产生了创新激励作用，此促进效应在国企与非国企间无显著差异。但与非国有企业相比，设立行政审批中心能够降低国有企业的市场份额变动率。可能的原因在于，国有企业拥有较为广阔的产品市场与庞大的经济体量，在竞争冲击下更为稳定。

5.6　行政审批改革、企业演化与宏观经济效率

基于动态视角，市场中所有企业在时间与空间的演化会对整体宏观经济效率产生影响，因此不能忽视行政审批改革对于经济效率的提升问题。具体而言，如果某一城市的行政审批改革提升了企业的进入概率，但是进入的企业生产率低于在位企业的平均水平，那么行政审批改革反而会对整体宏观经济效率产生负面影响。因此，本书参考宏观经济效率动态演化分解框架（Melitz 和 Polanec，2015），综合考虑企业动态演化中各个环节的市场份额和全要素生产率等维度的变化，通过分解区域经济增长在各演化环节的实际贡献，深入分析行政审批改革对整体宏观经济效率的实际贡献。

5.6.1　生产率的 DOP 分解结果

表 5-7 显示了 1998—2007 年中国制造业企业全要素生产率增长的 DOP

分解结果。总体而言，此阶段的总体效应为正。总效应的提高主要来自于企业自身成长和企业退出效应，资源再配置和进入效应对总效应产生了负面影响。

组内效应对总效应产生了正向影响：在整体有序的市场竞争环境下，随着空间维度的竞争加剧以及时间维度的自然发展，生产技术在总体上呈现不断提升的态势。然而，组间效应却对总体效应产生了负面的影响。这表明当前依然存在一定的资源错配现象，即部分资源仍过度配置于资源充裕的企业之中。企业进入和退出方面，企业进入所产生的效应为负，企业退出则产生了正效应，表明当前新进入企业的效率水平依然低于在位企业的效率水平。而企业退出效应为正，可见整体退出市场的企业，但其对于总体效应的贡献仍明显低于企业自身成长效应。

结合所有制结构可以发现，组内效应所产生的正向影响对各种所有制企业都适用；但另一方面，非公有制企业所产生的成长效应大于国有企业和集体企业，非公有制经济在市场中需面临比公有制经济更高的竞争压力，通过技术革新所带来的生产效率改善对于非公有制经济而言具有更大的生存意义，在革新动力的驱使下非公有制经济企业会投入更多的时间从事技术革新，带动成长效应的提升。与此同时，在企业的成长和发展中，获取资源是企业竞争的必要物质基础。但现阶段，资源错配现象导致的负效应存在于任一所有制结构的企业之中，且对公有制经济的影响相对较大，表明公有制企业存在较为严重的资源错配现象。其可能原因在于：国有企业和集体企业依靠其政策地位和生产规模，在享受政策支持的同时，一定程度上存在要素投入过度的现象。

不同所有制企业的进入效应均为负。新进入企业处于发展初期，其整体生产效率仍待提高。更为统一开放、竞争有序的市场环境虽然可以激发企业的技术进步和效率改善，但新进入企业的整体质量存在较大差异。具体而言，国有企业的进入负效应相对较小，表明国有企业的整体质量相对稳定，保障了其具备进入市场后的竞争能力；私营企业的负向进入效应最为明显，其中最有代表性的为小微企业，其入市质量参差不齐。这部分企业如果不能及时通过必要的技术创新提高自身竞争力，将无法长期在市场中生存。在企业退出层面，除外资企业的退出出现负效应外，其他所有制企业的退出均带来了总效应的提升，表明落后企业的淘汰将有利于整体经济效率的提升。但外资企业产生了负向的退出效应，结合外资企业的特点可推断，伴随着我国劳动力和资源成本的不断提升，外资企业的逐利性将驱使企业转移到拥有更低生产成本的国家和地区，因而高效率外企撤资退出我国市场是导致外资企业产生负向退出效应的重要原因。

表 5-7 全要素生产率增长的 DOP 分解结果

	组内效应 (1)	组间效应 (2)	进入效应 (3)	退出效应 (4)	总体效应 (5)
基本结果	0.0978	−0.0793	−0.0241	0.0050	0.0050
不同所有制					
国有企业	0.0660	−0.1110	−0.0036	0.0054	−0.0403
集体企业	0.0754	−0.0739	−0.0404	0.0196	−0.0342
港澳台企业	0.1090	−0.0821	−0.0225	0.0003	0.0132
外资企业	0.0940	−0.0626	−0.0076	−0.0172	0.0665
股份制企业	0.1100	−0.0851	−0.0126	0.0112	0.0226
私营企业	0.1330	−0.0594	−0.0461	0.0053	0.0236

总体而言，公平开放、有序竞争的市场环境，对于宏观经济效率的提升具有重要的促进作用。一方面，在优胜劣汰的基础上，有利于刺激企业进行技术革新，提高竞争力，产生成长效应；在优胜劣汰的环境中落后企业倾向于退出市场。但另一方面，结合不同企业的性质而言，公有制企业的生存能力与质量稳定性较好，而私营企业质量差异较大，较多新进入私营企业与市场平均生产率相比具有较大差距，伴随着市场经济的发展，新进入的企业不断增多容易产生负向的进入效应。与此同时，新进入私营企业的质量可能低

于公有制企业，生存能力较弱。且由于潜在的地方保护主义现象，公有制企业可能更容易获得资源分配，公有制企业的生产要素相对于私营企业而言更为充裕，这将导致资源配置过度集中的现象，而私营企业仍存在一定程度的资源稀缺，上述原因导致了负向的组间效应(资源再配置效应)。

5.6.2 行政审批改革、企业演化和区域经济效率

现阶段资源配置扭曲问题是否成为制约总效应提升的最重要原因？其具体作用机制存在于哪一方面？为解决上述问题，在对全要素生产率进行分解的基础上，本研究进一步探究行政审批中心设立影响区域宏观经济效率的具体作用机制。

(1)全样本回归结果

回归结果如表5-8所示，设立行政审批中心能够促进总体效应的提升。行政审批改革厘清了政府和市场的边界，遏制了政府的寻租行为，让市场在资源配置中产生了更重要的作用，通过压缩制度性交易成本缓解企业间劳动力流动束缚等方式优化了劳动和资本等要素的基础配置，在一定程度上有利于资源的合理流动。

但行政审批中心设立对宏观经济效率所带来的经济效应，会受到城市国有企业比重的影响。表5-8第2列显示，城市国有企业比重越高，设立行政审批中心对资源再配置所产生的正向效应将被削弱。结合1998—2007年制造业企业的发展情况可知，非国有的新兴企业大量进入市场，导致国有企业资本存量占比和就业人数占比均出现大幅下降。但因为国有企业就业人数下降幅度远高于资本存量下降幅度，国有企业实现了资本的广化。此阶段，国有企业人均资本存量上升了625.9%，而同期民营企业的上升幅度只有293.9%(杨汝岱，2015)，资本过度集中的现象对民营企业产生了明显的挤出效应。行政审批改革虽有利于通过公平开放的市场环境加速优胜劣汰，并通过政府发挥调控之手的方式加快了要素向高效率企业的流动，但由于地方

政策倾斜，导致资源错配至资源相对充裕的国有企业之中。如表 5-8 第 5 列交互项所示，倾向于国有企业的不合理资源配置恶化了整体宏观经济效率。

表 5-8　　　行政审批中心设立、企业演化与宏观经济效率：全样本

变量	组内效应 （1）	组间效应 （2）	进入效应 （3）	退出效应 （4）	总体效应 （5）
行政审批中心设立	−0.0020	0.0788**	−0.0318	−0.0060	0.1284***
	(0.0121)	(0.0380)	(0.0201)	(0.0145)	(0.0479)
行政审批中心设立 * 城市国有企业比重	−0.0001	−0.0004*	0.0001	0.0000	−0.0007***
	(0.0001)	(0.0002)	(0.0001)	(0.0001)	(0.0002)
城市国有企业比重	0.0097	−0.0611*	−0.0150	0.0149	−0.0379
	(0.0091)	(0.0325)	(0.0234)	(0.0118)	(0.0432)
常数项	2.2247***	−1.4922	−0.2455	0.0096	0.6909
	(0.5888)	(1.8106)	(1.5979)	(0.8042)	(2.2804)
控制变量	✓	✓	✓	✓	✓
观测值数量	1808	1808	1568	1418	1370
R^2	0.2323	0.0497	0.0147	0.0403	0.0254

注：***、**、* 分别代表 1%、5%、10% 的显著性水平。列（1）~（5）均使用面板固定效应模型进行回归。如无特别说明，下同。

（2）区域异质性

通过分地区的回归结果可进一步发现，东部地区的国有企业要素投入过度现象对宏观经济效率产生的抑制作用最为明显（表 5-9）。东部地区具有最为众多的创新型企业，是营商环境优化的先行地区。在同一产业视角下，涉及互联网、轻型制造和金融等领域的产业与国企对比具有较大的创新动力，即在同一行业下，东部地区具有诸多生产效率高于国有企业的民营企业和外

资企业，如果将资源错配至国有企业之中会产生较为明显的负面影响。

表5-9　　行政审批中心设立、企业演化与宏观经济效率：东部地区

变量	组内效应 （1）	组间效应 （2）	进入效应 （3）	退出效应 （4）	总体效应 （5）
行政审批中心设立	−0.0207	0.0468	−0.0237	−0.0055	0.0241
	（0.0159）	（0.0423）	（0.0227）	（0.0109）	（0.0486）
行政审批中心设立 * 城市国有企业比重	−0.0001	−0.0005 **	0.0002 **	0.0000	−0.0006 **
	（0.0001）	（0.0002）	（0.0001）	（0.0001）	（0.0002）
城市国有企业比重	0.0183	−0.0800	−0.0015	0.0383 **	−0.0064
	（0.0133）	（0.0565）	（0.0297）	（0.0169）	（0.0878）
常数项	3.4657 ***	−1.4661	−2.8313 **	0.7187	−5.0499
	（1.1004）	（2.3663）	（1.2410）	（0.9041）	（4.3574）
控制变量	✓	✓	✓	✓	✓
观测值数量	815	815	722	638	630
R^2	0.2330	0.0686	0.0474	0.0930	0.0230

　　而在中西部地区，设立行政审批中心并未对宏观经济效率产生显著的效应（表5-10、表5-11）。结合中西部地区的企业特质分析，中部和西部地区的国有企业重点偏向于能源、现代装备制造和国防安全产业，这一部分产业一直受到国家的重点保护，发展水平和战略地位难以替代。当前行政审批中心设立并不能通过新进入企业带来整体宏观经济效率的提高，新进入企业与市场在位企业的生产率发展水平仍有较大差距。当地方政策倾斜现象存在时，缺少政策扶持的企业退出市场风险加大。另一方面，在人口流动加速的背景下，中西部地区往往作为劳动力要素的重要流出地，存在一定程度的资源稀缺现象，其内部的资源配置对于带动整体中西部地区宏观经济效率的作用有限，应当进一步推动要素在跨区域间的合理流动和协调配置。

表 5-10　　行政审批中心设立、企业演化与宏观经济效率：中部地区

变量	组内效应 （1）	组间效应 （2）	进入效应 （3）	退出效应 （4）	总体效应 （5）
行政审批中心设立	0.0075	0.1330	−0.0377	−0.0023	0.2267 *
	（0.0234）	（0.1039）	（0.0326）	（0.0356）	（0.1147）
行政审批中心设立 * 城市国有企业比重	0.0001	−0.0002	−0.0002	−0.0001	−0.0013
	（0.0002）	（0.0008）	（0.0004）	（0.0002）	（0.0009）
城市国有企业比重	0.0034	−0.0513	−0.0535	−0.0013	−0.0831
	（0.0161）	（0.0561）	（0.0485）	（0.0193）	（0.0659）
常数项	−1.8122	−0.0520	−3.1720	2.6646	−16.0246
	（1.6115）	（5.1222）	（2.2399）	（2.0583）	（11.1773）
控制变量	✓	✓	✓	✓	✓
观测值数量	666	666	566	518	494
R^2	0.2669	0.0659	0.0565	0.0748	0.0678

表 5-11　　行政审批中心设立、企业演化与宏观经济效率：西部地区

变量	组内效应 （1）	组间效应 （2）	进入效应 （3）	退出效应 （4）	总体效应 （5）
行政审批中心设立	0.0104	0.0873	−0.0607	−0.0341	0.1800
	（0.0218）	（0.1254）	（0.0800）	（0.0806）	（0.1866）
行政审批中心设立 * 城市国有企业比重	0.0000	−0.0004	−0.0003	0.0005	−0.0013
	（0.0002）	（0.0009）	（0.0006）	（0.0006）	（0.0013）
城市国有企业比重	0.0073	−0.0408	0.0307	0.0201	0.0042
	（0.0181）	（0.0548）	（0.0310）	（0.0274）	（0.0646）
常数项	2.5366 **	2.9736	2.7184	−3.4877	4.0298
	（1.0651）	（3.8238）	（2.9929）	（3.0843）	（5.7655）
控制变量	✓	✓	✓	✓	✓
观测值数量	327	327	280	262	246
R^2	0.3233	0.0748	0.1239	0.1537	0.0804

5.7 结论

行政审批改革以构建公平开放、有序竞争的市场环境作为目标,通过优胜劣汰的竞争机制激发了市场主体的活力。为探究改革对企业所带来的实际成效,本研究利用行政审批中心设立信息与中国工业企业数据进行匹配,在微观层面探讨了行政审批中心设立对于企业进入退出、全要素生产率和市场份额的影响。同时,为了探讨企业演化在政策效应下对宏观经济效率的整体影响,本研究采用DOP框架将全要素生产率的增长分解为组内效应、组间效应(资源再配置效应)、进入效应和退出效应以进行深入剖析,并引入了区域差异与所有制结构进行了讨论。

研究发现,微观层面上,设立行政审批中心将提高企业进入、退出的概率,促进在位企业全要素生产率与市场份额变动率的提升。其基本机理在于:首先,行政设立审批中心能降低进入与退出的门槛,促进新企业的进入与落后企业的退出,由此带来的生存压力将提高市场的竞争程度。在优胜劣汰的过程中企业不断通过技术革新的方式提高自身的全要素生产率,具有更为领先的技术优势的企业的市场份额增长,而处于技术劣势的企业的市场份额下降,带动了整体市场份额变动率的提升。在引入企业异质性后可以发现,设立行政审批中心后,与非国有企业相比,国有企业的进入退出概率更高

虽然设立行政审批中心会显著影响微观企业演化,但上述影响能否带来区域宏观经济效率的提升?如果是,将是通过何种效应产生影响?上述问题是本书宏观部分的研究初衷。首先,DOP的分解结果给出了一系列特征事实:伴随着我国市场经济的发展,1998—2007年整体的宏观经济效率得到了有效的提升。但具体而言,部分新进入企业的生产效率相对不高,竞争力相对欠缺,因此导致了进入效应结果为负。另一方面,在竞争机制下,低效率

企业的淘汰所产生的退出效应是促进宏观经济效率提升的重要原因。然而，发展水平高、规模庞大的企业更有利于获取丰富的资源，资源的过度集中降低了资源配置效率，导致了负向的组间效应。最后，企业进入退出活动的加剧引致竞争压力的提升，继而促使企业提高全要素生产率以谋求生存，因此组内效应是中国工业企业全要素生产率增长的主要贡献来源。

综合 DOP 分解结论与回归分析后可以发现：①一方面，各类型企业均产生负向的进入效应，这与理论推演假设基本相符。同时，行政审批中心设立并未对进入效应产生显著影响。将 DOP 分解结果与微观、宏观层面的回归结果相结合将更有利于理解这一现象：虽然行政审批中心设立提升了企业进入概率，但新进入企业的质量差异较大，低效能企业的进入拉低了高效能企业进入对宏观经济效率产生的贡献。②另一方面，国有企业的资源再配置效应为负（见 DOP 分解结果）。同时，城市国有企业比重越高，设立行政审批中心对资源再配置效应的促进作用将被削弱。行政审批改革的实施过程中，国有企业可能受到地方政府的潜在保护，其相对充裕的资源配置倾斜一方面带来了较小的竞争压力，另一方面也导致了资源配置效率的恶化。

为检验资源配置所产生的负效应的实际作用路径，本书通过分地区分析，结合国有企业近年来资本集中度日益提高的发展特征，进一步证实了政府的倾向性政策导致资源错配于要素投入过度的国有企业之中。这一现象在东部地区显著成立，这与东部地区较为激烈的市场竞争环境以及较小的产品差异化程度有密切的关联；而中西部地区未产生资源配置负效应的原因，可能来自于中西部地区国有企业自身的战略地位和不可替代性，相较于非国有企业掌握更为核心的生产技术与更高的生产效率，因此并不显著。

基于上述研究结论，针对优化行政审批改革对宏观经济效率所产生的实际作用，本书有如下几点建议：①完善企业质量的评估体系，贯彻落实"轻审批，重监管"的原则。简化审批流程的同时应该重视对进入企业技术质量和经营前景的评估，同时需要加强对新进入企业的长期跟进式监管和核查。这将有利于提高企业进入市场过程中的质量，提升宏观层面的进入效应。

②加大对中小型创新企业的政策扶持力度。行政审批改革有利于形成公平开放的市场环境，提升市场的竞争程度，但竞争程度的加剧也对新进入企业的生存产生了挑战，需要科学的政策扶持保证企业基本创新动力的持续和创新成果的有效转化，采取充分的激励措施使成长效应得到有效发挥。③优化资源配置，重视区域内各企业的协调发展。新进入市场的国有企业与在位国有企业均具有更为可靠的发展质量和更为充裕的资源配置，其对于经济增长的贡献更为稳定。因此需要反对地方政府在改革过程中仍将资源过度配置于国有企业的行为，缓解国有企业层面的资源配置负效应。特别是对于市场竞争程度较高的东部地区，需要更加重视对民营企业资源配置的保障，发挥"帮扶之手"的作用，使市场主体活力得到有效激发。

第 6 章　有形之手：中国经济开发区的
资源配置效率研究

6.1　背景

改革开放以来，开发区作为政府促进区域发展、体制改革和产业布局的重要制度安排，在经济增长中发挥了关键作用，从而获得了迅速发展。从1984 年中国第一个经济开发区设立开始，经历 1992 年和 2003 年的发展高峰，目前中国已设立 552 个国家级开发区和 1991 个省级开发区。开发区的蓬勃发展，对中国经济增长产生了巨大的推动作用，由此引发了大量对设立开发区的经济效应的研究，现有文献主要从生产率提升和产业升级转型等直接影响的角度分析开发区影响经济绩效的作用机制（Wang，2013；Alder 等，2013；Lu 等，2015）。然而，开发区影响经济效率的一个重要间接渠道仍然未能获得足够重视：中国改革开放的实质是确立市场作为配置资源主体地位的过程，开发区却是政府对资源进行再配置、发挥有形之手作用的重要制度安排。对于政府介入资源配置是否会降低经济运行效率，爆发了著名的兰格论战（Hayek，1948；Lange，1938），近年来发展经济学的重要进展更是发现，要素在微观经济主体间的配置效率不同，是各国宏观经济绩效出现差异的重要原因（Hsieh 和 Klenow，2009）。那么，典型的有形之手——开发区的设立，会对市场无形之手所主导的微观企业资源配置效率产生什么影响？由此又会带来多大幅度的宏观经济效应？在目前经济步入以转型增效为主题的新常态，越来越注重经济增长效率的背景下，研究开发区的资源配置效率问题，具有重要的理论和现实意义。

设立开发区所产生的经济效应一直备受关注。已有研究发现，开发区对经济增长、劳动力就业、外商直接投资、产业转型升级、生产率提高等方面都有显著促进作用(Wang，2013；李力行和申广军，2015；王永进和张国峰，2016)。开发区的设立，通过集聚效应和选择效应，不仅提高了经济主体的生产效率，而且促进了经济的转型升级。但是，开发区的设立目的在于将社会经济资源进行一定的整合，以发挥更大的社会经济效益(盛丹和张国峰，2017)，在调配资源的过程中，必然会对企业资源配置效率产生影响。一方面，开发区的设立可能扭曲了价格机制，干扰了资源配置的运行，降低了企业资源配置效率；另一方面，设立开发区的另一个目的更在于通过引入新的制度，纠正经济中存在的扭曲，进而提高企业资源配置效率。因此，设立开发区对于企业资源配置效率的影响方向，取决于上述"干预效应"和"纠正效应"的对比。量化中国经济开发区对企业资源配置效率的实际作用，测算开发区通过优化资源配置的影响经济总量生产率的幅度，不仅为理解开发区影响宏观经济效率提供了一个新的微观传导机制视角，而且为新常态下的经济发展模式探索提供了学理的支持。

现有理论关于开发区如何提高经济效率主要有两种效应：一为选择效应，即开发区内优胜劣汰的竞争机制。二为集聚效应，即企业和人才集聚引致的知识外溢和技术进步。开发区经济效应的研究普遍认为，开发区企业效率更高主要得益于选择效应。该效应在理论上源于企业异质性理论，Melitz(2003)将动态行业模型与一般均衡环境下的垄断竞争相结合，纳入企业层面生产率的差异，证明了不同生产率水平的企业同一行业共存，激烈的行业竞争促使资源不断从低效率企业向高效率企业转移。后续大量研究对此进行了实证分析，主要有经济增长回归分析法、分位数回归、VAR 模型等从不同的视角研究选择效应对生产率的影响，这些研究结论不仅未能达成一致，而且还有很强的异质性，实证结果与国家制度、地区发展和企业选址等有着密切关系（Syverson，2004；Combes 和 Godilon，2015）。鉴于研究结论差异较大，后续研究开始引入随机控制实验方法，能够较好的解决模型可能出现的内生性问题，但这种方法无法对开发区设立展开随机控制分析，还容易低估开发区设立带来的外部性和网络效应（Estache，2010）。由此，Combes 等（2011）、De Silva 和 McComb（2012）从集聚效应研究开发区拥有的投入品共享、产业升级以及知识技术外溢等机制影响生产效率，大量研究均验证集聚和生产率存在着正向关系（余壮雄和杨扬，2014）。虽然上述研究验证了开发区的设立通过集聚效应对企业人力资本、劳动就业和要素分工等存在影响，但对于开发区设立对企业资源配置的影响，以及由此带来的总量生产率提升效应的研究仍然较为缺乏。

因此，量化并纳入统一的分析框架来评估中国经济开发区对企业资源配置效率的影响，及其所产生宏观经济效应，是对现有研究的重要补充。本书首先利用 Hsieh 和 Klenow（2009）的资源配置测算框架，建立量化分析开发区资源配置效率理论基础。进一步，将中国工业企业数据库和开发区设立数据进行匹配，实证分析开发区设立对企业要素投入扭曲的影响，测算开发区设立带来的企业资源配置效应。最后，将资源配置效率测度结果纳入"资源错配与生产率"框架，分析中国开发区的设立所产生的总量生产率的提升效应，并进一步探讨不同地区、行业以及所有制企业的资源配置和总量生产率提升的异质性。

我们的基本发现是：①开发区的设立会对企业要素配置效率产生重要影响，使得企业资本投入不足的情况缓解，资本的边际收益和边际成本差异下降 4.25%；但开发区的设立同时使劳动过度投入的情况更加严重，边际成本和边际收益的差异上升 0.53%；综合来看，开发区的设立改善了企业资源配置效率，设立开发区的区县，企业的最优规模和实际规模差异下降 46.87%。②开发区设立产生的资源配置效应使得总量生产率 1999—2007 年每年提升效应达 1.52%，其中通过优化资本投入和劳动投入带来的总量经济效应分别为 1.5% 和 -1.24%。总量生产率的提升与开发区优化要素配置有关，这种矫正扭曲效应提升企业平均规模，使得规模过小或过大企业通过资源配置优化而更为接近最优规模。③开发区的资源配置效应有很强的异质性，中西部地区、低层级城市、国有企业从开发区获得的总量生产率提升效应更大。

与已有文献相比，本部分的贡献主要体现在以下两个方面：第一，系统地研究了开发区的设立对企业要素投入扭曲和资源配置效率的影响，为分析开发区影响企业经济绩效提供了新的研究视角。已有研究大多侧重研究识别开发区对企业生产效率的直接影响，较少涉及企业的要素配置效率，本书的研究在一定程度上弥补了这一不足。第二，将开发区经济效应的研究视角拓展至"微观企业资源配置-宏观经济效应"的框架下，不仅可以识别开发区对微观企业资源配置的影响，而且可以量化开发区通过资源配置所产生的宏观经济效应。已有开发区的研究大多要么基于微观主体进行分析，要么在宏观层面进行分析。本书基于微观到宏观的框架，将研究拓展至微观领域，考察开发区设立对微观企业资源配置效率的影响，进而衡量开发区通过微观主体绩效变动引起的宏观经济变化。基于这一框架的研究，为理解开发区促进中国宏观经济增长的机制，提供了新的视角。

6.2　文献综述

6.2.1　中国开发区的经济效应

中国设立开发区的重要目的在于通过对社会经济资源重新配置，提高投入要素的利用效率，产生更高的经济绩效。因此，开发区实施有别于其他地区的政策和管理方法，在项目批准、税收优惠、土地使用、金融贷款等方面的具有较为独立的权力，开发区的优惠政策包括税收减免与关税豁免、私有产权保护、土地政策优惠和较为宽松的劳动力市场规制，以及银行贷款的优先申请等。由于开发区的设立是很多国家促进经济增长的重要制度安排，国内外都有大量研究分析开发区影响经济绩效的机制。

国外对于开发区设立产生的经济效应的研究并未达成一致结论（Mayneris 和 Py，2014）。从影响机制来看，由于开发区基于特定地点，通过作用该地区资本积累，调整产业转型的政策，因此能够促进经济增长（Wang，2013；Alder 等，2016）。但评估开发区在不同国家和地区的实证研究结论差异较大（Akinci 和 Crittle，2008；Busso 等，2013），开发区制度在发达国家的政策效果较好，如美国的联邦开发区对企业数目增加有促进作用（Hanson 和 Rholin，2011），也显著地提高了企业进入概率（Givor 等，2013），但一些研究显示，部分发展中国家的开发区并未取得预期的经济效应（Farole，2011）。

对于中国开发区设立政策效应的评估主要集中在经济发展、技术创新、产业转型、要素分配和社会公共等方面。这些研究的结论较为一致：经济开发区的设立显著促进了中国经济的增长，对经济发展的各个方面均产生了积极影响。早期文献使用城市层面数据研究中国开发区与经济增长关系，发现沿海地区城市开发区政策与地理位置有着密切关联，集聚效应的存在使得地区享有更高经济增长率（Wei，1993；Demurger 等，2002）。进一步，刘瑞明和赵仁杰（2015）、Alder 等（2016）利用地级市、省级的面板数据的实证研究也发现，开发区设立对区域经济增长有积极影响，但这种影响并不能长期持续提高经济增长速度。

随着研究的深入，有关中国经济开发区经济效应的研究开始拓展到更细致的领域。Cheng 和 Kwan（2000）、Wang（2013）的研究发现，中国开发区设立能促进外国直接投资进行。Schminke 等（2013）、陈钊等（2015）考察了开发区的集聚效应，发现开发区的设立能降低市场进入成本、促进基础设施建设及资源共享，从而扩大区内外企业出口规模和质量。周茂等（2018）构建用于政策评估的拟自然实验，利用双重差分法评估 2006 年大规模设立开发区对地区制造业转型升级的影响，发现开发区通过集聚、资本深化和出口学习实现有效促进了内部产业结构转型升级，与李力行和申广军（2015）的研究结论一致。Lu et al.（2015）、Arimoto 等（2014）考察开发区的选择效应的影响，发现开发区设立对企业生产率和产出绩效有着不同程度的促进作用。王永进和张国峰（2016）在此基础上，识别出中国开发区设立所产生的集聚效应和选择效应均有促进生产率提高的作用，但集聚效应仅持续短暂时期，选择效应是长期生产率提高的主要动力。

开发区对企业加成率的影响也是考察开发区经济效应的重要视角。这一脉络的研究，在一定程度上涉及了企业资源配置问题。Homlmes 等（2014）、Lu 和 Yu（2015）以开发区内的企业成本加成率的分散程度衡量资源配置效率，发现成本加成率分布越分散，资源配置效率越低，当所有产品成本加成率均一致时，市场资源配置达到最优。De Loecker 和 Warzynski（2016）的研究发现，集中的产业集群使得区域内企业产品价格与边际成本偏离度。这一偏离度越大，市场垄断势力越强，企业垄断利润也更高。盛丹和张国峰（2018）基于 Combes 等（2012）提出的无条件分布特征—参数对应的分析方法，从集聚效应和选择效应视角，探讨开发区影响成本加成率分布的作用机制，发现开发区企业比非开发区具有更集中的成本加成率，这也表明开发区的资源配置效率更高。

以成本加成率刻画的市场垄断势力差异度衡量资源配置效率，在一定程度上涉及了边际产出和边际成本之间的差异，反映了企业资源配置状况。然而，从成本加成视角考察资源配置效率的局限在于，这一资源配置效率指标无法进一步分析开发区对企业具体的投入要素配置效率影响，也无法核算要素投入扭曲产生的宏观经济效应。因此，从微观企业间要素投入的配置效率视角考察开发区所产生的宏观经济效应，是对现有研究的重要补充。

6.2.2 资源配置效率的相关研究

实际上，近年来发展经济学的研究发现，微观企业间投入要素配置效率不同，是导致国家间宏观经济绩效差异的重要原因。Hsieh 和 Klenow（2009）进行了开创性的实证研究，他们利用微观企业数据估算中国和印度资源错配产生的效率损失，研究发现，当经济体中所有微观企业的要素投入都调整至平均成本与边际产出相等时，中国总体经济效率将提升 30% ~ 50%，印度总体经济效率将提升 40% ~ 60%。这是资源配置领域最为经典的实证研究，其实证框架为许多后续的研究所借鉴。例如，Neumeyer 和 Sandleris(2009)对阿根廷的资源错配效率损失的测算、Casacuberta 和 Gandleman(2009)对乌拉圭的资源配置错配效率损失的测算以及 Camacho 和 Conover(2010)对哥伦比亚的资源错配效率损失的测算，都采用了同样的测算方法。

进一步，一些研究开始关注具体的扭曲因素对经济总体全要素规模和产出的影响。Schmitz(2001)发现低收入国家企业规模较低的主要原因在于政府对低效国有企业的政策性支持。Hsieh 和 Klenow(2007a)则认为投资部门的低效是低收入国家投资率较低的主要原因。另外，Hopenhayn 和 Rogerson (1993)发现解雇税的实施干扰了劳动力资源在企业间的配置，导致总体经济规模下降 5%。遵循相似的分析思路，Lagos(2006)利用一个匹配模型，分析诸如失业保险和职业保护之类的干预政策影响宏观经济效率的过程。Guner 等(2008)也从理论上分析了基于企业规模的扭曲性政策导致投入要素低效配置的形成机制，并选取了印度的制造业企业规模限制政策、日本的零售业规模限制政策以及意大利的就业政策进行实证检验，发现使企业平均规模下降 20%的政策干预将导致产出下降 8 个百分点。

后续相关研究开始关注非正规部门、企业性质和制度环境等因素对资源配置效率的影响。D'Erasmo 和 Boedo(2009)发现，小微企业面临正规部门贸易规则、税收负担和进退成本会使得运营困难增加，进而造成落后国家的非正式部门不断涌现。这些规模较小的非正式部门消耗着大量的社会公共资源，生产效率却比较低，从而产生资源配置扭曲。邵挺(2010)、聂辉华和贾瑞雪(2011)则从国有企业的视角展开分析，他们的研究发现，中国制造业的资源配置扭曲很多是源于政策干预存在，部分国企生产率低下却常常能获取许多信贷资源配置，造成金融资源的分配不均，这也与 Brandt 等(2012)的研究结论类似。制度环境导致资源配置扭曲的研究大部分集中在关税、金融、政治等方面，Lagakos（2009）、Lileeva 和 Trefler（2010）、Gilchrist 等（2012）的研究发现，企业的税负是直接导致企业间资源配置扭曲的重要因素。张敏等（2010）、Udry（2012）等关注金融方面的研究发现，信贷制度和融资市场的不完善会造成企业间资源配置严重的扭曲。

6.2.3　文献评述

开发区对经济增长影响的研究已经充分展开，也有一些研究尝试基于微观渠道解释开发区如何提升经济绩效，如盛丹和张国峰（2018）从成本加成率分布的视角，研究识别集聚效应和选择效应对开发区资源配置效率的影响。但从已有文献来看，考察开发区如何影响中国制造业企业生产要素投入效率的文献依然较少，涉及企业资源配置效率的量化，以及进一步探讨通过这一机制造成宏观经济效率损失大小的文献则更为鲜见。

显然，目前关于开发区对经济绩效影响的研究，尚未深入拓展至微观企业要素投入与宏观经济效率等关键问题。作为影响宏观经济绩效重要因素的微观企业要素投入，需要更多的关注。因此，进一步探讨开发区如何影响微观企业的资本和劳动投入的决策，并深入剖析传递作用机制所造成的宏观经济效率变化的幅度，对于理解开发区如何影响宏观经济绩效，具有重要意义。

6.3　测算框架与模型设定

6.3.1　资源配置效应测算框架

对于中国微观企业资源配置效率的测算，本书在 Hsieh 和 Klenow（2009）的理论模型基础上，计算企业资本投入扭曲和劳动投入扭曲，估计这些扭曲造成的企业规模变异，进而构建一个测算微观企业资源配置效率的综合指标。本书的测算模型与 Hsieh 和 Klenow（2009）的差异在于，Hsieh 和 Klenow

(2009)意图估算微观层面的资源配置扭曲会导致多大程度的宏观经济效率损失，我们则沿着其测算资源配置扭曲的思路，构建出更容易理解其经济意义的要素扭曲计算方法，通过估算不存在扭曲的企业最优规模与实际规模之间的差异，进一步建立企业层面的资源配置效率测算指标，估计企业层面的资源配置效率。

具体的测算方法如下：假设企业面临的产品市场处于垄断竞争状态，要素市场处于完全竞争状态，其中代表性企业只生产一种最终产品。最终产品以国民经济中各个行业的产出 Y_s 为投入原料，运用 C-D 生产函数的形式进行生产：

$$Y = \prod_{s=1}^{S} Y_s^{\theta_s} \tag{6.1}$$

其中，$\sum_{s=1}^{S} \theta_s = 1$，$\theta_s$ 是该行业产出占全部产出的比重；该行业层面的中间厂商从下一层面的垄断厂商获取 N 种有差别产品 Y_{si} 投入生产，并以 CES 生产函数形式进行生产：

$$Y_s = \left(\sum_{i=1}^{N} Y_{si}^{\frac{\sigma-1}{\sigma}} \right)^{\frac{\sigma}{\sigma-1}} \tag{6.2}$$

其中，σ 表示产品的替代弹性；假定每种差异产品都是由一个垄断的企业通过投入资本、劳动两种生产要素进行生产，规模报酬不变的生产函数以 C-D 形式为：

$$Y_{si} = A_{si} K_{si}^{\alpha_s} L_{si}^{\beta_s} \tag{6.3}$$

其中，α_s 表示行业 s 的资本弹性、β_s 表示行业 s 的劳动弹性，且存在 $\beta_s = 1 - \alpha_s$，A_{si} 表示企业 i 的全要素生产率水平。该企业会面临其他企业产品的垄断竞争，而在要素市场则面临完全竞争。鉴于市场因多种因素导致各种扭曲的存在，所以本书以 τ_{Ksi} 表示资本扭曲，τ_{Lsi} 表示劳动扭曲，则垄断竞争厂商的利润函数为：

$$\pi_{si} = P_{si} Y_{si} - (1 + \tau_{Ksi}) R K_{si} - (1 + \tau_{Lsi}) \omega L_{si} \tag{6.4}$$

其中，R 表示企业的资本价格，ω 表示企业的劳动价格。

由(6.4)式的一阶条件可得：

$$\frac{K_{si}}{L_{si}} = \frac{(1 + \tau_{Lsi})\omega\alpha_s}{(1 + \tau_{Ksi})R\beta_s} \qquad (6.5)$$

将(6.5)式代入垄断厂商的生产函数可得:

$$L_{si} = \frac{Y_{si} (1 + \tau_{Lsi})^{\alpha_s}}{A_{si} \left(\dfrac{R}{\alpha_s}\right)^{\alpha_s} (1 + \tau_{Ksi})^{\alpha_s} \left(\dfrac{\omega}{\beta_s}\right)^{1-\beta_s}} \qquad (6.6)$$

将(6.5)式和(6.6)式代入(6.4)式并整理可得垄断厂商的产品垄断价格为:

$$P_{si} = \left(\frac{\sigma - 1}{\sigma}\right)^{\sigma} \left(\frac{R}{\alpha_s}\right)^{\alpha_s} \left(\frac{\omega}{\beta_s}\right)^{\beta_s} \frac{(1 + \tau_{Ksi})^{\alpha_s} (1 + \tau_{Lsi})^{\beta_s}}{A_{si}} \qquad (6.7)$$

在得到垄断价格的基础上,根据行业生产函数和厂商生产函数可求得其产出为:

$$Y_{si} = \left(\frac{\sigma - 1}{\sigma}\right)^{\sigma} \left(\frac{\alpha_s}{R}\right)^{\sigma\alpha_s} \left(\frac{\beta_s}{\omega}\right)^{\sigma\beta_s} \frac{P_s^{\sigma} Y_s A_{si}^{\sigma-1}}{(1 + \tau_{Ksi})^{\sigma\alpha_s} (1 + \tau_{Lsi})^{\sigma\beta_s}} \qquad (6.8)$$

由(6.7)式和(6.8)式可知,同一行业中的企业产品价格和产量不仅与生产率相关,还跟企业资本、劳动投入有关。生产率越高的企业,其产品产量越多,产品价格越低;企业面临的要素投入扭曲越严重,导致企业生产率下降,进而产品产量下降,价格上升。

资本和劳动产出的名义边际产出价值为企业生产函数分别对两类生产要素投入量的导数:

$$MRPK_{si} = \frac{\partial Y_{si}}{\partial K_{si}} = \alpha_s A_{si} K_{si}^{\alpha_s-1} L_{si}^{\beta_s} = \alpha_s \frac{P_{si} Y_{si}}{K_{si}} \qquad (6.9)$$

$$MRPL_{si} = \frac{\partial Y_{si}}{\partial L_{si}} = \beta_s A_{si} K_{si}^{\alpha_s} L_{si}^{\beta_s-1} = \beta_s \frac{P_{si} Y_{si}}{L_{si}} \qquad (6.10)$$

由于产品市场为垄断竞争市场,每一种产品都有一定的垄断能力,衡量该垄断强度的产品间替代弹性设定为 σ。那么,排除由于市场垄断带来的收入溢价,实际要素投入边际收益为:

$$MRPK_{si} \equiv \alpha_s \frac{\sigma - 1}{\sigma} \frac{P_{si} Y_{si}}{K_{si}} \qquad (6.11)$$

$$MRPL_{si} \equiv \beta_s \frac{\sigma - 1}{\sigma} \frac{P_{si} Y_{si}}{L_{si}} \qquad (6.12)$$

在企业利润最大化目标下，资本的边际产出价值等于企业面临的资本要素成本：

$$MRPK_{si} \equiv \alpha_s \frac{\sigma - 1}{\sigma} \frac{P_{si} Y_{si}}{K_{si}} = (1 + \tau_{Ksi}) R \qquad (6.13)$$

劳动的边际产出价值等于企业面临的劳动要素成本：

$$MRPL_{si} \equiv \beta_s \frac{\sigma - 1}{\sigma} \frac{P_{si} Y_{si}}{L_{si}} = (1 + \tau_{Lsi}) \omega \qquad (6.14)$$

古典经济理论假设，无贸易壁垒及无摩擦的情形下的要素自由流动，会使得各部门的要素边际收益和边际成本相等，且都等于市场化水平下的价格，达到要素最优化配置状态，即经济的帕累托最优。根据(6.13)式、(6.14)式，将各种导致要素投入扭曲的因素考虑后，要素的边际收益和边际成本会发生偏离，两者无法保持均衡，因而要素投入未达到最优配置状态。

为了测算要素投入扭曲，根据(6.13)式、(6.14)式，本书可以求得企业面临的资本和劳动投入要素扭曲：

$$\tau_{Ksi} = \alpha_s \frac{\sigma - 1}{\sigma} \frac{P_{si} Y_{si}}{R K_{si}} - 1 \qquad (6.15)$$

$$\tau_{Lsi} = \beta_s \frac{\sigma - 1}{\sigma} \frac{P_{si} Y_{si}}{\omega L_{si}} - 1 \qquad (6.16)$$

企业资源配置效率是综合企业劳动投入扭曲和企业资本投入扭曲影响的企业规模变异幅度，其具体的推导过程如下：

我们以产值 Y_{si} 衡量企业规模，同时令：

$$H_s = \left(\frac{\sigma - 1}{\sigma} \right)^{\sigma} \left(\frac{\alpha_s}{R} \right)^{\sigma \alpha_s} \left(\frac{\beta_s}{\omega} \right)^{\sigma \beta_s} \qquad (6.17)$$

H_s 是 Y_s 和 α_s、β_s 的函数，体现了最终产品对行业 S 的需求特征，以及行业 S 的生产技术特征。根据(6.8)式有：

$$Y_{si} = \frac{A_{si}^{\sigma-1}}{(1 + \tau_{Ksi})^{\sigma \alpha_s} (1 + \tau_{Lsi})^{\sigma \beta_s}} H_s \qquad (6.18)$$

上式表示，企业的实际规模受到四个因素的影响：企业生产率、资本扭曲、劳动扭曲，以及行业需求特征和行业生产技术特征。生产率越高，企业实际规模越大；资本扭曲和劳动扭曲越大，企业的实际规模越小；最终产品对该行业产品的需求越大，企业的实际规模越大。

当不存在资源错配时，即 $\tau_{ksi} = \tau_{lsi} = 0$，企业规模为无扭曲下的理想规模：

$$Y_{si}{}^e = A_{si}^{\sigma-1} H_s \tag{6.19}$$

上式表明，在理想情况下，企业的理想规模仅与自身生产率以及行业需求特征相关。在同一行业，H_s 是定值，企业规模是生产率的指数函数，规模与生产率存在一一对应的单调关系。但（6.17）式表明，即使在行业内部 H_s 是定值，企业实际规模还受到生产率之外的因素影响，也就是说，资源错配破坏了企业规模与生产率之间的一一对应关系。

以上理论推导表明，可以根据（6.18）式测算去除要素投入扭曲后的企业理想规模。具体来说，令 $\tau_{Ksi} = 0$，可以求得不存在资本投入扭曲的情况下的企业理想规模：

$$Y_{Ksi} = \frac{A_{si}^{\sigma-1}}{(1 + \tau_{Lsi})^{\sigma\beta_s}} \tag{6.20}$$

令 $\tau_{Lsi} = 0$，可以求得不存在劳动投入扭曲的情况下的企业理想规模：

$$Y_{Lsi} = \frac{A_{si}^{\sigma-1}}{(1 + \tau_{Ksi})^{\sigma\alpha_s}} \tag{6.21}$$

当要素投入不存在扭曲的情况下，即 $\tau_{Ksi} = 0$ 和 $\tau_{Lsi} = 0$，企业最优产出规模为：

$$Y_{Esi} = A_{si}^{\sigma-1} \tag{6.22}$$

由（6.20）式、（6.21）式、（6.22）式可以分别得到存在扭曲情形下的企业实际产出规模和最优产出规模之间的关系：

$$Y_{Ksi} = Y_{si} \cdot (1 + \tau_{Ksi})^{\sigma\alpha_s} \tag{6.23}$$

$$Y_{Lsi} = Y_{si} \cdot (1 + \tau_{Lsi})^{\sigma\beta_s} \tag{6.24}$$

$$Y_{Esi} = Y_{si} \cdot (1 + \tau_{Ksi})^{\sigma\alpha_s} (1 + \tau_{Lsi})^{\sigma\beta_s} \tag{6.25}$$

根据(6.23)式、(6.24)式和(6.25)式，扭曲造成的规模偏离度与要素投入扭曲楔子、投入份额和产品替代弹性有关，本书按照 Hsieh 和 Klenow (2009)的设定，令 $\sigma = 3$。已有的研究认为替代弹性在 3 到 5 之间，因此该替代弹性为 3 是相当保守的数字。而根据 Hsieh 和 Klenow(2009)、邵宜航等(2013)的研究指出，随着产品替代弹性的上升，造成的资源配置扭曲会使得宏观经济效率的损失也随之上升。

我们利用(6.8)式表示的企业实际规模和(6.25)式表示的企业最优规模的差异估计企业的资本和劳动扭曲共同作用下企业资源配置效率：

$$\text{Misallocation}_{si} = \frac{Y_{Esi}}{Y_{si}} - 1 \qquad (6.26)$$

(6.26)式表示资源投入要素配置扭曲造成的企业实际规模对企业最优规模的偏离程度，两者之间偏离程度越大，表明企业面临的扭曲越严重，企业投入要素资源配置的效率越低。

6.3.2 数据说明

(1)企业层面数据

数据源于 1999—2007 年中国工业企业数据库，涵盖所有国有工业企业和销售收入(或主营业务收入)在 500 万元以上的非国有工业企业，企业样本数量共计 200 多万，所有产值加总占中国工业总产值的 85% 左右。在使用该数据库前，本书参照 Brandt 等(2012)的处理方法，对不符合会计准则的样本匹配错漏、变量数值异常、测量误差明显和定义不清晰等问题的观测值重新修正，采用包括样本匹配、名义变量价格平减和统一代码标准等方法，删除产出、销售额、总资产及出口等关键指标为负以及总资产小于其固定资产的样本，以及员工数少于 8 人的观测值。同时，本书也对极端值进行了处理：①剔除关键变量前后 1% 的观测值，以消除极端值影响。②首次计算得出企业面临的资本和劳动投入要素的扭曲，删除投入扭曲前后 1% 的观测值，并重新校准关键的参数值后，再进行后续指标的估算。

模型测算所需用到的指标包括企业所在行业代码、企业所有制、员工工资、生产增加值、资本存量以及企业总产出等。本书利用企业的固定资产净值衡量企业的资本存量，利用工业增加值衡量企业产出；需要指出的是，对于工资指标的衡量，由于历史政策实施节点不同（2003年以后才实施健康和退休保险，2004年以后实施住房补贴），本书根据连贯性原则，采用员工工资、雇员补贴和失业保险的加总作为样本员工工资的指标。鉴于该数据库劳动所得工资额占增加值的份额与政府宏观统计数据有较大的差异，据估算中国工业企业数据库中劳动所得工资额占增加值的份额约34.2%，这与政府公布的国民收入核算约55%的劳动工资份额产生较大差距，有可能严重低估真实的劳动份额。因此，本书借鉴Hsieh和Klenow（2009）的做法，将所有企业劳动工资份额等比例提高至与国民收入核算指标一致的份额，以此消除偏差，进而更真实可靠地估算企业生产率。

（2）开发区数据

来自《中国开发区审核公告目录（2006年版）》，由国家发展改革委员会、国土资源部、住房和城乡建设部整理，目录包括开发区名称、批准年份、核准面积、土地投资强度和容积率等重要变量，涵盖222家国家级开发区和1346家省级开发区的资料，分布在全国307个地级市行政区域。该目录显示，共94个城市拥有国家级开发区，其中以国家级经济技术开发区、高新技术开发区和出口加工区为主；304个城市拥有省级开发区，其中以省级经济开发区为主。资料显示，全国开发区的设立高峰主要集中在1992年和2003年，政府在2003年至2006年对全国开发区进行整理整顿、设立审核和重新规划。紧接着，部分开发区进行调区、升级或转型，但全国基本暂停各类开发区大规模的审批新建或扩区。开发区的设立以及地区间发展的不均衡现象，尤其开发区设立在地方政府政策导向和区域经济发展所扮演的重要角色，为本书分析开发区设立对企业资源配置效率以及由此引发的宏观经济效率提升提供了一个良好契机。

早期开发区大量引进外资，FDI 的流入不仅拉动地区经济增长，信息外溢和学习效应也使得本地企业生产率的提高。30 多年的高速发展衍生出不同功能类型的经济开发区，主要为国务院批准设立的包括经济技术开发区、出口加工区、保税区等功能的国家级开发区与省政府批准设立的各项产业项目为主的省级开发区。截至 2014 年，国家级经济技术开发区已达 214 家，实现超过 5.6 万亿的产值和约 1 万亿的财政收入，占全国生产总值和财政收入的 13.4% 和 10.2%，对国家和地区经济增长发挥了重要推动作用。2003 年后开发区政策偏向中西部平衡发展，对欠发达地区加大资源转移和扶持。随着开发区成熟发展和功能转换，很多"孤岛型"开发区结合城市需要转型，而原有单一、零散的企业也开始集聚靠拢，各要素资源的统筹配置，一定程度优化资源要素配置和提高企业生产率，进而对区域经济发展尤其欠发达地区产生深刻的影响。

已有文献常使用如下方法识别开发区的影响：若企业所在县（区、市）建设有开发区，则将该企业识别为开发区企业，所在县（区、市）没有开发区的企业则为非开发区企业（Wang，2013；李力行和申广军，2015；盛丹和张国峰，2018）。本书的核心解释变量参照已有文献，为企业所在区县是否有开发区的虚拟变量。

（3）控制变量数据

源于樊纲、王小鲁、朱恒鹏编写的《中国市场化指数：各地区市场化相对进程 2011 年报告》，包括各地区市场化总得分与分项得分，时间跨度从 1997—2009 年，该数据完整覆盖本书研究在 1999—2007 年的时间跨度。《中国市场化指数：各地区市场化相对进程 2011 年报告》由中国经济改革研究基金会国民经济研究所进行跟踪和综合比较，提供的一套完整、全面地测度对各省自治区、直辖市的市场化各项指标，如市场分配资源比重、政府行政干预程度、价格市场决定程度、劳动力流动性等。该指标体系对各省份地区、直辖市进行持续测度，提供一个反映市场化变革稳定的走势观测，并采用客观指数衡量各省自治区、直辖市市场化改革的深度和广度。基本概括了市场化的各主要方面,同时又避免了把反映发展程度的变量与衡量市场体制的变量相混淆。目前这一报告所提供的中国市场化指数是应用最广泛的各地区经济体制市场化指数之一。

6.3.3　计量模型设定

为探讨开发区对企业投入要素配置效率的影响,本书建立如下计量模型:

$$y_{si} = \alpha + \beta_1 SEZ_{si} + \gamma X_{si} + \varepsilon_{si} \qquad (6.27)$$

模型(6.27)中,y_{si}作为被解释变量,分别是企业的资本、劳动投入扭曲幅度和企业资源配置效率,根据(6.15)式、(6.16)式和(6.26)式计算所得。SEZ_{si}为企业所在县(市、区)开发区的虚拟变量,是本书的核心解释变量,当企业所在的县(市、区)设立开发区时取值为1,否则为0。

X_{si}是模型的控制变量,包括企业特征、城市特征和省份市场化特征等。其中,企业层面变量包括企业年末就业人数(取对数)和企业人均固定资产(取对数),用于衡量企业规模和企业资本密集度。城市层面上,本书控制城市人口规模(取对数),城市人均GDP(取对数)等。省份层面上,由于企业资源配置效率还会受到软环境市场化水平的约束,本书进一步控制反映企业所在省份市场化程度水平的控制变量,包括:①市场分配资源比重。政府财政收入占国内生产总值的比重,反映经济资源的分配不断地从政府向市场化转变。本书采用政府财政支出占GDP比重作为衡量指标。②政府行政干预程度。企业遭受到政府大量的行政干预,由于企业家时间精力有限,他们有可能会更倾向利用寻租活动代替运营管理(Dong 等,2016),使得企业负担加重,面临更严重要素市场的扭曲。本书利用企业管理者与政府部门官员打交道的时间占工作总时间比重,作为政府行政干预程度衡量指标。③价格市场决定程度。中国尚存各地区发展不平衡、城乡差距大的特点,致使产品价格市场化状况在不同区域间差异化明显。本书采用综合的指标来表示价格市场决定程度，由社会零售商品中价格由市场决定的部分所占比重、生产资料中价格由市场决定的部分所占比重、农产品价格由市场决定的部分所占的比重三项指标综合计算而成。④金融市场化程度。中国金融市场发育较晚，尽管增长规模迅速，但市场完善程度仍需提高，金融市场需发挥基础性作用推动产品市场进一步发展。本书采用综合的指标来表示金融市场化程度，分别采用反映金融业竞争的非国有金融机构吸收存款占全部金融机构吸收存款的比例、反映信贷资金分配的市场化程度的非国有企业在银行贷款中占国有企业的份额，由这两项指标综合计算而成。⑤劳动力流动性。中国许多企业雇佣大量农村劳动力，农村劳动力流向城市的比重大，是企业生产力提高的重要因素，劳动力流动性可反映出劳动力市场状况和发展程度。本书采用外来的农村劳动力占当地城镇从业人员比重反映劳动力的流动性。最后，本书加入行业固定效应和年份固定效应，反映行业和时间不可观测特征对资源配置效率的影响。随机扰动项 ε_{si}，包含模型中并未控制而又能影响资源配置效率的因素。

6.3.4　描述性统计

本书原始数据源于 1998—2007 年中国工业企业数据库，采用国民经济行业分类（GB/T 4754—2011）进行了行业分类统一处理。在模型测算过程中，考虑本书所使用开发区变量、部分控制变量在 1998 年的数据缺失值和异常值较多，严重影响到后续关键指标的测算，因此将 1998 年的所有数据值进行剔除处理，其他按照上述数据处理方式进行校正处理，以便于获得更科学、全面、合理的数据指标进行分析比较。

表 6-1 为变量的描述性统计。从企业要素扭曲来看，资本投入扭曲平均值为 4.06，劳动投入扭曲平均值为 -0.18。资本扭曲为正，表明企业资本投入的边际收益远高于资本的边际成本，资本投入数量严重不足；劳动投入扭曲为负，表明企业劳动投入的边际收益低于劳动的边际成本，劳动要素的投入过度。城市特征与省份市场化程度水平的各变量最大值与最小值差距较为

明显，说明中国区域发展不平衡，主要呈现为东中西地区、发达地区与欠发达地区、城市与农村、城市内部各区县之间经济社会发展程度的不充分不平衡的现象。本书实证部分将进一步分析开发区设立对企业要素投入扭曲的具体影响。

表6-1 描述性统计

	变量名称	样本数	均值	标准差	最小值	最大值
企业层面变量	资本投入扭曲	1099000	3.426	4.061	-0.992	18
	劳动投入扭曲	1099000	-0.181	0.816	-0.996	5.767
	资源配置效率	1099000	13.94	35.11	0.0122	293.1
	企业就业人数对数	1099000	4.832	0.991	2.398	7.911
	企业资本密集度对数	1099000	3.694	1.112	-1.958	6.933
区县层面变量	开发区	24099	0.0959	0.387	0	1
城市层面变量	城市人均 GDP 对数	2959	10.72	1.349	6.673	18.48
	城市人口对数	2959	11.05	1.283	4.22	14.67
省份层面变量	市场分配资源比重	264	7.423	2.68	0	13.45
	政府行政干预程度	264	4.46	2.574	0	12.67
	价格市场决定程度	264	6.746	2.141	0	10.27
	金融市场化程度	264	5.961	2.517	0	12.01
	劳动力流动性	264	3.555	3.08	0	17.03

6.4 开发区设立的资源配置效应

6.4.1 基本回归分析

根据理论分析可知，企业要素投入扭曲是宏观经济效率损失的重要原因之一。表6-2是设立开发区对企业要素投入扭曲及资源配置效率影响的估计结果。模型（1）—（4）的被解释变量是资本投入扭曲，模型（5）—（8）的被解释变量是劳动投入扭曲，模型（9）—（12）的被解释变量是资源配置效率。模型采取逐步加入控制变量方法，分别控制企业特征、城市特征和省份市场化

表6-2 中国开发区设立与企业资源配置效率

变量	资本投入扭曲				劳动投入扭曲				资源配置效率			
	(1)	(2)	(3)	(4)	(5)	(6)	(7)	(8)	(9)	(10)	(11)	(12)
开发区	-0.1000**	0.0449	0.0521	0.0539	-0.0275***	-0.0323***	-0.0226***	-0.0218***	-1.0498***	-0.7830***	-0.5957**	-0.5643**
	(0.0402)	(0.0374)	(0.0390)	(0.0367)	(0.0088)	(0.0077)	(0.0075)	(0.0075)	(0.2573)	(0.2347)	(0.2371)	(0.2359)
企业就业人数		-0.9372***	-0.9365***	-0.9238***		-0.1311***	-0.1300***	-0.1310***		-5.4436***	-5.4224***	-5.3904***
		(0.0131)	(0.0131)	(0.0135)		(0.0034)	(0.0035)	(0.0035)		(0.1476)	(0.1508)	(0.1502)
企业资本密集度		-2.2532***	-2.2536***	-2.2612***		0.1631***	0.1629***	0.1634***		-1.7533***	-1.7582***	-1.7870***
		(0.0160)	(0.0158)	(0.0157)		(0.0030)	(0.0030)	(0.0030)		(0.1018)	(0.1000)	(0.0999)
城市人均GDP			1.1737***	1.5168***			-0.1708***	-0.2226***			1.0668***	1.4656***
			(0.0388)	(0.0718)			(0.0066)	(0.0113)			(0.2481)	(0.4872)
城市人口			1.1368***	1.5625***			-0.2189***	-0.2780***			0.1323	0.7016
			(0.0669)	(0.0949)			(0.0079)	(0.0133)			(0.3458)	(0.6084)
市场分配资源比重				-0.0444***				-0.0012				-0.2678***
				(0.0133)				(0.0023)				(0.0888)
政府行政干预程度				-0.0976***				0.0067				-0.3506***
				(0.0104)				(0.0022)				(0.0822)
价格市场决定程度				0.0348***				0.0131***				0.5341***
				(0.0112)				(0.0024)				(0.1050)

续表

变量	资本投入扭曲				劳动投入扭曲				资源配置效率			
	(1)	(2)	(3)	(4)	(5)	(6)	(7)	(8)	(9)	(10)	(11)	(12)
金融市场化程度				0.0608***				-0.0029				0.2070*
				(0.0131)				(0.0029)				(0.1076)
劳动力流动性				-0.1491***				0.0112***				-0.4228***
				(0.0157)				(0.0026)				(0.0953)
省级固定效应	Yes	Yes	Yes	Yes	Yes	Yes	Yes	Yes	Yes	Yes	Yes	Yes
行业固定效应	Yes	Yes	Yes	Yes	Yes	Yes	Yes	Yes	Yes	Yes	Yes	Yes
年份固定效应	Yes	Yes	Yes	Yes	Yes	Yes	Yes	Yes	Yes	Yes	Yes	Yes
常数项	4.3189***	17.0056***	-7.1744***	-14.4816***	-0.3623***	-0.3802***	3.8345***	4.9001***	26.2056***	57.5981***	47.3438***	38.7477***
	(0.2607)	(0.2268)	(1.1508)	(1.7713)	(0.0218)	(0.0243)	(0.1456)	(0.2550)	(0.8141)	(1.2525)	(5.9352)	(11.3247)
观测值	1098731	1098731	1098731	1098731	1098731	1098731	1098731	1098731	1098731	1098731	1098731	1098731
企业数量	355447	355447	355447	355447	355447	355447	355447	355447	355447	355447	355447	355447
R^2	0.321	0.321	0.321	0.321	0.143	0.143	0.143	0.143	0.0861	0.0861	0.0861	0.0861

注：括号内是县区县层面聚类标准误，*表示 $p<0.1$，**表示 $p<0.05$，***表示 $p<0.001$。本书采用逐步加入控制变量的方法进行回归，用以保证估计结果的稳健性，但限于篇幅原因本书只列出分别控制企业特征、城市特征和省级市场化程度控制变量的回归结果。

程度等变量。除开发区以外，企业面临的市场环境、行政环境、制度环境、金融环境、劳动力市场等外部环境，都会对企业要素投入决策和扭曲状况产生一定影响，因此，我们在回归模型中逐步加入这些控制变量，观察核心自变量系数的变化。在进行回归之前，删除资本扭曲、劳动扭曲首尾1%的观测值和模型中其他变量的异常值，以排除极端值对估计结果造成的影响。

企业资源错配的理论分析表明，要素扭曲为正表明最后一单位投入要素的边际产出大于边际成本，要素投入过少。此时，开发区的系数为正，意味着设立开发区加剧了企业面临的要素投入扭曲，反之则缓解了企业面临的要素投入扭曲；要素扭曲为负表明最后一单位投入要素的边际产出小于边际成本，要素投入过多。此时，开发区的系数为正，意味着设立开发区缓解了企业面临要素投入扭曲，反之则加剧了企业面临的要素投入扭曲。描述性统计显示，资本投入扭曲均值为正，劳动投入扭曲均值为负，这意味着开发区系数为负时，使得企业面临的资本投入扭曲缓解，劳动投入扭曲加剧。

表6-2中模型(1)—(4)的回归结果显示，开发区的设立显著地影响企业资本要素的投入，企业所在县(市、区)设立开发区，企业面临的资本扭曲缓解幅度为0.1，这一结果在1%的水平显著，但控制城市特征和省份特征后，估计系数发生一定程度的变化，且不再显著。模型(5)—(8)的回归结果显示，企业的劳动投入扭曲恶化幅度为0.022~0.032，而模型(8)控制企业、城市和省级区划特征后，劳动扭曲投入系数的符号变正，模型估计结果并不稳定，有待进一步的稳健性检验分析讨论。模型(9)—(12)的回归结果显示，开发区的设立对企业资源错配有着显著的矫正作用，随着模型控制城市特征和省份特征，资源配置效率系数有一定程度下降，但均在1%显著水平上显著。

政府针对重工业特定时期的赶超战略，不仅提供国民经济各部门的生产资料，也一定程度上提高了经济增长速度和社会福利(姚洋和郑东雅，2008)，使得政府更为关注资本密集度较高的工业企业。同时，企业规模也是影响自身管理决策(周黎安和罗凯，2005)，以及政府行政干预的重要因素(土文甫等，2014)。基于此，本书在模型(2)、(6)、(10)中加入相应的控制变量。结果发现，控制企业规模和资本密集度后，开发区设立对企业资本扭曲的影响幅度的方向发生了变化，但对劳动扭曲影响和资源配置效率影响并未有较大改变，说明开发区设立对资本扭曲的影响受到企业异质性特征影响较大。

要素资源集聚的效应能带来一定程度城市规模的扩张，但如果城市扩张受到政府行政干预和政策导向的影响较大，规模越大的城市可能存在越严重的要素扭曲。本书在模型(3)、(7)、(11)中进一步加入城市特征的控制变量，结果表明，城市规模越大，企业面临着的资本扭曲更为严重，这可能与中国城市规模的扩张受到政府因素影响有关。企业面临劳动扭曲也同时加重，其中的原因可能在于，大城市聚集效应更多由行政力量主导，开发区的设立对劳动力扭曲起了推波助澜的作用；此外，城市经济发展水平对资本扭曲、劳动扭曲和资源配置效率有加剧的作用，侧面证实城市经济的繁荣发展是以一定程度资本投入扭曲的恶化为代价。

6.4.2 稳健性检验

(1)工具变量检验

开发区的设立与企业资源配置效率之间可能存在内生性问题，即不是由于开发区的设立影响了资源配置效率，而是资源配置效率引发了开发区，国家可能会优先考虑在经济发达地区和城市等级较高地区设立开发区，而该经济体经济之所以发达可能是企业资源配置效率较高所决定。如果不考虑这种内生性问题，那么本书前面得出的系数估计值可能是有偏的。为此本书需要寻找一个工具变量以解决上述问题。微观数据的使用为研究者提供了更多处理内生性问题的方法，相关文献主要采用的是工具变量法。本书选取企业所在区县距离省会城市的距离作为工具变量。区县距离省会城市的距离作为开发区设立的工具变量为什么是有效的呢？首先，相关性说明。由于设立开发区在一定程度上可以视为政治优惠条件，因此距离省会越近的区县，能够更便捷地获取作为一省政治中心省会的信息，设立开发区的可能性越大，所以两者是高度相关的。其次，外生性问题。区县与省会城市的距离作为客观的地理变量，受到其他因素的影响较小，对于企业资源配置效率的影响一般通过政治因素产生。

以企业所在区县与省会城市距离作为工具变量的一个问题在于，开发区的设立是随时间变化的，而区县距离省会城市的距离是不随时间变化的，为此，按照现有文献的通常做法，本书将区县距离省会距离与时间哑变量做交互项来作为新的工具变量。表6-3是以区县与省会城市距离作为开发区设立的工具变量的估计结果。

从表6-3的工具变量估计结果来看，与基本结果相比，劳动要素扭曲估计系数并无显著差异；但资本扭曲估计系数显著为负，在总体上资本扭曲普遍大于零的背景下，这意味着开发区的设立显著地改善了资本扭曲状况，缓解了资本扭曲投入不足的情况。并且，从总体上看，开发区的设立，整体上提高了企业的资源配置效率。

(2) 倾向评分匹配分析

开发区设立与资源配置效率之间关系的考察也可能受到样本选择性偏误问题的影响。国家审批规划开发区时，会综合考虑地域、经济发展水平，优先在经济发达和城市层级更高的地区设立开发区。因此，上文估计的系数有可能因为自选择造成的内生性问题产生偏误。为此，我们参考 Wang(2013)、黄玖立等(2013)、李力行等(2015)的做法，利用倾向评分匹配方法筛选出在各个方面与设立开发区类似的样本。根据数据可获得性和模型设置，本书用于匹配的控制变量有：地区就业人数、资本密集度、人均 GDP、出口份额、外资成分、资产负债率、人均工资、重工业比重、劳动密集型比重等。表6-4报告了倾向评分匹配的回归结果，并进行了平衡检验。匹配之后，所有变量的标准偏差大幅度降低，处理组和对照组的差异变得不显著，使得两组之间可比性大幅增强并满足平衡的条件。

表 6-3

工具变量估计结果

变量	资本投入扭曲				劳动投入扭曲				资源配置效率			
	(1)	(2)	(3)	(4)	(5)	(6)	(7)	(8)	(9)	(10)	(11)	(12)
开发区	-2.4915***	-5.1899***	-5.2531***	-3.6644***	-0.0270***	-0.0325***	-0.0226***	-0.0218***	-1.0056***	-0.7486***	-0.5668***	-0.5425***
	(0.3152)	(0.1907)	(0.1936)	(0.1804)	(0.0016)	(0.0015)	(0.0015)	(0.0015)	(0.0664)	(0.0652)	(0.0666)	(0.0667)
企业就业人数	-0.3578***	-0.8958***	-0.8950***	-0.9087***		-0.1330***	-0.1319***	-0.1328***		-5.4467***	-5.4275***	-5.3988***
	(0.0067)	(0.0060)	(0.0061)	(0.0056)		(0.0010)	(0.0010)	(0.0010)		(0.0439)	(0.0439)	(0.0439)
企业资本密集度		-2.1925***	-2.1915***	-2.2397***		0.1649***	0.1647***	0.1652***		-1.5162***	-1.5208***	-1.5492***
		(0.0055)	(0.0055)	(0.0050)		(0.0008)	(0.0008)	(0.0008)		(0.0372)	(0.0372)	(0.0372)
城市人均 GDP		-0.9779***	1.3826***	1.9370***			-0.1718***	-0.2228***			0.7715***	1.2354***
		(0.0383)	(0.0139)	(0.0266)			(0.0018)	(0.0038)			(0.0826)	(0.1729)
城市人口			2.3731***	2.7160***			-0.2211***	-0.2788***			-0.1272	0.4875***
			(0.0484)	(0.0595)			(0.0021)	(0.0041)			(0.0955)	(0.1871)
市场分配资源比重			0.0033	-0.0101**				-0.0009				-0.2505***
			(0.0050)	(0.0048)				(0.0010)				(0.0451)
政府行政干预程度				-0.0724***				0.0068***				-0.3534***
				(0.0036)				(0.0007)				(0.0335)
价格市场决定程度				0.0122***				0.0129***				0.5208***
				(0.0042)				(0.0009)				(0.0413)

续表

变量	资本投入扭曲				劳动投入扭曲				资源配置效率			
	(1)	(2)	(3)	(4)	(5)	(6)	(7)	(8)	(9)	(10)	(11)	(12)
金融市场化程度				-0.0039				-0.0030***				0.1924***
				(0.0054)				(0.0010)				(0.0442)
劳动力流动性				-0.1784***				0.0112***				-0.4148***
				(0.0040)				(0.0008)				(0.0367)
省级固定效应	Yes	Yes	Yes	Yes	Yes	Yes	Yes	Yes	Yes	Yes	Yes	Yes
行业固定效应	Yes	Yes	Yes	Yes	Yes	Yes	Yes	Yes	Yes	Yes	Yes	Yes
年份固定效应	Yes	Yes	Yes	Yes	Yes	Yes	Yes	Yes	Yes	Yes	Yes	Yes
常数项	6.3952***	25.3729***	-24.4127***	-32.2758***	-0.3590***	-0.3723***	3.8795***	4.9156***	26.2421***	56.9964***	52.4875***	42.6941***
	(0.0746)	(0.3264)	(0.7276)	(0.9620)	(0.0101)	(0.0112)	(0.0425)	(0.0851)	(0.4249)	(0.4943)	(1.9293)	(3.8676)
观测值	1115492	1115492	1115492	1115492	1115492	1115492	1115492	1115492	1115492	1115492	1115492	1115492
企业数量	355447	355447	355447	355447	355447	355447	355447	355447	355447	355447	355447	355447

注：同表6-2。

表 6-4 　　　　　　　　　　倾向评分匹配估计结果与平衡性检验

Probit 回归结果		平衡检验					
变量	系数	样本匹配	均值		%标准偏差	T统计量	伴随概率
			处理组	对照组			
就业人数	0.339***	匹配前	9.8524	8.8707	74.0	37.13	0.000
		匹配后	9.8518	9.8273	1.8	0.85	0.395
资本密集度	-0.082*	匹配前	4.3704	4.3435	3.7	1.91	0.056
		匹配后	4.3706	4.3818	-1.5	-0.65	0.517
人均 GDP	-0.211***	匹配前	3.8818	3.7615	14.7	7.93	0.000
		匹配后	3.8817	3.9133	-3.9	-1.61	0.517
出口份额	0.155	匹配前	0.1032	0.0635	37.9	21.39	0.000
		匹配后	0.1031	0.1021	0.9	0.34	0.731
外资成分	0.750***	匹配前	0.2654	0.1541	43.9	25.12	0.000
		匹配后	0.2652	0.2679	-1.1	-0.39	0.693
资产负债率	0.164***	匹配前	1.7408	1.6098	21.4	11.29	0.000
		匹配后	1.7403	1.7208	3.2	1.31	0.190
人均工资	0.0201***	匹配前	12.616	11.072	23.3	13.25	0.000
		匹配后	12.613	12.587	0.4	0.16	0.876
重工业比重	0.207**	匹配前	0.4251	0.3684	22.6	11.65	0.000
		匹配后	0.4250	0.4282	-1.2	-0.52	0.604
劳动密集型比重	0.371***	匹配前	0.3335	0.3224	4.9	2.49	0.013
		匹配后	0.3336	0.3410	-3.3	-1.41	0.160

注：括号内是稳健标准误，＊表示 $p<0.1$，＊＊表示 $p<0.05$、＊＊＊表示 $p<0.01$。

表 6-5 　　　　　　　　　　倾向评分匹配共同取值估计结果

样本	非共同取值	共同取值	总计
控制组	114	21845	21959
处理组	1	3271	3272
总计	115	25116	25231

由表 6-5 可知，在总共 25231 个县级样本中，控制组共有 114 个县级样本不在共同取值范围内，处理组有 1 个不在共同取值范围内，其余样本均在共同取值范围内；由图 6-1 和图 6-2 对比匹配前后的样本可知，匹配后能较好的缩小标准化偏差，使得大多数观测值均处于共同取值范围内，两组之间可比性大幅提升。

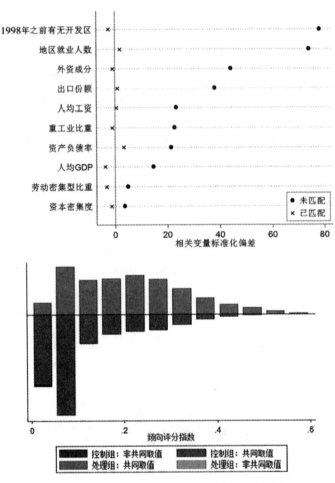

图 6-1　各变量的标准化偏差与共同取值范围图示

图 6-1 给出了倾向评分的柱状图，从图中可以看出，控制组中大量个体

的倾向得分落在接近 0 的区域，说明在本书所选择的开发区设定的决定因素下，控制组中的这些没有设立开发区的区县，设立开发区的概率更低。处理组的倾向得分分布近似服从正态分布，说明本书用于匹配的变量选择是比较合适的，因为处理组的个体得分没有过分地大量集聚。由于控制组中大量个体得分落在接近 0 的区域，直接采用全样本估计开发区问题，就会出现处理组和控制组二者不可比的问题，从而得到有偏的结果。

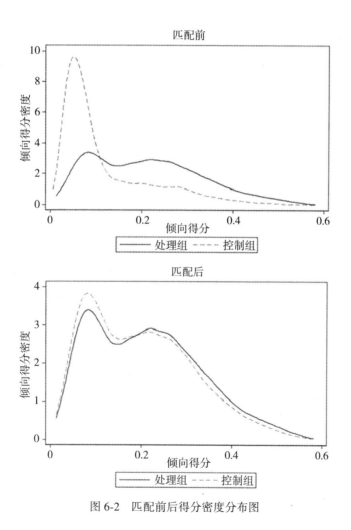

图 6-2 匹配前后得分密度分布图

表6-6　倾向评分匹配估计结果

变量	资本投入扭曲					劳动投入扭曲			资源配置效率			
	(1)	(2)	(3)	(4)	(5)	(6)	(7)	(8)	(9)	(10)	(11)	(12)
开发区	-0.0158	-0.0246**	-0.0246**	-0.0425***	-0.0176***	-0.0140***	-0.0066***	-0.0053**	-0.5506***	-0.4420***	-0.4129***	-0.4687***
	(0.0119)	(0.0119)	(0.0119)	(0.0119)	(0.0024)	(0.0024)	(0.0024)	(0.0024)	(0.1061)	(0.1042)	(0.1058)	(0.1059)
企业就业人数		-0.3765***	-0.3775***	-0.3693***		-0.1838***	-0.1834***	-0.1841***		-5.6588***	-5.6577***	-5.6368***
		(0.0061)	(0.0061)	(0.0061)		(0.0013)	(0.0013)	(0.0013)		(0.0561)	(0.0561)	(0.0561)
企业资本密集度		-0.7435***	-0.7492***	-0.7645***		0.1448***	0.1473***	0.1489***		-11.0443***	-11.0344***	-11.0795***
		(0.0494)	(0.0494)	(0.0494)		(0.0100)	(0.0100)	(0.0100)		(0.4467)	(0.4467)	(0.4467)
城市人均GDP			0.7382***	1.0217***			-0.1225***	-0.1499***			1.4121***	2.3887***
			(0.0100)	(0.0205)			(0.0022)	(0.0045)			(0.0993)	(0.2059)
城市人口			0.8286***	1.1765***			-0.1598***	-0.1920***			1.2654***	2.4056***
			(0.0129)	(0.0234)			(0.0027)	(0.0050)			(0.1238)	(0.2297)
市场分配资源比重				0.0026				0.0006				-0.0400
				(0.0053)				(0.0012)				(0.0535)
政府行政干预程度				-0.0470***				0.0075***				-0.1568***
				(0.0038)				(0.0008)				(0.0385)
价格市场决定程度				0.0141***				0.0128***				0.4335***
				(0.0046)				(0.0010)				(0.0463)

续表

变量	资本投入扭曲				劳动投入扭曲				资源配置效率			
	(1)	(2)	(3)	(4)	(5)	(6)	(7)	(8)	(9)	(10)	(11)	(12)
金融市场化程度				0.0371***				-0.0044***				0.0576
				(0.0052)				(0.0012)				(0.0531)
劳动力流动性				-0.1324***				0.0054***				-0.5705***
				(0.0044)				(0.0010)				(0.0442)
省级固定效应	Yes	Yes	Yes	Yes	Yes	Yes	Yes	Yes	Yes	Yes	Yes	Yes
行业固定效应	Yes	Yes	Yes	Yes	Yes	Yes	Yes	Yes	Yes	Yes	Yes	Yes
年份固定效应	Yes	Yes	Yes	Yes	Yes	Yes	Yes	Yes	Yes	Yes	Yes	Yes
常数项	4.0374***	5.7693***	-10.9333***	-17.1994***	-0.3711***	0.4837***	3.5493***	4.0733***	26.3701***	52.7404***	25.0048***	3.2917
	(0.0592)	(0.0650)	(0.2471)	(0.4729)	(0.0120)	(0.0131)	(0.0532)	(0.1027)	(0.5281)	(0.5811)	(2.4247)	(4.6915)
观测值	805839	805839	805839	805839	805839	805839	805839	805839	805839	805839	805839	805839
企业数量	278484	278484	278484	278484	278484	278484	278484	278484	278484	278484	278484	278484
R^2	0.0701	0.0701	0.0701	0.0701	0.0913	0.0913	0.0913	0.0913	0.0863	0.0863	0.0863	0.0863

注：同表6-2。

227

从表6-6的倾向评分匹配估计结果来看，开发区的设立显著地影响了企业的两类要素投入扭曲幅度。从模型(1)—(4)可以看出，在对于资本投入扭曲的估计中，开发区设立系数显著为负，在资本扭曲总体上为正的情况下，这也就意味着，开发区的设立显著地降低了资本投入扭曲；从模型(5)—(8)可以看出，在对于劳动投入扭曲的估计中，开发区设立估计系数显著为负，由于劳动扭曲整体上为负，这也就意味着，开发区的设立恶化了劳动投入扭曲。但从模型(9)—(12)的估计结果来看，总体上，开发区的设立提高了企业资源配置效率，开发区的设立显著地降低了企业实际规模和理想规模之间的差异。

从上述研究可以看出，虽然在基本回归结果中，开发区的设立对企业资本投入扭曲的影响不显著，但我们基于企业所在区县与省会城市距离工具变量回归和倾向评分匹配回归结果都显示，开发区的设立改善了企业资本投入扭曲状况。并且，综合来看，设立开发区能够使得企业的实际规模与企业理想规模的差异下降，即企业的资源配置效率提升。根据已有研究，大部分文献都选择基于倾向评分匹配方法分析开发区设立的政策效应(Wang，2013；黄玖立等，2013；李力行和申广军，2013)，因此，我们在如下部分的异质性分析和宏观经济效应测算部分，也都基于倾向评分匹配估计结果展开分析。

6.4.3　异质性分析

鉴于微观企业间在各方面都存在着非常大的差异，开发区的设立产生的经济效应也有所不同，我们进一步基于匹配之后的样本进行异质性分析，回归结果见表6-7—表6-9。其中表6-7模型(1)—(5)分别是中心城市、一般城市、东部地区、中部地区和西部地区回归结果。比较模型(1)—(5)的结果可以看出，中心城市相对一般城市的资本扭曲缓解会因为开发区的设立而缓解，这可能是由于企业更偏好向金融环境优越、信贷资源汇聚的省级中心聚集，完善制度和市场使得资本配置的优化更易于进行。一般城市、中西部地

区的劳动力流入不如中心城市、东部地区，受到劳动要素的扭曲更为严重
（柏培文，2012），大量技术创新创业劳动力更偏好向工作机会和社会资源更
充沛的东部地区转移，使得东部地区企业劳动扭曲受到开发区的缓解作用更
小。开发区设立使得东部和西部地区企业资源配置效率得到提升，值得关注
的是模型（5），西部地区企业受到开发区设立的影响，使得资本扭曲得到一
定程度缓解，企业面临的资源配置效率提升幅度最大，即企业实际规模对企
业最优规模的偏离程度下降，表明西部地区企业面临的要素扭曲更低，企业
投入要素资源配置的效率上升。

表 6-7　中国开发区设立与企业资源配置效率：不同城市层级与不同区域

	（1）中心城市	（2）一般城市	（3）东部地区	（4）中部地区	（5）西部地区
资本投入扭曲					
开发区	−0.0974***	0.0012	−0.0398***	−0.0466	−0.1979***
	（0.0173）	（0.0172）	（0.0129）	（0.0434）	（0.0454）
观测值	198523	607316	557638	158094	90107
企业数量	69699	208980	194270	54701	29514
劳动投入扭曲					
开发区	−0.0033	−0.0208***	−0.0058**	0.0252***	−0.0397***
	（0.0033）	（0.0035）	（0.0025）	（0.0097）	（0.0088）
观测值	198523	607316	557638	158094	90107
企业数量	69699	208980	194270	54701	29514
资源配置效率					
开发区	−0.5888***	−0.5970***	−0.4186***	−0.4548	−1.7019***
	（0.1399）	（0.1574）	（0.1072）	（0.4509）	（0.4299）
观测值	198523	607316	557638	158094	90107
企业数量	69699	208980	194270	54701	29514

注：同表 6-2。

不同所有制企业在运行机制和对外部环境反应等方面都存在较大差异。
表 6-8 是分所有制估计结果，可以看出，开发区的设立对外资企业面临的资

本扭曲缓解作用最显著，对港澳台企业、国有企业、集体企业影响并不显著。模型(6)结果显示，开发区设立对集体企业劳动扭曲的恶化程度最大。遗憾的是，我们的异质性分析发现，开发区的设立并未对私营企业的要素扭曲有改善作用，私营企业容易受到外部环境变化的影响，开发区的设立作为一种行政手段能在私营企业中扮演重要投入要素调控作用，考虑到私营企业逐步成为国民经济中重要组成部分，意味着开发区的设立要对整个宏观经济产生更大的影响，还需要发挥对私营企业的溢出作用。从资源配置效率看，开发区设立对国有企业、港澳台企业和股份制企业并无显著影响，这与国有企业、港澳台企业享受到当地政府优惠政策和社会资源更多，且大部分为实力更强的企业，因此，资源投入要素配置受到开发区设立影响较小。

表6-8　　　中国开发区设立与企业资源配置效率：不同企业类型

解释变量	(1)国有企业	(2)集体企业	(3)股份公司	(4)港澳台	(5)外资企业	(6)私营企业
资本投入扭曲						
开发区	−0.0032	−0.0119	−0.0687**	0.0340	−0.1413***	0.0657***
	(0.0407)	(0.0360)	(0.0282)	(0.0304)	(0.0265)	(0.0194)
观测值	51101	100392	149043	61647	66557	377099
企业数量	19628	42067	60960	23523	25221	154626
劳动投入扭曲						
开发区	−0.0184*	−0.0313***	−0.0013	−0.0206***	−0.0083	−0.0060
	(0.0102)	(0.0078)	(0.0057)	(0.0064)	(0.0056)	(0.0037)
观测值	51101	100392	149043	61647	66557	377099
企业数量	19628	42067	60960	23523	25221	154626
资源配置效率						
开发区	−0.2579	−1.0295***	−0.4019	−0.1526	−0.4340**	−0.4071**
	(0.3665)	(0.3573)	(0.2553)	(0.2401)	(0.2181)	(0.1732)
观测值	51101	100392	149043	61647	66557	377099
企业数量	19628	42067	60960	23523	25221	154626

注：同表6-2。

中国实施优先重工业的赶超战略，导致行业的生产要素存量配置结构与其实际要素禀赋结构决定的比较优势相违背，使得大量的赶超企业缺乏自生能力(林毅夫和刘培林，2003)，也面临着技术创新能力不足以及产能过剩等突出问题。表6-9是分行业类型的估计结果，可以看出，开发区设立对除了劳动密集型以外企业的资本扭曲均有缓解作用。并且，对重工业和资本密集型企业的资本投入要素配置优化作用相对来说更大。这一结果反映了，近些年属于来料加工性质行业的重工业与资本密集型企业扩张势头减缓，经济增长对资本配置效率的以来逐渐提高，正规与非正规金融系统的二元分割和相关政策制度滞后，最终导致该部门资本配置效率偏低、转型速度偏缓。此外，开发区的设立同时使得重工业和资本密集型行业的企业劳动投入要素扭曲恶化加剧。整体上，开发区设立对不同行业企业的资源配置效率均有缓解作用，其中重工业和资本密集型企业的投入要素配置优化作用更大。

表6-9　　　中国开发区设立与企业资源配置效率：不同行业

解释变量	(1) 轻工业	(2) 重工业	(3) 资本密集型	(4) 劳动密集型
资本投入扭曲				
开发区	−0.0378**	−0.0594***	−0.0770***	−0.0068
	(0.0166)	(0.0168)	(0.0167)	(0.0166)
观测值	377317	428522	411908	393931
企业数量	136878	147899	147662	139893
劳动投入扭曲				
开发区	−0.0002	−0.0089***	−0.0084***	−0.0021
	(0.0034)	(0.0033)	(0.0032)	(0.0035)
观测值	377317	428522	411908	393931
企业数量	136878	147899	147662	139893
资源配置效率				
开发区	−0.2583*	−0.6462***	−0.6665***	−0.2480*
	(0.1447)	(0.1518)	(0.1517)	(0.1442)
观测值	377317	428522	411908	393931
企业数量	136878	147899	147662	139893

注：同表6-2。

6.5 开发区设立的总量生产率提升效应

开发区设立会改善企业资本投入的配置效率，虽然同时恶化了劳动要素的配置效率，但综合起来，开发区的设立使得企业实际规模和最优规模之间的差异降低，对企业资源配置效率有改善作用。企业资源配置效率受到影响，企业的产出水平必然也会发生变化，最终影响宏观经济的水平。那么，开发区通过企业资源配置效率对宏观经济的影响幅度有多大？本书通过分析开发区对企业规模分布的具体影响，探讨其对宏观经济效率影响的作用机制，并进一步测算该机制所带来的总量生产率提升的幅度。

6.5.1 作用机制分析

通过对比去除扭曲前后企业规模的变化，可以分析开发区设立如何通过企业资源配置效率影响宏观经济产出。为分析开发区设立优化要素投入对企业规模带来的影响，在前述实证分析结果的基础上，借助企业资源配置效率的测算框架，可以得到消除了开发区的影响后，企业的最优规模为：

$$Y_{K-Isi} = Y_{si} * (1 + \tau_{K-Isi})^{\sigma\alpha_s} \tag{6.28}$$

$$Y_{L-Isi} = Y_{si} * (1 + \tau_{L-Isi})^{\sigma\beta_s} \tag{6.29}$$

Y_{K-Isi}、Y_{L-Isi} 分别是消除了开发区的影响后企业的最优产出，扭曲楔子 τ_{K-Isi}、τ_{L-Isi} 分别是除开发区之外，其他因素导致的资本和劳动投入扭曲，具体的计算方法为：

$$\tau_{K-Isi} = \tau_{Ksi} - \beta_K * SEZ_{si} \tag{6.30}$$

$$\tau_{L-Isi} = \tau_{Lsi} - \beta_L * SEZ_{si} \tag{6.31}$$

其中，β_K、β_L 分别是通过倾向评分匹配方法匹配与开发区相似的样本后，所估计出来的开发区对两类要素配置效率的影响系数。SEZ_{si} 是开发区虚拟变量，即企业所在区县是否设立开发区，据此可以得到消除开发区影响后的要素投入扭曲。

图6-3中的左图是企业实际规模分布和消除开发区扭曲后的企业次优规模分布。可以看出，消除开发区的设立影响后，资本和劳动要素配置扭曲使得企业规模分布明显更加分散，处于规模均值的企业数量大幅下降，说明如果未设立开发区所导致的要素投入配置扭曲，会使得企业平均规模发生变异。图6-3也进一步展示开发区分别通过影响资本投入配置和劳动投入配置，进而造成企业规模分布变化的情况。其中，中图表明开发区矫正资本投入配置之后，企业规模分布变化。相对于实际规模分布，矫正扭曲后的企业规模分布向右偏移且更为发散，处于规模均值企业数量大幅下降。右图表明开发区矫正劳动投入配置之后，企业规模分布的变化。矫正扭曲后，企业规模分布向左偏移且更为分散，处于规模均值企业数量也发生较大程度下降。通过比较企业实际与理想规模偏离程度可以发现，开发区的设立带来的资源优化配置效应主要来自于对资本投入扭曲和劳动投入扭曲的矫正。开发区的设立能提升企业的平均规模，其中优化效应能使得原来规模偏小的企业规模增大，发挥规模经济，而使得原来规模过大的企业规模变小，避免规模不经济。

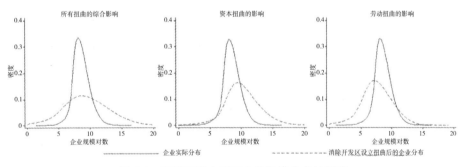

图6-3　开发区设立对于企业规模分布的影响

6.5.2　资源配置优化与总量生产率提升

识别出开发区设立的资源配置效应，为估算总量生产率的提升效应建立了基础。本书利用(6.23)式—(6.25)式所测算企业实际最优产出规模(消除所有资源配置扭曲的影响)和(6.28)式—(6.29)式所测算出的企业次优产出规模(消除开发区设立的影响，保留其他能导致资源配置扭曲的因素的效应)，加总获得实际总产出和理想总产出，通过计算实际与理想总产出的差额，估计开发区设立影响了资本和劳动要素投入扭曲之后，总量生产率的提升幅度。

假定最终产品的生产基于 C-D 形式的生产函数，根据 Hsieh 和 Klenow (2009)的研究，在该生产函数的设定下，即使企业层面真实全要素生产率无法获知，也能计算出生产总量，且不会造成宏观经济效率的测量结果存在较大的差异。总量生产函数的设定如下：

$$Y = \prod_{s=1}^{S} Y_s^{\theta_s} \tag{6.32}$$

根据各行业的生产函数形式，上述总产出可以进一步写为：

$$Y = \prod_{s=1}^{S} \left(TFP_s K_s^{\alpha_s} L_s^{\beta_s} \right)^{\theta_s} \tag{6.33}$$

首先解出资源在各部门的均衡分布：

$$L_s = \sum_{i=1}^{M_s} L_{si} = L \frac{(1-\alpha_s)\theta_s \left[\sum_{i=1}^{M_s} \frac{P_{si} Y_{si}}{P_s Y_s} (1-\tau_{Y_{si}}) \right]}{\sum_{s'}^{S} (1-\alpha_{s'})\theta_{s'} \left[\sum_{i=1}^{M_{s'}} \frac{P_{s'i} Y_{s'i}}{P_{s'} Y_{s'}} (1-\tau_{Y_{s'i}}) \right]} \tag{6.34}$$

$$K_s = \sum_{i=1}^{M_s} K_{si} = K \frac{\alpha_s \theta_s \left(\sum_{i=1}^{M_s} \frac{1-\tau_{Y_{si}}}{1+\tau_{K_{si}}} \frac{P_{si} Y_{si}}{P_s Y_s} \right)}{\sum_{s'}^{S} \alpha_{s'} \theta_{s'} \left(\sum_{i=1}^{M_{s'}} \frac{1-\tau_{Y_{s'i}}}{1+\tau_{K_{s'i}}} \frac{P_{s'i} Y_{s'i}}{P_{s'} Y_{s'}} \right)} \tag{6.35}$$

L 和 K 代表劳动和资本的总供应量。

经一系列的推导，可以获得行业生产效率 TFP_s 为：

$$TFP_s = \left[\sum_{i=1}^{M_s} \left(A_{si} \cdot \frac{\overline{TFPR_s}}{TFPR_{si}} \right)^{\sigma-1} \right]^{\frac{1}{\sigma-1}} \tag{6.36}$$

则实际总产出 Y 与消除了所有企业投入要素扭曲之后的理想总产出 Y_{KL} 的关系为：

$$\frac{Y}{Y_{KL}} = \prod_{i=1}^{S} \left[\sum_{i=1}^{M_s} \left(\frac{A_{si}}{\overline{A}_s} \frac{\overline{TFPR}_s}{TFPR_{si}} \right)^{\sigma-1} \right]^{\frac{\theta_s}{\sigma-1}} \tag{6.37}$$

其中，$\overline{TFPR}_s$ 为行业内加权生产率：

$$\overline{TFPR}_s = \left[\frac{\alpha_s}{R} \sum_{i=1}^{M_s} \frac{1}{1+\tau_{k_{si}}} \left(\frac{P_{si} Y_{si}}{P_S Y_S} \right) \right]^{-\alpha_s} \left[(1-\alpha_s) \sum_{i=1}^{M_s} \frac{1}{1+\tau_{l_{si}}} \left(\frac{P_{si} Y_{si}}{P_S Y_S} \right) \right]^{-\beta_s}$$

$TFPR_{si}$ 为企业名义生产率：

$$TFPR_{si} \triangleq P_{si} A_{si} = \frac{P_{si} Y_{si}}{K_{si}^{\alpha_s} (\omega L_{si})^{1-\alpha_s}} = \frac{\sigma}{\sigma-1} \left(\frac{MRPK_{si}}{\alpha_s} \right)^{\alpha_s} \left(\frac{MRPL_{si}}{\beta_s} \right)^{\beta_s}$$

$$= \left(\frac{R}{\alpha_s} \right)^{\alpha_s} \left(\frac{\omega}{\beta_s} \right)^{\beta_s} \frac{(1+\tau_{Ksi})^{\alpha_s} (1+\tau_{Lsi})^{\beta_s}}{A_{si}}$$

$\overline{A}_s$ 为不存在扭曲情况下的行业生产率：

$$\overline{A}_s = \left(\sum_{i=1}^{M_s} A_{si}^{\sigma-1} \right)^{\frac{1}{\sigma-1}}$$

（6.37）式是我们核算微观企业要素扭曲宏观经济效应的核心函数。从该式的理论推导过程和结果可以看出，宏观经济产出与各企业的扭曲存在着明确的函数关系。将这一函数关系与我们通过计量实证方法所估计出来的开发区设立对企业要素投入扭曲的影响相结合，就可以对开发区设立所产生的宏观经济效率损失进行测算。

基于（6.32）式总量生产函数设定，利用企业最优产出规模，可以计算出消除资本和劳动要素投入扭曲后的最终产出：

$$Y_K = \prod_{s=1}^{S} Y_{Ks}^{\theta_s} \tag{6.38}$$

$$Y_L = \prod_{s=1}^{S} Y_{Ls}^{\theta_s} \tag{6.39}$$

$$Y_{KL} = \prod_{s=1}^{S} Y_{KLs}^{\theta_s} \tag{6.40}$$

（6.38）式、（6.39）式、（6.40）式分别表示消除资本投入扭曲、劳动投入扭曲，以及同时消除资本和劳动投入扭曲之后，经济的总产出水平。Y_{Ks}、Y_{Ls}、Y_{kLs} 分别是（6.23）式—（6.25）式表示的企业产出规模基于（6.2）式在行业层面的加总。基于此，将要素投入扭曲消除后的总量生产率增进幅度定义为：

$$Misallocation_K = \frac{Y_K}{Y} - 1 \qquad (6.41)$$

$$Misallocation_L = \frac{Y_L}{Y} - 1 \qquad (6.42)$$

$$Misallocation_{KL} = \frac{Y_{KL}}{Y} - 1 \qquad (6.43)$$

（6.41）式、（6.42）式、（6.43）式分别表示消除资本投入扭曲和劳动投入扭曲，以及同时消除资本劳动投入扭曲后，所带来的总量生产率增进效应。$Misallocation_K$ 和 $Misallocation_L$ 的数值越大，表明资本或劳动要素投入扭曲所导致的宏观经济效率损失越严重。

为了进一步测算开发区的设立对总量生产率的增进效应，做出如下定义：

$$Y_{K-I} = \prod_{s=1}^{S} Y_{K-Is}^{\theta_s} \qquad (6.44)$$

$$Y_{L-I} = \prod_{s=1}^{S} Y_{L-Is}^{\theta_s} \qquad (6.45)$$

$$Y_{KL-I} = \prod_{s=1}^{S} Y_{KL-Is}^{\theta_s} \qquad (6.46)$$

（6.44）式、（6.45）式和（6.46）式分别表示，将除开发区以外其他因素导致的资本投入、劳动投入扭曲都剔除后，经济的总产出水平。Y_{K-IS}、Y_{L-IS} 和 Y_{KL-IS} 分别是（6.28）式、（6.29）式和同时消除了两类要素扭曲的企业规模基于（6.2）式在行业层面的加总。同样的，此处可以测算出将除开发区以外的其他因素导致的要素投入扭曲都消除后，总量生产率增进幅度为：

$$Misallocation_{K-I} = \frac{Y_{K-I}}{Y} - 1 \qquad (6.47)$$

$$Misallocation_{L-I} = \frac{Y_{L-I}}{Y} - 1 \qquad (6.48)$$

$$Misallocation_{KL-1} = \frac{Y_{KL-1}}{Y} - 1 \qquad (6.49)$$

(6.47)式、(6.48)式、(6.49)式分别表示将除开发区外的因素造成的资本和劳动投入扭曲剔除后,总量生产率的增进幅度,$Misallocation_{K-1}$ 或 $Misallocation_{L-1}$ 数值越大,表明除开发区设立影响外对应的资本或劳动要素投入扭曲造成的宏观经济效率损失越严重。

在上述研究的基础上,可以进一步量化开发区的设立对总量生产率的增进效应。开发区的设立通过资本、劳动投入配置,以及综合起来的企业资源配置效率带来的总量生产率提升幅度分别为:

$$Improvement_K = Misallocation_K - Misallocation_{K-1} \qquad (6.50)$$

$$Improvement_L = Misallocation_L - Misallocation_{L-1} \qquad (6.51)$$

$$Improvement_{KL} = Misallocation_{KL} - Misallocation_{KL-1} \qquad (6.52)$$

6.5.3 测算结果分析

(1)总体经济效应测算

基于上述测算框架,我们对开发区通过影响企业资源配置效率带来的总量生产率提升幅度进行估算。表6-10报告了全样本的基本测算结果、工具变量估计测算结果和倾向评分匹配下的估计结果。在开发区对微观企业要素投入扭曲影响的估计中,开发区的设立对资本影响的估计系数为正,但并不显著,也就意味着开发区设立对企业资本扭曲实际上并没有产生影响,但我们依然按照估计系数进行反事实分析。从测算结果来看,开发区的设立通过资本投入和劳动投入扭曲产生的影响都是负面的。

然而,工具变量和倾向评分匹配估计结果都证实,开发区的设立实际上改善了企业资本扭曲,因此,其通过资本扭曲渠道产生的宏观经济效应为正。虽然开发区的设立通过劳动投入扭曲产生的宏观经济效应为负,但从总效应来看,开发区设立产生的综合影响还是提升了宏观经济效率。鉴于大量已有对开发区的研究都基于倾向评分匹配方法纠正可能的偏误(Wang,

237

2013；黄玖立等，2013；李力行和申广军，2015），我们基于倾向评分匹配的分析结果展开分析，从分类别投入要素来看，资本和劳动投入配置变化带来的总量生产率效应分别为1.5%和-1.24%，资本投入配置带来的改善效应比劳动投入配置恶化效应相对更大一些。两类要素扭曲在不同企业的结合具有较大差异，总体上仍然出现总体产出水平的扩张。

从时间趋势来看，开发区设立对总量生产率的增进效应在样本期间呈现先减后增的态势。经济总量的提升幅度从1998年开始逐年下降，在2003年达到最低点后，开始缓慢增加，其中资本投入的优化配置效应变化最为明显。这也与盛丹和张国峰（2018）的研究发现以及政府相关政策实施时间点一致。2003年全国开发区过多过热，严重降低资源配置效率，还产生侵占耕作土地、损害农民利益等问题，政府开展全国范围内的开发区清理整顿、规划审核、设立审核及落实范围等工作，重新为开发区健康有序持续地发展注入新的活力。通过全国开发区整顿之后，要素配置变化所带来的总量生产率的提高又恢复到较高的水平，2007年的增加效应达2.10%。

表6-10　　　　　　　开发区设立的总量生产率提升效应：全样本

年份	1999	2000	2001	2002	2003	2004	2005	2006	2007	均值
基本结果										
资本投入	-0.0449	-0.0226	-0.0101	-0.0087	-0.0040	-0.0080	-0.0147	-0.0189	-0.0208	-0.0170
劳动投入	-0.0370	-0.0202	-0.0080	-0.0079	-0.0028	-0.0149	-0.0145	-0.0160	-0.0164	-0.0153
所有投入	-0.0420	-0.0126	-0.0092	-0.0152	-0.0050	-0.0088	-0.0123	-0.0147	-0.0209	-0.0156
工具变量估计结果										
资本投入	-0.0328	0.0329	0.0149	0.0615	0.0540	0.0029	0.0496	0.1594	0.0880	0.0478
劳动投入	-0.0370	-0.0202	-0.0080	-0.0079	-0.0028	-0.0149	-0.0145	-0.0160	-0.0164	-0.0153
所有投入	-0.0316	0.0228	0.0068	0.0922	0.0662	-0.0042	0.0490	0.1647	0.0711	0.0486
倾向评分匹配估计结果										
资本投入	0.0446	0.0213	0.0095	0.0069	0.0023	0.0079	0.0125	0.0124	0.0175	0.0150
劳动投入	-0.0371	-0.0210	-0.0083	-0.0090	-0.0040	-0.0150	-0.0155	-0.0202	0.0188	-0.0124
所有投入	0.0419	0.0122	0.0091	0.0130	0.0045	0.0088	0.0126	0.0138	0.0210	0.0152

注：资本和劳动投入配置优化总量生产率提升分别根据(6.50)式、(6.51)式、(6.52)式计算所得。

（2）分城市层级宏观经济效应对比

中国的城市发展的重要特征是，城市行政级别决定的城市间资源分配、发展机会和人才技术等差异产生的虹吸效应聚集着大量生产要素，而市场因素仅扮演着次要的作用（江艇等，2018）。行政等级和规模不同的城市在总量生产率水平提升幅度上是否存在显著的差异？对这一问题的回答，有助于为进一步制定差异化的开发区政策提供依据。表6-11报告了分城市层级的总量生产率测算提升结果，从总体来看，中心城市和一般城市的总量生产率都有一定程度的提升，且两类城市都存在劳动恶化配置效应和资本优化配置效应，综合起来带来了总量生产率的提升；另外，相对于中心城市，一般城市获得的总量提升效应更大，说明低层级城市受到开发区设立的影响更大。因此，如何充分利用开发区的优势、合理疏导资源流动，努力实现市场在资源配置过程起决定性作用，进一步促进低层级中小城市发展，为寻找中国新的经济增长点提供又一整体新思路。

表6-11　　　　开发区设立的总量生产率提升效应：不同城市层级

城市层级	1999	2000	2001	2002	2003	2004	2005	2006	2007	均值
消除资本投入扭曲										
中心城市	0.0392	0.0251	0.0133	0.0125	0.0038	0.0067	0.0111	0.0211	0.0249	0.0175
一般城市	0.0385	0.0214	0.0085	0.0071	0.0037	0.0079	0.0148	0.0181	0.0191	0.0154
消除劳动投入扭曲										
中心城市	−0.0244	−0.0184	−0.0089	−0.0138	−0.0018	−0.0076	−0.0097	−0.0054	−0.0200	−0.0122
一般城市	−0.0407	−0.0214	−0.0045	−0.0080	−0.0025	−0.0182	−0.0153	−0.0198	−0.0179	−0.0165
消除所有投入要素扭曲										
中心城市	0.0140	0.0111	0.0146	0.0180	0.0021	0.0050	0.0112	0.0074	0.0250	0.0121
一般城市	0.0408	0.0131	0.0016	0.0216	0.0036	0.0099	0.0148	0.0161	0.0182	0.0155

注：同表6-10。

(3) 不同地区宏观经济效应对比

在理想的市场经济环境下，通过价格引导各类生产要素自由流动，"看不见的手"能实现资源配置的最优化。但市场化改革以来，中国经济发展存在的局部不平衡不充分的市场分割、进退成本、自然条件等问题，使得区域间差距不断拉大。资源配置效率的差异，可能而在区域的差距的形成中起着重要作用。

表6-12对比了不同区域开发区设立所产生总量生产率提升效应。一方面，开发区的设立能影响资本和劳动投入效率，综合来看，带来总量生产率的提升。其中资本投入优化带来的增进效应以中西部地区最大，尤其经历政策扶持后，中西部增进效应提升较东部更为明显。表明开发区的设立能有效促进资源合理流动和地区经济增长，进一步缩减中西部与东部之间的经济差距。劳动投入优化所带来恶化效应在2003年后中西部地区也大幅上升，原因可能在于，中西部投资的增加所引致劳动力需求以及东部劳动力供给增速减缓和惠农政策在劳动力市场分割无法自由流动下，使得中西部开发区设立恶化地区劳动要素投入效率。

另一方面，相对于中西部，东部的开发区设立数量和规模都趋于饱和，开发区设立所导致的总量生产率增进效应逐年下降，甚至还出现总量生产率减少的趋势。在东部地区在开发区政策失效、劳动力成本上升以及环境规制等背景下，企业只有进一步提高自身效率才能获得进一步的发展空间。值得关注的问题是，上文回归结果显示，有开发区设立的西部地区企业面临资源配置效率加剧，但西部地区恶化效应更为明显，说明开发区的平衡政策确实能提高企业绩效和地区经济发展并改变企业分布。但这是通过牺牲企业效率和总体资源分配效率而代价的，会损害欠发达地区和总体经济发展的可持续性(向宽虎、陆铭，2015)。因此，基于中西部的开发区建设缺口仍有较大提升空间的现实情形，开发区整体规划及产业布局必须将地理位置和自然条件纳入考量范围。政策需要兼顾公平与效率，保障地方政府债务负担不超过可控范围下，还要逐步促进资源配置流动市场化，进一步优化资源配置，打破劳动力跨域流动阻碍，实现区域平衡发展。

表6-12　　　　开发区设立的总量生产率提升效应：不同区域

地区	1999	2000	2001	2002	2003	2004	2005	2006	2007	均值
消除资本投入扭曲										
东部地区	0.0446	0.0195	0.0084	0.0071	0.0029	0.0054	0.0075	0.0152	0.0144	0.0139
中部地区	0.0405	0.0209	0.0236	0.0177	0.0034	0.0117	0.0363	0.0350	0.0363	0.0251
西部地区	0.0304	0.0183	0.0115	0.0047	0.0142	0.0140	0.0739	0.0586	0.0293	0.0283
消除劳动投入扭曲										
东部地区	-0.0308	-0.0153	-0.0037	-0.0031	-0.0023	-0.0091	-0.0048	-0.0044	-0.0078	-0.0090
中部地区	-0.0298	-0.0143	-0.0075	-0.0082	-0.0024	-0.0676	-0.0396	-0.0309	-0.0234	-0.0248
西部地区	-0.0170	-0.0616	-0.0065	-0.0069	-0.0084	-0.0070	-0.0380	-0.0560	-0.0195	-0.0245
消除所有投入要素扭曲										
东部地区	0.0395	0.0079	-0.0029	0.0069	0.0011	0.0047	0.0030	0.0047	0.0065	0.0079
中部地区	0.0291	0.0054	0.0173	0.0205	0.0069	0.0359	0.0491	0.0472	0.0265	0.0264
西部地区	0.0376	0.0285	0.0128	0.0005	0.0277	0.0097	0.6266	0.0301	0.0164	0.0878

注：同表6-10。

(4) 不同所有制企业宏观经济效应对比

中国市场化经济改革下，不同所有制企业都在市场竞争中寻求更高效率的产权和交易机制。相对来看，非国有企业要素资源流动性较高，也容易受到市场机制的冲击，而国有企业受到政府主导支配，资源受到行政干预程度较大，管理体制和制度政策的差异会受到开发区设立不同的影响。

表6-13对比了开发区设立对不同所有制企业总量生产率的提升效应。可以看出，国有企业、集体企业和外资企业的总量生产率提升效应相对于其他所有制企业最大，港澳台和私营企业提升最小。其中的原因可能在

于，一方面，政府一般将国有企业、集体企业和外资企业作为开发区主要的招商引资对象，因为国有企业、集体企业常具有雄厚实力和经济基础，而外资企业由于技术优势与跨国背景，使得外资企业在当地能享受到超国民待遇。另一方面，早期国企的经济提升幅度较大并逐年下降，直至2006年后还出现负增长，这与国企的政策支持有较大关系，低效国有企业不能够及时退出市场，非国有企业无法准入市场，生产要素流动受阻并处于低效配置状态。国企所面临的投入要素偏离最优水平，扭曲企业的投入选择，还影响企业分布，导致企业盲目扩张，很大程度上也解释了中国产能过剩的现象。

外资企业总量生产率提升效率时间波动比较大，与中国政府对引进外资政策转变有关。90年代初期设立国家级开发区主要为了吸引国有资本与外资企业的集聚，但交通基础设施、市场规模和制度条件不完善，导致至今并未形成外资企业集聚中心(藤井大辅，2010)，无法充分发挥外资企业集聚协同的效应。外资企业总量生产率提升更多依赖引资政策推行，而开发区相应配套综合政策仍有待改善；从劳动投入配置恶化带来的宏观效应看，总量生产率恶化效应在不同所有制企业差异并不很大，但私营企业和港澳台企业恶化效应稍低。

表6-13　　　开发区设立的总量生产率提升效应：不同所有制类型

所有制	1999	2000	2001	2002	2003	2004	2005	2006	2007	均值
消除资本投入扭曲										
国有企业	0.0806	0.0393	0.0307	0.0239	0.0055	0.0060	0.0074	0.0072	0.0044	0.0228
集体企业	0.0667	0.0320	0.0214	0.0105	0.0035	0.0433	0.0367	0.0087	0.0141	0.0263
股份制企业	0.0341	0.0131	0.0065	0.0050	0.0041	0.0068	0.0118	0.0163	0.0177	0.0128
港澳台企业	0.0174	0.0127	0.0074	0.0037	0.0022	0.0032	0.0055	0.0107	0.0122	0.0083
外资企业	0.0185	0.0324	0.0077	0.0090	0.0084	0.0074	0.0123	0.0351	0.0073	0.0153
私营企业	0.0394	0.0394	0.0197	0.0034	0.0011	0.0076	0.0090	0.0207	0.0053	0.0162

续表

所有制	1999	2000	2001	2002	2003	2004	2005	2006	2007	均值
消除劳动投入扭曲										
国有企业	-0.0765	-0.0279	-0.0235	-0.0793	0.0141	-0.0139	-0.0176	0.0202	0.0181	-0.0207
集体企业	-0.0711	-0.0231	-0.0112	-0.0045	-0.0015	-0.0090	-0.0139	-0.0128	-0.0174	-0.0183
股份制企业	-0.0240	-0.0200	-0.0100	-0.0122	-0.0024	-0.0097	-0.0254	-0.0251	-0.0147	-0.0159
港澳台企业	-0.0209	-0.0192	-0.0037	-0.0010	0.0048	-0.0084	-0.0017	-0.0001	-0.0032	-0.0059
外资企业	-0.0379	-0.0126	-0.0040	-0.0066	-0.0047	-0.0138	-0.0196	-0.0431	-0.0022	-0.0161
私营企业	-0.0399	-0.0321	-0.0112	-0.0055	-0.0008	-0.0073	-0.0064	0.0300	-0.0138	-0.0097
消除所有投入要素扭曲										
国有企业	0.1443	0.0206	0.0415	0.1026	-0.0053	0.0071	0.0036	-0.0273	-0.0462	0.0268
集体企业	0.0566	0.0208	0.0149	0.0073	0.0010	0.0459	0.0439	0.0073	0.0244	0.0247
股份制企业	0.0275	0.0092	0.0054	0.0031	0.0029	0.0050	0.0169	0.0132	0.0113	0.0105
港澳台企业	0.0175	0.0145	0.0045	0.0013	-0.0003	0.0079	0.0006	-0.0056	0.0047	0.0050
外资企业	0.0150	0.0159	0.0029	0.0036	0.0101	0.0064	0.0096	0.0675	0.0010	0.0147
私营企业	0.0486	0.0389	0.0210	0.0075	0.0008	0.0037	0.0018	0.0031	0.0008	0.0140

注：同表6-10。

(5)不同行业宏观经济效应对比

伴随着交通基础设施建设，1998年以来的中国产业结构转型和工业发展呈现重工业化的趋向，同时政策扶持保有劳动密集型产业的良好竞争力，又不断促进劳动密集型产业向资本和技术、知识密集型产业转化升级。表6-14报告了开发区设立对不同行业总量生产率的提升效应的测算结果。从优化资本投入配置的总量生产率增进看，重工业的总量生产率提升效应略高于轻工业，劳动密集型企业提升效应略高于资本密集型企业，2000年后提升效应逐年放缓，这一趋势与同一时期开发区清理整顿政策相关；从劳动投入配置的总量生产率的恶化幅度来看，呈现出轻工业要略高于重工业、劳动密集型略高于资本密集型的规律，且恶化效应也有降低的趋势。

表6-14 开发区设立的总量生产率提升效应：不同行业

行业	1999	2000	2001	2002	2003	2004	2005	2006	2007	均值
消除资本投入扭曲										
轻工业	0.0377	0.0177	0.0077	0.0085	0.0033	0.0079	0.0150	0.0184	0.0210	0.0152
重工业	0.0565	0.0336	0.0172	0.0093	0.0072	0.0086	0.0126	0.0222	0.0201	0.0208
资本密集	0.0493	0.0210	0.0096	0.0081	0.0032	0.0088	0.0121	0.0192	0.0189	0.0167
劳动密集	0.0394	0.0252	0.0110	0.0095	0.0049	0.0074	0.0163	0.0187	0.0237	0.0173
消除劳动投入扭曲										
轻工业	−0.0365	−0.0187	−0.0070	−0.0092	−0.0024	−0.0147	−0.0121	−0.0115	−0.0153	−0.0141
重工业	−0.0381	−0.0250	−0.0104	−0.0050	−0.0037	−0.0154	−0.0187	−0.0242	−0.0186	−0.0177
资本密集	−0.0302	−0.0159	−0.0074	−0.0028	−0.0028	−0.0175	−0.0148	−0.0174	−0.0147	−0.0142
劳动密集	−0.0481	−0.0271	−0.0089	−0.0087	−0.0028	−0.0081	−0.0137	−0.0128	−0.0215	−0.0169
消除所有投入要素扭曲										
轻工业	0.0412	0.0094	0.0080	0.0183	0.0043	0.0080	0.0120	0.0114	0.0212	0.0149
重工业	0.0436	0.0292	0.0121	0.0062	0.0069	0.0108	0.0129	0.0257	0.0202	0.0186
资本密集	0.0329	0.0085	0.0081	0.0192	0.0067	0.0098	0.0108	0.0170	0.0170	0.0144
劳动密集	0.0541	0.0272	0.0107	0.0084	0.0027	0.0076	0.0142	0.0115	0.0274	0.0182

注：同表6-10。

6.6 结论与启示

开发区的设立如何促进了经济绩效提升一直众说纷纭。本书基于"资源配置和生产率"的框架，借鉴 Hsieh 和 Klenow（2009）测算模型，建立了一个测算开发区对企业资源配置效率的影响以及通过这一渠道提升经济总量生产率的测算框架，为中国经济增长提供一个新的微观传导机制方面的解释。在此基础上,我们将中国开发区设立的资料与中国工业企业数据进行匹配,实证分析中国开发区设立如何影响企业资源配置效率,并量化分析由此带来的宏观经济效率的改善。

研究发现:①开发区的设立会对企业资源配置效率产生重要影响,设立开发区的区县,企业资本投入的边际收益和边际成本缺口下降4.25%,资本投入不足的情况得到缓解;但开发区的设立使劳动过度投入的情况更加严重,劳动投入的边际成本和边际收益缺口上升0.53%。②开发区的设立能提升企业的平均规模,优化效应能使得规模偏小的企业规模增大,发挥规模经济的作用,规模过大的企业规模变小,避免规模不经济的出现,进而改善宏观宏观经济效率。进一步分析表明,劳动投入配置带来的恶化效应低于资本投入配置的改善,开发区的设立能显著提高整体的经济绩效。本书还验证2000—2003年全国开发区规模和数量的过度扩张,削弱开发区集聚经济和外溢效应的作用,并证实2003年之后偏向中西部政策所导致区域一定程度经济增长,体现中国区域发展战略由优先东部逐步转变到区域平衡发展。③开发区的设立对总量生产率的影响具有较强的异质性,总量生产率增进幅度在不同的区域、城市层级表现出明显差异。对中部地区、西部地区以及低层级城市的总量生产率促进作用较大。④开发区设立对国有、集体资本配置优化带来的经济增进效应最大,而港澳台和私营企业经济绩效的增加效应的作用相对小于集体企业和国有企业。

本书结论具有重要的政策含义:①开发区设立不仅能优化资源要素配置、促进要素合理流动,还能影响企业规模,使得企业实际规模与最优规模更加接近,可以更好发挥企业经济规模效应。为进一步发挥开发区设立优势,通过提高企业资源配置效率促进经济增长的作用,应结合经济现实和国家发展战略,明确新形势下开发区的优势定位,健全完善开发区运行机制,并适度适时调整政策目标,破除不同区域要素市场的分割。开发区优惠政策可以适当倾向资源配置优化作用更强的私营和股份制企业,更好发挥开发区资源优化配置的引导作用。②研究结果表明,开发区通过改善资源配置效率提升经济绩效的作用，在 1999—2007 年呈现出先下降后上升的态势。2003 年全国开发区过多过热，严重降低资源配置效率，还产生侵占耕作土地、损害农民利益等问题，政府开展全国范围内的开发区清理整顿、规划审核、设立审核及落实范围等工作，重新为开发区健康有序持续地发展注入新的活力。因此，避免开发区盲目扩张、无序竞争，有效科学管理开发区的建设，是发挥开发区制度促进经济绩效的重要手段。③中国区域发展不均衡成为新发展阶段的严峻挑战，管理者需要充分利用开发区带来经济绩效的增进效应，兼顾效率与公平，破除劳动力跨区流动阻碍和过多的资源要素流动的干预。同时，将中西部欠发达地区经济基础、产业布局、自然条件以及地方政府债务等因素考虑在内，着力探索出各地区差异设立开发区发展的路径，战略布局适度倾斜开发区发育程度较小的地区。并且，不能单纯依靠有形的手来干预生产要素流动，还需破除部分低效率政策干预，培育完善公平竞争机制，打破劳动力市场分割，通过带来总量生产率增进的效应来缩小东部和中西部、中心城市和一般城市之间的经济差距。

第7章　开发区、企业动态与区域经济效率

7.1　引言

已有大量研究表明，宏观经济增长的重要动力来源于微观企业动态演化导致的资源重新配置过程（Schumpeter，1934；李玉红等，2008；Bartelsman，2013；杨汝岱，2015；吴利学等，2016）。因此，重视企业成长、引导企业健康有效地动态演化，有利于改善资源错配、提升企业生产效率，进而促进宏观经济的增长。开发区作为改革开放政策的产物，是区域经济发展的先行地，在就业增长、出口贸易、外商投资、推动经济发展等方面的作用不容小觑（Combes 等，2011；Wang，2013；刘瑞明和赵仁杰，2015）。除此之外，设立开发区还能通过吸引企业进入、刺激市场竞争、降低生存风险等途径，提升企业生产效率、促进企业快速发展（De Silva 和 McComb，2012；毛其淋和盛斌，2013）。当前针对开发区的研究主要关注其影响企业动态的途径，鲜有涉及开发区通过企业演化作用于宏观经济的机制分析。

熊彼特认为，现实中的企业处于不断变化的过程中，生产率较高的企业存活下来，生产率较低的企业被淘汰出局；Bartelsman（2013）也提出了企业演化的相关理论，他认为企业进入和退出对区域经济的贡献大小，取决于进入企业和退出企业生产率与存活企业生产率的相对状况，只有高生产率的企

业进入、低生产率的企业退出才能有效提升区域经济效率。因而可以据此总结提升宏观经济效率的动力来源于以下动态环节：低效企业被淘汰退出市场、高效企业进入市场、存活企业提升自身效率、低效企业的市场份额转移到高效企业(张天华等，2018)。按照这个观点，开发区会从以下几个方面促进宏观经济效率增长：①开发区的政策优惠吸引大量企业进入，其中高效企业的进入会提升区域经济质量；②企业大量进入会形成集聚，加强企业间的竞争，若低效企业不能适应竞争则会被淘汰，同样也能提升区域经济效率；③企业集聚会产生知识、技术外溢效应，使存活企业改进技术，提升生产效率；④激烈的市场竞争通过资源再配置的方式将市场份额从效率低的企业转移到效率更高的企业，从而提升整体经济效率。

考察开发区设立行为对区域经济效率的影响还应考虑当前我国的经济环境。目前我国仍处于经济转轨时期，杜传忠和郭树龙(2012)在其研究中发现，国有经济、政府税收等体制特征是制约企业成长的重要因素。其中，国有经济比重过大、市场竞争不充分和无序化的现象将会使资源配置效率降低，甚至资源错配，从而可能出现低效企业不能被淘汰、高效企业无法进入市场的现象。我国的社会制度和经济体制决定了国有经济成分占主导地位，因此国有企业与非国有企业面临着不同的市场环境和竞争机制，即使在同一行业中，国企与非国企也具有不同的激励、监督和约束机制(吴利华和申振佳，2013)。改革开放以来，不少研究都发现国有企业效率及增长率相比其他所有制类型的企业更低(谢千里等，1995；林青松和李实，1996)，大部分国有企业处于亏损状态，需要政府的救助才能存活；少数国企通过特殊的垄断地位盈利(刘小玄，1995；姚洋，1998)。国有企业这种特殊的地位以及由此形成的资源禀赋、政策待遇等优势，导致其不仅存在自身效率损失，而且拖累了民营企业等其他企业的发展，成为整体经济的"增长拖累"(刘瑞明和石磊，2010)。此外，改革开放后地区政府对区域间的经济联系实施干预、限制和排斥等地方保护的行为，导致市场封锁和分割，降低经济增长的动态绩效(叶宁华和张伯伟，2017；刘培林，2005)。上述现象严重扰乱了我国市场上资源配置的秩序，进而妨碍企业健康有效地演化、影响区域经济效率的增长。因此，考察设立开发区的行为能否优化资源配置、改善企业演化效率，进而提升区域经济质量的同时，应重视国有企业在整体经济绩效增长中的作用。为此，本书将国有企业产值占总产值的比例作为交互项引入计量模型，以此分析国有企业绩效对企业各演化环节的影响。

研究开发区的建立能否优化资源配置、改善企业演化效率、提升区域经济质量，分析开发区影响宏观经济效率的机理对准确评价开发区政策绩效、制定相关的发展战略具有重要意义。基于此，本书将采用 Dynamic Olley-Pakes(以下简称"DOP")方法将区域经济效率提升分解为企业进入、退出、生产效率提升和市场份额变化四个企业演化环节，此方法可以准确地捕捉各演化环节对区域经济增长的贡献，我们将据此分析开发区影响宏观经济效率的具体机制。本书的主要研究结论是：①基本结果和稳健性检验的结果共同表明，开发区设立在总体上提高了企业进入的概率，同时降低了企业退出的风险，但对企业全要素生产率的影响不稳定；②宏观层面上，开发区通过企业的资源再配置效应对经济效率增长的贡献最大，但通过企业进入、退出和自身成长的环节对总体效率增长的作用并不显著。

与现有的文献相比，本部分的主要贡献在于：①以往针对开发区的研究主要集中在微观层面，本书可能首次结合微观和宏观角度分析设立开发区的经济效益；②采用 DOP 分解方法分析开发区通过企业演化环节对区域经济效率的影响。DOP 方法克服了以往其他分解方法的不足和缺陷，根据不同方式来定义企业进入和退出，更加准确地捕捉区域经济效率增长的来源，使本书的研究结果更具有说服力；③本书探究开发区对企业动态演化的作用，进而考察其对宏观经济效率的影响机制，不仅能够为促进宏观经济增长提出实质性的政策建议，而且能为评价设立开发区的经济效益提供新的视角。

7.2 文献综述

自 1984 年我国设立首批国家级经济开发区以来，各类开发区发展迅速，截至目前，我国共有开发区 1741 家，其中包括国家级开发区 569 家和省级开发区 1172 家。毋庸置疑，开发区是我国推动产业化、城镇化和全面开放的重要战略举措，在提高工人工资、促进外商直接投资、引导产业集聚等方面发挥了不可替代的作用（Wang，2013；Luet 等，2015）。

国外已有大量文献阐明了开发区设立影响企业生产效率的主要途径：集聚效应和选择效应。Duranton 和 Puga（2004）认为企业生产率优势来源于集聚经济带来的知识、技术外溢。而 Melitz（2003）和 Melitz 和 Ottaviano（2008）认为开发区政策吸引了大量企业进入，从而引起企业间的竞争，通过资源配置产生选择效应来提升企业平均生产率水平。Melo 等（2009）整理了集聚与生产率关系的研究，发现集聚与生产率存在着显著的正相关关系。国内也有大量研究集中探讨开发区的集聚效应和选择效应对企业演化的作用及其机制：郑江淮等（2008）认为，企业进入开发区的主要目的是获取政策优惠，因此企业扎堆不是一般意义上的集聚，对企业经济绩效的影响并不显著；林毅夫等（2018）也认为，开发区因其更好的政策环境促进企业生产率的提升，但区内的集聚效应并不显著；王永进和张国峰（2016）的研究表明，集聚效应和选择效应都对促进企业增长做出了贡献，初期主要贡献来源于集聚效应，后期通过优胜劣汰的选择效应占主导地位；李贲和吴利华（2018）通过引入中介模型检验开发区设立对企业成长的影响机制，发现集聚效应与选择效应是其中的重要传导机制；盛丹和张国峰（2018）发现，集聚效应与选择效应是影响企业成本加成率分布的重要因素，同时影响着企业垄断力和资源配置效率。关于开发区的研究并不仅限于企业成长与生产效率，除此之外，还有研究表明开发区升级地区制造业既可通过促进内部产业结构化推动（李力行和申广军，2015），也可通过产业集聚、资本深化和出口学习三条途径实现（周茂等，2018）。

上述研究都从多个微观角度证实了开发区设立能够促进企业增长、推动产业升级，直接考察了开发区对区域经济效率动态影响，但极少从微观企业的演化视角考察建立开发区对宏观经济的作用。实际上，按照熊彼特的观点，高生产率企业进入和低生产率企业退出可以提高整体经济效率（Schumpeter，1934）。杨汝岱（2015）认为，宏观经济效率的提升来源于以下四个方面的贡献：企业进入、退出和以技术进步为主要表现的自身成长及以市场份额变化为表现的资源配置。其中，制造业生产率增长的主要来源是企业成长，资源配置效率的改善则可以扩大企业成长空间，从而促进制造业整体生产率的增长。吴利学等（2016）利用微观企业层面的数据，考察企业自身技术进步、企业间资源配置的改善和企业的进入退出，可以得到地区加总生产率，即地区经济效率的反映。然而目前关于开发区影响企业动态成长的研究大多集中在对政策、管理制度等外部因素的考察，如郑江淮等（2008）研究发现，"政策租"是企业进驻开发区的主要原因，也是开发区企业绩效的主要来源；赵晓雷等（2011）的实证结果表明政区合一型的管理体制对开发区经济效率的改善有明显的积极作用；张国峰等（2016）指出，开发区的政策优惠吸引高效企业的进入，并降低企业退出的概率，从而加强集聚经济；李贲和吴利华（2018）发现，不同级别的开发区政策待遇不同，对企业规模成长的影响也不尽相同。

综观以上研究，大都不同程度地忽略了企业动态演化对宏观经济效率的影响。为此，本书根据张天华等（2018）的观点，从微观企业动态演化的视角出发，对区域经济效率的增长进行如下分解：低效企业被淘汰退出市场、高效企业进入市场、存活企业不断提升自身效率、市场份额从低效企业转移到高效企业。上述分解安排的原因在于：企业更替对制造业生产率的增长具有重要的直接影响，同时其还通过企业竞争效应对存活企业生产率提高产生不可忽视的间接影响（毛其淋和盛斌，2013）；企业成长效应是1998—2007年中国制造业生产率进步的主要原因，其中存活企业自身生产率提高所做的贡献最大（吴利学等，2016）。

然而不得不提的是，一个影响企业更替和资源配置机制的关键因素可能对企业动态演化过程产生重要影响。那便是大多数国有企业的现状：效率低下，依赖政府补贴弥补亏损才能存活，少数国企利用特殊的垄断地位维持盈利(刘瑞明和石磊，2010)；国有企业经营环境比非国有企业更好，但其技术效率、全要素生产率的增长却是较低的(姚洋，1998；谢千里、罗斯基、郑玉歆，1995)。这种现象所产生的后果：一方面，优胜劣汰的市场竞争机制失灵(林毅夫和李志赟，2004)。国有企业即使效率低下也能依靠政府补贴维持而不被淘汰，这就是软预算约束现象(Kornai，1986)，这种现象将导致更高效的企业没有机会进入市场，企业更替的机制被破坏。另一方面，政策干预为国企过度配置了资本和劳动力(张天华和张少华，2016)，导致其他效率提高的企业未能得到相应的资源，损害了市场公平和其他企业的积极性。综上，这些国有企业的现状可能会通过企业更替失灵和资源错配损害企业演化效率和区域经济效率。

已被证实的生产率异质性(高凌云等，2014)表明，企业规模和实际生产率水平之间不存在明显的正向关系，表明企业间可能存在着资源错配现象。因此，本书借鉴 Melitz 和 Polanec(2015)的统计方法，即 DOP(Dynamic Olley-Pakes)方法对中国 1998—2007 年制造业生产率变化的来源进行了分解。使用 DOP 方法可以准确核算企业各个演化环节对区域经济效率的贡献，并具有较好地稳健性。因此，本书将研究建立开发区对企业成长、资源配置及企业进入退出的影响，并在此基础上考察开发区建立通过上述渠道对区域经济效率产生的影响及其作用机制。

7.3 数据、实证设计及描述统计

7.3.1 数据介绍

(1)开发区

开发区是发展中国家政府为促进区域经济发展而设立的专门机构。开发区的设立解决了发展中国家资本投资不足和市场制度缺失等问题，在增加就业、促进出口、拉动区域经济增长方面具有不可忽视的作用(郑江淮等，2008)。本书所采用的开发区数据来自《中国开发区审核公告目录》(2006 年版)，数据显示我国国家级开发区有 222 家，省级开发区有 1346 家。

现有研究对开发区企业的识别规则主要有以下三种：第一种是关键词检索方法(陆铭和向宽虎，2014)，如果企业地址信息中包含"开发""工业园""工业区""园区""高新区"中的一个，则视该企业为开发区内的企业；第二种是查看该企业所在的区县是否有开发区，若有，则视该企业为开发区企业，若无，则为非开发区企业(王永进和张国峰，2016)。第三种方法是获取开发区区域边界和企业经纬度的数据，并进行比对(Lu 等，2015；Zheng 等，2017)。由于第二种方法数据简单易得，且在操作上相对简洁方便，减少了繁冗的工作量。因此，本书采用第二种方法识别开发区企业用于研究。

(2)企业数据

本书所使用的企业数据来自 1998—2007 年中国工业企业数据库，该数据库涵盖了所有国有企业以及产品销售收入(或主营业务收入)在 500 万以上的非国有企业，是目前可获得的最大的中国制造业工业样本。在使用该数据时参照 Brandt 等(2013)的处理方法，剔除了以下观测值：关键财务指标缺失或为 0；不符合一般会计准则的企业；职工人数少于 8 人的企业；关键变量前后 1%分位的极端值。同时，在样本匹配、名义变量的价格平减和样本筛选等方面对数据做了细致的处理，以获得准确可靠的企业数据。

7.3.2 理论分析与实证设计

(1)理论分析与假说提出

开发区作为区域经济发展的试验区，拥有特定的优惠政策和管理制度，可以节约企业经营成本并扶持企业发展。这些政策优势会直接吸引企业进驻开发区。除政策因素外，企业聚集所形成的集聚经济可以通过知识技术外溢、劳动力和基础设施共享等方式，降低企业的生产成本、运输成本，提高企业的技术水平和生产效率。这一方面能吸引企业进入，另一方面也能提高企业的生产效率，减少生存风险，降低企业退出概率。虽然已有研究指出企业进入率与生存率之间存在负相关关系（Brixy 和 Grotz，2007），但也有学者（Mata 等，1995）从另一角度说明企业进入率高意味着区域发展速度快，市场规模迅速扩大，企业间竞争压力减少，退出的风险降低。基于此，本书提出以下假说：

假说1：开发区设立可以促进企业进入，同时减少企业退出。

Disney 等（2003）指出，产业整体生产率的提高主要依靠两条途径：一是通过调整内部结构，即提高产业中在位企业的生产率；二是通过改造外部结构，利用市场选择机制将低效企业淘汰，促使高效企业进入。进一步地，Carreira 和 Teixeira（2008）认为外部结构调整的过程，是通过低效企业失去市场份额并退出市场、高效企业进入市场获得市场份额的方式进行资源重新配置，提升生产效率的。同样的，开发区促进区域经济效率增长也应依靠上述途径。首先，开发区能够促进高效企业进入：优惠的税收政策和土地制度是促进企业竞争的关键因素。为了争夺更好的区位和潜在的盈利机会，高效企业往往会支付低效企业无法承受的更高竞价，因此开发区能促进高效率企业的进入。其次，在位企业必须通过提高生产率，扩大市场份额才能维持或改善在开发区中所处地位：如果没有制度或人为的因素扭曲经济，一方面高效企业受政策激励后会增长其绩效，产出份额随之增加；另一方面低效企业如果不能及时改进生产技术，微薄的优势也会逐渐消失，市场份额发生转移。由此可以看出，设立开发区主要是通过优胜劣汰和资源配置的机制对企业演化产生影响的。基于此，本书提出以下假说：

假说2：经济中不存在扭曲时，开发区设立可以促进高效企业进入、低效企业退出，提升在位企业的自身效率，将市场份额配置到更高效的企业。总而言之，开发区设立是通过改善企业进入、退出、自身成长和资源再配置环节来优化区域经济效率的。

(2)设立开发区微观层面的实证设计

为了验证假说 1 和假说 2,本小节将在识别企业进入、退出行为的基础上,衡量开发区设立对微观企业进入退出、市场份额和相对生产率变动的影响。

①企业进入和退出概率的测量。企业以盈利为根本目的,根据利益最大化原则,如果企业的某种行为所带来的收益超过或等于该行为的成本,企业就有理由这么做。基于此,我们假定企业在决策进入或退出市场前会对该行为的收入和成本进行核算,得到区县 j 企业 i 在 t 时期的利润可以用以下随机利润函数表示:

$$\omega_{ijt} = R(y_{jt}, F_{it}, C_{jt}) - C(y_{jt}, F_{it}, C_{jt}) + \mu_{ijt} \tag{7.1}$$

其中,R 和 C 分别是企业的收入和成本,μ_{ijt} 表示模型的误差项。y_{jt} 刻画的是区县 j 在 t 年是否设立了开发区的哑变量,是本书的核心解释变量。向量 F_{it} 是一系列企业特征的控制变量,包括企业 i 的人均资本(衡量企业资本密集度)、资产负债率(衡量企业的负债水平)、利润率(衡量企业经营效率)。向量 C_{jt} 是关于区域特征的控制变量,包括区县 j 的人口数量和人均 GDP。

接下来建立企业进入和退出的选择模型,此时需要准确界定企业进入和退出的状态。由于中国工业企业数据库的数据具有截尾性质,识别企业进入的方法分成了两种:一种是把成立年份与接受调查年份一致的企业视为进入企业,常被称为成立准则;另一种是把首次出现在数据库的企业视为进入企业,被称为统计准则。使用统计准则容易将业绩波动大的民营企业错误地识别为进入企业(毛其淋和盛斌,2013)。因此,本书采用识别结果较为稳健的成立准则。将未进入的企业进入市场记为 $entry=1$,不进入记为 $entry=0$。那么,企业进入的选择方程可表示为:

$$entry_{ijt} = \begin{cases} 1, & \text{if } \omega_{ijt} > a \\ 0, & \text{if } \omega_{ijt} \leq a \end{cases} \tag{7.2}$$

将在位企业退出市场记为 $exit=1$，不退出记为 $exit=0$。那么，企业退出的选择方程可表示为：

$$exit_{ijt} = \begin{cases} 1, & \text{if } \omega_{ijt} \leq b \\ 0, & \text{if } \omega_{ijt} > b \end{cases} \tag{7.3}$$

其中 a 和 b 均为常数。企业进入退出的选择模型已经建立，可以将 j 区县 i 企业在 t 年进入开发区的概率表示为 $P(entry_{ijt}=1)=P(\omega_{ijt}>a)$，同理可得该企业在 t 年退出的概率 $P(exit_{ijt}=1)=P(\omega_{ijt} \leq b)$。

如果想要更好地分析设立开发区的行为对企业进入退出产生的影响，需要建立 Logit 面板模型运用极大似然估计法进行估计。因此，我们假设 ω_{ijt} 是各解释变量的线性组合，μ_{ijt} 独立且服从 Logit 分布，则可得企业进入和退出的 Logit 面板模型如下：

$$P(entry_{ijt}=1) = \frac{e^{\mu_{ijt}+\alpha_{entry}+\beta_{entry}y_{jt}+\gamma_{entry}F_{it}+\delta_{entry}C_{jt}}}{1+e^{\mu_{ijt}+\alpha_{entry}+\beta_{entry}y_{jt}+\gamma_{entry}F_{it}+\delta_{entry}C_{jt}}} \tag{7.4}$$

$$P(exit_{ijt}=1) = \frac{e^{\mu_{ijt}+\alpha_{exit}+\beta_{exit}y_{jt}+\gamma_{exit}F_{it}+\delta_{exit}C_{jt}}}{1+e^{\mu_{ijt}+\alpha_{exit}+\beta_{exit}y_{jt}+\gamma_{exit}F_{it}+\delta_{exit}C_{jt}}} \tag{7.5}$$

②企业市场份额变化的度量。根据 Carreira 和 Teixeira（2008），低效企业市场份额逐渐萎缩至退出市场，高效企业进入市场抢夺市场份额，从而实现产业资源重新配置，提升产业整体生产率。因此，测算企业市场份额的变化幅度有利于观察开发区对企业演化的动态影响。基于此，本书采用工业产出增长率的绝对值衡量企业市场份额的变动幅度，并建立以下计量模型：

$$Share_{ijt} = \left| \frac{value_{ijt} - value_{ij,\,t-1}}{value_{ij,\,t-1}} \right| = \alpha_{share} + \beta_{share}y_{jt} + \gamma_{share}F_{it} + \delta_{share}C_{jt}$$

$$+ \lambda_{(share)it} + \varphi_{(share)i} + \eta_{(share)jt} + \xi_{(share)j} + \varepsilon_{(share)ijt} \tag{7.6}$$

其中，$Share_{ijt}$ 表示 j 区县的 i 企业 $t-1$ 年至 t 年的市场份额变动幅度；$value_{ijt}$、$value_{ij,\,t-1}$ 分别是 j 区县的 i 企业在 t 年和 $t-1$ 年的产出增加值；α 是常数，y_{jt} 是主要解释变量，F_{it}、C_{jt} 是主要控制变量，其含义均与上文相同。λ 和 φ 是企业层面未控制的影响企业 TFP 的变量，η 和 ξ 是区域层面未控制的变量，ε 是模型的残差。

③企业全要素生产率的测算。为了得到设立开发区对企业动态演化的影响，除了衡量企业进入和退出的概率和市场份额的变动幅度之外，还要考察企业相对生产效率受开发区影响的变动。为此，对企业全要素生产率取自然对数后建立以下模型：

$$\ln TFP_{ijt} = \alpha_{TFP} + \beta_{TFP} y_{jt} + \gamma_{TFP} F_{it} + \delta_{TFP} C_{jt} + \lambda_{(TFP)it} + \varphi_{(TFP)i}$$
$$+ \eta_{(TFP)jt} + \xi_{(TFP)j} + \varepsilon_{(TFP)ijt} \tag{7.7}$$

其中，$\ln TFP_{ijt}$ 是区县 j 的 i 企业在 t 年的相对生产效率，是该模型的被解释变量。核心解释变量 y_{jt} 和控制变量 F_{it} 和 C_{jt}，α，λ 和 φ，η 和 ξ，ε，其含义均与上文相同。

(3)设立开发区宏观层面的实证分析

上一部分完成了开发区对企业进入、退出、市场份额和生产效率变动影响的衡量，但只属于微观层面的考察。若要进一步分析开发区对区域经济效率的影响，应该在上一部分的基础上，将宏观经济效率分解到企业各个演化环节，然后实证分析各演化环节对宏观效率的实际贡献。

既有研究(吴利学等，2016)指出，企业演化具体是通过企业自身效率提升、企业市场份额变化、高效企业进入和低效企业退出四条路径实现对总体经济效率的影响的。需要注意的是，企业进入效应衡量的是进入企业效率与在位企业效率的相对高低。只有当进入企业效率高于在位企业效率时，进入效应才为正，才能正面影响总体经济效率。同理，当某在位企业效率低于平均生产效率，该企业退出市场才能使退出效应为正。可以看出，上述对企业进入退出效应的测量具有不确定性。为此，我们需要通过分解总体全要素生产率来准确考量各个环节的真实影响。

自克鲁格曼提出"东亚奇迹"以来，许多学者纷纷开始关注全要素生产率(李京文和钟学义，1998；Young，1998；Chow 和 Li，2002；郑玉歆，1996)。随着数据的丰富和前人经验的累积，全要素生产率的分解方法开始多样化。例如，李玉红等(2008)、聂辉华和贾瑞雪(2011)、Brandt 等

(2012)、毛其淋和盛斌(2013)等学者就采用了 BHC、FHK、GR、BG 等方法考察了中国制造业企业全要素生产率的来源。吴利学等(2016)则比较了上述方法和 OP、DOP 方法的差异，并运用 DOP 方法分解制造业生产率来源。

尽管以往的学者运用 BHC、FHK、GR、BG 和 OP、DOP 分解方法所得出的结论几乎不尽相同，但 DOP 方法胜在能够反映企业进入退出和企业间资源配置效率的变化，相较而言更适用于对中国制造业发展和大中型企业数据库的研究。

因此，本书借鉴 Melitz 和 Polanec(2015)提出的 Dynamic Olley-Pakes 方法分解中国制造业生产率的来源，以此考察企业成长和企业进出对总量生产率变化的实际贡献。根据这个方法，我们可以定义某一行业、地区或不同类型企业的加总生产率为企业全要素生产率的加权平均，其中权重采用企业产值：

$$\Phi_t = \sum_{i \in \Omega} \varphi_{it} \omega_{it} \qquad (7.8)$$

其中，Φ_t 表示某一行业、地区或不同类型企业在 t 时期的加总生产率，Ω 代表全体企业，φ_{it} 是企业 i 在 t 年的全要素生产率(对数)，表示为：$\varphi_{it} = \ln TFP_{it}$。$\omega_{it}$ 是企业 i 在 t 年的产值 outcome$_{it}$，即：$\omega_{it} = \dfrac{\text{outcome}_{it}}{\sum\limits_{i \in \Omega} \text{outcome}_{it}}$。

需要说明的是，采用不同方法估计企业全要素生产率所得到的结果往往具有差异，甚至会得到相反的研究结论。现有的对企业生产效率的估计方法主要有四种：指数法、普通最小二乘法、Olley 和 Pakes(1996)方法(以下简称 OP 法)和 Levinsohn 和 Petrin(2003)方法(以下简称 LP 法)。张天华和张少华(2016)在研究中发现使用指数法虽能得到企业 TFP 的一致精确估计，但对企业行为的假定过于严苛；普通最小二乘法会因内生性而产生严重偏误；使用 OP 法则需要对投资变量进行准确估算，否则将会导致 OP 估计量不一致。与 OP 方法不同的是，LP 方法使用中间投入品代替投资变量，解决了投资变量与生产率可能不满足单调性的问题。因此，本书采用 LP 法估计制造业企业全要素生产率。

  DOP 方法是在 OP 方法的基础上引入企业进入和退出，将企业演化的四个动态环节对总量生产率所作的贡献概括为组内效应、组间效应、进入效应和退出效应。计算制造业总体生产率的方法是将其分为 $t-k$ 时期存活企业和退出企业的加权生产率加总（Φ_{t-k}）、t 时期进入企业和存活企业的加权生产率加总（Φ_t），两个时期的加总生产率之和即为总量生产率：

$$\Phi_{t-k} = \Phi_{S(t-k)} \sum_{i \in S} W_{i(t-k)} + \Phi_{X(t-k)} \sum_{i \in X} W_{i(t-k)}$$

$$= \Phi_{S(t-k)} + \sum_{i \in X} W_{it} (\Phi_{X(t-k)} - \Phi_{S(t-k)}) \qquad (7.9)$$

$$\Phi_t = \Phi_{St} \sum_{i \in S} W_{it} + \Phi_{Nt} \sum_{i \in N} W_{it} = \Phi_{St} + \sum_{i \in N} W_{it} (\Phi_{Nt} - \Phi_{St}) \qquad (7.10)$$

  其中，S 代表存活企业，X 代表退出企业，N 代表新进入企业。$\Phi_{S(t-k)}$ 和 Φ_{St} 分别是存活企业在 $t-k$ 时期和 t 时期的加总生产率，$\Phi_{X(t-k)}$ 是退出企业在 $t-k$ 时期的加总生产率，Φ_{Nt} 则是新进入企业在 t 时期的加总生产率。W 是企业产值占该城市总产值的比重，是企业加权平均的权重，它满足以下条件：

$$\sum_{i \in S} W_{i(t-k)} + \sum_{i \in X} W_{i(t-k)} = \sum_{i \in \Omega} W_{i(t-k)} = 1 \qquad (7.11)$$

$$\sum_{i \in S} W_{it} + \sum_{i \in N} W_{it} = \sum_{i \in \Omega} W_{it} = 1 \qquad (7.12)$$

  将上述式子进行一系列的变换后，可以得到总量生产率 DOP 分解的最终结果：

$$\Delta \Phi_t = \Delta \overline{\varphi}_{St} + \Delta \operatorname{cov}_S(\omega_{it}, \varphi_{it}) + \omega_{Nt}(\Phi_{Nt} - \Phi_{St})$$

$$- \omega_{X(t-k)} [\Phi_{X(t-k)} - \Phi_{S(t-k)}] = \sum_{n=1}^{4} Effect \qquad (7.13)$$

  其中，$\Delta \Phi_t$ 是制造业总体生产率的变化，代表区域经济效率的变动，它是由 $\Delta \overline{\varphi}_{St}$、$\Delta \operatorname{cov}_S(\omega_{it}, \varphi_{it})$、$\omega_{Nt}(\Phi_{Nt} - \Phi_{St})$ 和 $-\omega_{X(t-k)} [\Phi_{X(t-k)} - \Phi_{S(t-k)}]$ 四项组成的，分别代表着组内效应、组间效应、进入效应和退出效应。$\Delta \overline{\varphi}_{St}$ 是组内相应，是指企业通过科学管理、技术改进等方式提升自身效率对区域经济增长做出的贡献；$\Delta \operatorname{cov}_S(\omega_{it}, \varphi_{it})$ 是组间效应，是指通过产出份额在不同企业间的重新配置对区域经济效率产生的影响，只有当产出份额在不同企业间的分布与企业生产率的分布呈正相关时，组间效应才为正；$\omega_{Nt}(\Phi_{Nt} -$

Φ_{St}）是企业的进入效应，它是新进入企业与存活企业加总生产率之差，当新进入企业的生产效率高于在位企业时，进入效应为正，反之为负；同理，$-\omega_{X(t-k)}\left[\Phi_{X(t-k)} - \Phi_{S(t-k)}\right]$ 是企业的退出效应，只有当退出企业的生产率水平低于在位企业平均生产率水平时，退出效应为正，企业退出对区域经济增长做出积极的贡献。

以上四种效应的加总即是宏观经济效率的变化，可以看出，DOP 方法将区域经济效率变化分解到企业演化的各个环节，其作用就像是一座桥梁，将微观层面的企业动态与宏观层面的区域经济效率变化连接在一起，让我们可以更方便地研究微观经济是如何影响宏观效率的。利用 DOP 方法独特的贡献，我们将探索开发区通过企业动态演化对宏观经济产生的影响及具体机制。具体地，我们首先建立了以下模型来测量开发区设立行为对企业演化各个环节的产生的实际贡献：

$$Effect_{njt} = \alpha_n + \beta_n y_{jt} + \delta_n C_{jt} + \eta_{njt} + \xi_{nj} + \upsilon_{njt} (n = 1, 2, 3, 4) \quad (7.14)$$

其中，$n = 1, 2, 3, 4$ 分别代表企业演化的组内效应、组间效应、进入效应和退出效应，j 和 t 与上文含义一致，则 $Effect_{njt}$ 指的是 j 区县在 t 时期经 DOP 分解得到的第 n 种效应。y_{jt} 是开发区虚拟变量，C_{jt} 是区县控制变量，η_{njt} 和 ξ_{nj} 是未控制的区县特征，υ_{njt} 是模型的残差。

7.3.3 描述统计

为研究开发区的设立对企业动态演化的影响，通过查询开发区管委会所在地获得开发区所在县区的行政代码，再根据中国工业企业数据库中企业的地址信息，查询企业所在县区是否有开发区，以实现企业数据与开发区数据的匹配。

城市特征是影响企业动态演化的重要因素，因此，本书利用1999—2008年《中国城市统计年鉴》和《中国县域经济统计年鉴》提供的各级城市的经济、人口和地理信息指标，控制企业所处城市的影响。其中，《中国城市统计年鉴》提供了地级市以上城市的信息，《中国县域经济统计年鉴》提供了县及县级市的信息。

下表为本书主要变量的描述性统计。可以看出，开发区企业在总产值、生产效率、资本密集度等方面都显著高于非开发区的企业。其中，非开发区企业的进入行为和退出行为都较开发区企业更多。另外，开发区所在区县的人均 GDP 超过所有区县的平均水平，这表明开发区的设立能够在一定程度上促进企业发展，改善区域经济。总之，据此统计结果可以初步判断设立开发区的行为与企业的动态演化之间具有相关关系，但具体存在何种关系、又如何影响区域经济效率，还需要进一步的分析和验证。

实证部分的安排如下：①分析开发区设立行为对企业进入、退出和全要素生产率变化等一系列动态演化特征的影响；②鉴于中国不同地区、不同城市层级之间经济发展状况的差异，以及微观企业的所有制差异，本书将从地区、城市层级、企业所有制和开发区动态四个方面进行异质性分析；③为解决样本选择所产生的内生性问题，本书采用倾向得分匹配(PSM)方法匹配企业样本，以便获得更为可靠的结果。

表 7-1   各变量的描述性统计

变量	开发区企业		非开发区企业		全部企业	
	均值	标准差	均值	标准差	均值	标准差
开发区设立					0.118	0.323
Distance_ProCap	1.184	1.104	1.399	1.266	1.374	1.25
企业进入	0.113	0.316	0.183	0.387	0.175	0.38
企业退出	0.0554	0.229	0.0711	0.257	0.0692	0.25
企业市场份额	0.579	1.545	0.605	2.65	0.603	2.558
企业全要素生产率	4.087	1.015	4.033	1.008	4.039	1.009
资产负债率	74.72	110.6	70.88	104.7	71.33	105.4
人均资本量	3.676	5.765	3.536	5.69	3.552	5.699
利润率	0.0247	1.885	0.0397	15.1	0.0379	14.19
区县人口(万人)	19.03	34.23	12.04	25.72	12.86	26.96
区县人均 GDP(万元)	9.625	7.287	8.67	7.284	8.783	7.291
观测值	202229		1508000		1711000	

7.4　计量结果分析

7.4.1　基本回归结果

企业演化对区域经济效率的贡献主要来自企业进入、退出、提高生产效率等重要的动态演化环节。因此，本节先从微观层面考察开发区的设立行为对企业演化的这四个环节的影响，然后再考察开发区通过企业动态演化进而对区域经济产生影响的可能机制。为避免数据中的极端值对估计结果可能造成的误差，本书对数据进行了以下处理：剔除了位于关键变量前1%和后1%的观测值，剔除了财务指标异常的样本，得到的回归结果如表7-2所示。

表 7-2　　　　　　　　开发区设立与企业演化：基本回归结果

变量	企业进入	企业退出	全要素生产率	市场份额
	（1）	（2）	（3）	（4）
开发区设立	0.0140**	−0.0294***	0.0058***	−0.0229***
	（0.0055）	（0.0098）	（0.0019）	（0.0058）
资产负债率	−0.0001**	−0.0006***	0.0001***	0.0006***
	（0.0000）	（0.0001）	（0.0000）	（0.0000）
人均资本量	0.0040***	0.0123***	0.0318***	0.0057***
	（0.0005）	（0.0009）	（0.0002）	（0.0005）
利润率	0.4144***	−2.0896***	2.1712***	−1.6181***
	（0.0299）	（0.0439）	（0.0079）	（0.0264）
区县人口	0.0018***	0.0017***	−0.0012***	0.0009***
	（0.0001）	（0.0002）	（0.0000）	（0.0001）
人均 GDP	−0.0017***	0.0189***	0.0305***	0.0080***
	（0.0006）	（0.0011）	（0.0002）	（0.0005）

续表

变量	企业进入	企业退出	全要素生产率	市场份额
	（1）	（2）	（3）	（4）
常数项	0.0140**	−0.0294***	0.0058***	0.6660***
	（0.0055）	（0.0098）	（0.0019）	（0.0137）
时间效应	YES	YES	YES	YES
固定效应	YES	YES	YES	YES
观测值个数	1229553	1004651	1229553	983406
企业数量	348858	306885	348858	279354

注：括号内为稳健标准误，* 表示 $p<0.1$，** 表示 $p<0.05$、*** 表示 $p<0.01$，下同。第（1）、（2）列采用面板二值选择模型，第（3）、（4）列采用固定效应模型。

表 7-2 第（1）列的结果显示，与非开发区企业相比，设立开发区的行为会使企业进入市场的概率提高 1.40%，退出市场的概率降低 2.94%。基本回归结果表明，开发区的建立在促进企业进入的同时减少企业退出的风险。这一结果与张国峰（2016）的研究结论基本一致。表 7-2 的第（3）列可以看出，设立开发区的行为使企业的全要素生产率显著提高了 0.58%。第（4）列报告了设立开发区对企业市场份额的影响。结果显示，开发区的建立使区内企业的市场份额显著减少了 2.29%。可能原因是开发区的建设吸引了大量企业进入，抢夺在位企业的市场份额，导致总体市场份额呈下降趋势。

另外，表 7-2 的其他信息显示，除区县人口变量外，企业资产负债率、人均资本量、利润率及人均 GDP 都与企业的全要素生产率呈正相关，即生产效率越高的企业，其资产负债率、人均资本量、利润率和人均 GDP 都越高。

7.4.2 异质性分析

制造业企业所处的地区、城市的层级以及其所有制的不同，都会在一定程度上影响企业所处的经济环境，进而影响企业的规模及绩效。因此，有必要从地区、城市层级及企业所有制三个角度出发分析开发区设立对企业影响的差异。此外，考虑到开发区的设立对企业的影响可能存在一定的滞后期，因此本书将从开发区设立动态的视角分析其影响的异质性。

(1) 企业所有制

我国作为社会主义国家，实行以公有制为主体，多种所有制并存的基本经济制度。这就决定了我国企业所有制类型多样化的特点。在我国，制造业企业按所有制可划分为国有企业、集体企业、港澳台企业、外资企业、股份制企业及私营企业。所有制的不同对企业内部的运行机制以及外部政策反应程度的影响均有差异。因此，本小节将从企业所有制的视角研究开发区设立的微观经济效应，得到的结果如表 7-3 所示。

表 7-3　　开发区建设与企业动态演化：所有制异质性

	企业进入 (1)	企业退出 (2)	全要素生产率 (3)	市场份额 (4)
国有企业 开发区设立	0. 1661 *** (0. 0447)	0. 0013 (0. 0040)	0. 0038 (0. 0092)	0. 0738 * (0. 0385)
观测值数量	62156	58997	62156	58395
企业数量	21222	20903	21222	19685
集体企业 开发区设立	0. 0330 (0. 0212)	− 0. 0060 ** (0. 0030)	0. 0231 *** (0. 0062)	− 0. 0180 * (0. 0100)
观测值数量	122424	115924	122424	107389
企业数量	44628	43834	44628	38942
港澳台企业 开发区设立	0. 0146 (0. 0180)	0. 0026 (0. 0024)	− 0. 0082 (0. 0057)	− 0. 0444 *** (0. 0170)
观测值数量	140708	117407	140708	116734
企业数量	40799	36643	40799	33847

续表

	企业进入 (1)	企业退出 (2)	全要素生产率 (3)	市场份额 (4)
外资企业	0.0661***	0.0045*	0.0206***	−0.0101
开发区设立	(0.0219)	(0.0026)	(0.0070)	(0.0175)
观测值数量	110220	88756	110226	89364
企业数量	34853	30412	34855	28418
股份制企业	−0.0340**	0.0002	0.0055	−0.0247
开发区设立	(0.0157)	(0.0020)	(0.0048)	(0.0203)
观测值数量	196467	158722	196467	160624
企业数量	70576	61957	70576	56843
私营企业	−0.0667***	0.0062***	−0.0102***	0.0336***
开发区设立	(0.0074)	(0.0012)	(0.0026)	(0.0069)
观测值数量	597572	464845	597572	450900
企业数量	202600	173237	202600	155937

注：同表7-2。

表7-3第(1)、(2)列可以看出设立开发区对不同所有制企业进入和退出市场的影响。结果显示，开发区的设立同时促进了国有企业和外资企业进入市场。但国有企业所受影响最大，进入的概率提高了约16.61%，且在1%的水平上显著。可能原因在于，国有企业的内部运行机制和对外部环境的敏感程度使其更倾向于通过进入开发区获取便利，此外，国家政策对国有企业的倾斜也使其相较其他企业更容易进入开发区。外资企业则是凭借先进的技术和充足的投资等有利条件提升自身效率，拥有支付昂贵竞价的能力。相比之下，股份制企业和私营企业既没有国家政策的倾斜，也没有外部技术和投资的支持，因此在进入开发区的名额和区内资源被国有企业和外资企业挤占的情况下，开发区的设立反而抑制了股份制企业和私营企业进入的可能性。

表7-3的第(3)列反映了开发区建立对不同所有制企业生产效率的影响

差异。可以看出，开发区建设对集体企业和外资企业的全要素生产率有较为明显的提升作用，而对国有企业、股份制企业、港澳台企业的生产效率影响不显著，对私营企业的全要素生产率甚至产生了负面效应。一方面，集体企业进入开发区后通过提升自身效率，显著降低了退出的风险；外资企业开放程度和市场化程度高，优胜劣汰的机制在其中发挥着作用。另一方面，国有企业由于体制僵化，适应能力较差，效率改善的程度甚微，又有政府扶持，退出效应不明显；由于经济资源已被国有企业、集体企业和外资企业抢占，进入开发区的股份制企业、港澳台企业和私营企业的生产效率没有提升，退出市场的概率也有所提高。综观所有类型的企业，只有集体企业改制成效卓著，不仅提高了进入市场的概率，而且能够迅速适应市场，提升生产效率，降低退出市场的风险。

第(4)列反映了不同所有制类型下企业市场份额受开发区设立影响产生的变化。一方面，开发区的设立引起了集体企业、港澳台企业和私营企业市场份额的显著减少。其中，集体企业市场份额下降了1.8%，港澳台企业的市场份额下降了4.44%，私营企业的市场份额减少了3.36%。可见，开发区企业总体市场份额的下降主要是由港澳台企业和私营企业的份额下降引起的。另一方面，国有企业的市场份额显著、大幅提高了7.38%，再结合国有企业拥有最高进入概率的结果来看，应该是大量进入开发区的国有企业抢占了其他类型企业的市场份额，获得了资源倾斜。这一结果表明，拥有政府扶持的国有企业对资源配置机制存在重要影响。为此，本书将在第五部分引入国有企业指数，检验国有企业在开发区影响宏观经济效率的机制中发挥的作用。

总的来看，开发区建设以及产生的优惠政策对不同类型的企业有不同的经济效应：国有企业和外资企业更倾向于通过进入开发区来获取便利。但是，大量国有企业的进入抢占了开发区内有限的经济资源，导致港澳台、私营企业等其他类型的企业市场份额显著下降。结果还显示，集体企业和外资企业更容易获得开发区内经济资源，在适应外部经济环境时更有优势，效率提升最显著。

(2) 地区

改革开放四十年来，我国经济迅速发展，但与此同时区域之间的差距也不可忽视。在中国的地理、历史、政策等多种因素作用下，东、中、西、东北地区的发展存在着明显的差距，这将对开发区的选址和数量产生影响。因此本书利用企业数据库中的地址信息，按照企业地址所在省份将企业划分为东、中、西、东北地区的企业，以此分别衡量设立开发区的影响差异。

表7-4报告了这一结果。第(1)、(2)列显示，东部、西部以及东北地区的开发区减少了企业进入的概率，而中部地区的开发区使企业进入的概率增加约13.17%，同时所有地区的开发区对企业退出的影响在数值上均不明显。结合我国国情，1998年至2000年间，东部设立的省级开发区数量最多，西部最少，这是由各区域的区位条件的优劣和经济发展水平的高低决定的。然而，2006年实施的中部崛起战略对中部地区的开发区数量产生了重要影响。截至这一年，中部地区共有401家开发区，其中省级开发区249家，远高于西部的96家(李国武，2009)。而本书利用的是1998至2007年的工业企业数据，国家对中部地区的政策倾斜吸引大量企业进入开发区。东部地区由于经济发展水平和对外开放程度高，企业进入开发区获取政策便利的动力不足；西部和东北部地区的开发区会优先在工业基础较好和交通便利的地方选址，但同时满足这两个条件的企业并不多。

表7-4第(3)列显示了不同区域的开发区对企业全要素生产率的影响。结果表明，随着开发区的建立，东部企业的生产效率有显著提高、东北部地区企业生产率提升不明显，可能原因有：其一，东部地区产业结构合理、对外贸易程度高、科技水平领先等因素，开发区企业效率增长比较稳定；其二，东北部地区是早期工业化的排头兵，工业企业的覆盖率高、工业基础较好，后期第二产业比重过大，产业结构失调，投资效率也较低，企业生产效率提升缓慢。刘钒和李光(2009)从企业技术创新的角度，发现中部地区的企

业研发中心存在总量少、分布不均、经费投入不足、缺乏高端人才等问题，是制约中部地区技术水平和企业创新能力的重要原因。这可以在一定程度上解释中部地区企业即使进入开发区，全要素生产率仍然不升反降的现象。

表 7-4　　　　　　　　开发区设立与企业动态演化：地区异质性

	企业进入 （1）	企业退出 （2）	全要素生产率 （3）	市场份额 （4）
东部地区 开发区设立	−0.0306 *** （0.0071）	−0.0008 *** （0.0001）	0.0179 *** （0.0023）	−0.0458 *** （0.0058）
观测值数量	873634	712459	873634	692636
企业数量	245343	216917	245343	195323
中部地区 开发区设立	0.1317 *** （0.0140）	−0.0003 ** （0.0001）	−0.0571 *** （0.0051）	−0.0626 *** （0.0175）
观测值数量	190120	156686	190120	156443
企业数量	54898	47540	54898	44663
西部地区 开发区设立	−0.0422 ** （0.0210）	0.0002 （0.0002）	−0.0278 *** （0.0078）	0.0109 （0.0187）
观测值数量	97183	80682	97183	80181
企业数量	27253	24049	27253	22375
东北地区 开发区设立	−0.0635 *** （0.0234）	−0.0004 * （0.0002）	0.0035 （0.0092）	0.0624 *** （0.0222）
观测值数量	68616	54824	68616	54146
企业数量	21417	18432	21417	17034

注：同表 7-2。

开发区对不同地区企业市场份额的影响差异体现在表 7-4 第（4）列。结果显示，东、中部地区开发区企业的市场份额分别降低了 4.58% 和 6.26%，东北部开发区企业的市场份额却显著增加了 6.24%。然而，东部地区企业份额降低的原因和中部地区有所不同：东部地区企业进入概率降低，但整体生产效率却有所提高，这说明东部地区开发区应该存在自然垄断的大企业，导致许多小微企业无法进入，中小规模企业的市场份额被抢占，整体市场份额水平呈下降趋势；而中部地区则是大量进入开发区的企业瓜分了在位企业的市场份额。至于东北部地区，白重恩等（2004）指出国有化程度越高，地方保护的程度越严重，由于东北地区是我国早期的工业基地，现在依旧留存着很多国有企业，地方政府可能会为了保护国企和本地的发展，越位阻止其他所有制企业或其他地区的企业进入本地市场，导致了东北地区进入概率低、生产率变化不明显但市场份额却显著增长的现象。

（3）城市层级异质性

不同层级的城市由于其规模、资源禀赋等要素的区别，发展水平及速度有所差距，政府的干预行为也不尽相同。不同的要素禀赋差异会对同一区域经济政策产生不同的反应。开发区是区域经济发展政策导向的结果，是城市层级体系的综合体现。基于上述考虑，本书将城市层级纳入异质性分析中，以企业地址是否位于省会城市市辖区为依据，划分城市层级，考察不同城市层级对开发区经济效应的差异，表7-5报告了这一结果。

从整体来看，开发区的设立对省会城市的企业和非省会城市的企业产生了截然不同的影响：第（1）、（2）列的结果表明，开发区的建立使非省会城市市辖区企业进入的可能性提高了约5.04%，同时企业退出的概率降低了14.59%，表明开发区对非中心城市企业进入和退出的作用比较显著和稳健。由于副省级城市的经济发展水平往往比较低、基础设施建设相对落后、政策壁垒也颇为繁冗，开发区的优惠政策对该区域经济的推动作用会更大。恰恰相反的是，开发区设立降低了省会城市企业进入的概率，而且显著提高了企业退出的可能性。原因在于，城市级别高的地方政府在资源配置和公共资源管理上拥有较大权力（王垚等，2015），能够提供良好的综合服务和完善的交通基础设施，从而吸引大量企业的聚集，相比之下开发区的优势并不突出。

这也反映了开发区政策推动经济发展的边际递减效应(刘瑞明和赵仁杰,
2015)。进驻开发区的企业依然会为争夺更好的区位或更优惠的税收政策而
竞争,不能及时改进技术、改善生产效率的企业会被淘汰出市场。第(3)列
中,中心城市的企业全要素生产率提高程度显著高于非中心城市的企业的现
象进一步验证了上述结果。

表 7-5　　　　开发区设立与企业动态演化:城市层级异质性

	企业进入 (1)	企业退出 (2)	全要素生产率 (3)	市场份额 (4)
省会城市市辖区	-0.0296***	0.0707***	0.0236***	-0.0364***
开发区设立	(0.0094)	(0.0170)	(0.0031)	(0.0052)
观测值数量	478557	391095	478557	599331
企业数量	138563	122445	138563	178641
非省会城市市辖区	0.0504***	-0.1459***	0.0063***	-0.0189
开发区设立	(0.0072)	(0.0126)	(0.0024)	(0.0120)
观测值数量	750996	613556	750996	384075
企业数量	222525	194965	222525	110590

注:同表 7-2。

　　然而,企业市场份额的变化却表明,并非经济发达的地区其企业市场份
额就必然会升高。表 7-5 第(4)列的结果显示,中心城市的开发区对企业市
场份额的变动产生了显著负面影响。事实上,开发区对不同地区影响的异质
性也提醒我们,东部地区和省会城市这样发展水平高、基础设施好的地区,
相比其他区域,应该拥有更大的优势吸引企业集聚。但是,企业整体的低进
入率、高生产率对应的是趋于下降的市场份额。这说明,在经济发达的地区
应该存在自然垄断的企业。由于市场需求扩大和技术不断创新,少数几个能
提高质量更高、价格更低的产品的企业形成自然垄断,此时,其他潜在竞争
企业不会轻易进入市场,因为会造成巨大成本损失(于良春,2004)。这些自

然垄断的企业更有能力支付开发区的地租，更容易进入开发区，对其他企业形成进入壁垒，从而降低进入率和开发区企业整体的市场份额。

（4）开发区动态

就像国家政策的实施不会立见成效，设立开发区对企业的影响也不是立竿见影的。仅考量开发区设立当年的数据不能准确地反映企业受开发区影响的效果，可能导致回归系数的偏误。为此，本书将设立开发区变量滞后三期，探究开发区影响企业演化中可能存在的滞后效应。

表7-6报告了这一结果。将基本回归结果与表7-6结果相比较可以得出开发区设立的滞后效应。结果显示，滞后了一、二期的企业进入和退出系数均显著高于基本结果，表明开发区建立的第一年对企业进入退出的作用较小，导致整体影响被低估，这说明仅仅考量基本回归结果是不足以说明开发区对企业的真正影响的。

表7-6　　　　开发区设立与企业动态演化：开发区动态异质性

	企业进入 （1）	企业退出 （2）	全要素生产率 （3）	市场份额 （4）
开发区设立 （滞后一期）	0.3488 *** （0.0123）	0.4459 *** （0.0201）	-0.0510 *** （0.0044）	0.0558 *** （0.0130）
（滞后二期）	0.2484 *** （0.0141）	0.3580 *** （0.0224）	-0.0038 （0.0051）	-0.0341 ** （0.0155）
（滞后三期）	-0.1451 *** （0.0193）	-0.1172 *** （0.0261）	0.0210 *** （0.0054）	-0.0363 ** （0.0169）
资产负债率	-0.0007 *** （0.0000）	-0.0008 *** （0.0001）	0.0001 *** （0.0000）	0.0006 *** （0.0000）
人均资本量	0.0064 *** （0.0005）	0.0127 *** （0.0009）	0.0080 *** （0.0002）	0.0069 *** （0.0006）

续表

	企业进入 （1）	企业退出 （2）	全要素生产率 （3）	市场份额 （4）
利润率	0.5815***	-1.8991***	0.7744***	-1.5834***
	（0.0282）	（0.0411）	（0.0096）	（0.0275）
区县人口	0.0017***	-0.0015***	-0.0002***	0.0015***
	（0.0001）	（0.0002）	（0.0000）	（0.0002）
人均GDP	-0.0060***	-0.0018*	0.0064***	0.0067***
	（0.0006）	（0.0010）	（0.0002）	（0.0006）
时间效应	YES	YES	YES	YES
固定效应	YES	YES	YES	YES
观测值个数	1085531	1085531	736211	863355
企业数量	330643	330643	229340	262959

注：同表7-2。

分别观察滞后三期的企业进入、退出和市场份额变动的系数，不难发现开发区设立对企业的影响是一个循序渐进的过程。开发区设立的第二年，企业进入、退出的概率均显著升高，企业整体市场份额提高了5.58%。第三年企业进入退出的概率和市场份额变化的幅度较去年有所回落，逐渐趋于稳定。到了第四年，企业进入和退出的系数均为负，开发区整体市场份额继续下降，表明开发区内市场已经趋于饱和，企业进入退出的行为在减少，主要通过提升生产效率来争夺市场份额。事实上，设立开发区后，由于有土地、税收等政策优惠，开发区会吸引大量企业进入，新进入的企业会抢夺在位企业原有的市场份额。因此，卓有成效的开发区应该是初期降低企业整体市场份额，后期通过优胜劣汰的竞争机制重新配置资源，总体市场份额水平随之变化。

此外，第(3)列显示开发区滞后三期对企业全要素生产率的影响结果。可以看到，开发区设立的第二年显著抑制了企业全要素生产率的增长，第三年的抑制作用在减弱，到了第四年，开发区显著提高了企业生产效率。

结合第(1)、(2)、(3)、(4)列的结果可知，开发区对企业演化的影响不是一蹴而就的。开发区作为政府主导的区域经济发展的载体，一旦设立，区内的优惠政策具有持续性，对企业的影响也应该是长期的，因此我们应该用长远的眼光看待和评价开发区设立的微观经济效应。

7.4.3 稳健性检验

由于国家在审批规划开发区的建设时，常常会优先考虑那些经济发达、基础设施便利的地区，或者在层级较高的城市设立开发区，以期起到拉动区域经济增长的示范作用。如此一来，潜在的内生性会导致上文的估计结果出现偏误。因此，本书参照 Wang(2013)、黄玖立等(2013)、李力行和申广军(2015)的做法，使用倾向得分匹配方法进行样本筛选。具体地，将1998—2007年间所在区县建有开发区的企业作为处理组，所在区县没有开发区的企业作为对照组。考虑可能同时影响两组企业的因素并兼顾数据的可得性，本书用于估计倾向得分值的匹配变量有：资产负债率、人均资本量、利润率、企业年龄、规模以及是否位于省会城市、到省会城市市辖区的距离等。表7-7报告了倾向得分匹配的 Probit 回归结果，并做了平衡检验。匹配之后，所有的标准偏差大幅降低，处理组与对照组匹配变量的均值都不存在显著差异，表明匹配后的处理组与对照组之间的可比性大幅增强且满足平衡条件。

此外，表7-8和图7-1也能说明匹配后两组之间的可比性大幅提升。表7-8是倾向得分匹配的共同取值估计结果。可以看出，在总共1126104个企业样本中，对照组有17个样本落在共同取值的范围外，处理组所有样本均处于共同取值的范围内；图7-1是倾向得分的柱状图，可以看出，处理组的个体得分没有出现过度地大量聚集的现象。以上结果均说明本书选择用于匹配的变量是较为合适的，且匹配后的样本更加具有可比性，利用匹配后的变量进行回归所得的结果也更可靠。

表 7-7 　　　　　　　　　　　　倾向得分匹配估计结果与平衡性检验

Probit 回归结果		平衡检验					
变量	系数	样本匹配	均值		%标准偏差	T统计量	伴随概率
			处理组	对照组			
人均资本量	0.0009***	匹配前	70.832	64.479	7.3	24.77	1.19
		匹配后	70.832	70.468	0.4	0.97	0.95
资产负债率	0.0272***	匹配前	3.718	3.401	6.6	22.17	1.14
		匹配后	3.718	3.714	0.1	0.21	0.94
利润率	0.1910**	匹配前	0.0342	0.0309	4.7	15.18	0.91
		匹配后	0.0342	0.0343	-0.2	-0.44	0.93
企业年龄	-0.0145***	匹配前	9.441	11.049	-17.0	-51.60	0.64
		匹配后	9.441	9.367	0.8	2.12	0.95
企业规模	-0.0811***	匹配前	8.842	8.793	4.7	15.39	1.00
		匹配后	8.842	8.834	0.7	1.81	1.00
是否位于省会城市	0.4331***	匹配前	0.609	0.485	25.2	81.98	—
		匹配后	0.609	0.610	-0.1	-0.35	—
到省会城市市辖区的距离	-0.1665***	匹配前	1.088	1.308	-22.2	-70.06	0.80
		匹配后	1.088	1.085	0.0	0.85	0.96

注：* 表示 $p<0.1$，** 表示 $p<0.05$、*** 表示 $p<0.01$。

表 7-8 　　　　　　　　　　　　共同取值估计结果

样本	非共同取值	共同取值	总计
对照组	17	1005302	1005319
处理组	0	120785	120785
总计	17	1126087	1126104

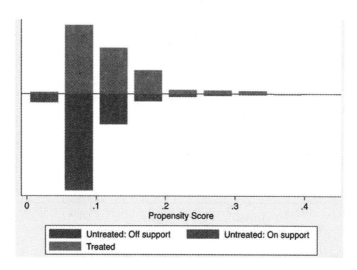

图 7-1 共同取值范围图示

我们利用匹配后的样本重新对模型进行估计，得到的结果如表 7-9 所示。对比表 7-2 的基本结果可以看出，开发区对企业进入、退出的影响更加显著了。这表明，对于条件相近但未有区域产业政策扶持的企业来说，建设开发区确实能够明显地促进企业进入、降低企业退出风险。另外，表 7-9 第(3)、(4)列的结果表明，企业样本经过匹配后，开发区对企业全要素生产率的影响由显著提升转变为作用甚微；对企业市场份额的负面影响则显著降低约 1 个百分点。这意味着，建设开发区主要是通过企业更替和企业间资源配置来影响经济增长的微观主体的。为了更好地说明这一点，本书将在第五部分进一步地运用 DOP 分解框架解析企业演化环节对宏观经济效率增长的贡献。

表 7-9　　　　　　　　　　基于匹配样本的估计结果

变量	企业进入	企业退出	全要素生产率	市场份额
	(1)	(2)	(3)	(4)
开发区设立	0.0514***	-0.1165***	-0.0025	-0.0126**
	(0.0075)	(0.0130)	(0.0022)	(0.0059)

续表

变量	企业进入	企业退出	全要素生产率	市场份额
	（1）	（2）	（3）	（4）
资产负债率	−0.0002 ***	−0.0005 ***	0.0004 ***	0.0002 ***
	（0.0000）	（0.0001）	（0.0000）	（0.0000）
人均资本量	−0.0034 ***	0.0118 ***	0.0253 ***	0.0102 ***
	（0.0009）	（0.0014）	（0.0002）	（0.0006）
利润率	0.7179 ***	−2.0203 ***	1.9029 ***	−0.9124 ***
	（0.0427）	（0.0609）	（0.0095）	（0.0266）
区县人口	−0.0029 ***	0.0082 ***	0.0038 ***	−0.0034 ***
	（0.0009）	（0.0015）	（0.0003）	（0.0007）
人均 GDP	0.0003	0.0074 ***	0.0236 ***	0.0096 ***
	（0.0008）	（0.0016）	（0.0002）	（0.0006）
常数项	−1.3803 ***	0.3124 ***	3.4097 ***	0.6564 ***
	（0.0561）	（0.0398）	（0.0063）	（0.0168）
时间效应	YES	YES	YES	YES
固定效应	YES	YES	YES	YES
观测值个数	708175	608775	708175	566828
企业数量	240607	217231	240607	192936

注：同表 7-2。

7.5 区域经济效率动态演化分解

上述研究均从微观层面出发，结果表明开发区设立行为对企业演化环节和全要素生产率确有显著的影响。但微观层面的考量其实无法准确反映设立开发区对区域经济效率的实际贡献。开发区的设立促进了企业进入，并不意味着这个设立行为通过企业演化环节对区域经济效率做出了贡献。实际上，只有进入企业的生产效率提高并获得相应的市场份额，或生产效率下降的企业退出同时其市场份额转移到效率更高的企业，才能真正意义上地优化区域经济效率。为此，我们需在已有的较为成熟的区域经济效率分解框架下，考量开发区设立行为对企业动态演化各个环节及市场份额的影响，将宏观经济效率提升分解到企业各演化环节的贡献，得出开发区通过企业动态演化影响宏观经济效率的路径。具体操作是利用微观层面企业全要素生产率的数据，以市场份额为权重进行加权，得到宏观区域经济效率。本节分为两个部分：第一部分实证分析开发区通过企业各个演化环节产生的真实区域经济增长效应，第二部分在第一部分上，加入开发区与国有企业的交互项，进一步分析国有企业在开发区设立中的特殊作用。

7.5.1 开发区、企业动态演化和区域经济效率

经 DOP 方法分解后开发区通过企业自身成长、企业间资源再配置、企业进入和退出对区域经济增长的实际贡献如表 7-10 所示。观察基本结果可以发现，开发区通过不同企业演化环节对区域经济效率的影响存在较大的差异。具体来看，开发区设立通过企业进入、退出和自身成长的环节对总体效率增长的贡献并不显著，不具备解释力。相比之下，开发区通过企业的资源再配置效应对经济效率增长的贡献最大，达到 57.2%，并在统计上是显著的。这表明，基于企业间生产率异质性的市场份额配置效应是区域经济效率的主要来源。实际上，Foster、Haltiwanger 和 Krizan(2006)在他们的研究中就发现，美国制造业企业 TFP 增长很大一部分来源于企业再配置效率的改善。简泽(2011)的研究也指出，市场份额在企业间的分布与企业生产率分布之间存在正相关关系，即生产率高的企业占据了大部分产出份额，并且，资源配置效率的改善也是中国制造业部门生产率增长的重要源泉。

表 7-10 还包括从企业所有制和地区的角度分解区域经济效率的结果。从分企业所有制讨论结果看，开发区促进不同企业效率增长的环节各不相同、

对总体经济效率的影响也存在差异。具体地，开发区通过国有企业的资源再配置环节显著提升了宏观经济效率 6.07%，是所有类型企业资源再配置环节中贡献最大的。我们认为国有企业改革是这一现象的重要原因。许召元和张文魁(2015)的研究为本书提供了理论依据：1998—2007 年是国企改革的"十年追赶"时期。这一时期，国企改革提升了资本动态配置的效率，促进了国企 TFP 的增长。这意味着，效率低下的国有企业或进行股份制改制，实现民营化，或由于体制僵化，被市场淘汰。新增的投资就可以更多地配置于更高效的企业。从这个角度看，国企改革卓有成效是国企资源再配置效应显著的重要原因。然而，开发区通过外资企业的资源再配置效应对总体经济的影响竟显著为负，这可能是因为外资企业的技术水平处于行业领先的地位，生产效率普遍较高，市场基本饱和，所以即使自身效率在不断提高(企业成长效应为正)的外资企业，也很难得到相应的市场份额。另外，与外资企业不同的是，样本考察期间私营企业的进入效应对区域经济效率提升作用是最显著的，可能原因是私营企业市场化程度高、企业竞争激烈，导致能进入开发区的企业的效率普遍高于在位企业。

从地区异质性的角度看，开发区在促进不同地区企业效率增长中扮演的角色各不相同。西部地区开发区通过资源再配置效应对总体效率增长的贡献最大，但由于该区域企业的进出效应均为负且在统计上不显著，因此加总后的总体效应并不突出。反观中部地区，开发区企业在进入、退出、自身成长和资源再配置的环节中表现平平，但中部地区的总体效应却是所有地区中最高的。此外，开发区通过促进东北地区企业进入市场提升总体经济效率的贡献达 2.51%。可能原因在于 2003 年前东北作为我国的重工业基地，国有企业的比例也非常高，地区总体生产效率低下。国家提出振兴东北工业基地战略后，东北三省第二产业固定资产投资比重呈波动上升趋势，由 2003 年 38.7% 上升至 2012 年的 46.1%(徐卓顺，2015)。这一增长迅猛的投资趋势将会吸引大量企业进入市场，由于东北地区原先的生产效率不高，普通进入企业的效率很容易与之形成正的差额，因此进入效应显著为正。

表 7-10 的结果还可以看出，无论是分企业类型讨论还是分地区讨论，开发区对制造业全要素生产率增长贡献大的企业类型或地区，企业资源再配置效应都在当中起着重要作用。例如，国有企业和中部地区的资源再配置效应都为总体效应做出了很大的贡献。这毫无疑问说明，资源再配置是开发区通过微观企业影响宏观经济效率的重要路径。这一方面可以侧面解释本书第四部分的基本回归结果中企业 TFP 系数不稳定的问题，还提醒我们不能仅仅依赖企业 TFP 的变化来判断企业对总体生产率变化的贡献。以往就有研究将企业全要素生产率的加总作为衡量区域经济绩效的唯一指标，简单地认为企业全要素生产率的变化直接影响总体经济变化。这显然是错误的。总量生产率应是各企业 TFP 和市场份额的加权平均，考虑企业动态演化对宏观经济的影响既要照顾到微观角度企业全要素生产率的测算，也要考虑到宏观层面经济资源再配置的过程。尤其在当今市场经济的大背景下，企业间生产率的差异会引起经济资源在不同企业间的配置，从而影响各企业全要素生产率的加权平均。如果不考虑资源的重新配置及其他演化环节的综合作用，就会得出有偏甚至错误的研究结论。

综观表 7-10 的分解结果，我们认为开发区的建设对宏观经济效率的改善具有明显作用，并且企业资源再配置效应在其中扮演着重要角色。具体来看，分所有制讨论的情况中，开发区通过国有企业资源再配置效应促进区域经济效率提升了 6.07%，如果不是开发区外资企业的资源再配置效应显著为负，我们有理由推测开发区通过企业资源再配置环节对宏观经济效率的提升贡献应该更大更显著。这表明，设立开发区后，区域经济增长的重要来源依然是企业演化带来的资源再配置效应。这意味着区域经济受制度管控的趋势渐弱，而优胜劣汰的市场机制卓有成效。李玉红等（2008）认为，这是我国工业化和城市化进行资本积累的必然要求，同时，优胜劣汰机制的建立和发展将会增强企业自主创新的活力，加快技术进步，为实现工业可持续化发展提供保障。总而言之，开发区的建设有利于发挥市场在资源配置中的决定性作用，通过企业演化对区域经济效率有着明显的改善作用。

表 7-10　　　　　　　　　　　开发区、企业动态演化和区域经济效率

	企业成长效应		企业进出效应		总体效应
	企业成长效应 （1）	企业资源再配置 （2）	企业进入效应 （3）	企业退出效应 （4）	（5）
基本结果	0.0069	0.0166**	0.0020	0.0004	0.0290***
所有制					
国有企业	0.0039	0.0607*	0.0083	-0.0023	0.0434
集体企业	-0.0198	0.0079	0.0049	0.0004	0.0004
港澳台企业	0.0512	0.0349	0.0146	0.0001	0.0641
外资企业	0.0590	-0.0509*	-0.0133	0.0028	0.0403
股份制企业	0.0299	0.0024	-0.0002	0.0065	0.0308
私营企业	-0.0134	-0.0086	0.0142*	0.0037	-0.0059
地区					
东部地区	0.0073	0.0048	0.0094	-0.0044	0.0014
中部地区	0.0124	0.0226	0.0067	-0.0047	0.0612***
西部地区	0.0004	0.0461*	-0.0092	-0.0047	0.0209
东北部地区	0.0142	-0.0103	0.0251**	0.0071	0.0312

注：上述所有回归均控制了区县人口和人均 GDP，且均使用面板线性回归模型。

7.5.2　进一步分析

将上述分解结果结合微观层面的异质性分析，我们发现设立开发区后国有企业进入的概率明显比其他企业高。这可能意味着在开发区促进区域经济效率提升的过程中国有企业发挥了不可忽视的作用。然而，大量研究认为国有企业效率相对较低、缺乏竞争力（姚洋，1998；刘小玄，2000；刘瑞明和石磊，2010；杨汝岱，2015）。为了检验国有企业在设立开发区对总体经济效率影响的机制中到底是否发挥作用、发挥了什么样的作用，本书选用了城市的国有企业 GDP 占总 GDP 的比例作为国有企业指数，并将国企指数与开发区设立的交互项加入模型中，考察开发区设立通过国有企业演化环节对总

体经济效率的影响机制。

表 7-11 国有企业比重与开发区动态经济效率

	成长效应 （1）	资源再配置 效应（2）	进入效应 （3）	退出效应 （4）	总体效应 （5）
开发区设立	−0.0045	0.0086	0.0057	0.0010	0.0135
	（0.0076）	（0.0113）	（0.0050）	（0.0033）	（0.0138）
国有企业比例	−0.0516***	0.0250*	0.0451***	−0.0084**	0.0205
	（0.0100）	（0.0148）	（0.0063）	（0.0043）	（0.0180）
国有企业比例· 开发区设立	0.0372**	0.0352	−0.0037	−0.0052	0.0700**
	（0.0178）	（0.0265）	（0.0112）	（0.0076）	（0.0323）
区县人口	−0.0016*	0.0039***	−0.0017***	0.0003	0.0001
	（0.0009）	（0.0013）	（0.0006）	（0.0004）	（0.0016）
人均 GDP	0.0007	−0.0018**	−0.0012***	0.0002	−0.0012
	（0.0005）	（0.0007）	（0.0003）	（0.0002）	（0.0008）
常数项	0.1436***	−0.0250***	0.0106***	−0.0024	0.1244***
	（0.0053）	（0.0079）	（0.0035）	（0.0023）	（0.0096）
省份效应	YES	YES	YES	YES	YES
观测值数量	13408	13397	13390	13382	13398

注：同表 7-2。

表 7-11 报告了这一结果。从第（1）列的结果可以看出，国有企业的比例越高，企业提升自身效率的概率越低。这一结果与大部分批判国有企业效率低下的研究结论基本一致。然而，国有企业比例与开发区设立的交互项在总体效应下 7%，在成长效应下 3.72%，且都在 5% 的水平上显著。这意味着，国有企业比例主要是通过企业成长效应对开发区影响区域经济效率的机制产生作用。可能原因在于，国有企业比重越高，意味着该区域国有企业数量越多或国有企业规模越大。而这个现象又会至少从以下几个方面影响该区域的

总体效益：首先，规模过大的国有产权会对企业效率产生负面作用；其次，国有企业的治理结构和产权制度是其代理成本居高不下的根源；再者，国有企业承担着大量政策性的负担，引发的逆向选择和软预算约束问题也是国企效率低下的原因；最后，对国有企业的过度投资在降低国企投资效率的同时拉低整体投资效率（刘小玄，2004；刘瑞明，2013；林毅夫等，1997；孙晓华，李明珊，2016）。综合上述学者所得的研究结论，我们认为一个地区的国企比例越高，其管理效益越差。因此，设立开发区促进国有企业效率提升的空间越大、成效越显著。

观察表 7-11 第（3）列的结果，我们发现提高国有企业的比例可以将该区域企业进入的概率提高 4.51%。虽然这部分进入企业的具体所有制类型我们无从知晓，但我们根据比例可以确定国有企业是进入市场的主力军。那么，被普遍认为效率低下的国有企业为何进入效应显著为正呢？一方面，这可能是因为进入市场的国有企业数量非常多；另一方面，大量效率低下的国有企业会拉低该区域的总体生产效率水平。此外，刘瑞明和石磊（2010）的研究从另一角度指出国企拖累整体经济增长的途径：政府消费和优惠政策对国有企业的倾斜不仅抑制了自身效率的增长，而且阻碍了民营企业的发展，从而形成"双重效率损失"。因此，新进入企业的生产效率能够普遍高于被国企拉低了的总体生产率水平，形成显著为正的进入效应。

表 7-11 第（4）列的结果报告了国有企业比例与退出效应之间负相关的关系：国有企业比例提高显著降低了企业退出的概率。我们将这一现象的出现归因于国有企业中的僵尸企业比例。僵尸企业是指已经失去了盈利能力，依靠银行借贷和政府救济存活的企业。其特征是占用大量信贷资源但因自身效率低下，无法有效地将资源转换为利润和产出，扭曲市场公平竞争的环境，甚至挤出其他优秀的企业。有研究发现，国有企业集中度越高，培育僵尸企业就越容易，即国有企业更有可能成为僵尸企业（Tan et al. 2016；何帆和朱鹤，2016；申广军，2016）。因此，我们有理由认为，国有企业比例越高，僵尸企业在其中所占的比重也越大。由于僵尸企业本身效率低下、生存乏

力，但地方政府的补贴和银行的优惠利率使其能够通过降低产品价格、压缩利润空间的方式继续存活，导致低效企业抢占市场份额、不能有效退出的现象出现。如此看来，僵尸企业比例越高，企业退出市场的可能性就会降低。

加入了国有企业比例和开发区设立的交互项之后，表 7-11 的结果为我们揭示了开发区促进区域经济动态增长机制中的一些问题。我们发现，国有企业通过开发区设立对宏观经济效率提升的贡献达到 7%，这可能会影响我们对开发区动态经济绩效的判断和评价。由于国有企业拥有政府补贴、税收优惠等庇护，优胜劣汰和资源配置的机制会被破坏，容易造成市场经济的扭曲。这无疑会在一定程度上掩盖或影响开发区对提升宏观经济效率的真实作用。例如，表 7-11 第（2）列显示，国有企业比例越高，资源再配置效应越明显。然而在开发区促进宏观效率提升的过程中，国有企业的资源再配置作用却不显著。我们将前一现象的发生归因于国有企业改革的成果，1998—2007 年是国企改革的追赶时期，这一时期加大了对国企改革重组的力度、加快了调整国有经济布局的步伐，国有企业的生产效率和民营企业、外资企业的差距都在逐渐缩小（杨汝岱，2015），并且其资源误置的问题也在改善（聂辉华和贾瑞雪，2011）。但是，要知道开发区中不仅有国有企业，还有大量其他类型的企业。国有企业效率的相对提高需要巨大的机会成本，杨汝岱（2015）比较了国有企业工业总产值、就业人数和资本存量的关系，发现资本存量下降的幅度远没有其工业总产值和就业人数减少的幅度大，这说明国有企业改革并没有显著地让社会资本流向更有效率的企业，市场扭曲依然存在。同样，开发区内有限的资源如果大部分被国企占有，改革不一定会使其他更高效的企业获得相应的资源，资源再配置效应并不显著。所以说，国企改革仍需要进一步深化，而对开发区影响宏观经济效率机制的考察也还有很长的路要走。

7.6 结论与政策建议

本部分利用 1998—2007 年中国工业企业数据库和《中国开发区审核公告

目录》(2006年版)相匹配，根据企业所在区县是否有开发区的标准识别开发区企业，从微观层面探究了开发区对企业进入退出及全要素生产率变化的影响，然后从地区、所有制、城市层级和开发区动态四个层面进行异质性分析。进一步地，本书借助DOP分解框架将宏观经济效率的提升分解到企业成长、资源再配置、进入退出等各个演化环节的贡献，实证分析了开发区设立通过企业动态演化提升区域经济效率的作用机制。最后，在上述分解结果的基础上，引入国有企业比例，以更准确地探究开发区对提升动态经济效率的真实作用。

　　本部分的研究结果表明，设立开发区的行为确实会通过企业演化的各个环节影响宏观经济效率，具体表现为：①开发区设立在总体上提高了企业进入的概率，同时降低了企业退出的风险，但对企业全要素生产率的影响不稳定；②从所有制异质性的角度看，开发区的设立促进了国有企业和外资企业的进入，提升了集体企业和外资企业的全要素生产率，但抑制了股份制企业和私营企业的进入和生产效率的提高；③从地区异质性的角度看，东部、西部以及东北地区的开发区减少了企业进入的概率，中部地区的开发区则显著促进了企业进入，但只有东部地区的企业提升了生产效率；④从不同城市层级的角度看，开发区促进非中心城市企业进入的同时降低企业退出的概率，而对中心城市企业的作用却正好相反，但建设开发区都显著提升了两种层级城市企业的生产效率；⑤从开发区动态来看，其对企业进入退出及生产效率的影响均是长期的，显示出开发区建设强烈地滞后效应；⑥从开发区建设通过企业演化环节对区域经济效率的实际影响来看，开发区通过企业的资源再配置效应对经济效率增长的贡献最大，但通过企业进入、退出和自身成长的环节对总体效率增长的作用并不显著。整体看来，开发区的建设对宏观经济效率的改善具有明显作用，并且企业资源再配置效应在其中扮演着重要角色。最后，本书根据分所有制的估计结果，在模型中加入国有企业比例和开发区设立的交互项。结果表明，国有企业是市场扭曲的重要原因，并在一定程度上掩盖了开发区对提升宏观经济效率的真实作用。

本部分的研究有如下政策启示：①深化市场化改革，充分发挥市场在资源配置中的决定性作用。从实证结果来看，企业间资源再配置始终是开发区影响区域经济效率的重要途径。然而，由于政策、制度等人为因素对市场的扭曲，资源配置未能在开发区动态经济效率的提升中充分发挥作用，宏观经济绩效的增长受到一定的抑制。②加快国有企业改革步伐、加大国有企业民营化改革力度是减少僵尸企业数量、降低资源误置程度的必要措施。对国有企业的政策倾斜和过度保护是培育僵尸企业的温床。本书的实证结果已表明，依靠政府救济存活的低效国企会抢占外资企业、民营企业等其他类型企业的资源，限制它们的发展。因此，国有企业改革重组仍是保证市场经济健康发展的重中之重。③不同地区对开发区的利用程度存在差距。实证结果显示，只有东部地区的企业利用开发区提升了自身生产效率，中部地区的企业仅仅进入开发区获取政策优惠，而西部、东北部地区的开发区尚未完全发挥作用。未来建设开发区应优先考虑中西部及东北部地区，加上正确的政策引导，才能提升区域竞争力、协调区域经济发展。④加强对开发区硬环境和软环境的建设。现有的开发区在招商引资的过程中，存在单一地以优惠政策作为吸引条件的问题，容易引发价格战等恶性竞争（王勇和朱雨辰，2013）。因此，招商引资需要以企业为主体，政府应该做的是保护企业的合法权益。

本部分的主要贡献在于利用 DOP 分解框架，将微观层面的企业动态演化与宏观层面的区域经济效率连接起来，以全新的视角分析开发区影响宏观经济绩效的作用机制。不足的是，由于本书更注重实证研究，将开发区对区域经济效率的影响未能充分发挥作用的现象仅仅归因于低效国有企业的存在，并未对其他因素做更深入的探讨。这显然是非常有探索价值的问题，也为我们今后的研究指明了方向。

第8章 中国高速公路建设的资源配置效率研究

8.1 引言

交通基础设施对经济增长的重要作用最早可追溯至亚当·斯密的《国富论》。World Bank(1994)更是指出交通运输、邮电通讯、能源供给等经济性基础设施作为一种物质资本，直接参与生产过程，有益于提高社会生产能力进而加快经济增长速度。但是，交通基础设施作为一种准公共品，是如何优化资源配置过程进而促进经济增长的，国际学术界研究较少。自20世纪90年代以来，中国交通基础设施实现了超常规发展，中国经济增长也创造了快速增长的奇迹。可以肯定的是，中国高速公路建设对中国经济快速发展产生了重要的促进作用，那么，是否可以量化中国高速公路建设优化资源配置的作用与提升总量生产率的幅度？回答该问题不仅有助于认识高速公路建设以及正在进行的大规模高铁建设的经济作用，而且对于深化"一带一路"倡议的方向和作用提供学理支持。因此，本书借助中国工业企业与中国高速公路建设的匹配数据，在"资源配置和生产率"框架下研究中国高速公路建设如何影响企业资源配置效率并进而改善总量生产率。

交通基础设施建设的经济效应一直是经济学的经典话题。早期的经济学

家关于交通基础设施建设对经济增长的作用，大多限于理论猜想。比如亚
当·斯密认为交通基础设施建设能够扩大生产规模进而促进经济增长。随着
新古典增长理论的出现，基础设施的经济分析进入了规范分析阶段。基础设
施作为一种要素投入和希克斯中性的技术进步，被引入生产函数（Hulten 等，
2005；Straub，2011）。在此基础上，经济学家开展了大量实证研究，分析基
础设施建设的产出效应。荟萃分析文献发现这方面研究主要属于宏观研究，
研究发现基础设施建设的产出效应不仅差异较大，而且有很强的异质性，这
与一个国家发展阶段以及制度有关（汉森假说①）（Straub，2011；Melo 等，
2013；Serrano 和 Velazquez，2017）。鉴于这方面研究备受结论差异较大和内
生性问题的困扰，随机控制实验方法被引入到这个领域。随机控制实验虽然
可以较好地处理内生性问题，并且将基础设施的经济效应分析深入到微观层
面，但是这种方法无法对大规模的基础设施建设展开随机控制分析。与此同
时，基础设施不单纯是一项"投资"，还具有"溢出效应"特征，随机控制实
验很容易低估基础设施建设的这种外部性（Estache，2010）。由此，新经济地
理学开展了基础设施建设的集聚效应和创新等方面的研究，尤其是随着异质
性微观企业理论的兴起，不少学者开始研究基础设施建设对企业选址、集聚
或者扩散、全要素生产率等方面的研究（Combes 和 Gobillon，2015）。但是，
借助微观企业数据，研究基础设施建设尤其是交通基础设施建设的资源配置
效率影响的文献还很少，尤其是交通基础设施建设引发的资源配置优化造成
的总量生产率提升效应，研究更是不足。

　　总之，现有文献对该主题已经作出了大量有价值的研究，尚需在新的框
架下进一步深化和扩展。(1)目前大多数分析还属于宏观分析，侧重研究基
础设施建设的产出效应、区域协调发展以及收入不平等等问题，随着大量微
观数据的出现和使用，急需将基础设施建设的经济作用分析拓展至微观领
域。(2)现有研究基本上属于因果关系分析，研究侧重于直接识别基础设施

---

　　① 基础设施的经济效应与这个国家和地区的发展水平有关，相对而言，中等收入
国家可以预期获得更大的产出效应。

建设是否存在经济效应以及效应大小。近年来，越来越多的研究认为资源优化配置提升是实现经济增长的重要渠道，因此有必要将这方面的研究拓展至"资源错配与生产率"的框架下，探讨交通基础设施建设通过微观企业资源优化配置提升宏观经济增长质量的作用机制。(3)现有研究在分析基础设施建设的产出效应时，主要侧重识别因果关系，对基础设施促进经济增长和总量效率提升效应大小，还非常欠缺。

为此，本部分将在"资源错配与生产率"框架下分析我国高速公路建设是如何优化要素资源配置和提升总量生产率的。众所周知，从1988年沪嘉高速公路通车实现中国大陆高速公路零的突破之后，中国高速公路建设一路突飞猛进。随着1992年交通部"五纵七横"国道主干线规划和2005年新的"国家高速公路网规划"(即7918网)的实施和推进，2013年全中国高速公路通车总里程达到10.4万公里，已超过美国居世界第一。而且，中国国家高速公路网现已覆盖10多亿人口，包括东部地区超过90%、中部地区达83%、西部地区近70%，覆盖地区的GDP占到全国总量的85%以上。短时期如此大规模的高速公路建设必将对资源配置和经济增长产生深远影响。因此，找到一个合适的分析框架来量化评估中国的高速公路建设可能产生的巨大经济效应就显得非常重要。

为此，本书首先基于中国制造业普遍存在中间投入品这一事实，在Hsieh和Klenow(2009)的测算框架下，引入中间投入品，为量化分析中国高速公路建设的资源配置效率打下理论基础。其次，将中国工业企业数据库和中国高速公路建设数据进行匹配，建立了分析中国高速公路经济影响的微观数据库，量化分析了高速公路建设纠正三种要素扭曲(资本投入扭曲、劳动投入扭曲以及中间投入品扭曲)的程度，也就是中国高速公路建设带来的资源配置改善效应。最后，借助上述测度结果，通过采用两步回归方法，即首先通过简化式回归方程估算中国高速公路建设对要素配置扭曲的影响，然后进一步在"资源错配与生产率"框架下分析了高速公路建设产生的总量生产率提升效应。

研究发现：①高速公路建设可以矫正中间投入扭曲和劳动投入扭曲。稳健性分析表明，企业距离高速公路越近，则中间投入扭曲和劳动投入扭曲会得到改善，而资本投入扭曲会加剧，说明交通基础设施主要通过改善中间投入扭曲和劳动投入扭曲来促进经济增长。②进一步分析发现，高速公路建设通过优化资源配置和提高企业平均规模实现了总量生产率的进步，样本期平均高达 13.23%。而且高速公路建设通过矫正劳动投入扭曲提升的总量生产率水平(9.80%)是矫正劳动投入扭曲(4.39%)的两倍多。③本书还发现中国高速公路建设对总量生产率的增进效应呈现一个逐年递减的态势，说明整体上高速公路建设逐步趋于饱和。④资源优化配置效应和总量生产率提升效应都有很强的异质性。中西部地区的总量生产率提升效应大于东部。私营企业和股份制企业的总量生产率提升效应最大。中小城市的提升效应大于大城市。轻工业和资本密集型的提升效应分别大于重工业和劳动密集型。说明今后我国应该加大对中西部和中小城市的高速公路建设。

本部分的研究是对现有相关研究的一个重要拓展和补充：首先，以往关于交通基础设施的经济效应研究要么侧重于分析其对宏观经济增长的后果，要么侧重于探讨其对微观企业行为的影响，部分造成了宏微观经济效应的割裂，本书借鉴了 Hsieh 和 Klenow(2009) 的测算框架，引入中间投入品，采用两步回归方法，先探讨了中国高速公路建设对三种投入要素扭曲的影响，然后以此为基础量化了其对总量全要素生产率的增进效应，为理解中国宏观经济增长提供了新的视角。其次，交通基础设施建设与经济增长之间可能存在内生性问题，对于该内生性问题的解决，较多的研究采用的是系统广义矩估计方法(SGMM)或者向量自回归方法(VAR)，本书通过采用明朝驿站与时间哑变量的交互项作为中国高速公路建设的工具变量，一方面解决了交通基础设施影响经济增长的内生性问题，另一方面克服了明朝驿站这一历史信息不随时间变化的局限，使得实证结果更为稳健可靠。最后，本书从地区、城市、行业以及注册类型等几个方面探讨了中国高速公路建设的资源配置效应，并为规划未来交通基础设施投资方向提出了相关建议。

8.2 文献综述

20 世纪 70 年代以来，交通基础设施对经济增长的作用就受到了广泛关注。一方面，有少数学者认为交通基础设施对经济增长作用有限，比如 Heintz 等(2009)的研究便发现，1979 年后的美国交通基础设施对经济增长的贡献逐步减弱，并认为这可能源于后期的交通基础设施不再是经济增长的瓶颈。Duranton 和 Turner(2012)的研究也同样发现 1983—2003 年美国新修建的洲际高速公路对其沿线地区经济的拉动作用十分有限。此外，在对中国问题的研究中，也有少数学者得出了相类似的结论，比如 Banerjee 等(2012)研究证实，尽管中国交通基础设施可以提高沿线地区的经济发展水平，但对人均GDP 增长速度影响不明显。Faber(2014)也发现 1998—2003 年"五纵七横"国道主干线连接的中小城市工业生产增长较慢。另一方面，更多的学者认为交通基础设施对经济增长有显著作用，比如 Straub 和 Terada(2010)和 Giordano等(2011)对亚洲和拉丁美洲国家的研究便证实了，交通基础设施对经济增长的促进作用较大。同样的，越来越多的学者认为中国大规模的交通基础设施建设对中国全要素生产率和区域经济增长有正面促进作用(胡鞍钢、刘生龙，2009；周浩、郑筱婷，2012)。交通基础设施对宏观经济影响在发达国家和发展中国家出现差异的原因可能在于发达国家的交通基础设施已经基本满足经济发展的需要，而发展中国家的交通基础设施依然有待完善。

宏观经济绩效由微观经济行为所导致，随着微观数据可得性的增强，越来越多的研究开始从微观层面探讨交通基础设施对企业生产率(刘秉镰和刘玉海，2011)、出口增长(白重恩和冀东星，2018)、库存水平(Shirley 和Winston，2004)等的影响，并且基本上都认为交通基础设施显著提升了企业生产率、降低了企业库存水平、增加了产品出口额，进而促进了中国整体经济增长。实际上，企业生产率提升、库存降低和出口增长等都是企业资源配置效率得到的表现(Ghani 等，2016)。发展经济学的最新研究表明，国家间宏观经济绩效出现差异的重要原因在于要素投入在企业间的配置效率不同(Hopenhayn，1992)。Banerjee 和 Duflo(2005)从发展经济学家的角度重新审视了增长理论，指明部门间的再配置作为一种重要的增长引擎的重要性，他们把印度企业分为三种不同技术效率和不同固定成本类型，并以此进行建模分析，通过微观数据进行了模型与数据的拟合，发现该模型模型可以解释大部分的印度—美国人均收入的差距。Restuccia 和 Rogerson(2008)把 Banerjee 和 Duflo(2005)研究中假设的三种企业类型进行了推广，建立了一个涉及代表性家庭、在位企业和进入企业的竞争模型，发现异质性面临的税收扭曲会造成资源配置扭曲，进而影响到整体全要素生产率，并对资源配置扭曲的其他影响机制进行了探讨，但是他们也没有提供一个研究框架来准确的测算资源配置扭曲的程度。Hsieh 和 Klenow(2009)构建了一个外生化产出和资本劳动扭曲的分析框架，对资源配置扭曲的程度进行了准确的测算，发现当企业的要素投入扭曲消失时，中国总体经济效率将提升 30%~50%，而印度总体经济效率将提升 40%~60%，他们提供的实证策略也为许多后续研究所借鉴。

　　资源配置扭曲引起了如此之大的宏观经济效率损失引起了众多研究者的注意，后续研究开始关注资源配置扭曲的影响因素分析。Brandt 等(2012)以及张天华、张少华(2016)等都发现生产率低下的国有企业得到了更多的信贷配置是造成中国制造业资源配置扭曲的重要因素。Leal(2010)、D'Erasmo 和 Boedo(2009)等认为正式部门的各种规则、税负、运营成本使得小企业无力承担，造成了欠发达国家非正式部门的大量存在，这些非正式部门往往规模较小且不具有生产效率，却也占据了大量的人力和物力方面的资源，从而产生了资源配置扭曲。Lileeva 和 Trefler(2010)、Gilchrist 等(2012)等的研究发现，关税是导致企业间资源配置扭曲的重要因素；Greenwood 等(2012)、Udry(2012)、张佩和马弘(2012)等认为信贷约束和制度无效等信贷市场的不完善造成了较为严重的资源配置扭曲。上述关于资源配置扭曲的影响因素研究侧重于从制度等软环境展开分析，近年来也有学者开始关注交通基础设施等硬环境对资源配置效率的影响。Asturias 等(2014)研究了交通基础设施在解释印度资源配置效率以及收入差异中的作用，发现交通基础设施会通过影响企业控制力和行业集中度来影响资源配置效率。Ghani 等(2016)考察了印度金四角公路升级项目对制造业活动的影响，发现该项目的确提升了该地区的资源配置效率。事实上，国内也有少数学者注意到交通基础设施对企业资源配置的影响。张光南和宋冉(2013)利用中国制造业的省际面板数据，分析了中国交通基础设施对制造业生产要素投入的影响，发现铁路客运交通能显著降低劳动力流动成本，使厂商通过劳动密集生产技术减少中间品和资本投入。此外，张克中、陶东杰(2016)用地级市的面板数据验证了高铁开通对经济活动的影响，发现高铁开通使得要素投入向中心城市转移，而且这一机制在不同地区和不同产业间存在明显差异。

从上述分析可以发现尽管已有部分学者探讨了交通基础设施对企业资源配置效率的影响，但大多数研究没有进一步考察该机制是否带来了宏观层面的经济增长，仅有贾俊雪(2017)通过构建一个将公共基础设施投资内生化的异质性企业家模型，从企业家财富积累视角探讨了公共基础设施投资改变企业资源配置效率，进而影响全要素生产率的作用机制，但该研究方法同样有无法准确测算公共基础设施通过提升资源配置效率实现的全要素生产率增进幅度的局限性。尽管 Hsieh 和 Klenow(2009)由于将要素配置扭曲做了外生性的设定，使得该测算框架无法做要素配置扭曲的影响机制分析，但其提供了准确测算要素投入扭曲造成的宏观经济损失或者全要素生产率损失的测算框架，出于本书的实证研究目的，我们借鉴了 Hsieh 和 Klenow(2009)的测算框架，通过引入中间投入品，对企业要素投入扭曲及其造成的总量全要素生产率损失进行了测算，并结合计量分析方法，研究了中国高速公路通过矫正要素投入扭曲带来的总量生产率增进效应。从作者所掌握的文献来看，全面考察交通基础设施如何影响中国制造业企业要素投入尤其是中间投入的文献依然较少，进一步探讨这一机制造成了多大程度的宏观经济效率损失的文献则更为少见。目前关于交通基础设施对经济绩效影响的研究，尚较少深入触及微观企业要素投入与宏观经济效率的这一核心问题，而微观企业要素投入效率是影响宏观经济绩效的重要因素。交通基础设施落后会使得企业无法在更大的市场选择最优的投入要素，这一约束对企业的投入行为产生的影响是不确定的，从这个意义上说，本书需要进一步探讨交通基础设施如何影响微观企业的资本、劳动以及中间投入的决策，并深入剖析上述影响机制造成的宏观经济效率提升。与此同时，并从区域、城市层级、注册类型和行业等方面进行了异质性探讨。

8.3 测算框架与模型设定

8.3.1 引入中间品投入

交通基础设施作为一种准公共品，对资源优化配置有着巨大的正外部性和网络效应，但是科学量化其经济效应必须建立在对其影响要素的基本认识基础上。而在最近的一些研究中，中间品投入的重要性才逐渐被意识到（陈永伟、胡为民，2011；蒋为，2016）。事实上，我国制造业对于中间投入品的依赖十分严重，不同的学者对中间投入占总产出份额的估计一般在70%～90%之间，可见中间投入品对总产出的贡献要远高于资本和劳动。陈永伟、胡为民（2011）基于一个完全竞争测算框架的研究便发现，中间投入扭曲在三种要素扭曲中最为严重，其对总产出增长的阻碍作用最大。由此可以发现，如果生产函数要素投入设定不包括中间投入，会低估要素投入扭曲对总量生产率提升的影响。

表 8-1　　　　　　　　　三种要素投入在总产出中所占份额

年份	总产出	中间投入品	占比	资本存量	占比	工资支出	占比
2001	40039.92	30435.74	76.01%	16422.28	18.16%	2331.83	5.82%
2002	42270.76	31961.67	75.61%	16072.45	18.76%	2381.18	5.63%

年份	总产出	中间投入品	占比	资本存量	占比	工资支出	占比
2003	46196.9	34882.85	75.51%	15481.57	19.20%	2443.46	5.29%
2004	41224.09	31134.51	75.53%	12086.96	19.21%	2168.48	5.26%
2005	51681.55	38730.71	74.94%	13830.81	20.00%	2612.17	5.05%
2006	57862.14	43172.98	74.61%	14132.4	20.47%	2846.20	4.92%
2007	65999.22	49013.94	74.26%	14394.75	20.85%	3224.07	4.89%

　　基于上述分析，本书估算了三种要素投入在总产出中所占的份额，估算结果见表8-1。可以发现，尽管中间投入品在总产出中所占的份额出现了一个缓慢递减的态势，但依然保持在70%以上，要远高于资本和劳动所占的份额，说明中国制造业对中间投入品的依赖依然较为严重。而资本对总产出的贡献要高于劳动，但两者表现出不一样的态势，具体来说，资本对产出的贡献呈现一个递增的趋势，与劳动对产出贡献的递减趋势形成鲜明的对照，这与任若恩、孙琳琳（2009）的研究结论相一致，他们也认为中间投入对产出增长的影响贡献最大，资本投入对产出增长的贡献趋于上升，劳动投入对产出增长的贡献较弱。可能的原因在于：一方面，高储蓄率维持了一个持续增长的资本存量；另一方面，中国是一个人口大国，劳动力相对过剩，劳动力对经济增长的边际贡献率较低。综上所述，中间投入在中国制造业中居于极为重要的地位，而且中间投入运输成本无疑受到交通基础基础设施的影响，如果忽视这一现实，可能会低估高速公路矫正要素投入配置进而提升总量生产率的经济效应，因此在下面的分析中，本书将在 Hsieh 和 Klenow（2009）的测算框架中引入中间投入要素。

8.3.2　资源配置效应测算框架

　　Hsieh 和 Klenow（2009）的生产函数设定中并没有考虑中间投入品，鉴于中间品投入在中国制造业中的重要作用，本书借鉴并拓展了 Hsieh 和 Klenow（2009）的测算框架，将中间品投入作为一种要素引入该框架。假设代表性企业在产品市场和要素市场都是完全竞争的市场中生产一种最终产品。具体来看，假设最终产品生产企业以 S 个行业的产出 Y_s 为原料，以 $C-D$ 生产函数形式生产一种最终产品：

$$Y = \prod_{s=1}^{S} Y_s^{\theta_s} \qquad (8.1)$$

其中 $\sum_{s=1}^{S} \theta_s = 1$，$\theta_s$，$\sum_{s=1}^{S} \theta_s = 1$ 是该行业产出占全部产出的比重；行业层面中间厂商从下一层面的垄断厂商获取 N 种有差别产品 Y_{si}，并以 CES 生产函数形式进行生产：

$$Y_s = \left(\sum_{i=1}^{N} Y_{si}^{\frac{\sigma-1}{\sigma}} \right)^{\frac{\sigma-1}{\sigma}} \qquad (8.2)$$

其中，σ 表示第三层次企业生产产品的替代弹性；基于中国制造业普遍存在的中间品这一事实，本书对垄断厂商的生产函数进行了重新设定，即假定每种差异产品都是由一个垄断的企业通过投入资本、劳动、中间产品三种生产要素进行生产，其生产函数是规模报酬不变的 $C-D$ 形式：

$$Y_s = A_{si} K_{si}^{\alpha_s} L_{si}^{\beta_s} M_{si}^{1-\alpha_s-\beta_s} \qquad (8.3)$$

其中，α_s 表示行业 s 的资本弹性、β_s 表示行业 s 的劳动弹性，$(1-\alpha_s-\beta_s)$ 表示行业 s 的中间产品弹性，A_{si} 表示企业 i 的全要素生产率水平。

该厂商生产的产品要面临其他厂商的垄断竞争，在要素市场则面临完全竞争。由于市场上存在各种扭曲（软环境和硬环境导致），所以本书令 τ_{Ksi} 表示资本扭曲，τ_{Lsi} 表示劳动扭曲，$\tau_{Msi}\tau_{Msi}$ 表示中间投入品扭曲，则垄断竞争厂商的利润函数为：

$$\pi_{si} = P_{si} Y_{si} - (1+\tau_{Ksi}) R K_{si} - (1+\tau_{Lsi}) \omega L_{si} - (1+\tau_{Msi}) P_M M_{si} \qquad (8.4)$$

其中，R 表示企业的资本价格，ω 表示企业的劳动价格，P_M 表示企业的中间投入品价格。由(8.4)式的一阶条件可得：

$$\frac{K_{si}}{L_{si}} = \frac{(1+\tau_{Lsi})\alpha_S}{(1+\tau_{Ksi})R\beta_S} \qquad (8.5)$$

$$\frac{M_{si}}{L_{si}} = \frac{(1+\tau_{Ksi})\omega(1-\alpha_s-\beta_s)}{(1+\tau_{Msi})P_M\beta_s} \qquad (8.6)$$

将(8.5)式和(8.6)式代入垄断厂商的生产函数可得:

$$L_{si} = \frac{Y_{si}}{A_{si} \dfrac{\alpha_s}{R} (1 + \tau_{Msi})^{\alpha_s} \left(\dfrac{\omega}{\beta_s}\right)^{1-\beta_s} \left(\dfrac{1 - \alpha_s - \beta_s}{P_M}\right)^{(1-\alpha_s-\beta_s)}} \quad (8.7)$$

将(8.5)式、(8.6)式和(8.7)式代入(8.4)式并整理可得垄断厂商的产品垄断价格为:

$$p_{si} = \left(\frac{\sigma - 1}{\sigma}\right)^{\sigma} \left(\frac{R}{\alpha_S}\right)^{\alpha_S} \left(\frac{\omega}{\beta_S}\right)^{\beta_S} \left(\frac{P_M}{1 - \alpha_S - \beta_S}\right)^{1-\alpha_S-\beta_S}$$

$$\frac{(1 + \tau_{Ksi})^{\alpha_S} (1 + \tau_{Lsi})^{\beta_S} (1 + \tau_{Msi})^{(1-\alpha_s-\beta_s)}}{A_{si}} \quad (8.8)$$

在得到垄断价格的基础上,根据行业生产函数和厂商生产函数可求得其产出为:

$$Y_{si} = \left(\frac{\sigma - 1}{\sigma}\right)^{\sigma} \left(\frac{\alpha_s}{R\alpha_s}\right)^{\sigma\alpha_s} \left(\frac{\beta_s}{\omega\beta_s}\right)^{\alpha\beta_s} \left(\frac{1 - \alpha_S - \beta_S P_M}{P_M}\right)^{\sigma(1-\alpha_S-\beta_S)}$$

$$\frac{p_s^{\alpha} Y_s A_{si}^{\sigma}}{(1 + \tau_{Ksi})^{\sigma\alpha_s} (1 + \tau_{Lsi})^{\sigma\beta_s} (1 + \tau_{Msi})^{\sigma(1-\alpha_s-\beta_s)}} \quad (8.9)$$

由(8.8)式和(8.9)式可知,同一行业中的企业产品价格和产量除了与生产率相关外,还跟企业面临的资本、劳动、中间投入扭曲有关。生产率越高,企业产品产量越多,产品价格越低;要素投入扭曲越严重,会使得企业产品产量下降,产品价格上升。

资本的边际产出价值定义为:

$$MRPK_{si} \equiv \alpha_s \frac{\sigma - 1}{\sigma} \frac{P_{si} Y_{si}}{K_{si}} = (1 + \tau_{Ksi}) R \quad (8.10)$$

劳动的边际产出价值定义为:

$$MRPL_{si} \equiv \beta_s \frac{\sigma - 1}{\sigma} \frac{P_{si} Y_{si}}{L_{si}} = (1 + \tau_{Lsi}) \omega \quad (8.11)$$

中间产品投入的边际产出价值定义为:

$$MRPM_{si} \equiv (1 - \alpha_s - \beta_s) \frac{\sigma - 1}{\sigma} \frac{P_{si} Y_{si}}{M_{si}} = (1 + \tau_{Msi}) P_M \quad (8.12)$$

按照古典经济理论假设，无摩擦情形下的要素自由流动，会使得各部门的要素边际收益和边际成本相等，从而达到经济的帕累托最优。从(8.10)式、(8.11)式、(8.12)式可以看出，当考虑到各种导致要素投入扭曲的因素后，要素的边际收益和边际成本会发生偏离，使得要素投入没有达到最优配置状态。

为了测算要素投入扭曲，根据(8.10)式、(8.11)式、(8.12)式，本书可以求得资本、劳动和中间投入扭曲：

$$\tau_{Ksi} = \alpha_s \frac{\sigma - 1}{\sigma} \frac{P_{si} Y_{si}}{R K_{si}} - 1 \tag{8.13}$$

$$\tau_{Lsi} = \beta_s \frac{\sigma - 1}{\sigma} \frac{P_{si} Y_{si}}{\omega L_{si}} - 1 \tag{8.14}$$

$$\tau_{Msi} = (1 - \alpha_s - \beta_s) \frac{\sigma - 1}{\sigma} \frac{P_{si} Y_{si}}{P_M M_{si}} - 1 \tag{8.15}$$

根据(8.9)式本书可以进一步得到去除要素投入扭曲后的企业理想规模。具体来说，本书令 $\tau_{Msi} = 0$，可以求得不存在中间投入扭曲的情况下的企业理想规模：

$$Y_{Msi} = \frac{A_{si}^{\sigma-1}}{(1 + \tau_{Ksi})^{\sigma \alpha_s} (1 + \tau_{Lsi})^{\alpha \beta_s}} \tag{8.16}$$

令 $\tau_{Ksi} = 0$，可以求得不存在资本投入扭曲的情况下的企业理想规模：

$$Y_{Ksi} = \frac{A_{si}^{\sigma-1}}{(1 + \tau_{Lsi})^{\sigma \beta_s} (1 + \tau_{Msi})^{\sigma(1-\alpha_s-\beta_s)}} \tag{8.17}$$

令 $\tau_{Lsi} = 0$，可以求得不存在劳动投入扭曲的情况下的企业理想规模：

$$Y_{Lsi} = \frac{A_{si}^{\sigma-1}}{(1 + \tau_{Ksi})^{\sigma \alpha_s} (1 + \tau_{Msi})^{\sigma(1-\alpha_s-\beta_s)}} \tag{8.18}$$

当要素投入不存在扭曲的情况下，即 $\tau_{Msi} = 0$、$\tau_{Ksi} = 0$ 和 $\tau_{Lsi} = 0$，企业最优产出规模为：

$$Y_{Esi} = A_{si}^{\sigma-1} \tag{8.19}$$

由(8.16)式与(8.17)式、(8.18)式、(8.19)式、(8.20)式可以分别存

在扭曲情形下的得到企业实际产出规模和最优产出规模之间的关系：

$$Y_{Msi} = Y_{si} * (1 + \tau_{Msi})^{\sigma(1-\alpha_s-\beta_s)} \tag{8.20}$$

$$Y_{Ksi} = Y_{si} * (1 + \tau_{Ksi})^{\sigma\alpha_s} \tag{8.21}$$

$$Y_{Lsi} = Y_{si} * (1 + \tau_{Lsi})^{\sigma\beta_s} \tag{8.22}$$

$$Y_{Esi} = Y_{si} * (1 + \tau_{Ksi})^{\sigma\alpha_s} (1 + \tau_{Lsi})^{\sigma\beta_s} (1 + \tau_{Msi})^{\sigma(1-\alpha_S-\beta_s)} \tag{8.23}$$

从(8.21)式、(8.22)式和(8.23)式可以看出，扭曲造成的规模偏离度与要素投入扭曲楔子、投入份额和产品替代弹性有关，本书按照 Hsieh 和 Klenow(2009)的设定，令 σ = 3。值得注意的是，该替代弹性是一个相当保守的数字，相关研究认为替代弹性在 3 到 5 之间。Hsieh 和 Klenow(2009)和邵宜航等(2013)指出，随着替代弹性的上升，扭曲造成的宏观经济效率损失也会上升。

8.3.3　计量模型设定

为了检验交通基础设施对企业优化资源配置的影响，本书建立如下计量模型：

$$\tau_{si} = \alpha + \beta_1 highway_{si} + \beta_2 highway_{si}^2 + \gamma X_{si} + \delta_s + \delta_t + \varepsilon_{si} \tag{8.24}$$

(8.24)式中，τ_{si} 作为被解释变量，可以分别是企业的资本投入扭曲、劳动投入扭曲和中间投入扭曲。资本投入扭曲(τ_{Ksi})、劳动投入扭曲(τ_{Lsi})以及中间投入扭曲(τ_{Msi})分别是根据(8.13)式、(8.14)式、(8.15)式计算所得。$highway_{si}$ 为企业所在县(市、区)离高速公路的距离，是本书重点关注的核心解释变量，同时为了控制交通基础设施对企业资源配置效率影响可能存在的边际递减效应(Duranton 和 Turner，2012)，本书加入了高速公路距离的平方项。

X_{si} 是企业特征、城市特征和省份特征的一些控制变量。企业层面变量包括衡量企业规模的企业年末从业人员数(对数形式)，衡量企业资本密集度的人均固定资产(对数形式)。城市层面，本书控制了城市规模，城市人均GDP 等。此外，反映软环境约束的市场化水平是影响企业资源配置效率的重要因素,因此本书进一步控制了反映该省市场化程度水平的一些控制变量,包括:①政府干预。要素配置扭曲形成的一个重要原因在于存在大量的政府干预,导致市场配置资源有效性的失灵。而财政收入在国内生产总值中的比值越高,可能意味着政府对经济有更强的干预能力,从而导致了要素配置扭曲,因此本书用财政收入在国内生产总值中所占比重作为市场分配资源能力的代理变量,该比重在样本期间,大体上反映了政府在经济资源分配方面由计划分配方式向由市场通过价格信号方式转变的趋势。②政治关联程度。用企业主要管理者花在与政府部门和人员打交道的时间占其工作时间的比重来度量企业与政府的政治关联程度(Dong 等,2016),该指标越高说明企业与政府的联系越紧密,其寻租能力越强,也越容易从政府获取各种资源,比如财政补贴、出口退税等优惠政策,从而导致市场配置资源能力的下降,带来要素配置扭曲。如果政府对企业存在大量的行政干预,那么企业家可能会更倾向于向官员进行行贿,从而给企业造成额外的负担,导致要素市场价格扭曲。③价格市场决定程度。经过 20 多年的改革,大部分产品的价格已经由市场决定,但这一进程在各产业部门和各地区的情况不尽相同。本书采用以下 3 个二级分项指标合成价格的市场决定程度:社会零售商品中价格由市场决定的部分所占比重;生产资料中价格由市场决定的部分所占比重;农产品价格由市场决定的部分所占的比重。④金融市场化程度。中国目前金融市场的发育程度远低于产品市场,本书用以下两项基础指标近似衡量各地金融市场上的竞争程度:非国有金融机构吸收存款占全部金融机构吸收存款的比例反映金融业的竞争,非国有企业在银行贷款中占有的份额近似反映信贷资金分配的市场化程度。最后,本书加入了二位数行业固定效应(δ_s)和年份固定效应(δ_t)。误差项 ε_{si} 包含所有其他影响企业资源配置效率而模型又没有控制的因素。

8.3.4 描述性统计

表 8-2 是变量的描述性统计。资本投入扭曲的均值为 1.31,中间投入扭

曲的均值为 0.771，劳动投入扭曲均值为 0.216。说明单纯看各个要素扭曲，中国的资本扭曲最为严重，中间投入扭曲次之，劳动投入扭曲最小。工业企业和高速公路距离的平均值为 14.71 公里。下面的实证将进一步分析高速公路建设究竟在多大程度上对各种要素投入扭曲造成影响。

表 8-2   变量描述性统计

变量名称	样本	均值	标准差	最小值	最大值
中间投入扭曲	1217179	0.771	0.337	0.0721	65.282
资本投入扭曲	1217179	1.310	6.780	−0.998	1562
劳动投入扭曲	1217179	0.216	13.060	−28.391	7.261
高速公路距离	1217179	1.471	0.034	0.000	23.634
企业就业人数对数	1217179	4.757	1.001	2.398	8.167
企业资本密集度对数	1217179	3.608	1.264	−3.467	10.174
城市人均 GDP 对数	1217179	10.40	0.722	6.710	12.683
城市人口对数	1217179	5.158	0.937	2.645	7.330
政府干预	1217179	8.837	1.265	−16.40	10.478
政治关联程度	1217179	6.731	3.183	−2.170	12.671
价格市场决定程度	1217179	8.351	1.631	0.000	11.050
金融市场化程度	1217179	8.503	2.028	0.730	12.007

8.3.5 数据说明

(1) 企业层面数据

本书使用的企业层面数据源于中国工业企业数据库，该数据库涵盖了所有的国有工业企业和销售收入在 500 万元以上的非国有工业企业，全部企业数量 200 多万。样本企业的产值大概占中国工业总产值的 85% 左右，是目前可以获得的最大中国微观企业数据库。然而，该数据库存在样本匹配混乱、变量大小异常、测量误差明显和变量定义模糊等问题，本书主要参照 Brandt 等(2012)、张天华和张少华(2016)的处理方法对数据进行整理，包括样本匹配、名义变量的价格平减和样本筛选等关键环节。

同时，本书也对异常值进行了处理：①删除关键变量为空值或者不符合会计准则，以及关键变量前后1%的观测值。②第一次计算出企业面临的要素投入扭曲后，删除资本、劳动和中间投入扭曲前后1%的观测值，重新对重要参数进行校准后进行再估算，防止估计结果会受到极端值的影响。

在测算部分需用到的指标有企业的行业代码(二位数)、所有制、工资支付、增加值、资本存量、中间投入以及企业总产出。其中，本书以固定资产净值衡量企业的资本数量；数据库中包含劳动报酬的变量有从业人员人数和工资、雇员补贴以及失业保险等。2003 年以后出现退休和健康保险等变量，2004 年出现住房补贴变量。根据连贯性的原则，一般使用工资、雇员补贴和失业保险作为整个样本期的工资指标。然而，数据库中劳动所得占增加值总额的份额与宏观统计数据有较大的冲突。根据计算，中国工业企业数据库中劳动所得占增加值的份额只有34.2%，而国民收入核算中工业行业的劳动所得份额大概为55%，工业企业报告的劳动报酬可能低估了支付给劳动的份额。本书采用与 Hsieh 和 Klenow(2009)相同的方法，在对生产率估计时，将所有企业的劳动工资份额等比例调整至与国民核算中的份额一致，以纠正该偏差。本书用数据库中的中间投入合计作为中间投入的指标，此外，由于垄断厂商生产函数中包括了中间投入，因此本书用工业总产出作为企业产出的衡量指标。

(2)高速公路数据

中国长期以来十分重视交通基础设施建设。2004 年12 月，中华人民共和国交通部出台了新的国家高速公路网规划"7918 网"，计划通过20 到30 年的建设，建成里程达到8.5 万公里的国家高速公路主干网。"7918 网"工程采用放射线与纵横网格相结合的布局方案，由 7 条首都放射线、9 条南北纵线和 18 条东西横线组成，简称为"7918"网，可覆盖 10 多亿人口，把中国人口超过 20 万的城市全部连接起来，截至 2013 年年底，中国高速公路的通车里程已经达到 10.4 万公里，超过美国成为世界上规模最大的高速公路系统。高速公路的快速发展以及地区间发展不均衡的现象，尤其是中央投资决策在高速公路建设中所扮演的重要角色，为本书分析高速公路建设对企业资源配置效率以及由此引发的宏观经济效率提升提供了一个良好的契机。

现有探讨高速公路对经济绩效影响的相关文献(Liu et al.，2012；Faber，2014)一般会使用两种方法计量高速公路：一是计算每个县(市、区)距最近高速公路的直线距离，距离越远意味着该地受高速公路直接影响越小；另一种方法是采用是否连接高速公路的虚拟变量，具体是设定一个界限，如 10 公里，距最近高速公路 10 公里以内为有高速公路连接，10 公里以外的为没有连接。在具体研究中，不同作者会因为研究问题和关注重点不同而选择不同方法。为了分析与高速公路距离变化的动态影响，本书的核心解释变量是针对每个企业所在的县(市、区)与最近的高速公路的实际距离。

8.4　高速公路建设的资源配置效应

8.4.1　基本回归分析

从第三部分关于企业资源配置效率的测算框架中可以看出，企业要素投入扭曲是造成宏观经济效率损失的直接原因。而造成企业要素投入扭曲的因素有很多，其中除了制度等软环境对其有影响外，交通基础设施这一硬环境也会影响企业的要素投入决策行为，在交通基础设施比较薄弱的地区，企业无法在一个更大的市场选择最优的投入要素，这一约束对企业各种要素投入决策的影响是不确定的。交通基础设施落后会通过影响企业的哪种要素投入？是影响资本扭曲还是劳动扭曲或是中间投入扭曲？对要素投入扭曲是改善还是加重？表 8-3 对这些问题进行了检验。在进行回归之前，本书分别删除了资本扭曲、劳动扭曲和中间投入扭曲首尾各 1% 的观测值，以便排除极端值对估计结果造成的影响。考虑到计量结果的稳健性，本书采取逐次加入控制变量的方法对模型进行了估计。表 8-3 报告了高速公路对企业要素投入扭曲的回归结果。

鉴于高速公路对企业资源配置可能存在的边际递减效应（Duranton 和 Turner，2012），因此在表 8-3 的模型（1）、（5）、（9）中，本书在分别估计高速公路距离对中间投入扭曲、资本扭曲和劳动扭曲的回归中，仅加入了高速公路距离和高速公路距离的平方项，并控制了行业和年份固定效应。从模型（1）—（4）中可以看出，高速公路距离的确影响了企业的中间投入决策，企业距离高速公路距离每提高十公里，企业中间投入扭曲便提高 12.8% ~ 17.5%，这一结果在 1% 的显著水平上显著，如果考虑到中国大量企业存在的中间投入的现实，那么这一结论意味着交通基础设施薄弱通过影响企业的中间投入造成的宏观效率损失令人吃惊，也说明中国大规模的高速公路建设的资源优化配置效应和总量生产率提升效应十分惊人。另一个值得注意的发现是，模型（5）—（8）的回归结果显示企业离高速公路距离越远，资本扭曲反而得到了缓解，这说明资本扭曲可能更多受到制度等软环境的影响模型（9）—（12）的结果表明，企业的劳动投入可能不受到高速公路建设的影响，这与大部分相关研究不符，原因可能在于模型的内生性问题，比如遗漏变量、测量误差以及反向因果都有可能导致系数估计的偏误。

中国政府采取扶持重工业企业的赶超战略，决定了资本密集度较高的工业企业是政府重点的关注对象。同时，企业规模也是政府对企业进行干预的重要考量因素。基于此，模型（2）、（6）、（10）又加入了企业层面的这两个控制变量。结果发现，加入企业规模和资本密集度之后，高速公路距离对中间投入扭曲的影响没有发现较大变化，而高速公路距离对企业资本扭曲的改善作用有所减弱，说明高速公路建设对企业的中间投入扭曲并不取决于企业异质性特征，而对资本扭曲的影响受到企业异质性特征影响较大。

表 8-3　中国高速公路建设与要素投入扭曲的回归结果

变量	中间投入扭曲				资本投入扭曲				劳动投入扭曲			
	(1)	(2)	(3)	(4)	(5)	(6)	(7)	(8)	(9)	(10)	(11)	(12)
高速公路	0.1343***	0.1340***	0.1751***	0.1281***	-4.0802***	-5.9550***	-4.8898***	-4.9890***	0.7339	1.1889**	-0.7722	-0.6235
	(0.0163)	(0.0163)	(0.0209)	(0.0209)	(0.3015)	(0.2783)	(0.3574)	(0.3580)	(0.5485)	(0.5485)	(0.7127)	(0.7131)
高速公路平方	0.0366	0.0312	-0.2704***	-0.4578***	3.6678***	7.8677***	11.1850***	11.3668***	-1.6237	-2.2292	0.3074	1.0346
	(0.0417)	(0.0416)	(0.0825)	(0.0821)	(0.8091)	(0.7455)	(1.4575)	(1.4590)	(1.3615)	(1.3611)	(2.7783)	(2.7805)
企业就业人员		0.0117***	0.0117***	0.0094***		-0.8656***	-0.8583***	-0.8629***		-0.3074***	-0.3123***	-0.3215***
		(0.0004)	(0.0004)	(0.0004)		(0.0072)	(0.0072)	(0.0072)		(0.0126)	(0.0126)	(0.0127)
资本密集度		0.0032***	0.0030***	0.0025***		-2.3693***	-2.3686***	-2.3707***		0.2195***	0.2207***	0.2188***
		(0.0003)	(0.0003)	(0.0003)		(0.0053)	(0.0053)	(0.0053)		(0.0103)	(0.0103)	(0.0103)
城市人均 GDP			-0.0148***	0.0087***			0.1737***	0.2353***			-0.1504***	-0.0736***
			(0.0007)	(0.0008)			(0.0129)	(0.0142)			(0.0214)	(0.0240)
城市人口			0.0097***	0.0077***			0.1741***	0.2044***			-0.0616***	0.0206
			(0.0005)	(0.0005)			(0.0092)	(0.0097)			(0.0147)	(0.0156)
政府干预				-0.0087***				0.0538***				0.1702***
				(0.0004)				(0.0071)				(0.0117)
政治关联程度				-0.0061***				-0.0357***				-0.0455***
				(0.0002)				(0.0030)				(0.0056)

续表

变量	中间投入扭曲				资本投入扭曲				劳动投入扭曲			
	(1)	(2)	(3)	(4)	(5)	(6)	(7)	(8)	(9)	(10)	(11)	(12)
市场价格决定				0.0023***				-0.0078				-0.0529***
				(0.0003)				(0.0049)				(0.0100)
金融市场化				-0.0105***				-0.0236***				-0.0460***
				(0.0003)				(0.0053)				(0.0104)
常数项	0.8253***	0.7615***	0.8563***	0.7944***	1.5958***	14.1845***	11.6051***	10.7420***	0.4977***	1.0912***	2.9029***	1.1277***
	(0.0020)	(0.0030)	(0.0071)	(0.0079)	(0.0388)	(0.0535)	(0.1314)	(0.1460)	(0.0673)	(0.0993)	(0.2234)	(0.2484)
观测值	1217179	1217179	1216132	1216132	1217179	1217179	1216132	1216132	1217179	1217179	1216132	1216132
企业数量	368786	368786	368629	368629	368786	368786	368629	368629	368786	368786	368629	368629
R^2	0.009	0.01	0.018	0.02	0.008	0.011	0.018	0.028	0.009	0.014	0.02	0.02

注：中间投入扭曲、资本扭曲和劳动扭曲分别根据第三部分的(14)、(15)、(16)计算得出；(1)—(4)列的被解释变量是中间投入扭曲，(5)—(8)列的被解释变量是资本投入扭曲，(9)—(12)列的被解释变量是劳动投入扭曲，但限于篇幅原因本书只列出了分别控制企业特征、城市特征和省份市场化程度控制变量的回归结果；在回归中，本书采用了逐次加入控制变量的方法以保证估计的稳健性，同时上述回归均控制了全部固定效应和年份固定效应和行业固定效应；括号内是稳健标准误，*表示$p<0.1$，**表示$p<0.05$，***表示$p<0.001$。

305

　　城市特征对企业资源配置效率也存在不容忽视的影响。如果城市规模的扩张是由于政府干预引起而不是要素资源集聚带来的自发成长，那么规模越大的城市可能会存在更为严重的要素投入扭曲。本书在模型(3)、(7)和(11)中进一步加入了城市规模控制变量，结果显示城市规模的确恶化了中间投入和资本扭曲，可能的解释便是城市规模扩张可能更多的是政府干预的结果，城市规模越大并没有带来资源集聚。此外，城市经济发展水平恶化了资本扭曲，证实了城市在追求 GDP 增长的同时是以恶化资本投入扭曲为代价，但其对中间投入扭曲起到了一定的缓解作用，但这一结论也可能是由于遗漏变量造成，因为在后续回归加入了省份的控制变量后，本书得出了相反的结论。

　　在控制了反映省份层面市场化水平的控制变量后，高速公路对企业中间投入扭曲的恶化影响降低(模型4)，对资本投入扭曲的缓解作用下降(模型8)。这一结果表明，如果不对省份的市场化水平等因素进行控制，可能会高估高速公路基础设施对资源配置扭曲的影响。

8.4.2　异质性分析

　　中国的城市发展实行的是绝对规模为导向，使得大城市超常规发展，导致城市集聚效应较低，而拥堵效应较大，抑制了经济增长潜力的发挥。为了进一步分析高速公路建设在不同的发展阶段对企业资源配置效率的影响，本书将直辖市和省会城市设为层级一(大城市)、其他城市设为层级二(小城市)，从城市层级方面对高速公路基础设施与企业资源配置效率之间的关系进行了检验。

　　表8-4 的模型(1)和(2)分别报告了不同城市层级的高速公路距离对企业资源配置效率的影响。从模型(1)的回归结果可以看出，尽管大型城市的高速公路距离对企业中间投入扭曲影响的系数为正且要大于对次级城市，但这一系数并不显著，与本书前面的分析不相符。一个可能的原因是高速公路距离可能存在内生性问题。一方面，简单的 OLS 回归可能存在遗漏变量问题，

即中间投入扭曲和高速公路建设同时受到其他不可观测因素的影响；另一方面，中间投入扭曲和高速公路建设可能存在反向因果关系，上述两个方面的原因都有可能使得估计系数偏小或者不稳健，为解决内生性问题带来的估计偏误，本书将在后面的工具变量回归做进一步的研究。同时，企业距离高速公路越远，则资本扭曲会得到较大程度的改善，事实上，高速公路越不发达或者距离企业越远，意味着前期在高速公路等基础设施上的投入较少，在资本总量不变的情形下，对企业资本投资的挤出效应会下降，即能够投向实体企业的资本增加，这可能会缓解企业面临的资本扭曲，即企业距离高速公路越远，则资本扭曲会得到一定程度的改善。随着城市层级的下降，高速公路基础设施的不足便会凸显出来，同时中间投入的选择范围缩小和运输成本上升导致离高速公路越远的企业，其中间投入扭曲越严重，模型(2)的回归结果证实了本书的判断。此外，小城市企业距离高速公路越远，其资本扭曲尽管也得到了改善，但相对于大型城市来说，其改善幅度较小，这与本书前面的判断相一致。

中国区域经济发展的不协调较为明显，高速公路建设和资源配置效率的区域差异也广泛存在，经济发展水平较高、基础设施较为完善的东部地区，高速公路距离对企业中间投入扭曲的影响可能会较小，但交通基础设施落后的中部地区，高速公路对中间投入扭曲的影响可能会更加严重。从模型(9)和(10)可以看出，东部地区的高速公路距离对中间投入扭曲的影响要小于中部地区，但是东部地区的系数并不显著，在稳健性检验部分解决了内生性问题后，东部地区的系数显著而且小于中部地区。

所有制歧视是造成企业资源配置扭曲的重要因素（Hsieh 和 Klenow，2009）。不同所有制企业离高速公路距离对其资源配置效率是否具有不一样的影响？高速公路对不同的要素投入影响是否表现出异质性？表 8-4 的模型(3)—(8)是本书对不同所有制企业的检验结果。回归结果显示，除了股份制和外资企业外，其他所有制企业的中间投入扭曲都受到企业离高速公路距离的影响，可能的原因在于股份制是最具竞争力的企业，并不过度依赖中间

表 8-4　中国高速公路建设与要素投入扭曲的异质性分析

被解释变量		大城市 (1)	小城市 (2)	国有企业 (3)	集体企业 (4)	股份公司 (5)	港澳台企业 (6)	外资企业 (7)	私人企业 (8)
中间投入扭曲	高速公路距离	0.1252	0.1113***	0.2596**	0.3252***	0.0665	0.2078**	0.0520	0.1362***
		(0.1019)	(0.0195)	(0.1195)	(0.0665)	(0.0434)	(0.0984)	(0.1229)	(0.0239)
	观测值	323441	892691	46350	94542	201602	129591	131422	612625
	企业数量	95350	273356	16676	36182	76616	40076	41909	216649
资本投入扭曲	高速公路距离	-12.8253***	-3.5901***	-0.9759	-2.1157	-3.5937***	-10.1252***	-7.3488***	-4.0481***
		(1.4522)	(0.3631)	(0.9967)	(1.8262)	(0.7991)	(1.3345)	(1.9635)	(0.4437)
	观测值	323441	892691	46350	94542	201602	129591	131422	612625
	企业数量	95350	273356	16676	36182	76616	40076	41909	216649
劳动投入扭曲	高速公路距离	0.4779	-0.2782	2.7459	-0.4091	-1.4115	-2.8403	-0.4179	-1.0002***
		(4.2838)	(0.5638)	(2.0572)	(1.6497)	(1.9618)	(7.2014)	(3.3588)	(0.3780)
	观测值	323441	892691	46350	94542	201602	129591	131422	612625
	企业数量	95350	273356	16676	36182	76616	40076	41909	216649

续表

被解释变量		东部地区(9)	中部地区(10)	西部地区(11)	轻工业(12)	重工业(13)	资本密集型(14)	劳动密集型(15)
中间投入扭曲	高速公路距离	0.0631	0.3096***	0.1090*	0.0723**	0.2028***	0.1726***	0.0733***
		(0.0395)	(0.0627)	(0.0645)	(0.0283)	(0.0316)	(0.0316)	(0.0266)
	观测值	935750	181771	98611	615723	619200	600409	596932
	企业数量	279143	58774	30717	191670	195787	186664	186418
资本投入扭曲	高速公路距离	-7.5489***	-5.3196***	-2.9554***	-5.0398***	-5.2442***	-5.0840***	-4.7450***
		(0.7626)	(0.7613)	(0.7181)	(0.4963)	(0.5358)	(0.5305)	(0.4716)
	观测值	935750	181771	98611	615723	619200	600409	596932
	企业数量	279143	58774	30717	191670	195787	186664	186418
劳动投入扭曲	高速公路距离	-1.2537	-0.0879	-0.8354	-0.4906	-0.5503	-0.9444	-0.8753
		(1.2693)	(0.9719)	(3.7187)	(1.1925)	(0.9685)	(0.7236)	(1.0840)
	观测值	935750	181771	98611	615723	619200	600409	596932
	企业数量	279143	58774	30717	191670	195787	186664	186418

注：每一个系数都是一个回归的结果，所有回归除了包含高速公路距离这一核心解释变量及高速公路距离二次方外，还包括基本回归中的企业特征、城市特征、省份特征，并且都控制了年份和行业固定效应；括号内是稳健标准误，* 表示 $p<0.1$，** 表示 $p<0.05$，*** 表示 $p<0.01$。

309

投入，而外资企业在区位选择方面可能具有优势，基于此高速公路距离对该类企业的中间投入扭曲可能不存在。股份制、外资、港澳台与私人企业距离高速公路越远，资本扭曲会得到较大的改善，但国有企业和集体企业并不受这一机制的影响，说明这两类企业受到交通基础设施投资的挤出效应较小。

　　鉴于行业要素投入的差异可能会影响交通基础设施对企业资源配置效率的结论，因此本书分轻工业、重工业和资本密集型、劳动密集型行业分别进行了检验。表8-4的模型(12)—(15)是分行业的回归结果。从行业差异来看，企业离高速公路距离越远会使得重工业和资本密集型行业的中间投入扭曲加重。对于资本投入扭曲而言，企业距离高速公路越远，其资本扭曲会得到一定程度的缓解，但重工业的资本扭曲缓解程度要分别大于轻工业，考虑到现实中的重工业存在严重的产能过剩问题，本书的研究为此提供了一个新的解释。资本密集型行业受到高速公路距离的影响要大于劳动密集型行业以及劳动投入扭曲的系数不显著，这与相关理论不符，可能的原因在于模型的内生性问题，在后面的工具变量回归中，本书将会进一步分析。

8.4.3　稳健性检验

　　高速公路建设与企业资源配置效率之间可能存在内生性问题，即不是由于高速公路建设影响了资源配置效率，而是资源配置效率引发了高速公路建设，国家可能会优先考虑在经济发达地区和城市等级较高地区建设高速公路，而该经济体经济之所以发达可能是企业资源配置效率较高所决定。如果不考虑这种内生性问题，那么本书前面得出的系数估计值可能是有偏的。为此本书需要寻找一个工具变量以解决上述问题。微观数据的使用为研究者提供了更多处理内生性问题的方法，相关文献主要采用的是工具变量法，比如Duranton和Turner(2011)采用的是美国历史上的公路规划分布图和早期铁路分布图来预测现代高速公路的分布，Liu等(2012)在研究中国问题时采用了相类似的方法，即将该地区是否有明朝驿站作为现在高速公路建设的工具变量。本书借鉴了上述学者从交通历史信息中寻找工具变量的思路，即选取明朝驿站作为中国高速公路建设的工具变量。那么明朝驿站作为中国高速公路的工具变量为什么是有效的呢？首先，相关性说明。由于修路受到地质条件等自然因素的影响，因此明朝驿站的设置会因技术的限制，而选取相对有利于修建的地质条件，而中国现代高速公路更有可能在原有道路的基础上进一步修缮，所以两者是高度相关的。其次，外生性问题。明朝驿站主要是基于军事方面的原因修建的，受到经济发展水平的影响较小，而且经历了超过400多年的时间，对于现代经济发展水平的影响会更小。元朝的驿站制度对明代影响最大。蒙古统治者向外进行战争开拓时，由于传递军情和运送军队物资的需要，逐步建立起完善的驿站组织。其在驿路的选择上，也尽量便当，即路径近捷，道路平稳，交通方便。朱元璋曾对兵部官员说："驿传所以传命而达四方之政，故虽殊方绝域不可无也。"①并明确规定邮驿系统的任务专在递送使客，飞报军务，转运军需等物资。基于上述史料可以看到，明朝驿站设置更多出于军事的考虑，而与经济发展水平联系较小。最后，中国高速公路建设是随时间变化的，而明朝驿站设置情况是不随时间变化的，为此本书将明朝驿站与时间哑变量做交互项来作为新的工具变量，其中一阶段的回归结果见附表，本节余下部分汇报的是二阶段的相关估计。表 8-5 是以明朝驿站作为中国高速公路建设的工具变量稳健性检验结果。其中，（1）—（6）分别是全样本、大城市、小城市、东部地区、中部地区和西部地区的回归结果。

表 8-5　中国高速公路建设与要素投入扭曲全样本、分城市层级、分区域的稳健性检验

被解释变量	解释变量	(1)	(2)	(3)	(4)	(5)	(6)
		全样本	大城市	小城市	东部	中部	西部
中间投入扭曲	高速公路距离	2.3308 ***	8.3969 ***	1.1183 ***	3.8581 ***	1.9217 ***	−0.9670 ***
		(0.1174)	(0.8375)	(0.1085)	(0.2112)	(0.2828)	(0.3098)

---

①　参见《洪武实录·圣典·卷九·拊民》。

续表

被解释变量	解释变量	(1) 全样本	(2) 大城市	(3) 小城市	(4) 东部	(5) 中部	(6) 西部
资本投入扭曲	观测值	1216132	323441	892691	935750	181771	98611
	企业数量	368629	95350	273356	279143	58774	30717
	高速公路距离	−5.2047**	−55.9857***	−4.7261**	−21.2172***	−30.0591***	−16.7385***
		(2.3728)	(12.7813)	(2.3955)	(4.8434)	(4.0567)	(4.2461)
劳动投入扭曲	观测值	1216132	323441	892691	935750	181771	98611
	企业数量	368629	95350	273356	279143	58774	30717
	高速公路距离	15.1669***	97.4133**	10.2809***	33.2428***	8.1512*	−19.4168
		(4.0651)	(39.6583)	(2.9521)	(6.1788)	(4.9294)	(23.6036)
	观测值	1216132	323441	892691	935750	181771	98611
	企业数量	368629	95350	273356	279143	58774	30717

注：同表8-4。

　　从全样本回归结果来看，企业距高速公路越远，其中间投入扭曲和劳动扭曲会加剧，而资本扭曲会得到改善。分城市层级的检验发现相对于小城市来说，大城市的企业距离高速公路距离越远，其中间投入扭曲越严重，说明超常发展的大城市不仅没有带来要素投入集聚和规模经济，反而由于交通基础设施滞后、拥堵成本和地价过高等因素，造成了企业中间投入扭曲恶化。东部地区企业所在城市距离高速公路越远，企业中间投入扭曲相对于中部地区会更加严重，说明对于东部地区和中部地区来说，高速公路建设依然满足不了经济发展需求，而西部地区的高速公路建设改善了企业中间投入扭曲。同样的，从模型（2）和（3）的比较可以看出，企业距离高速公路越近，其资本扭曲出现恶化态势，这可能是由于交通基础设施投资对私人投资，包括流向实体企业的资金产生挤出效应。中部地区企业距高速公路越远对资本扭曲改善的幅度最大，东部地区次之。魏国华等（2016）研究发现，中国存在大量的新技术型劳动力向东部地区转移的问题，劳动力跨区域的流动使得劳动力流动成本成为制约迁移的关键问题，模型（4）便说明了东部地区交通基础设施的不完善显著加剧了劳动投入的扭曲。

为了检验高速公路对不同注册类型企业的要素配置扭曲影响的稳健性，本书采用工具变量方法进行了探讨（见表8-6）。本书重点关注的是中间投入扭曲和劳动投入扭曲的系数大小及显著性。其中，高速公路距离对国有企业的中间投入扭曲不存在显著性影响，外资企业的中间投入扭曲受到高速公路距离的影响最大，股份制企业受到的影响最小，这一方面说明股份制企业并不依赖中间投入作为产出的重要投入要素，其研发能力较强，生产效率也较高；另一方面，可能股份制公司本身在区位选择方面受到政府更多的政策倾斜。从劳动投入扭曲来看，国有企业、集体企业、股份制企业以及私营企业的劳动投入扭曲受到高速公路建设的显著性影响，即企业离高速公路越远，其劳动投入扭曲越加严重。

表8-6　中国高速公路建设与要素投入扭曲分注册类型的稳健性检验

被解释变量	解释变量	（1）国有企业	（2）集体企业	（3）股份公司	（4）港澳台	（5）外资企业	（6）私营企业
中间投入扭曲	高速公路距离	-0.8516	2.8032***	0.8871***	2.7978***	5.1888***	2.1802***
		(0.7378)	(0.3902)	(0.2185)	(0.7504)	(0.8298)	(0.1296)
	观测值	46350	94542	201602	129591	131422	612625
	企业数量	16676	36182	76616	40076	41909	216649
资本投入扭曲	高速公路距离	-7.5008	-51.7875***	-10.8272**	-43.4152***	-32.7632**	-15.1656***
		(6.9437)	(11.2981)	(4.4769)	(11.1682)	(14.4871)	(2.9103)
	观测值	46350	94542	201602	129591	131422	612625
	企业数量	16676	36182	76616	40076	41909	216649
劳动投入扭曲	高速公路距离	41.9427***	72.5613***	15.9027*	-35.1761	52.2037**	4.4512**
		(12.9283)	(9.1454)	(9.2746)	(59.1911)	(20.4954)	(1.9398)
	观测值	46350	94542	201602	129591	131422	612625
	企业数量	16676	36182	76616	40076	41909	216649

注：同表8-4。

自 20 世纪 90 年代末以来，中国再次出现"重化工业化"浪潮，重化工业的发展能够为轻工业发展提供中间投入品等生产资料，是工业化不可逾越的阶段，而且也是国际产业转移的必然结果。但中国重化工业超常发展的同时，也面临着技术创新能力不足导致其严重依赖于原材料投入的突出问题，① 而原材料投入成本的高低与交通基础设施的发展状况密切相关，随着中国交通基础设施的不断完善，其对重化工业和轻工业的要素配置效率无疑会产生影响，表 8-7 是分行业的稳健性检验，② 同时考虑到重工业属于资本密集型行业，但不是资本密集型行业的全部，我们也对资本密集型和劳动密集型行业进行了检验。从中间投入配置效率来看，高速公路基础设施建设对重工业和资本密集型行业的中间投入扭曲的影响要略大于轻工业和劳动密集型行业，考虑到中国重工业和资本密集型产业相对于轻工业和劳动密集型产业更依赖于中间要素投入的现状，运输成本更易受到交通基础设施的影响，其受到高速公路基础设施的影响自然较大。同时，对于重工业和资本密集型行业的企业来说，离高速公路越远，劳动投入扭曲也是越严重。这同样说明，劳动投入对高速公路这种基础设施的依赖程度比较大。

---

① 我们的数据显示，本应较少依赖中间投入的重化工业，其对中间投入的依赖甚至要高于轻工业等部门。

② 重工业包括石油加工、炼焦和核燃料加工业(25)、化学原料和化学制品制造业(26)、黑色金属冶炼和压延加工业(31)、有色金属冶炼和压延加工业(32)、金属制品业(33)、通用设备制造业(34)、专用设备制造业(35)、汽车制造业(36)、铁路等其他运输设备制造业(37)、电气机械和器材制造业(38)、计算机等其他电子设备制造业(39)等二位数行业，其他制造业二位数行业划为轻工业。

资本密集型行业包括酒、饮料和精制茶制造业(15)、烟草制品业(16)、皮革、毛皮、羽毛及其制品和制鞋业(19)、木材加工和木、竹、藤、棕、草制品业(20)、家具制造业(21)、造纸和纸制品业(22)、石油加工、炼焦和核燃料加工业(25)、化学原料和化学制品制造业(26)、化学纤维制造业(28)、有色金属冶炼和压延加工业(32)、金属制品业(33)、专用设备制造业(35)、汽车制造业(36)、铁路等其他运输设备制造业(37)、电气机械和器材制造业(38)、计算机等其他电子设备制造业(39)、仪器仪表制造业(40)、其他制造业(40)等，其他制造业二位数行业划为劳动密集型行业。

314

表 8-7 中国高速公路建设与要素投入扭曲分行业的稳健性检验

被解释变量	解释变量	（1）轻工业	（2）重工业	（3）资本密集型	（4）劳动密集型
中间投入扭曲	高速公路距离	2.2299***	2.4651***	2.3767***	2.3347***
		(0.1649)	(0.1691)	(0.1737)	(0.1557)
	观测值	615723	600409	619200	596932
	企业数量	191670	186664	195787	186418
资本投入扭曲	高速公路距离	−18.8828***	−22.6543***	−17.0276***	−24.2647***
		(3.3247)	(3.4737)	(3.4032)	(3.3302)
	观测值	615723	600409	619200	596932
	企业数量	191670	186664	195787	186418
劳动投入扭曲	高速公路距离	15.1408**	15.9957***	24.8088***	21.3521***
		(7.2637)	(3.6390)	(5.0363)	(5.0323)
	观测值	615723	600409	619200	596932
	企业数量	191670	186664	195787	186418

注：同表 8-4。

8.5 高速公路建设的总量生产率提升效应

上文已经证实高速公路建设的确会优化资源配置。下面本书通过分析高速公路影响企业规模分布来解读其对资源配置效率影响的作用机制，并进一步测算这一机制究竟带来多大程度的总量生产率提升。

8.5.1 作用机制分析

企业投入要素配置效率会影响其规模分布，会使得企业规模实际分布比最优分布更为集中，小企业规模过大，大企业规模过小。通过企业规模的变

315

化，可以分析高速公路建设对企业要素投入配置效率的影响机制，进一步明晰高速公路建设影响总量生产率的作用机理。

为了分析高速公路建设优化要素投入给企业规模分布带来的影响，在前面实证分析的基础上，借助于第三部分的测算框架，本书做出了下列定义：

$$Y_{M-Isi} = Y_{si} * (1 + \tau_{M-Isi})_{\sigma(1-\alpha_s-\beta_s)} \tag{8.25}$$

$$Y_{K-Isi} = Y_{si} * (1 + \tau_{K-Isi})_{\sigma\alpha_s} \tag{8.26}$$

$$Y_{L-Isi} = Y_{si} * (1 + \tau_{L-Isi})_{\sigma\beta_s} \tag{8.27}$$

Y_{M-Isi}、Y_{K-Isi}、Y_{L-Isi} 分别是此情况下的企业实际产出，上述三式中的扭曲楔子：τ_{M-Isi}、τ_{K-Isi}、τ_{L-Isi} 分别是扣除交通基础设施后的其他因素导致的中间投入、资本投入和劳动投入扭曲，本书将此分别定义为：

$$\tau_{M-Isi} = \tau_{Msi} - \beta_M * \tau_{Msi} \tag{8.28}$$

$$\tau_{K-Isi} = \tau_{Ksi} - \beta_K * \tau_{Ksi} \tag{8.29}$$

$$\tau_{L-Isi} = \tau_{Lsi} - \beta_L * \tau_{Lsi} \tag{8.30}$$

其中，上述三式中的 β_M、β_K、β_L 分别是第四部分用工具变量回归的高速公路距离的系数，据此本书可以得到消除高速公路扭曲后的要素投入扭曲。

图 8-1 中左上图是企业实际规模分布和消除高速公路扭曲后的企业次优规模分布。从该图可以看出，相比于企业实际规模分布，消除高速公路造成的三种要素配置扭曲后的企业规模分布明显更加分散，分布也更加偏右，而且处于规模均值的企业数量出现了一定程度的下降，说明高速公路不完善导致的要素投入配置扭曲会使得企业平均规模过小，同时会使得一部分企业过大，造成了规模不经济，使得一部分企业规模过小，不利于规模经济的发挥，这意味着高速公路的确通过影响要素投入配置造成了企业规模分布的差异。图 8-1 中其他三个图进一步分别展示了高速公路影响中间投入配置、资本投入配置和劳动投入配置，进而影响企业规模分布的情况。其中右上图清楚地说明高速公路矫正中间投入配置带来的企业规模分布的差异，可以发现此时的企业规模相对于实际规模分布出现了较大偏离，突出表现为相对于实

际规模分布，其更为右偏且更为发散。同时，从后两幅图中可以发现，高速公路对劳动投入配置的影响相对于中间投入配置而言较小，但依然要高于对资本投入配置的影响。通过图 8-1 的比较可以发现，高速公路优化中间投入配置和劳动投入配置是导致企业实际规模和理想规模发生偏离的主要原因，而其对资本投入配置的影响相对较小，考虑到尽管高速公路建设对企业资本投入产生了挤出效应，但在总体资本存量增长和影响资本投入配置等软环境得到改善的情况下，其对资本投入配置影响较小的问题并不难于理解。

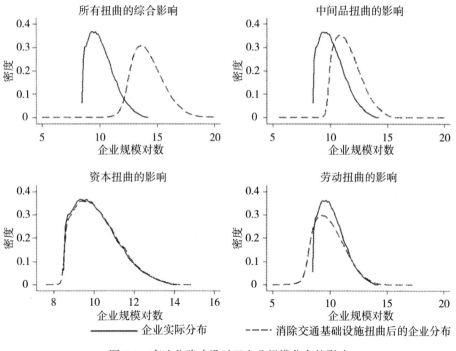

图 8-1   高速公路建设对于企业规模分布的影响

总之，图 8-1 分析再次表明，高速公路建设带来的资源优化配置效应主要来自于对中间品投入扭曲和劳动投入扭曲的矫正。高速公路建设使得企业的平均规模得到提升，其中规模偏小的企业规模增大，发挥规模经济；规模过大的企业的规模变小，避免了规模不经济。

8.5.2　资源配置优化与总量生产率提升

从资源配置效率的影响因素来看，所有制歧视、关税壁垒、信贷不完善甚至制度环境等都会导致企业资源配置效率低下，如何识别高速公路基础设施的资源配置效应，对于估算总量生产率的增进效应至为重要。为此，本书首先根据机制分析部分的公式测算了所有资源配置扭曲因素都消失下的企业实际最优产出规模和消除高速公路基础设施影响后（即除高速公路外的其他导致资源配置扭曲因素都存在情形下）的企业次优产出规模，然后根据分别加总成实际总产出和理想总产出，最后得到的理想总产出和实际总产出的差额即为高速公路矫正三种要素投入配置后的总量生产率提升程度。当加入了第三种投入要素后，Hsieh 和 Klenow(2009)的测算框架无法估算总体宏观经济效率损失，解决的办法是将最终产品的生产按照一个 CES 形式的生产函数进行计算，Hsieh 和 Klenow(2009)的研究证实，这种生产函数的设定可以规避对企业层面真实全要素生产率无法获知的影响，而且并不会导致宏观经济效率损失测算的较大差异。总量生产函数的设定如下[①]：

$$Y = \left(\sum_{s=1}^{S} \theta_s Y_s^{\frac{\varphi-1}{\varphi}} \right)^{\frac{\varphi}{\varphi-1}} \tag{8.31}$$

基于上面的总量生产函数设定，在已知企业最优产出规模的基础上计算出包含要素投入扭曲下的最终产出：

$$Y_M = \left(\sum_{s=1}^{S} \theta_s Y_{Ms}^{\frac{\varphi-1}{\varphi}} \right)^{\frac{\varphi}{\varphi-1}} \tag{8.32}$$

$$Y_K = \left(\sum_{s=1}^{S} \theta_s Y_{Ks}^{\frac{\varphi-1}{\varphi}} \right)^{\frac{\varphi}{\varphi-1}} \tag{8.33}$$

$$Y_L = \left(\sum_{s=1}^{S} \theta_s Y_{Ls}^{\frac{\varphi-1}{\varphi}} \right)^{\frac{\varphi}{\varphi-1}} \tag{8.34}$$

上述三式分别表示，中间投入扭曲、资本投入扭曲和劳动投入扭曲都消

---

① 本书按照 Hsieh 和 Klenow(2009)的做法，将 φ 设为 0.5。

318

失后的最优总体产出水平，其中 Y_{Ms}、Y_{Ks}、Y_{Ls} 分别是第三部分(8.20)式、(8.21)式、(8.22)式在行业层面的加总。本书可以用下式定义要素投入扭曲消失后的总量生产率增进幅度：

$$Misallocation_M = \frac{Y_M}{Y} - 1 \qquad (8.35)$$

$$Misallocation_K = \frac{Y_K}{Y} - 1 \qquad (8.36)$$

$$Misallocation_L = \frac{Y_L}{Y} - 1 \qquad (8.37)$$

(8.35)式、(8.36)式、(8.37)式分别表示中间投入扭曲、资本投入扭曲和劳动投入都消失后，所带来的总量生产率增进效应，该指标越大说明相应要素投入扭曲造成的宏观经济效率损失越严重，其中，Y 表示的是所有扭曲都存在情形下的实际最终产出。

为了进一步测算高速公路基础设施对总量生产率的增进效应，本书按照与前面相类似的方法做出了如下定义：

$$Y_{M-I} = \left(\sum_{s=1}^{S} \theta_s Y_{M-Is}^{\frac{\varphi-1}{\varphi}} \right)^{\frac{\varphi-1}{\varphi}} \qquad (8.38)$$

$$Y_{K-I} = \left(\sum_{s=1}^{S} \theta_s Y_{K-Is}^{\frac{\varphi-1}{\varphi}} \right)^{\frac{\varphi-1}{\varphi}} \qquad (8.39)$$

$$Y_{L-I} = \left(\sum_{s=1}^{S} \theta_s Y_{L-Is}^{\frac{\varphi-1}{\varphi}} \right)^{\frac{\varphi-1}{\varphi}} \qquad (8.40)$$

(8.38)式、(8.39)式、(8.40)式分别表示的是除高速公路基础设施外的其他因素导致的中间投入、资本投入、劳动投入扭曲都消失后的总体最终产出。Y_{M-Is}、Y_{K-Is}、Y_{L-Is} 分别是(8.26)式、(8.27)式、(8.28)式在行业层面的加总。同样的，本书可以用下式定义其他因素导致的要素投入扭曲都消失后的总量生产率增进幅度：

$$Misallocation_{M-I} = \frac{Y_{M-I}}{Y} - 1 \qquad (8.41)$$

$$Misallocation_{K-I} = \frac{Y_{K-I}}{Y} - 1 \qquad (8.42)$$

$$Misallocation_{L-I} = \frac{Y_{L-I}}{Y} - 1 \qquad (8.43)$$

上述三式分别表示除高速公路基础设施外的其他因素造成的中间投入、资本投入和劳动投入扭曲都消失后的总量生产率增进幅度，该指标越大说明除高速公路基础设施外的相应要素投入扭曲造成的宏观经济效率损失越严重。

在前面分别计算了全部要素投入扭曲都消失和除高速公路基础设施外的其他因素导致的要素投入扭曲都消失情形下总量生产率增进的基础上，本书进一步量化了高速公路基础设施对总量生产率的增进效应。高速公路基础设施优化中间投入配置带来的总量生产率提升由下式计算：

$$Improvement_M = Misallocation_M/Misallocation_{M-I} - 1 \qquad (8.44)$$

高速公路基础设施优化资本投入配置带来的总量生产率提升由下式计算：

$$Improvement_K = Misallocation_K/Misallocation_{K-I} - 1 \qquad (8.45)$$

高速公路基础设施优化劳动投入配置带来的总量生产率提升由下式计算：

$$Improvement_L = Misallocation_L/Misallocation_{L-I} - 1 \qquad (8.46)$$

8.5.3　测算结果分析

(1)总体测算

在上一小节的测算框架下，我们进一步测算了高速公路纠正三种要素投入扭曲带来的总量生产率增进幅度，表8-8汇报了全样本的测算结果。从表8-8可以看出，一方面，随着高速公路建设的不断推进，中间投入和劳动投入配置优化带来的总量生产率提升幅度在样本期间分别达到了4.39%和9.80%，而且劳动投入配置优化的增进效应是中间投入的两倍左右，说明高速公路通过纠正中间投入和劳动投入带来的宏观经济绩效提升可以达到接近14%，换句话说，中国通过大规模的高速公路建设显著提升了制造业整体的经济绩效，而且这种绩效的提升主要通过纠正中间投入和劳动投入的优化配置来实现；另一方面，高速公路建设对总量生产率的增进效应在样本期间呈现一个递减的态势，劳动投入的优化配置效应体现得最为明显，意味着随着高速公路的不断完善，其对经济增长的贡献会趋于下降，这与 Heintz 等（2009）、Duranton 和 Turner（2012）等对发达国家的研究结论相一致，即当交通基础设施基本满足了经济增长的需要后，其对经济增长的贡献会十分有限，但值得注意的是由于中国制造业严重依赖于中间投入的现状，使得高速公路建设在样本后期依然有较强的中间投入配置增进效应（8.07%）。

表 8-8   **高速公路建设的总量生产率提升效应：全样本**

	2001	2002	2003	2004	2005	2006	2007	均值
$Improvement_M$	0.0719	0.0685	0.0501	0.0385	0.0295	0.0251	0.0240	0.0439
$Improvement_K$	−0.0170	−0.0153	−0.0106	−0.0084	−0.0062	−0.0052	−0.0045	−0.0096
$Improvement_L$	0.1626	0.1500	0.1079	0.0869	0.0659	0.0572	0.0552	0.0980

注：$Improvement_M$、$Improvement_K$、$Improvement_L$ 分别根据（8.44）式、（8.45）式、（8.46）式计算所得。

另外一个发现是，尽管高速公路建设对制造业企业的资本投入影响较小，但却导致资本投入配置扭曲，不过这一扭曲态势在样本期间出现逐步缓解，可能原因在于在一个资本总量一定的假定下，高速公路等基础设施投资的增长可能对制造业部分的资本投资产生了挤占效应，但随着影响资本投入扭曲的各种软环境的不断完善和总量资本投入的不断扩张，其挤占效应出现了一定幅度的下降。

（2）分地区测算

基于区域渐进的市场化改革在促进中国经济快速增长的同时，也伴随着区域经济增长差距不断拉大的典型事实，资源配置效率的差异可能在解释区域差距中扮演了重要的角色，而交通基础设施的不断完善可以降低运输成本，消除市场分割，促进地区资源的合理流动和优化配置，因此地区间的交通基础设施的不同可能会导致各地区资源配置效率的差异，进而影响到其总量生产率的提升。为此，本书分地区测算了不同地区高速公路建设引致的总量生产率提升幅度，表 8-9 汇报了分地区测算的结果。

表 8-9　　　　　　　高速公路建设的总量生产率提升效应：分地区

总量生产率提升	区域	2001	2002	2003	2004	2005	2006	2007	均值
$Improvement_M$	东部	0.0608	0.0552	0.0408	0.0265	0.0213	0.0202	0.0184	0.0347
	中部	0.1394	0.1282	0.0997	0.0805	0.0470	0.0385	0.0367	0.0814
	西部	0.0576	0.0576	0.0478	0.0512	0.0370	0.0602	0.0678	0.0542
$Improvement_K$	东部	−0.0150	−0.0125	−0.0105	−0.0071	−0.0063	−0.0066	−0.0051	−0.0090
	中部	−0.0269	−0.0234	−0.0170	−0.0133	−0.0075	−0.0064	−0.0054	−0.0143
	西部	−0.0127	−0.0124	−0.0090	−0.0143	−0.0073	−0.0093	−0.0064	−0.0102
$Improvement_L$	东部	0.1578	0.1130	0.1155	0.0714	0.0559	0.0485	0.0438	0.0866
	中部	0.3290	0.2801	0.2079	0.1943	0.1031	0.0828	0.0743	0.1816
	西部	0.1403	0.1480	0.1140	0.1160	0.1037	0.1327	0.1625	0.1310

　　注：$Improvement_M$、$Improvement_K$、$Improvement_L$ 分别根据(8.44)式、(8.45)式、(8.46)式按照企业所属地区计算所得。

　　从表 8-9 的测算结果可以看出：①均值上看，高速公路建设矫正中间品投入扭曲和劳动投入扭曲，优化这两种要素资源配置进而提升总量生产率，都是中部最大，西部次之，东部最小。说明修建高速公路确实可以通过促进要素合理流动、优化资源配置来促进地区经济增长，而且可以缩小地区经济发展差距。②趋势上看，高速公路建设带来的总量生产率促进效应在东部和中部逐步下降，而西部则呈现逐年上升趋势。这种趋势可能反映了随着高速公路建设在我国的大规模推进，东部和中部的高速公路建设相对于制造业的发展需求逐步趋于合理和饱和，而西部的建设缺口仍然较大，所以导致高速公路建设造成的总量生产率提升空间仍然较大。③本书发现中部地区的总量生产率促进效应最大，可能与中部地区的地理位置有关。一方面，中部地区作为西部地区向东部地区转移中间品投入和劳动投入的"中转站"，客观上促进了要素的优化配置。另一方面，中部地区又是东部地区加工制造业的转移的"载体"，因此对中间投入和劳动投入的依赖程度较高，由此交通设施的不断完善矫正了这两种要素大规模流动的扭曲，进而促进了中部地区的总量生产率。总之，高速公路建设的分地区生产率促进效应研究表明，修路不仅可以致富，而且可以缩小地区经济发展差距。

(3) 分注册类型测算

经典区位理论认为生产成本是决定厂商区位的主要因素，企业通常会选择最低生产成本的生产区位，这种生产成本包括交通运输成本。制造业企业出于利润最大化的考量，选址的时候会优先考虑交通基础设施较完善而交通运输成本较低的地区。在全球选址的外资企业通常会将交通基础设施作为选址时的优先考量因素。随之而来的一个问题是，对于区位选择自主权较弱的内资企业来说，交通基础设施是否完善是否会通过影响其要素投入决策行为，优化其要素投入配置，进而影响了总量生产率的提升？可以预见的是，由于外资企业在选址时考虑了交通基础设施条件，因此可能的结论是交通基础设施的不断完善带来的外资企业总量生产率提升可能是最低的，而大量内资企业的资源效率配置受到交通基础设施的影响要更为严重。

表8-10汇报了不同注册类型下的高速公路基础设施导致要素投入扭曲的测算结果。从中间投入配置改善带来的总量生产率提升看，国有企业、港澳台企业和外资企业的总量生产率提升幅度相对于集体企业、股份公司和私人企业要小，其中，外资企业提升最小而私人企业提升最大。可能的原因有两个：一方面，前三类企业相对于后三类企业可能具有较强的研发实力，对中间投入的依赖较低，因此高速公路建设优化中间投入配置带来的总量生产率提升幅度较小；另一方面，前三类企业相比后三类企业受到更多的政策优

惠，具有更大的区位选择优势，基本都位于高速公路基础设施较好的地区。从时间趋势来看，除私营企业的其他五类企业的中间投入扭曲均得到了不同程度的缓解，而私营企业在样本后期的扭曲出现加重的态势，考虑到私营企业在国民经济中的比重不断上升，这意味着通过不断完善交通基础设施来提升总体宏观经济绩效的空间巨大。

表8-10　　　　高速公路建设的总量生产率提升效应：分注册类型

总量生产率提升	注册类型	2001	2002	2003	2004	2005	2006	2007	均值
$Improvement_M$	国有企业	0.0586	0.0657	0.0397	0.0333	0.0243	0.0222	0.0169	0.0372
	集体企业	0.0745	0.0691	0.0497	0.0360	0.0288	0.0320	0.0266	0.0453
	股份公司	0.0955	0.0813	0.0485	0.0434	0.0333	0.0305	0.0277	0.0515
	港澳台	0.0418	0.0432	0.0353	0.0264	0.0214	0.0203	0.0183	0.0295
	外资企业	0.0335	0.0329	0.0264	0.0209	0.0209	0.0214	0.0183	0.0249
	私营企业	0.1152	0.4109	0.1714	0.0239	0.0277	0.0292	0.0354	0.1162
$Improvement_K$	国有企业	−0.0207	−0.0178	−0.0123	−0.0100	−0.0082	−0.0050	−0.0031	−0.0110
	集体企业	−0.0123	−0.0103	−0.0067	−0.0050	−0.0037	−0.0034	−0.0028	−0.0063
	股份公司	−0.0210	−0.0193	−0.0114	−0.0094	−0.0069	−0.0060	−0.0053	−0.0113
	港澳台	−0.0115	−0.0123	−0.0072	−0.0075	−0.0053	−0.0044	−0.0038	−0.0074
	外资企业	−0.0121	−0.0100	−0.0084	−0.0087	−0.0062	−0.0059	−0.0051	−0.0080
	私营企业	−0.0156	−0.0132	−0.0101	−0.0061	−0.0049	−0.0064	−0.0581	−0.0163
$Improvement_L$	国有企业	0.1859	0.1664	0.1255	0.1050	1.0189	0.0577	0.0584	0.2454
	集体企业	0.1378	0.1301	0.0972	0.0646	0.0502	0.0558	0.0424	0.0826
	股份公司	0.2254	0.2037	0.1164	0.1051	0.0747	0.0673	0.0623	0.1221
	港澳台	0.0702	0.1026	0.0686	0.0711	0.0429	0.0416	0.0432	0.0629
	外资企业	0.0659	0.0624	0.0516	0.0475	0.0364	0.0360	0.0363	0.0480
	私营企业	0.1715	−0.8148	2.7583	0.0447	0.0626	0.0437	0.0458	0.3303

注：$Improvement_M$、$Improvement_K$、$Improvement_L$ 分别根据（8.44）式、（8.45）式、（8.46）式按照企业所属注册类型计算所得。

从高速公路基础设施的劳动投入配置效应来看，港澳台和外资企业的总量生产率增进效应要低于内资企业，而内资企业中的私营企业的总量生产率增进效应最大。交通基础设施的不断完善可以通过有效地增加劳动供给，使得劳动配置的所有制差异缩小，提升总量生产率水平。短期内人口总量一定的情形下，交通基础设施改善一方面能够扩大劳动市场的地理选择范围，提高劳动参与率，促进劳动力供给；另一方面能够缩短上下班时间、降低交通成本，使得劳动力的地理搜寻范围扩大，促进潜在劳动力进入市场；长期内，交通基础设施水平的提高有利于吸引更多的外地移民，增加该地区人口总数，从而提升劳动供给。劳动力供给增加会促进劳动力市场的竞争，消除劳动投入配置的所有制差异，进而增进总量生产率水平，该作用对企业选址方面有明显劣势的私营企业体现的尤为明显。

（4）分城市层级测算

由政府直接推动的城镇化意味着大城市的交通基础设施相对于中小城市更为完善，而且大城市的经济总量和增长速度要显著大于中小城市。随着而来的一个问题是，经济总量的这种差异在多大程度上是由于交通基础设施的差异造成，或者更进一步地说，不同规模城市的高速公路在改善制造业企业的资源配置效率，促进了总量生产率的提升方面是否有显著的不同。对该问题的考察不仅有助于评价交通基础设施建设的经济绩效，而且可以通过比较不同规模城市的交通基础上设施的绩效差别，为下一步交通基础设施建设提供重要的政策建议。因此，本书分城市层级测算了高速公路建设通过矫正要素投入配置对总量生产率提升的影响，表8-11报告了我们的测算结果。

表8-11　　高速公路建设的总量生产率提升效应：分城市层级

总量生产率提升	城市层级	2001	2002	2003	2004	2005	2006	2007	均值
$Improvement_M$	大城市	0.0241	0.0231	0.0206	0.0132	0.0111	0.0090	0.0088	0.0157
	小城市	0.0948	0.0898	0.0640	0.0485	0.0365	0.0320	0.0292	0.0564

续表

总量生产率提升	城市层级	2001	2002	2003	2004	2005	2006	2007	均值
$Improvement_K$	大城市	-0.0067	-0.0066	-0.0049	-0.0042	-0.0028	-0.0021	-0.0019	-0.0042
	小城市	-0.0211	-0.0187	-0.0125	-0.0099	-0.0072	-0.0061	-0.0052	-0.0115
$Improvement_L$	大城市	0.0515	0.0465	0.0399	0.0305	0.0216	0.0155	0.0159	0.0316
	小城市	0.2172	0.1953	0.1313	0.1061	0.0796	0.0708	0.0669	0.1239

注：$Improvement_M$、$Improvement_K$、$Improvement_L$ 分别根据（8.44）式、（8.45）式、（8.46）式按照企业所属城市层级计算所得。

从高速公路矫正中间投入配置和劳动投入配置带来的总量生产率提升来看，一方面，大型城市（层级一）和中小城市（层级二）的总量生产率水平都有一定程度的提升，说明高速公路建设的日趋完善对优化中间投入配置和劳动投入配置效果明显；另一方面，中小城市的高速公路对中间投入和劳动投入的优化配置效应，分别是大型城市的三倍左右和四到五倍左右，其对总量生产率的增进效应要远大于大型城市，说明中小城市交通基础设施的经济效应依然有很大的潜力，如果能够进一步加强中小城市的交通基础设施建设，那么由此引发的中小城市崛起可能会成为中国下一阶段经济增长的重要动力来源。

（5）分行业测算

一方面交通基础设施建设引致了 1998 年以来的我国产业结构调整和工业发展表现出向重化工业倾斜的趋势，另一方面交通基础设施建设对重工业和轻工业的资源配置效率也产生了影响。表 8-12 汇报了高速公路基础设施矫正要素投入配置引致的总量生产率提升的分行业测算结果。从矫正中间投入配置来看，一方面，重工业的总量生产率提升效应要略低于轻工业，资本密集型行业的总量生产率增进效应要显著高于劳动密集型行业，另一方面，尽管分行业的中间投入配置对总量生产率的增进效应呈现逐年递减的态势，但从绝对水平来看依然较大。从矫正劳动投入配置的总量生产率增进来看，行业虽然较小，但也呈现出轻工业要略高于重工业、资本密集型略高于劳动密集型的规律，且总体上的增进效应呈现递减趋势。

表 8-12　　　　　　　　高速公路的总量生产率提升效应：分行业

总量生产率提升	行业类型	2001	2002	2003	2004	2005	2006	2007	均值
$Improvement_M$	轻工业	0.0753	0.0700	0.0539	0.0383	0.0307	0.0253	0.0244	0.0454
	重工业	0.0652	0.0652	0.0399	0.0389	0.0264	0.0246	0.0230	0.0404
	资本密集型	0.0780	0.0756	0.0549	0.0419	0.0321	0.0270	0.0256	0.0479
	劳动密集型	0.0632	0.0580	0.0435	0.0338	0.0255	0.0222	0.0217	0.0383
$Improvement_K$	轻工业	−0.0178	−0.0161	−0.0115	−0.0092	−0.0068	−0.0057	−0.0050	−0.0103
	重工业	−0.0153	−0.0138	−0.0088	−0.0069	−0.0049	−0.0040	−0.0034	−0.0082
	资本密集型	−0.0195	−0.0176	−0.0120	−0.0094	−0.0068	−0.0055	−0.0049	−0.0108
	劳动密集型	−0.0133	−0.0119	−0.0083	−0.0069	−0.0052	−0.0046	−0.0038	−0.0077
$Improvement_L$	轻工业	0.1690	0.1534	0.1129	0.0866	0.0681	0.0596	0.0580	0.1011
	重工业	0.1496	0.1435	0.0978	0.0874	0.0615	0.0526	0.0497	0.0917
	资本密集型	0.1756	0.1603	0.1161	0.0905	0.0682	0.0582	0.0571	0.1037
	劳动密集型	0.1433	0.1348	0.0949	0.0810	0.0623	0.0556	0.0519	0.0891

注：$Improvement_M$、$Improvement_K$、$Improvement_L$ 分别根据(8.44)式、(8.45)式、(8.46)式按照企业所属行业计算所得。

8.6　结论与启示

在"资源错配和生产率"框架下研究中国高速公路建设的资源配置效率，有助于将该问题的研究推进至一般均衡框架和微观实证层面。基于中国制造业普遍存在中间投入这一典型事实，本书在 Hsieh 和 Klenow（2009）的框架中进一步引入中间投入要素，建立了一个高速公路影响资源配置的实证框架和影响总量生产率的测算框架。在此基础上，通过匹配中国高速公路数据和中国制造业企业数据，本书实证分析了高速公路建设纠正三种要素扭曲的程度，并量化分析了由此带来的宏观经济效率改善。

实证研究发现：①在中国大规模修改高速公路，确实可以优化要素资源配置。研究表明企业离高速公路越远，其中间投入扭曲和劳动扭曲会越严重，而资本扭曲会得到一定程度的缓解，主要原因可能在于中间投入和劳动的流动更多地受到运输成本方面的影响，而资本流动可能更多地受到制度等软环境等因素的制约。②由于高速公路建设影响了资源配置，因此造成了对总量生产率的影响。量化分析显示，中间投入扭曲造成的宏观经济效率损失要远高于资本投入扭曲和劳动投入扭曲，鉴于中国制造业对中间投入品依赖的现状，如果生产函数中不考虑中间投入要素，会导致宏观经济效率损失的严重低估。而高速公路基础设施的不断完善，可以使得企业在一个更广阔的市场上选择最优的投入要素，通过影响企业实际规模和理想规模的距离，改善了宏观经济效率。而进一步的分析表明，高速公路建设通过纠正中间投入扭曲和劳动投入扭曲起到了改善宏观经济效率的作用，其中中间投入扭曲渠道对宏观经济效率改善的幅度是劳动投入扭曲的至少两倍。③高速公路建设对总量生产率的影响表现出异质性特征，在不同区域和不同城市层级表现得尤为明显。高速公路建设对中部地区和西部地区的总量生产率促进作用，说明中西部地区的交通基础设施落后和经济增长对交通基础设施需求增强的矛盾日益突出。随着中国城市层级发展两极化现象的加剧，尽管高速公路对经济增长促进作用在增强，但中小城市的高速公路矫正中间投入扭曲和劳动投入扭曲造成的总量生产率提示是大城市的至少三到五倍，这意味着中小城市的高速公路建设对经济增长的提升潜力依然有很大的空间。本书还发现高速公路建设对私营企业、股份制企业、集体企业和国有企业的总量生产率促进作用相对大于外资企业和港澳台企业。

本部分的研究的几点启示有：

①修路不仅可以致富，而且可以缩小地区经济发展差距。修路致富主要

体现在修路在宏观上可以促进要素合理流动和优化资源配置,在微观上提高企业平均规模,更好地发挥规模经济效应。修路缩小地区差距体现在修路可以帮助落后地区的微观企业更优化地配置资源,进而提高自身生产率和地区总量生产率。

②修路为中国接入全球价值链,进而构建国内价值链提供了基础网络和作用载体。近些年来,基于全球价值链在产业发展和全球经济治理中的重要影响,国内学者开始关注全球价值链,并且提出了构建国内价值链来促进产业升级和区域协调发展(张少军和刘志彪,2009)。但是对于如何构建国内价值链,国内学者还没有提出更好的思路和找到更好的载体。本书研究表明修建高速公路,可以帮助国内企业优化资源配置效率,可以帮助中西部地区通过提高总量生产率的方式来缩小和东部地区之间的发展差距。

③修建高速公路和高铁技术走出国门有助于落实中国提出的"一带一路"战略构想。随着中国"一带一路"倡议的提出,我国开始与"一带一路"沿线六十多个国家和地区开展了全方位的交流。而我国大规模推进"一带一路"上的高速公路和高铁建设,同样可以在国际层面起到促进要素流动、优化配置和缩小地区经济差距的作用,为"一带一路"沿线国家和地区的经济繁荣和政治稳定做出巨大贡献。

第9章 高速公路建设、企业演化与 区域经济效率

9.1 引言

经济发展的本质是微观经济个体优胜劣汰的动态演化过程，已有大量研究表明，微观企业不断地进入、成长和退出市场构成了宏观经济增长的动态微观基础。因此，促进企业健康有效地动态演化是优化资源配置效率、提升宏观经济效率的重要途径(Baldwin 和 Gu，2003；吴利学等，2016)，交通基础设施建设能够有效扩大市场规模和提高市场竞争程度，在促进企业演化过程中扮演重要角色。遗憾的是，虽然有大量文献关注中国交通基础设施建设所产生的经济效应(李涵和黎志刚，2009；Banerjee 和 Duflo 等，2012；Faber，2014)，但现有研究一般都聚焦于交通基础设施对经济主体产生的静态影响，交通基础设施建设通过促进企业动态演化提升经济效率的影响机制未能获得足够的关注。

在企业动态演化过程中，低效企业被淘汰出市场、高效企业进入市场、存活企业效率不断提升、高效企业市场份额上升，构成宏观经济效率提升的四种基本动力。交通基础设施建设减少了经济要素之间的距离障碍、降低了厂商运输成本，并且提高了市场一体化程度(Donaldson，2010；Donaldson 和

Hornbeck，2016），进而扩大了市场规模，并促进了企业之间的竞争。市场规模扩大和竞争加剧会从以下几个方面提升经济效率：①市场规模扩大会吸引更多企业进入市场，如果促进了高效企业进入市场，整体经济效率上升；②竞争加剧有助于淘汰一部分企业，如果将低效企业淘汰出市场，经济效率也会得到提升；③企业面临着更大的市场，有更多机会与其他企业接触，学习效应能够促使存活企业提高生产效率，经济整体效率提升；④如果竞争强度的提升能够促使市场份额从低效企业转移至高效企业，将通过资源再配置提高整体的经济效率。

在中国特殊的转型经济背景下，从企业动态演化视角分析交通基础设施的影响尤为必要。长期以来，中国一直秉持政府主导的增长策略，导致资源动态配置效率低下。在各种扭曲因素的作用下，大量低效企业不能被有效淘汰、潜在高效企业不能有效进入市场、具有竞争力的存活企业未能获得相应的市场份额。特别是在优先发展重工业的计划经济思维下，人为扶持大量低效国有企业，导致潜在更有活力的私营企业无法进入市场，低效国有企业迟迟无法退出市场，在位企业中高效企业也未能获得应有的市场份额。企业演化效率低下，成为影响中国经济增长的重要因素。那么，大规模交通基础设施修建是否促进了企业演化？主要影响了企业的哪些演化环节？交通基础设施通过哪个环节对区域经济效率提升的贡献最大？这些问题目前都未能得到很好的回答，系统地分析交通基础设施建设通过企业演化影响区域经济效率的作用机制，对于全面认识交通基础设施建设对宏观经济的影响、正确制定基础设施投资计划，都具有重要意义。

因此，本书关注交通基础设施建设通过影响企业进入、退出、市场份额和生产效率变化等动态演化环节，进而影响区域宏观经济效率的机制。具体地，本书在搜集详细的高速公路建设进度数据基础上，利用地理信息系统将高速公路网络与1998—2007年中国工业企业数据库进行匹配，分析中国高速公路建设对企业进入退出等动态演化行为的影响；以此为基础，在DOP分解框架下将区域经济效率提升分解为企业进入、退出、成长和资源再配置等四个演化环节的贡献，分析高速公路建设通过各个演化环节对区域经济效率增长产生的影响，从而深化当前对高速公路建设影响区域宏观经济效率作用机制的认识。

总结起来，本书与现有研究的差异体现在以下方面：①已有文献一般较为关注交通基础设施所产生的静态经济效应，本书可能首次探究了交通基础设施建设通过企业动态演化影响宏观经济效率增长的机制，对交通基础设施经济效应的研究是重要补充；②本书从交通部获取了截至 2016 年详细的全国高速公路建设进度数据，该数据细致记录了各段高速公路的建设时间、公路类型和里程等信息，对处理效应的刻画更加精确，能够获得更为准确的估计结果；③本书使用地理信息系统将高速公路数据与企业数据进行地理上的精确匹配，采用各种稳健性检验对估计结果进行检验，保证了结果的可信性。

实证结果表明，高速公路的修建确实通过影响企业进入、退出等动态演化环节影响了区域经济效率。具体来看：①修建高速公路之后，区域内存活企业生产率提升、进入概率增加、退出概率减少且平均市场份额下降；②生产率增长分解的结果表明，高速公路建设主要通过提升企业生产效率的途径影响区域经济效率，但通过企业资源配置、企业进入和退出等其他三种机制反而产生了负面作用，这一现象可视作资源配置效率恶化的表现。进一步的研究发现，效率相对低下国有企业在高速公路建设中受益更多，这可能是导致上述现象出现的重要原因。

9.2　文献综述

交通基础设施促进经济效率提高的机理在于，运输能力的提高能帮助经济要素以更小的成本在更大的市场中流动，使得规模经济、市场一体化和就业水平提高(周浩和郑筱婷，2012)。研究表明，交通基础设施建设作为大型投资，对相关地区有关产业具有直接拉动作用(刘生龙和胡鞍钢，2010)，除此之外，交通基础设施还通过降低运输成本提高区域间的贸易量和贸易效率(刘生龙和胡鞍钢，2011)，通过其网络属性更好地将一个地区的经济要素转移到另一个地区(张学良，2012)，对地区经济增长和市场整合产生了显著影响(Donaldson 和 Hornbeck，2016)。实证研究为上述结论提供了丰富的证据。例如，Donaldson(2010)探讨了英国殖民时期的印度铁路建设，认为铁路的修建降低了各地区之间的运输成本，降低了商品价格差，增加了区域内和区域间的贸易量，最终促进了经济发展水平的提高。

区域经济长期增长的根本动力是生产效率的提升，交通基础设施建设对于生产效率的提升有较为明显的促进作用(Bonaglia 和 La Ferrara 等，2000；张光南和宋冉，2013)。刘秉镰和武鹏等(2010)认为，以高速公路和二级公路建设为代表的交通基础设施建设促使中国的全要素生产率在2001—2007年增长11.08%，占全部全要素生产率增长的近六成。Ghani 和 Goswami 等(2016)研究了印度高速公路对制造业企业的效率的影响，认为印度黄金四角高速公路网络的修建提高了沿线企业的效率、规模和存活概率。从微观渠道看，更好的交通基础设施能够降低企业的运输成本和库存成本(李涵和黎志刚，2009；李涵和唐丽淼，2015)，扩大企业产品的销售范围，并通过提高可达性增强对新企业进入的吸引力(周浩和余壮雄等，2015)，同时加快淘汰生产率偏低的在位企业。以上文献从多种微观渠道考察了交通基础设施建设对区域经济效率的直接影响，但尚未有文献从微观企业的动态演化视角探查交通基础设施对宏观经济绩效产生的影响。

进一步从微观层面来看，宏观经济效率提升的动力主要源于企业演化过程中的自身成长和以企业进入、退出及市场份额变化为表现的资源再配置(杨汝岱，2015)，企业自身成长是提高区域经济效率的重要因素，而资源再配置效率的提高也能有效提升区域的经济变现。显然，交通基础设施建设对于企业不同的演化环节的影响可能不尽相同，从企业动态演化角度将区域经济效率增长进行分解，能够进一步分析交通基础设施建设在企业成长和资源配置中的作用，深化对交通基础设施建设影响宏观经济具体作用机理的认识。

目前关于企业进入退出等演化行为的研究都集中考察制度性因素的影响，交通基础设施等硬性设施所产生的影响未能引起足够的重视。例如，贾俊雪(2014)实证分析了税收激励对企业进入的影响及其作用机制。吴晗，段文斌(2015)探讨了银行业市场结构与企业进入之间的内在联系。还有一些研究从金融契约执行效率角度研究企业进入，及其对产品市场竞争的影响(李俊青等，2017)。可以看出，目前对于企业进入退出的研究主要着眼于制度，特别是金融制度的不健全所产生的影响，忽视了交通基础设施建设在企业演化过程中所扮演的角色，更未能从企业演化的视角分析交通基础设施建设产生的区域经济增长效应。

为此，本书引入宏观经济增长分解框架研究交通基础设施建设对区域经济增长的影响机制。该分解框架将一个地区的制造业全要素生产率增长分解为四个来源，即企业自身技术进步(企业成长)、企业市场份额变化(资源再配置)、新企业进入(进入效应)和低效企业退出(退出效应)，通过计算四者的贡献占比，分解一个地区经济效率增长的来源结构，进而可以对该地区的宏观经济效率进行分析(吴利学等，2016)。在进行制造业全要素生产率增长分解时，采用不同方法的结果大相径庭，对地区宏观经济效率也各有判断。从统计方法角度看，DOP分解方法更能反映实际情况，因此，本书主要采用DOP对区域经济效率增长进行分解。

现有一些研究也已经注意到交通基础设施的修建对资源配置的影响。研究发现，中国企业的要素分配中存在严重的资源误置问题(盖庆恩等，2015)，这些资源误置导致了高昂的效率损失(罗德明等，2012)，若通过供给侧结构性改革，使企业的资源配置效率得到切实提高，则中国的宏观经济效率将显著提升(Hsieh和Klenow，2009)。基础设施的硬性扭曲被认为是造成资源误置的一个重要原因，而交通基础设施建设对企业资源配置效率的改善作用也已被证实(张天华等，2017)。但上述研究更多地注重静态条件下资源在不同企业之间的配置效率及交通基础设施可能在其中扮演的角色，交通基础设施通过企业动态演化产生的影响则鲜有研究涉及。因此，研究交通基础设施建设通过影响企业自身成长、资源配置和进入退出行为，进而分析交通基础设施通过这些渠道影响区域宏观经济效率的具体机理，是对现有研究的重要补充。

9.3 数据介绍与研究设计

9.3.1 中国的高速公路建设

20世纪80年代末，中华人民共和国交通运输部提出了"五纵七横"国道高速骨干网规划，并于1993年正式实施。该规划计划在30年内通过修建12条以高速公路为主的主干线，将重要城市、工业中心和核心交通枢纽逐一连接，但在1998年亚洲金融危机爆发后，政府出台了较为积极的财政政策，其中相当一部分资金投入了以高速公路为代表的基础设施，使得建设进度大幅加快，并于2007年基本完工。1998—2007年，由于外部经济环境的冲击和国家财政政策的变化，中国的高速公路建设经历了关键的成网期。1998年高速公路网仅覆盖了25.57%的工业企业，而到2007年，该比例已经达到72.20%。因此，1998—2007年是观测交通基础设施建设经济效应最好的样本期之一。

现有文献刻画高速公路建设的方法主要有四种：①计算县(市、区)或企业到最近高速公路的直线距离，假定距离越小，高速公路影响越大；②引入是否有高速公路连接的虚拟变量，以高速公路出口为基点划定指定宽度的圆形缓冲区，若该县或该企业位于缓冲区内，则认为该县有高速公路连接；③在高速公路两侧划定指定宽度的缓冲区，若该县或该企业位于缓冲区内，则视为位于高速公路沿线(Ghani和Goswami等，2016)；④引入地理学中的可达性概念，通过计算基于当期路网的最小行车时间或运价系数，来反映地区间经济活动的"距离"；⑤计算县域内高速公路的里程数，若里程数越大，说明高速公路建设越完善(Banerjee，2012)。本书构建衡量企业所在县区是否有高速公路通过的虚拟变量，以反映1998—2007年间中国各段高速公路的建设进度。除此之外，本书还通过引入缓冲区分析考察了高速公路经济效应的距离异质性。

9.3.2　理论与实证设计

(1)理论分析

出于成本最小化的考虑，理性的厂商一般选择运输费用较低的区域从事生产活动，这种偏好导致企业在交通发达的区域内集聚，区域规模经济水平提升；与此同时，随着交通基础设施的不断完善，区域的可达性随之提升，商品和服务可以在短时间内到达更广阔的市场，市场规模的扩大能够进一步吸引更多企业进入市场。另一方面，随着经济集聚程度不断提升，企业间的竞争也将愈发激烈，可能使一些竞争能力较弱的企业被淘汰出市场。因此，高速公路的建设对于企业的进入和退出环节会产生较大的影响。有鉴于此，我们提出以下假说：

假说1：高速公路的修建促使市场竞争加剧，产生优胜劣汰的效应，能够促进企业的进入和退出。

修建高速公路之后，由于能为企业提供更好的盈利机会，潜在进入企业会为这些更好区位进行竞价。一般来说，效率较高的企业往往能够支付更高的竞价，更容易获取交通基础设施附近的位置，因此，交通基础设施的建设往往促进了高效企业的进入。另一方面，高速公路建设竞争效应的结果往往是优胜劣汰，如果没有人为的扭曲，低效企业一般会被淘汰出市场。除此以外，在位企业也不可避免地受到竞争效应的影响：低效企业的退出并不是一蹴而就，在退出之前，这些企业的规模会不断萎缩，高效企业则逐步占领低效企业的市场，资源得到优化配置。综合以上四种情形，我们提出假说3：

假说2：在经济中没有扭曲的情况下，修建高速公路吸引了高效企业的进入，促进了低效企业的退出，提高了在位企业的生产力，且使得高效企业的市场份额更大；因此，高速公路的修建会通过企业的进入、退出、企业自身成长和资源再配置促进区域经济效率的提升。

(2)高速公路建设对企业动态演化影响的实证设计

为了验证假说1和假说2，我们借鉴已有研究，假定企业在进入或退出市场前会对进入退出行为的收入和成本进行预期核算，再基于利润最大化原则进行决策。县区 j 的企业 i 在 t 年的利润可以表示为如下随机利润函数：

$$\omega_{ijt} = R(Highway_{jt}, F_{it}, C_{jt}) - C(Highway_{jt}, F_{it}, C_{jt}) + \mu_{ijt} \quad (9.1)$$

其中，$R(\cdot)$ 和 $C(\cdot)$ 分别代表企业的收入和成本，$Highway_{it}$ 为刻画 i 县区在 t 年有无高速公路网接入的示性变量，是本书关注的核心解释变量；向量 F_{it} 是一系列企业级别的控制变量，包括企业 i 的人均资本(衡量企业的资本密集度)、资产负债率(衡量企业的经营效率)和利润率(衡量企业的经营效率)；向量 C_{jt} 是一系列反映区域特征的控制变量，包括该区域的人口和人均 GDP，μ_{ijt} 代表模型的误差项。

对于还未进入市场的企业而言，设 $entry = 1$ 代表进入，$entry = 0$ 代表不进入。企业的进入选择方程为：

$$entry_{ijt} = \begin{cases} 1, & 若 \omega_{ijt} > a \\ 0, & 若 \omega_{ijt} \leq a \end{cases} \quad (9.2)$$

对于存活企业而言，设 $exit = 1$ 代表退出，$exit = 0$ 代表不退出。企业的退出选择方程为：

$$exit_{ijt} = \begin{cases} 1, & 若 \omega_{ijt} \leq b \\ 0, & 若 \omega_{ijt} > b \end{cases} \quad (9.3)$$

其中 a 和 b 为常数。在此前提下，j 县区的企业 i 在 t 年进入的概率为 $P(entry_{ijt} = 1) = P(\omega_{ijt} > a)$ (未进入市场企业)，而选择在 t 年退出的概率为 $P(exit_{ijt} = 1) = P(\omega_{ijt} \leq b)$ (存活企业)。此时，若进一步假设 ω_{ijt} 可以表示为

解释变量的线性组合，且 μ_{ijt} 独立且服从逻辑分布，则可建立以下面板 Logit 模型表示企业进入和退出的概率：

$$P(entry_{ijt}=1)=\frac{e^{\mu_{ijt}+\alpha_{entry}+\beta_{entry}Highway_{jt}+\gamma_{entry}F_{it}+\sigma_{entry}C_{jt}}}{1+e^{\mu_{ijt}+\alpha_{entry}+\beta_{entry}Highway_{jt}+\gamma_{entry}F_{it}+\sigma_{entry}C_{jt}}} \tag{9.4}$$

$$P(exit_{ijt}=1)=\frac{e^{\mu_{ijt}+\alpha_{exit}+\beta_{exit}Highway_{jt}+\gamma_{exit}F_{it}+\sigma_{exit}C_{jt}}}{1+e^{\mu_{ijt}+\alpha_{exit}+\beta_{exit}Highway_{jt}+\gamma_{exit}F_{it}+\sigma_{exit}C_{jt}}} \tag{9.5}$$

对面板 Logit 模型而言，可通过极大似然估计法确定各参数，从而给出各个解释变量对企业进入和退出的影响。

需要注意的是，中国工业企业数据库有两种识别企业进入的方法，一种是成立准则，一种是统计准则。前者把成立年份和接受调查年份一致的企业视为当年进入的企业；后者把首次出现在数据库的企业视为当年进入的企业。由于中国工业企业数据库是有准入门槛的截尾数据，统计准则下的企业进入代表企业突破了这一规模门槛，可能并非真正的进入市场，如果采用统计准则，会把很多业绩波动较大的民营企业错误地标记为进入企业，进而导致结果的偏误。相比而言，企业成立准则能够更准确地刻画企业成立时间和企业生存状况。因此，本书参照马宏等（2012）及吴利学等（2016）的方法，采用成立准则并结合营业状况等信息来确定企业是否进入市场。

企业动态演化对宏观经济效率提升的贡献不仅取决于企业的进入、退出等行为，还取决于企业的相对生产效率。为此，本书也同时分析高速公路建设对企业全要素生产率的影响，为此建立以下计量模型：

$$\ln TFP_{ijt}=\alpha_{TFP}+\beta_{TFP}Highway_{jt}+\gamma_{TFP}F_{it}+\sigma_{TFP}C_{jt}+\lambda_{(TFP)it}+\varphi_{(TFP)i}$$
$$+\eta_{(TFP)jt}+\xi_{(TFP)j}+\varepsilon_{(TFP)ijt} \tag{9.6}$$

其中，$\ln TFP_{ijt}$ 代表 j 县区企业 i 在 t 年的全要素生产率，是模型的被解释变量；α 为常数项；主要解释变量 $Highway_{it}$ 和控制变量 F_{it}、C_{jt} 的含义与上文相同。最后，λ 和 φ 代表未控制的影响全要素生产率的企业层级的变量，η 和 ξ 代表未控制的区域层级的变量，ε 为模型的残差项。

（3）修建高速公路的动态演化效应的实证分析

以上从企业进入、退出以及全要素生产率等微观企业演化因素视角来衡量修建高速公路对企业演化所产生的影响，但上述微观层面的研究无法反映出高速公路的修建通过企业动态演化对区域经济效率所产生的真实影响：高速公路修建促进了企业进入并不意味着高速公路修建通过该演化环节促进了区域全要素生产率的提升，实际影响取决于进入企业与在位企业生产效率的对比。当修建高速公路吸引进入市场的企业高于在位企业时，修建高速公路所产生的进入效应为正，反之进入效应为负；同理，高速公路通过影响企业退出所产生的区域经济效应也存在不确定性。因此，我们需要通过将区域宏观经济效率变化进行分解至各个演化环节的贡献，进而利用实证分析方法评估高速公路通过各演化环节所产生的真实影响。

大量研究表明，区域经济效率的提升是微观企业效率增长、企业间的资源要素再分配、高效率企业进入和低效率企业退出共同作用的结果，宏观经济效率增长分解方法可以核算企业各个演化环节的贡献。宏观经济效率增长分解方法包括 BHC、GR、FHK、BG 和 OP、DOP 等（聂辉华和贾瑞雪，2011；毛其淋和盛斌，2013），这些方法原理相似，仅在细节上存在差异。其中，BHC、GR、FHK 和 BG 方法的实质都是用统计变换企业全要素生产率变化与企业份额变化的交互影响，既缺乏经济理论的支撑，又常因不同变换方式的选择导致不稳健的分解结果（吴利学等，2016）。相较而言，DOP 方法反映了存活企业之间的资源配置效率变化，较好地克服了生产率分解中的年代效应问题，对中国工业企业数据库这种截尾数据而言，DOP 方法的分解结果具有较好的稳健性。因此，本书借鉴 Melitz 和 Polanec（2015）提出的DOP 方法对 1998—2007 年各的制造业全要素生产率增长进行分解。

首先定义某一行业、地区或不同类型企业的加总生产率

$$\Phi_t = \sum_{i \in \Omega} w_{it} \varphi_{it} \tag{9.7}$$

其中，Ω 代表全体企业，φ_{it} 表示 i 企业在 t 时期的生产率水平，通常为全要素生产率的对数，即

$$\varphi_{it} = \ln TFP_{it} \tag{9.8}$$

w_{it} 为权重，通常指企业产值、增加值、销售额或就业量占全部企业的比

重，本书采用企业产值 $outcome_{it}$ 衡量企业权重，因此有

$$w_{it} = \frac{outcome_{it}}{\sum_{i \in \Omega} outcome_{it}} \qquad (9.9)$$

DOP 方法的具体思路为，将第 $t - k$ 期的地区加总生产率分解为存活企业和退出企业的加权生产率之和，即

$$\Phi_{t-k} = \Phi_{S(t-k)} \sum_{i \in S} W_{i(t-k)} + \Phi_{X(t-k)} \sum_{i \in X} W_{i(t-k)}$$

$$= \Phi_{S(t-k)} + \sum_{i \in X} W_{i(t-k)} \left[\Phi_{X(t-k)} - \Phi_{S(t-k)} \right] \qquad (9.10)$$

同时将第 t 期的地区加总生产率分解为存活企业和进入企业的加权生产率之和，即：

$$\Phi_t = \Phi_{St} \sum_{i \in S} W_{it} + \Phi_{Nt} \sum_{i \in N} W_{it} = \Phi_{St} + \sum_{i \in N} W_{it}(\Phi_{Nt} - \Phi_{St}) \qquad (9.11)$$

上述表达式中，S 代表存活企业，X 代表退出企业，N 代表新进入企业，Φ_{St} 和 $\Phi_{S(t-k)}$ 分别表示存活企业在第 t 期和第 $t - k$ 期的加总生产率，Φ_{Nt} 表示新进入企业在第 t 期的加总生产率，$\Phi_{X(t-k)}$ 表示退出企业在第 $t - k$ 期的加总生产率。W 为企业产出占该城市总产出的份额，作为该企业加总的权重，且满足

$$\sum_{i \in S} W_{i(t-k)} + \sum_{i \in X} W_{i(t-k)} \equiv \sum_{i \in \Omega} W_{i(t-k)} = 1 \qquad (9.12)$$

$$\sum_{i \in S} W_{it} + \sum_{i \in N} W_{it} \equiv \sum_{i \in \Omega} W_{it} = 1 \qquad (9.13)$$

对上述公式进行一系列变形后，可最终得到 Dynamic Olley-Pakes 分解结果(简称 DOP 分解)：

$$\Delta \Phi_t = \Delta \overline{\varphi}_{St} + \Delta \, \text{cov}_S(s_{it}, \varphi_{it}) + s_{Nt}(\Phi_{Nt} - \Phi_{St}) + \left\{ - s_{X(t-k)} \left[\Phi_{X(t-k)} - \Phi_{S(t-k)} \right] \right\}$$

$$= \text{组内效应} + \text{组间效应} + \text{进入效应} + \text{退出效应} \stackrel{\text{def}}{=\!=\!=} \sum_{k=1}^{4} Effect_k \qquad (9.14)$$

其中，$\Delta \Phi_t$ 区域经济效率的变化；$\Delta \overline{\varphi}_{St}$ 为组内效应，表示在位企业通过提升自身管理水平、改善自身生产技术水平、购入更先进的机器设备等方式进行企业自身效率提升对区域经济效率的贡献；$\Delta \, \text{cov}_S(s_{it}, \varphi_{it})$ 为组间效应，表示在位企业市场份额变化形成的资源再配置对区域经济效率的贡献。该项

为正意味着生产率较高的企业获得了更大的市场份额,区域资源配置效率提升;$s_{Nt}(\Phi_{Nt} - \Phi_{St})$ 为进入效应,表示进入企业由于自身企业全要素生产率与在位企业存在差异对区域宏观经济效率产生的贡献。当新进企业的生产率高于在位企业的平均水平时该效应为正,反之为负;$- s_{X(t-k)}[\Phi_{X(t-k)} - \Phi_{S(t-k)}]$ 为退出效应,表示退出市场的企业由于自身全要素生产率与在位企业存在差异进而对区域宏观经济效率产生的贡献。当退出企业的生产率低于在位企业的平均水平时为正,反之为负。

可以看出,组内效应衡量的是在位企业自身效率变化的宏观影响,组间效应衡量的是不同在位企业由市场份额变化的宏观影响,进入效应衡量的是进入企业与在位企业的加权效率之差乘上进入企业 t 期时占有的市场份额,退出效应衡量的是退出企业与存活企业的效率之差的加权乘上退出企业在 $t-k$ 期时占有的市场份额。四种效应相加便是区域宏观经济效率变化,而前文所提及的企业全要素生产率则是微观层面的企业效率,区域宏观经济效率是微观层面的企业全要素生产率以市场份额为权重进行加权的结果;企业进入仅仅衡量了企业是否会进入,并没有考虑进入企业与在位企业的全要素生产率的差异;企业退出仅仅衡量了企业是否退出,并没有考虑退出企业与在位企业的全要素生产率的差异。因此,DOP 分解方法通过将企业进入、退出、市场份额变化和企业的生产效率相结合,更全面细致地衡量了企业动态演化对区域宏观经济效率的贡献。

在企业动态演化对区域经济效率贡献的核算过程中,生产效率是其中的关键变量,决定着企业各个演化环节在总体经济效率增长中扮演的角色,因此,对企业生产效率的估计直接影响核算结果的准确性。现有文献对企业全要素生产率的估计主要有四种方法,分别是传统的指数核算法;普通最小二乘法;Olley 和 Pakes(1996)方法(简称 OP 法)和 Levinsohn 和 Petrin(2003)方法(简称 LP 法)。其中,指数核算法对于企业行为的假定过于严格,普通最小二乘法常导致内生性和样本选择问题,而 LP 和 OP 方法在现有文献中的应用频率较高。

相比 OP 方法，LP 方法减轻了投资变量为负以及可能存在的与生产率关系不敏感的问题，得出的结果也更加稳健。本书采用 LP 法估计制造业企业全要素生产率，该方法的核心思想是使用中间投入品作为生产率冲击的代理变量。LP 法的主要步骤是：①利用中间投入品反函数控制生产率冲击，从而得到劳动投入量的一致估计量；②设定资本投入系数的初始值，结合生产率冲击的马尔科夫过程假定，利用第一步估计结果得出生产率冲击的一致近似值，再结合劳动投入系数以及资本投入系数得到生产函数的残差项，通过将残差项最小化估计出资本投入系数。至此，生产函数的全部系数已被估计出来，由此可计算企业全要素生产率(张天华和张少华，2016)。

(4) 高速公路建设的作用机理和宏观效率变化

为了验证假说 3，我们利用 DOP 方法将区域经济效率的增长分解为组内效应、组间效应、进入效应和退出效应，由此可以获得不同的演化环节对区域经济效率增长的贡献。以此为基础，对高速公路建设通过企业各个动态演化对区域经济效率增长的实际影响进行实证分析，从而明晰高速公路建设影响企业全要素生产率增长的具体作用机理。具体地，本书利用以下实证模型分析高速公路建设通过企业演化各个环节产生的实际贡献：

$$Effect_{kjt} = \alpha_k + \beta_k Highway_{jt} + \sigma_k C_{jt} + \eta_{kjt} + \xi_{kj} + \nu_{kjt}(k = 1,2,3,4) \quad (9.15)$$

其中，$Effect_{kjt}$ 表示 j 县区在 t 年经 DOP 分解得到的第 k 种效应，显然有 $\Delta\Phi_{jt} \equiv \sum_{k=1}^{4} Effect_{kjt}$，$k = 1.2.3.4$ 依次代表组内效应、组内效应、进入效应和退出效应；$Highway_{jt}$ 为高速公路示性变量，C_{jt} 为县区控制变量，η_{kjt} 和 ξ_{kj} 为未控制的县区特征，ν_{kjt} 为模型的误差项。

借助以上模型，本书得以回答一系列之前较少被涉及的重大问题：交通基础设施建设能否影响制造业企业的动态演化过程？通过哪些环节对地区的宏观经济效率的增长影响更大？本书认为，这些工作将有助于深入地认识高速公路建设的作用机理，进而更全面地评估交通基础设施建设的经济效应。

9.4 数据处理与计量分析

9.4.1 数据和描述统计

企业信息来自 1998—2007 年中国工业企业数据库, 该数据库涵盖了中国所有国有工业企业和规模以上的非国有工业企业, 这些企业的产值占中国工业总产值的 85% 左右, 是目前可以获得的最大中国制造业企业样本。本书参照 Brandt Tombe 等 (2013) 的处理方法, 在样本匹配、名义变量的价格平减和样本筛选等方面对数据进行了细致处理, 以获得准确、可信的企业信息。为了分析高速公路建设对企业演化产生的影响, 本书根据工业企业数据库中记录的企业地址信息, 利用高德地图查询企业地址经纬度, 将样本中的 50 多万家企业定位, 最终实现企业位置与高速公路的精确匹配。

城市特征会对企业动态演化产生重要影响, 因此, 本书利用《中国城市统计年鉴》和《中国县域经济统计年鉴》提供的各级城市的经济、人口和地理信息指标, 控制企业所处城市的影响。其中,《中国城市统计年鉴》提供了地级市以上城市的信息,《中国县域经济统计年鉴》提供了县以及县级市的信息。为了提高建设进度, 中国高速公路具有分段建设、分段开通的特点, 导致目前网络上可以公开获得的数据来源不够细致和全面。本书从交通运输部获得了截至 2016 年中国全部高速公路详细的修建进度信息, 并利用 ArcGIS 软件将各段高速公路的具体开通时间逐一匹配, 以准确获得高速公路修建的产生的处理效应。

表 9-1 报告了本书主要变量的描述统计。可以看出, 开通高速公路的城市在人口密度、生产总值、资本密集度、经营效率、经营效率等方面都显著高于未通高速公路的城市, 而高速公路途径城市的进入企业更多, 退出企业更少。描述统计结果初步反映高速公路建设与企业演化特征之间存在相关关系, 但由于高速公路可能会优先连接发达城市, 是否存在真实影响还有待于

进一步验证。

表 9-1　　　　　　　　　　　　主要变量描述统计

变　量	无高速公路连接的城市		有高速公路连接的城市		全部企业	
	均值	标准差	均值	标准差	均值	标准差
城市人口（万人）	5.176	6.252	18.51	31.13	12.82	24.81
城市 GDP（亿元）	4.294	8.251	16.75	24.80	11.44	20.49
城市人均 GDP（万元）	7.379	9.754	9.911	7.163	8.831	8.460
人均资本（万元）	67.50	100.1	74.09	109.0	71.28	105.4
资产负债率	3.339	5.332	3.704	5.951	3.548	5.698
利润率	0.0186	4.821	0.0520	18.06	0.0378	14.04
企业全要素生产率	3.938	1.019	4.111	0.998	4.039	1.010
企业退出行为	0.0816	0.274	0.0636	0.244	0.0713	0.257
企业进入行为	0.167	0.373	0.185	0.389	0.178	0.382
高速公路连接					0.574	0.495
观测值数量	745808		1002887		1748695	

注：上表为微观企业层面变量的描述性统计量。

资料来源：作者整理。

实证部分安排如下：①分析高速公路建设对企业进入、退出和企业全要素生产率变化等一系列动态演化因素的影响；②鉴于中国各区域经济发展水平和经济发展环境都存在着较大差异，且微观企业存在着非常明显的所有制差异，因此，本书从地区、所有制两个维度探究高速公路建设经济效应的在地区和企业间的异质性，并引入缓冲区分析考察企业距高速公路距离对高速公路经济效应的影响；③利用明朝驿路作为工具变量，对高速公路建设可能存在的内生性问题进行了处理，保证实证结果的稳健性。

9.4.2　基本计量模型回归结果

从 DOP 分解原理可以看出，企业演进对区域经济效率的贡献关键取决于企业进入、退出、效率提升等几个关键的企业演进要素，因此，本节首先从微观层面考察高速公路建设对这三项基本演进因素的影响，进而分析高速公路建设通过企业动态演化影响宏观经济效率的机制。为排除极端值对估计结果的干扰，实证分析之前将样本中处于关键变量前1%和后1%的观测值剔除，并剔除了财务指标异常的样本，回归结果如表9-2所示。

表9-2　　　　　　　　高速公路建设与企业演化：基本回归结果

	企业进入 （1）	企业退出 （2）	全要素生产率 （3）
高速公路连接	0.0096 ***	−0.0096 ***	0.0178 ***
	（0.0007）	（0.0007）	（0.0014）
人均资本	−0.0001 ***	−0.0001 ***	0.0001 ***
	（0.0000）	（0.0000）	（0.0000）
资产负债率	0.0010 ***	0.0009 ***	0.005 ***
	（0.0001）	（0.0000）	（0.0001）
利润率	0.0000	−0.0001 **	0.0089 ***
	（0.0000）	（0.0000）	（0.0008）
县区人口	0.0001 ***	0.0000	−0.0004 ***
	（0.0000）	（0.0000）	（0.0000）
人均GDP	−0.0010 ***	−0.0001 ***	0.0046 ***
	（0.0000）	（0.0000）	（0.0001）
常数项	−1.4012 ***	−2.6036 ***	0.0652 ***
	（0.0053）	（0.0096）	（0.0001）
行业效应	YES	YES	YES
省份效应	YES	YES	YES
观测值数量	1646475	1453181	1144223
企业数量	462376	423316	327920

注：***、**、* 分别代表1%、5%、10%的显著性水平，下同。列（1）、（2）采用面板二值选择模型，列（3）采用固定效应模型。

资料来源：作者整理。

表 9-2 的第(1)、(2)列显示，与未接入高速公路的城市相比，接入高速公路网络的城市企业进入市场概率增加 0.96%，退出市场概率减少 0.96%，表明高速公路建设在企业动态演化过程中扮演的重要角色。这是与地区可达性对企业区位选择影响的研究结论是一致的。大量关于可达性的研究表明，一个地区的可达性提升会导致该地区的企业大量聚集(周浩，2015；Holl 等，2004)，我们的研究则进一步给出了可达性提升促进经济聚集过程的证据：交通基础设施的改善会促进企业进入，延缓企业退出，其结果必然是大量的企业集聚。表 9-2 的第(3)列数据报告了高速公路建设对企业生产效率的回归结果。在所在城市接入高速公路网络后，制造业企业的全要素生产率平均提高了 1.78%，且均在 1% 水平上显著。这一结果印证了龙小宁，高翔(2014)关于中国高速公路建设对企业生产效率的研究结果，也与 Ghani 和 Goswami 等(2016)发现印度黄金四角高速公路网络的修建提高了沿线企业的效率、规模和存活概率的结果一致。除高速公路连接变量外，人均资本、资产负债率和利润率较高的企业拥有更高的企业全要素生产率，控制变量的估计结果与现实情况相符。

从基本回归结果来看，高速公路建设促进了制造业企业的全要素生产率增长和企业的进入，降低了企业退出概率。可能的影响机制是：更便捷的交通基础设施降低了制造业企业的运营成本，拓展了企业的潜在市场，这些因素推动了企业的自身技术进步，而市场的扩大也使得一些本身濒临退出的企业得以留在市场，进而降低了企业退出概率。鉴于中国经济的区域差异和企业性质差异巨大，为了深入分析高速公路对企业动态演化的影响，本书从不同维度对高速公路建设影响的异质性进行详细讨论，并以明朝驿路作为工具变量讨论回归可能存在的内生性问题。

9.4.3　异质性分析与稳健性检验

不同所有制和地区的制造业企业在规模、效率和所处经济环境等方面均存在较大的差异，交通基础设施建设对企业产生的影响不尽相同。除此之外，随着时间的推移，高速公路建设在不同阶段的经济效应也可能发生变化。基于上述考虑，本书从地区和所有制两个视角分析交通基础设施的影响差异，并进一步考虑高速公路建设的滞后影响。

(1) 地区异质性

中国不同区域的经济发展水平差异巨大，高速公路在不同区域的修建进度也有所不同，东部地区经济相对较为发达，因此，高速公路基础设施具有较好的基础，且修建进度也较快，并且，不同地区的经济发展环境也大相径庭，修建高速公路所产生的影响存在一定的差异。本书将样本中的制造业企业按照所在省份分为东部地区、中部地区、西部地区和东北地区，对比在不同地区修建高速公路影响的差异，结果如表9-3所示。

表9-3　　　高速公路建设与企业演化：东部、中部与西部地区

	企业进入 （1）	企业退出 （2）	企业生产率 （3）
东部地区			
高速公路连接	0.0067 *** （0.0008）	−0.0073 *** （0.0008）	0.0215 *** （0.0017）
观测值数量	1131779	995846	820002
企业数量	311876	286039	231345
中部地区			
高速公路连接	0.0111 *** （0.0018）	−0.0114 *** （0.0016）	0.0305 *** （0.0037）
观测值数量	252638	228369	162289
企业数量	72963	67163	47743
西部地区			
高速公路连接	0.0003 （0.0022）	−0.0036 * （0.0021）	0.0241 *** （0.0049）
观测值数量	161460	144045	101542
企业数量	45647	41739	28677

续表

	企业进入 （1）	企业退出 （2）	企业生产率 （3）
东北地区			
高速公路连接	0.0200 *** （0.0030）	-0.0188 *** （0.0028）	0.0168 ** （0.0073）
观测值数量	100598	84921	60390
企业数量	31967	28502	20174

注：上述所有回归均控制了企业特征和企业所在县区特征，控制变量同表 9-2。列
（1）、（2）采用面板二值选择模型，列（3）采用固定效应模型。

资料来源：作者整理。

表 9-3 的（1）、（2）列显示，东部地区的高速公路建设显著地提高了企业
的进入概率，同时降低了企业的退出概率。这一结果一方面源于高速公路修
建降低了运输成本，新进企业在选址时优先考虑交通基础设施良好的地区；
另一方面，高速公路为市场中濒临退出的企业带来更大的市场和更低的成
本，企业盈利能力上升，退出概率下降。东北和中部地区的估计与东部地区
类似，但各估计系数的绝对值都较东部地区更大，表明东北和中部地区企业
的进入退出对高速公路建设影响更为敏感。与东中部地区及东北地区不同，
高速公路建设对西部地区制造业企业进入退出的影响较不显著，这一结果在
某种程度上印证了张学良（2007）的结论，即西部地区的企业对交通基础设施
的利用率较低，并且该地区企业间的竞争程度较为有限，因此交通基础设施
对该地区企业进入退出的影响总体上低于东中部地区。

表 9-3 的第（3）列的估计结果表明，随着高速公路建设的不断推进，东
部地区制造业企业的全要素生产率有了较为明显的提升，较非高速公路途经
县区的企业平均提高 2.15%，这一增幅在中部地区达到 3.05%，在西部地区
则变为 2.41%，而东北地区则为 1.68%。

高速公路修建对东北地区企业的进入退出影响最大，本书认为原因可能
在于：东北地区虽然早期工业化程度较高，但 1998—2007 年间的基建进度

相对较慢，根据本书对数据的分析，1998 年到 2007 年东中西部地区高速公路对工业企业的覆盖率分别提升了 46.38%、46.56%、41.39%，而东北地区仅提升了 34.11%。因此，虽然 1998 年的东北地区制造业企业覆盖率可以比肩东部地区，但 2007 年已被中部地区超越。因此，东北地区修建高速公路的边际作用较高，东北地区企业进入退出受高速公路的影响更大，在位企业的市场份额下降更多。此外，表 9-3 的第 (3) 列显示，高速公路的修建对中部地区企业效率的提升效果最明显，根本原因在于中部地区的交通基础设施基数低、增速快。东部地区由于交通基础设施原本已经相对完善，高速公路的修建对该地区企业生产率的提升并不明显。西部地区的交通基础设施虽然基数低，增速却比不上中部地区，再加上西部地区地广人稀，对高速公路利用不够充分，也抑制了高速公路修建对西部地区的企业生产率的提升。高速公路修建对东北地区企业生产率的提升最低，侧面反映出东北地区投资效率的低下。这在很大程度上归咎于东北地区的商业软环境较差，交通基础设施建设企业生产率提升效应的发挥受到较大制约。由此可以看出，东北地区近几年经济断崖式下跌的起因可能在更早的时期就已经有所潜伏，只是被投资拉动型的经济增长掩盖了问题。

（2）滞后效应

高速公路建设对制造业企业的影响并非立竿见影，可能存在着一定的滞后期，只考察高速公路通车当年的影响，并不能完整地反映高速公路经济效应在时间维度上持续性影响，还有可能导致回归系数的偏误。基于上述原因，本书将高速公路建设的变量滞后一年，研究高速公路建设经济效应可能存在的滞后效应，结果如表 9-4 所示。

表 9-4 汇报了滞后一期高速公路建设的回归结果。对比表 9-2 的基本回归结果可以看出，第(3)列的全要素生产率回归系数高于基本回归。这一结果表明，高速公路通车第一年对企业全要素生产率的提升较低，使得高速公路的影响在一定程度上被低估，因此，基本回归结果并不能完整地反映高速公路建设对企业演化的影响。

此外，表 9-4 的第(1)、(2)列表明，企业进入和退出关于高速公路的估计系数都低于基本回归结果。这说明，高速公路建设对企业进入退出的影响是循序渐进的过程，通车第一年的企业进入概率较高，通车第二年企业退出概率较低。这体现了高速公路修建对企业演化不同环节影响的差异：高速公路修建对企业进入的影响在较短时间内就能够显现，因为高速公路修建期一般在3年左右，对运输成本较为敏感企业有3年的时间考虑选址和建厂的问题，在高速公路开通之后可以马上运营。相比之下，高速公路修建主要通过加剧市场竞争淘汰落后企业，而市场竞争加剧是一个缓慢的过程，所以使得企业退出有所延后。

表9-4　　　　　　　　高速公路建设与企业动态演化：滞后效应

	企业进入 （1）	企业退出 （2）	全要素生产率 （3）
高速公路连接 （滞后1期）	0.0062 *** （0.0007）	−0.0113 *** （0.0006）	0.0186 *** （0.0014）
人均资本	−0.0001 *** （0.0000）	−0.0001 *** （0.0000）	0.0001 *** （0.0000）
资产负债率	0.0010 *** （0.0001）	0.0010 *** （0.0000）	0.0050 *** （0.0001）
县区人口	0.0001 *** （0.0000）	0.0000 ** （0.0000）	−0.0003 *** （0.0000）
人均GDP	−0.0010 *** （0.0000）	−0.0001 * （0.0001）	0.0046 *** （0.0000）
常数项	−1.3755 *** （0.0045）	−2.6886 *** （0.0108）	0.0662 *** （0.0014）
行业效应	YES	YES	YES
省份效应	YES	YES	YES
观测值数量	1646916	1351902	1144337
企业数量	462458	408243	327942

注：***、**、* 分别代表1%、5%、10%的显著性水平。列(1)采用固定效应模型，列(2)、(3)采用面板二值选择模型。

资料来源：作者整理。

(3) 所有制异质性

中国制造业企业可按所有制分为国有企业、集体企业、港澳台企业、外资企业、股份制企业和私营企业。大量研究表明，不同所有制企业在企业运行机制及对外部环境的敏感性等方面都存在巨大差异，因此，在研究交通基础设施的微观经济效应时，有必要对不同所有制的企业进行异质性讨论。

表 9-5 列(1)、(2)的结果显示，高速公路建设同时促进了国有企业的进入和退出，且企业进入系数比退出更大。集体企业的进入退出在 1998—2007 年更多地受到经济政策的影响，进入和退出与高速公路修建关系不大，因此，系数的估计结果并不显著。与国有企业相反，高速公路建设减少了港澳台企业的进入和退出，退出减少负担比进入更大。外资企业进入系数为正，反映了外资企业更愿意通过企业进入来获得高速公路修建带来的便捷交通运输环境。高速公路建设并未促进股份制企业和私营企业的进入，但减少了这两种企业的退出概率。

表 9-5 也反映了高速公路建设对不同所有制企业生产效率影响的差异。第(3)列显示，高速公路建设对股份制企业的全要素生产率促进最为明显，私营企业和集体企业的全要素生产率也在高速公路通车后有所提高，对其余所有制企业的影响均不显著。这说明高速公路建设经济效应的发挥对企业制度具有较高的要求。私营和股份所有制企业的运行机制较为灵活，对外部的冲击能够迅速地做出反应，国有企业制度僵化，市场竞争意识不足，很难迅速适应环境并提升自身效率，同时从第(2)列亦可以看出，国有企业是唯一一种企业退出系数为正的企业类型，说明在由高速公路修建带来更加激烈的竞争中，在位国有企业适应能力最差，因而高速公路修建促进了国有企业退出。港澳台企业和外资企业由于自身效率较高，所以提升幅度有限。综合来看，不同所有制企业受益于高速公路修建存在差异：国有企业更多地涌入修建高速公路的地区，集体、股份和私营企业获得了更高的企业生产率，外资企业也获得了更多进入市场的机会，港澳台企业则降低了退出市场的风险。

表 9-5　　　　　　　　高速公路建设与企业演化：所有制异质性

	企业进入 （1）	企业退出 （2）	企业生产率 （3）
国有企业			
高速公路连接	0.0080 ***	0.0043 **	0.0020
	（0.0019）	（0.0020）	（0.0056）
观测值数量	121657	135245	49475
企业数量	36723	40337	16623
集体企业			
高速公路连接	0.0011	−0.0026	0.0149 ***
	（0.0018）	（0.0018）	（0.0040）
观测值数量	181592	206479	124999
企业数量	64756	72923	45446
港澳台企业			
高速公路连接	−0.0062 **	−0.0097 ***	0.0021
	（0.0020）	（0.0019）	（0.0047）
观测值数量	179918	162771	139260
企业数量	50811	47820	40362
外资企业			
高速公路连接	0.0078 ***	−0.023	0.0031
	（0.0022）	（0.0019）	（0.0051）
观测值数量	161425	138874	122084
企业数量	48444	43698	37432
股份制企业			
高速公路连接	0.0026	−0.0091 ***	0.0231 ***
	（0.0017）	（0.0014）	（0.0037）
观测值数量	264121	220904	186444
企业数量	94886	84527	66886
私营企业			
高速公路连接	−0.0113 ***	−0.0085 ***	0.0188 ***
	（0.0011）	（0.0147）	（0.0021）
观测值数量	738203	589408	498195
企业数量	253893	219588	176136

注：上述所有回归均控制了企业特征和企业所在县区特征，控制变量同表 9-2。列（1）、（2）采用面板二值选择模型，列（3）、（4）采用固定效应模型。

资料来源：作者整理。

（4）缓冲区分析

即使处于同一县区内的企业，其距离高速公路网络的实际距离也并不相同，与高速公路的实际距离不同是否会导致高速公路建设的影响出现变化？本书利用缓冲区分析与高速公路网实际距离所产生的影响。具体地，利用 ArcGIS 软件判断企业所在城市边界与最近高速公路间的距离位于 10km 以内、10km~20km、20km~30km、40km~50km 还是 50km 以上哪个区间，并构造相应的虚拟变量。考虑到中心城市与其他城市间可能存在异质性，本书也引入描述企业是否位于直辖市、省会城市或副省级城市的虚拟变量，以控制中心城市的特殊经济效应。

表 9-6　　　　　　　　高速公路建设与企业演化：缓冲区分析

	企业进入 （1）	企业退出 （2）	企业生产率 （3）
0km~10km 缓冲区	0.0310 *** （0.0013）	−0.0120 *** （0.0011）	0.0290 *** （0.0029）
10km~20km 缓冲区	0.0459 *** （0.0017）	−0.0026 * （0.0014）	0.0135 *** （0.0037）
20km~30km 缓冲区	0.0294 *** （0.0015）	0.0011 （0.0016）	0.0139 *** （0.0042）
30km~40km 缓冲区	0.0163 *** （0.0022）	−0.0184 *** （0.0019）	0.0304 *** （0.0048）
40km~50km 缓冲区	0.0167 *** （0.0026）	−0.0052 ** （0.0021）	0.0023 （0.0057）
观测值数量 企业数量	1646475 462376	1453181 423316	1144223 327920

注：上述所有回归均控制了企业特征和企业所在县区特征，控制变量同表 9-2。列（1）、（2）采用面板二值选择模型，列（3）采用固定效应模型。

资料来源：作者整理。

Ghani 和 Goswami 等（2016）、Baum-Snow 和 Henderson 等（2017）认为，高速公路建设的红利主要由沿线企业获得，非沿线企业并未因高速公路建设产生积极变化。表9-6的缓冲区分析结果基本支持上述文献的结论。从表9-6的第(1)列可以看出，高速公路建设沿线 10km~20km 范围对企业的吸引力最强，0km~10km 范围内次之，20km 缓冲区外则逐渐递减；相应地，除20km~30km 缓冲区外，表9-6的第(2)列回归系数均显著为负，表明高速公路建设对沿线企业退出概率的降低作用较为稳健。除企业进入退出外，高速公路建设还显著提升了沿线40km范围内企业的全要素生产率。

已有大量文献研究运输成本与企业区位选择间的关系，一般认为，交通基础设施建设对于企业运输成本的降低幅度越大，对企业的吸引力就越强。表9-6的缓冲区分析在很大程度上验证了这一结论，结合第(1)列的回归系数分析可知，高速公路建设对企业进入概率逐渐降低，但由于新进入企业的增多往往伴随着竞争程度加剧，而高速公路往往优先选择连通发达城市，其企业间的竞争最为激烈，因此在 0km~10km 缓冲区内，高速公路建设对企业进入的促进作用反而小于 10km~20km 缓冲区。与上述两个环节形成鲜明对比，高速公路建设对企业退出概率和企业生产率的影响在不同的距离上没有过大的差异。

9.4.4 高速公路建设的内生性问题

路网建设的选线一般并非随机选定，地理位置较为重要、行政级别和经济发展水平较高的地区往往会优先修建高速公路。例如，"五纵七横"高速公路网络的服务对象就是全国重要城市、工业中心、交通枢纽和主要陆上口岸。这些观测不到的因素也可能同时影响企业程度演进，如果不考虑交通基础设施建设的内生性，本书的估计结果就有可能出现偏误。

工具变量回归是解决内生性问题的常用方法，一个有效的工具变量必须同时满足相关性和外生性两个条件：①工具变量与当前高速公路是否修建必须高度相关；②工具变量只通过高速公路建设的渠道影响企业演进。借鉴Liu 等(2012)和高翔等(2015)的做法，本书采用明朝驿路作为是否有高速公路连接的工具变量，并借鉴高翔等(2015)讨论内生性的方法对工具变量的外生性进行了讨论。

表9-7

明朝驿路的外生性检验

	企业进入 (1)	企业进入 (2)	企业进入 (3)	企业退出 (4)	企业退出 (5)	企业退出 (6)	企业全要素生产率 (7)	企业全要素生产率 (8)	企业全要素生产率 (9)
高速公路连接	0.0096***	0.0102***	—	-0.0096***	-0.0092***	—	0.0178***	0.0176***	—
明朝驿路连接	—	-0.0053***	-0.0044***	—	-0.0037***	-0.0047***	—	0.0026**	0.0042***
人均资本	-0.0001***	-0.0001***	-0.0001***	-0.0001***	-0.0000***	-0.0001***	0.0001***	0.0001***	0.0001***
资产负债率	0.0010***	0.0010***	0.0010***	0.0009***	0.0009***	0.0009***	0.0050***	0.0050***	0.0050***
利润率	0.0000	0.0000	0.0000	-0.0001**	-0.0001**	-0.0001***	0.0089***	0.0089***	0.0090***
县区人口	0.0001***	0.0001***	0.0001***	0.0000	0.0000	-0.0000***	-0.0004***	-0.0004***	-0.0003***
行业效应	YES	YES	YES	YES	YES	YES	YES	YES	YES
省级划分效应	YES	YES	YES	YES	YES	YES	YES	YES	YES
观测值数量	1646475	1646475	1646475	1453181	1453181	1453181	1144223	1144223	1144223

资料来源：作者整理。

355

表9-8　　　　　　　　用工具变量法解决内生性的第一阶段结果

高速公路连接	系数	标准差	P 值	95%的置信区间下限	95%的置信区间上限
明朝驿路连接	0.1073	0.0016	0.0000	0.1042	0.1104
资产负债率	0.0011	0.0002	0.0000	0.0008	0.0014
利润率	0.0000	0.0000	0.0020	0.0000	0.0000
县区人口	0.0047	0.0000	0.0000	0.0046	0.0047
人均 GDP	0.0075	0.0021	0.0000	0.0034	0.0116
人均资本	0.0001	0.0000	0.0000	0.0001	0.0002

资料来源：作者整理。

表9-9　　　　　　　　用工具变量法处理高速公路建设的内生性问题

	企业进入 （1）	企业退出 （2）	企业生产率 （3）
基本回归			
高速公路连接	0.0096 ***	−0.0096 ***	0.0178 ***
	（0.0007）	（0.0007）	（0.0014）
观测值数量	1646475	1453181	1144223
企业数量	462376	423316	327920
工具变量回归			
明朝驿路连接	0.0360 ***	−0.0328 ***	0.0260 **
	（0.0051）	（0.0078）	（0.0110）
观测值数量	1646475	1453181	1144223
企业数量	462376	423316	327920

注：上述所有回归均控制了企业特征和企业所在县区特征，控制变量同表9-2。列（1）、（2）采用面板二值选择模型，列（3）采用固定效应模型。

资料来源：作者整理。

　　为了分析明朝驿路的外生性，本书将所有回归都加入了是否被明朝驿路连接的变量，从表9-7的第(1)、(2)列可以看出，加入明朝驿路的变量后各个变量系数变化并不明显，而且明朝驿路变量的系数相对于本书重点关注的高速公路连接的系数较小，而这个现象也同样体现在第(4)、(5)、(7)、(8)列。如果明朝驿路的内生性较强，加入明朝驿路变量后其他变量应该有较大的变化，上表结果反映出其他变量变化并不明显，说明明朝驿路的内生性比较弱，作为工具变量具有合理性。此外，本书将企业全要素生产率作为被解释变量与明朝驿路单独作为解释变量进行回归，从表9-7的第(8)、(9)列可以看出，相比高速公路连接的系数，明朝驿路连接的系数在经济意义上并不是特别明显，进一步证明了明朝驿路具有一定的外生性。

　　表9-8报告了使用明朝驿路进行工具变量回归时的第一阶段的结果，可以看出，明朝驿路与高速公路高度相关，符合工具变量与内生变量高度相关的条件。表9-9报告了工具变量回归的第二阶段结果，可以看出明朝驿路作为工具变量的回归结果并未改变基本回归结果的结论，证明我们的估计结果是稳健的。

9.5　高速公路建设、企业演化和宏观经济效率

　　以上研究表明，高速公路建设对企业全要素生产率增长和企业进入退出等各个演化环节均有显著的影响。但这些都是微观层面的考量，无法准确反映高速公路建设对区域经济效率的影响。例如，一个地区的高速公路建设促进了企业进入，如果进入企业的生产效率较低，那么高速公路建设反而会通过企业进入环节降低区域经济效率。因此，我们需要在已有较为成熟的宏观经济效率动态演化分解框架下，考量企业各个演化环节的市场份额和生产效率等因素的综合作用，将区域经济增长分解到企业各演化环节的实际贡献，进而深入剖析交通基础设施建设通过企业演化对区域经济效率的影响机制。

9.5.1 生产率分解结果

表9-10报告了对1998—2007年中国宏观经济效率增长的DOP分解结果，可以看出，企业自身效率提升对经济效率增长的贡献达到81.79%，是宏观经济效率增长的主要来源。与此同时，企业资源配置对总体全要素生产率增长贡献总体为负，企业进入与退出的贡献虽然为正，但低于企业自身效率提升的贡献，上述结果与杨汝岱（2015）和吴利学，叶素云等（2016）的研究结论一致。

为了进一步分析影响宏观经济效率提升的异质性因素，本书还在所有制和地区层面进一步对宏观经济效率增长进行分解。从表9-10可知，其他类型企业相比，私营企业和股份制企业的自身成长效应和进入退出效应较大，说明股份制和私营企业的演化效率较其他所有制更高。其中的主要原因在于，这两类企业的市场化程度较高，进入退出一般遵循优胜劣汰的原则，因而这两个环节的贡献较大。国有企业和集体所有制企业的经营方式僵化，且管理体制落后，导致自身生产效率的提升过于缓慢。虽然在市场竞争中一些低效国有企业和集体企业退出市场对宏观经济效率有一定的提升，但也无法弥补生产率提升缓慢产生的负面效应。港澳台企业和外资企业由于自身效率较高，没有后发优势，成长速度受限，加上港澳台企业和外资企业在内地投资办厂一般已经拥有较高的技术水平和管理水平，导致进入和退出效应带来的生产率提高并不明显。

从分地区分解结果看，东部地区由于本身经济效率较高，企业自身成长和进入退出效应都低于其他地区，总体效率增长速度最低。中部地区由于自身成长和进入退出效应都比较高，效率增长速度最快。西部地区的进入退出效应偏低，自身成长不高，因此增长速度偏低。而东北地区虽然成长速度最快，但是进入效应却是唯一为负的地区，导致其效率增长并不高。

表 9-10   制造业整体全要素生产率增长的 DOP 分解结果

| | 企业成长效应 | | 企业进出效应 | | 总体效应 |
| | 企业自身成长 | 企业资源配置 | 企业进入效应 | 企业退出效应 | |
	（1）	（2）	（3）	（4）	（5）
基本结果	0.1250	−0.0061	0.0145	0.0194	0.1528
不同所有制					
国有企业	0.1256	−0.0047	0.0442	0.0629	0.2280
集体企业	0.1220	−0.0043	0.0267	0.0677	0.2121
港澳台企业	0.1329	−0.0035	0.0514	0.0383	0.2191
外资企业	0.1334	−0.0015	0.0524	0.0351	0.2194
股份制企业	0.1349	0.0015	0.0837	0.0594	0.2796
私营企业	0.1359	0.0021	0.1252	0.0675	0.3307
不同地区					
东部地区	0.1158	−0.0147	0.0154	0.0183	0.1348
中部地区	0.1319	−0.0010	0.0240	0.0291	0.1839
西部地区	0.1219	−0.0030	0.0177	0.0093	0.1459
东北地区	0.1347	−0.0027	−0.0158	0.0282	0.1445

资料来源：作者计算得出。

从表 9-10 中可以看出，无论是分所有制讨论或者分地区讨论，企业自身成长都是主要的增长来源，但不同所有制和不同地区之间的效率增长的差异却主要是由进入退出效应引起。进入退出效应的高低直接取决于进入企业和退出企业效率与在位企业效率的差异，因而从这个角度可以清楚观察到是否存在过度投资和重复低效建设的问题。例如，所有地区中只有东北地区的进入效应为负，反映出东北的投资效率较低，进入企业普遍比在位企业效率更低，表明东北经济存在严重扭曲。可以看出，近年来东北经济崩盘式下跌其实早在 1998—2007 年就已经显出端倪，只是被振兴东北战略带来的大量投资驱动的增长方式所掩盖。而从所有制的角度来看，如果把股份制和私有制企业作为基准，国有企业、集体企业、港澳台和外资企业的进入退出效应均有很大的提升空间。

9.5.2　高速公路建设、企业演化和区域经济效率

在以上述区域宏观经济效率分解结果的基础上，这一部分引入刻画高速公路连接的虚拟变量 $Highway_{jt}$ 作为核心自变量变量，实证分析高速公路建设通过企业自身成长、企业间资源配置、企业进入和退出等四个环节产生的真实区域经济增长效应，进而分析高速公路建设通过微观企业动态演化对宏观经济效率产生影响的作用机制。

表 9-11 的基本回归结果显示，高速公路建设通过不同企业演化环节产生的影响具有较大差异。具体来看，高速公路建设显著提升了企业自身成长环节的贡献，通过资源再配置、进入和退出环节反而产生了负面影响，因此，对总体效应的影响并不明显。这一结果表明，高速公路建设影响区域经济效率的主要渠道是提高微观企业生产效率，而非资源再配置和企业进入退出。

分所有制回归的结果显示，不同所有制企业的效率增长中，高速公路建设所扮演的角色存在差异。高速公路建设不同程度地通过促进各所有制企业自身成长的贡献，总体效应也存在较大的差异，从回归结果来看，这一差异主要源于企业进入和退出环节。在这两个环节中，高速公路抑制了不同所有制企业中进入和退出的实际贡献。其中，通过进入环节对集体企业、股份制企业和私营企业的负面影响较为明显，通过退出环节对国有企业、港澳台企业和外资企业负面影响最大。前一现象的出现是由于高速公路修建引发的过度投资，大量低效企业进入市场；后一现象的出现是由于高速公路的修建扩张了市场范围，扩大了市场容量，导致效率较低的企业无法被顺利淘汰。

表 9-11 **高速公路建设、企业演化和宏观经济效率**

	成长效应（1）	资源再配置效应（2）	进入效应（3）	退出效应（4）	总体效应（5）
基本回归	0.0365***	−0.0101**	−0.0467***	−0.0115	−0.0124
	（0.0062）	（0.0047）	（0.0144）	（0.0092）	（0.0140）
分所有制回归结果					
国有企业	0.0322***	−0.0005	−0.0042	−0.0054*	0.0297***
	（0.0060）	（0.0020）	（0.0066）	（0.0029）	（0.0071）
集体企业	0.0329***	0.0005	−0.0116***	−0.0038	0.0175 * *
	（0.0062）	（0.0017）	（0.0038）	（0.0023）	（0.0076）
港澳台企业	0.0302***	−0.0017	−0.0052	−0.0051*	0.0293***
	（0.0069）	（0.0019）	（0.0046）	（0.0031）	（0.0084）
外资企业	0.0346***	−0.0020	−0.0064	−0.0110***	0.0293***
	（0.0071）	（0.0021）	（0.0049）	（0.0034）	（0.0086）
股份制企业	0.0299***	−0.0058***	−0.0112***	−0.0029	0.0147*
	（0.0061）	（0.0022）	（0.0043）	（0.0028）	（0.0081）
私营企业	0.0347***	−0.0033	−0.0066*	−0.0029	0.0345***
	（0.0059）	（0.0021）	（0.0038）	（0.0022）	（0.0082）
分地区回归结果					
东部地区	0.0230***	−0.0134*	−0.0553**	−0.0105	−0.0431*
	（0.0086）	（0.0070）	（0.0216）	（0.0126）	（0.0228）
中部地区	0.0436***	−0.0111	−0.0523**	−0.0042	0.0328
	（0.0109）	（0.0079）	（0.0240）	（0.0173）	（0.0232）
西部地区	0.0374***	−0.0086	−0.0522	−0.0307	−0.0286
	（0.0135）	（0.0098）	（0.0329）	（0.0218）	（0.0263）
东北地区	0.0137	0.0085	0.0253	0.0048	0.0938
	（0.0307）	（0.0234）	（0.0702）	（0.0389）	（0.0658）

注：上述所有回归均控制了县区的人口和生产总值，列（1）、（2）、（3）、（4）、（5）均采用面板线性回归模型。

资料来源：作者整理。

分区域结果显示，东部地区由于市场化程度较高，高速公路通过企业成长提升了宏观经济效率2.30%，中部地区的成长效应则因为原本交通基础设施较差、建设进度最快而提升得最多，西部地区虽然交通基础设施起点最低，但建设进度落后于东部地区和中部地区，因此成长效应的提升低于中部。东北地区由于高速公路建设进度最慢，对成长效应的提升远不如其他地区。从进入退出效应的角度来看，高速公路修建恶化了东部地区、中部地区和西部地区的进入退出效应，有更多的低效企业涌入市场。

上述分析结果与微观企业演化的实证研究相结合，可以揭示高速公路建设动态经济效率提升中存在的一些问题。微观层面企业演化的实证结果表明，国有企业的进入概率随高速公路建设上升幅度最大，已有研究表明，国有企业效率显著低于民营企业（杨汝岱，2015）。这表明高速公路建设吸引了更多低效国有企业进入，并使得一些本应退出市场的低效企业继续留在市场。此时，企业进入效应和退出效应同时下降，最终导致宏观经济效率降低。资源配置效应的恶化，也可被视为低效企业市场份额扩张、高效企业市场份额缩小的结果。虽然企业自身成长效应的提升保证了高速公路建设的总效应为正，但从企业生产率分析和之后的回归结果看，高速公路建设在一定程度上使地区的宏观经济效率恶化，即效率更高、潜力更大的企业并未获得更多的资源，引导低效企业进入了市场，没有淘汰低效企业。我们推测，对低效国有企业的政策倾斜，以致低效国有企业能够在高速公路建设中占有更多的区位优势和社会资源，是导致交通基础设施建设使宏观经济效率恶化的根本原因之一。

综上，对DOP分解的回归结果说明，企业自身成长效应是推动制造业整体全要素生产率增长的主要原因。高速公路建设对企业自身成长效应有较为明显的促进作用。但与此同时，高速公路建设对资源配置效应和进出效应产生了负面影响，间接导致宏观层面的资源配置效率出现恶化。本书认为，这一现象与国家对于低效国有企业的政策倾斜有较大关系。而随着供给侧结构性改革的不断深入，改善资源配置效率正逐渐成为实现经济转型任务的重中之重。因此，如何使高速公路等交通基础设施建设更好地服务于宏观资源配置效率的改善，是政策制定者需要解决的重要问题之一。

9.5.3　进一步分析

以上分析结果显示，国有企业在高速公路修建过程中获得了更大的利益，可能是高速公路修建经济效应未能完全发挥，甚至恶化了企业资源再配置和进入退出环节贡献的重要原因，为了对此进行验证，我们进一步实证分析国企的在高速公路建设经济效应发挥中扮演的角色。

表 9-12　　　　　　　　　**国企比重与高速公路建设的经济效应**

	总体效应（1）	成长效应（2）	资源再配置效应（3）	进入效应（4）	退出效应（5）
高速公路连接	−0.0065 (0.0145)	0.0399 *** (0.0065)	−0.0116 ** (0.0051)	−0.0366 ** (0.0152)	−0.0078 (0.0098)
国企比重	0.0019 ** (0.0009)	0.0003 (0.0005)	0.0001 (0.0005)	0.0087 (0.0061)	0.0080 ** (0.0036)
国企比重 * 高速公路连接	−0.0140 * (0.0080)	−0.0066 * (0.0036)	0.0017 (0.0038)	−0.0156 * (0.0089)	−0.0051 (0.0052)
县区人口	0.0008 (0.0016)	0.0014 ** (0.0007)	−0.0015 *** (0.0005)	0.0002 (0.0013)	−0.0001 (0.0007)
人均 GDP	0.0034 *** (0.0006)	0.0050 *** (0.0003)	−0.0008 *** (0.0002)	−0.0017 *** (0.0006)	0.0001 (0.0005)
常数项	0.0037 (0.1462)	0.0548 (0.0751)	−0.0071 (0.0599)	0.4793 (0.3037)	0.0555 (0.1456)
省级区划效应	YES	YES	YES	YES	YES
观测值数量	20497	20384	19534	11532	8329

注：列(1)、(2)、(3)、(4)、(5)均采用面板线性回归模型。

资料来源：作者整理。

具体地，我们选用城市的国企 GDP 占整体 GDP 的比例作为国企指数，以国企指数与是否修建高速公路的交互项分析国有企业对高速公路建设经济效应的影响（表 9-12）。结果显示，国企指数与高速公路连接的交互项在总体效应下为 -1.4%，在成长效应下为 -0.66%，在进入效应下为 -1.56%，说明国有企业主要通过恶化企业进入和成长环节抑制高速公路修建对宏观经济效率的提升，总体上表现为国企越多的地方，修建高速公路产生的负面效用越严重，证实了在高速公路建设中，国有企业获得过多不当收益限制了区域中企业自身成长效应和企业进入效应的发挥，进而恶化了宏观经济效率。

9.6　政策建议与结论总结

本书利用交通运输部提供的全国高速公路开通时间信息，基于地理信息系统技术与 1998—2007 年中国工业企业数据库进行匹配，系统地探究了中国高速公路建设对企业全要素生产率、市场份额和进入退出等演进环节的影响；进一步，为了分析高速公路的建设通过企业演化对区域经济效率的作用机制，在利用 DOP 方法将区域经济效率分解为企业自身成长效应、资源再配置效应、进入效应和退出效应的基础上，考察高速公路的修建通过不同环节产生的真实贡献；最后从所有制、地区、距离和时期等多个维度展开了异质性讨论，并通过工具变量回归检验了实证结果的稳健性。

研究结果表明，修建高速公路确实会通过企业演化这一途径影响区域经济效率，具体表现为：①高速公路建设总体上提高了制造业企业的全要素生产率和新企业进入市场的概率，但同时减少了在位企业退出市场的概率；②从不同地区来看，交通基础设施的修建对东部地区的企业进入促进幅度最大、对中部地区的企业效率提升幅度最大，显现出强烈的区域异质性；③从不同所有制来看，修建高速公路以后，国有企业和外资企业进入该区域的可能性增加，相应的，私营企业和港澳台企业进入可能性下降。但与此同时，修建高速公路提升了私营企业的生产效率，对国有企业的生产效率却没有提升作用，直接导致修建高速公路并未起到提高资源动态配置效率的结果。④从高速公路建设通过企业演化对区域经济效率的实际影响效果来看，高速公路通过企业自身成长效应对区域经济效率有促进作用，但通过企业进入、退出和资源再配置，反而降低了区域经济效率。整体来看，由于资源再配置效应、企业进入退出效应和企业自身成长效应的冲突，高速公路修建对宏观经济效率的影响不太明显。结合分所有制的估计结果以及针对国企比例展开的具体分析发现，国家对低效国有企业的政策倾斜，导致低效国有企业在高速公路建设中获得更多红利，是导致上述现象产生的重要原因。

本书的研究结论引发出如下政策启示：①硬件基础设施的建设要与软性制度改善结合才能发挥出硬件基础设施推动经济增长的全部潜力。从实证结果中可以看出，虽然修建高速公路确实提高了企业的生产效率，但通过企业进入、退出和资源再配置等企业演化环节并没有对区域经济效率的提升发挥作用，甚至产生了负面效应，抑制了宏观经济效率的提升。究其原因，市场竞争中国有企业被过度保护，利用自身地位获取优质资源且享有更多的市场保护，是导致区域交通便利化之后资源动态配置效率没有被有效提高的重要原因。因此，建立不同企业能够公平竞争的制度平台，充分发挥市场优胜劣汰机制的作用，是最大程度发挥交通基础设施建设经济效应的基本制度条件；②对僵尸企业的严厉管控和对过度投资的监管是提升区域竞争力、平抑区域间发展不平衡的重中之重。无论是高速公路修建通过企业演化影响宏观经济效率，或是全要素生产率增长的直接分解，进入效应和退出效应都扮演着非常重要的角色。在不同区域、不同所有制间的经济效率增长的差异中，两者还是主导因素。因此，对银行过度放贷的系统性监管机制以及严控僵尸企业不合规地获得银行贷款管控机制的建立，是确保区域竞争力提升的有效途径；③区域间的交通基础设施投资仍然存在优化空间。东部地区的交通基础设施已经较为完善，西部地区对于交通基础设施的利用率还不够高，相比之下，在中部地区和东北地区修建交通基础设施的经济效应最好，未来制定交通基础设施修建计划应当优先考虑投向中部地区和东北地区；④国家应进一步着力于改善制造业的资源配置效率，减少对低效率国有企业的过度保护，让市场在资源配置中发挥决定性作用，切实降低要素配置的扭曲，让交通基础设施建成为推进供给侧结构性改革的有利推手；⑤东北地区的交通基础设施建设进度长期落后于其他地区，已经严重抑制了东北地区的经济活力和经济效率，加大对东北地区交通基础设施的投资、加快对东北地区交通基础设施建设的进度已经刻不容缓。

　　本章通过一个全新的视角，对交通基础设施通过影响制造业企业演化、进而影响区域经济效率的机制进行了详细考察，对现有有关交通基础设施建设经济效应的研究是重要的补充。不足之处在于，由于本书更为注重实证研究，未能对这一过程进行深入的理论研究，进一步深入挖掘交通基础设施建设影响企业动态演化的理论机制，是本章今后努力的重要方向。

第 10 章 结　　论

政府对经济的干预是现代经济生活中的一个重要现象，我们对政策干预经济效应的测算，有助于更好的理解政府的政策干预影响宏观经济的机制，进而正确评估政府干预的经济效应，最大限度地消除政府干预带来的负面影响，实现宏观经济持续健康增长。本章作为全文的结束部分，主要总结前面章节的研究结论，并就如何规范政府对经济的干预提出一些政策建议。

10.1　研究结论

10.1.1　行政审批改革的静态资源配置效应

经验研究发现：①行政审批中心对企业资源配置效率的影响取决于企业的要素投入状况。具体而言，在企业要素投入不足的情况下，行政审批中心设立改善了企业的资源配置效率，使得资本和劳动要素投入的边际收益和边际成本缺口分别下降 0.004% 和 2.33%，缓解了要素投入不足的问题。在企业要素投入过度的情况下，行政审批中心设立恶化了企业资源配置效率，分别使资本和劳动要素投入的边际收益和边际成本缺口上升 2.41% 和 105.7%，加剧了要素投入过度的问题。②设立行政审批中心能对企业平均规模的优化起到促进作用，促使原本规模偏小的企业规模扩大，发挥规模经济效益；使得原本规模过大的企业规模缩小，规避规模不经济的损害。通过这一作用渠道，企业资源配置效率得到改善，进而促进宏观经济效率的提升。③总体而言，行政审批中心通过影响企业要素投入状况使得总量生产率提升约0.95%。进一步分析发现，设立行政审批中心对总量生产率的影响具有较强异质性，总量生产率增进效应在不同区域、不同所有制间表现出显著差异。行政审批中心的设立对经济相对落后的西部地区的总量生产率促进作用较大，体现了审批制度改革在缩小区域之间发展差距的"帮扶之手"作用。一般城市作为中国城市的主体，其发展是中国经济实现总体发展的保证。设立行政审批中心通过矫正一般城市的要素投入扭曲带来的总量生产率提升效应明显。此意味着，若低层级城市的制度环境能得到有效改善，其经济增长的潜力具备巨大空间。本书还发现，设立行政审批中心对港澳台企业、私营企业的总量生产率提升效应显著高于其他所有制企业。

10.1.2 行政审批改革的动态经济效应

研究发现，微观层面上，设立行政审批中心将提高企业进入、退出的概率，促进在位企业全要素生产率与市场份额变动率的提升。其基本机理在于：首先，行政设立审批中心能降低进入与退出的门槛，促进新企业的进入与落后企业的退出，由此带来的生存压力将提高市场的竞争程度。在优胜劣汰的过程中企业不断通过技术革新的方式提高自身的全要素生产率，具有更为领先的技术优势的企业的市场份额增长，而处于技术劣势的企业的市场份额下降，带动了整体市场份额变动率的提升。在引入企业异质性后可以发现，设立行政审批中心后，与非国有企业相比，国有企业的进入退出概率更高

虽然设立行政审批中心会显著影响微观企业演化，但上述影响能否带来区域宏观经济效率的提升？如果是，将是通过何种效应产生影响？上述问题是本书宏观部分的研究初衷。首先，DOP 的分解结果给出了一系列特征事实：伴随着我国市场经济的发展，1998—2007 年整体的宏观经济效率得到了有效的提升。但具体而言，部分新进入企业的生产效率相对不高，竞争力相

对欠缺，因此导致了进入效应结果为负。另一方面，在竞争机制下，低效率企业的淘汰所产生的退出效应是促进宏观经济效率提升的重要原因。然而，发展水平高、规模庞大的企业更有利于获取丰富的资源，资源的过度集中降低了资源配置效率，导致了负向的组间效应。最后，企业进入退出活动的加剧引致竞争压力的提升，继而促使企业提高全要素生产率以谋求生存，因此组内效应是中国工业企业全要素生产率增长的主要贡献来源。

综合 DOP 分解结论与回归分析后可以发现：①一方面，各类型企业均产生负向的进入效应，这与理论推演假设基本相符。同时，行政审批中心设立并未对进入效应产生显著影响。将 DOP 分解结果与微观、宏观层面的回归结果相结合将更有利于理解这一现象：虽然行政审批中心设立提升了企业进入概率，但新进入企业的质量差异较大，低效能企业的进入拉低了高效能企业进入对宏观经济效率产生的贡献。②另一方面，国有企业的资源再配置效应为负（见 DOP 分解结果）。同时，城市国有企业比重越高，设立行政审批中心对资源再配置效应的促进作用将被削弱。行政审批改革的实施过程中，国有企业可能受到地方政府的潜在保护，其相对充裕的资源配置倾斜一方面带来了较小的竞争压力，另一方面也导致了资源配置效率的恶化。

为检验资源配置所产生的负效应的实际作用路径，本书通过分地区分析，结合国有企业近年来资本集中度日益提高的发展特征，进一步证实了政府的倾向性政策导致资源错配于要素投入过度的国有企业之中。这一现象在东部地区显著成立，这与东部地区较为激烈的市场竞争环境以及较小的产品差异化程度有密切的关联；而中西部地区未产生资源配置负效应的原因，可能来自于中西部地区国有企业自身的战略地位和不可替代性，相较于非国有企业掌握更为核心的生产技术与更高的生产效率，因此并不显著。

10.1.3 设立开发区的静态经济效应

研究发现：①开发区的设立会对企业资源配置效率产生重要影响，设立开发区的区县，企业资本投入的边际收益和边际成本缺口下降 4.25%，资本投入不足的情况得到缓解；但开发区的设立使劳动过度投入的情况更加严重，劳动投入的边际成本和边际收益缺口上升 0.53%。②开发区的设立能提升企业的平均规模，优化效应能使得规模偏小的企业规模增大，发挥规模经济的作用，规模过大的企业规模变小，避免规模不经济的出现，进而改善宏观宏观经济效率。进一步分析表明，劳动投入配置带来的恶化效应低于资本投入配置的改善，开发区的设立能显著提高整体的经济绩效。本书还验证 2000—2003 年全国开发区规模和数量的过度扩张，削弱开发区集聚经济和外溢效应的作用，并证实 2003 年之后偏向中西部政策所导致区域一定程度经济增长，体现中国区域发展战略由优先东部逐步转变到区域平衡发展。③开发区的设立对总量生产率的影响具有较强的异质性，总量生产率增进幅度在不同的区域、城市层级表现出明显差异。对中部地区、西部地区以及低层级城市的总量生产率促进作用较大。④开发区设立对国有、集体资本配置优化带来的经济增进效应最大，而港澳台和私营企业经济绩效的增加效应的作用相对小于集体企业和国有企业。

10.1.4　设立开发区的动态经济效应

研究结果表明，设立开发区的行为确实会通过企业演化的各个环节影响宏观经济效率，具体表现为：①开发区设立在总体上提高了企业进入的概率，同时降低了企业退出的风险，但对企业全要素生产率的影响不稳定。②从所有制异质性的角度看，开发区的设立促进了国有企业和外资企业的进入，提升了集体企业和外资企业的全要素生产率，但抑制了股份制企业和私营企业的进入和生产效率的提高。③从地区异质性的角度看，东部、西部以及东北地区的开发区减少了企业进入的概率，中部地区的开发区则显著促进了企业进入，但只有东部地区的企业提升了生产效率。④从不同城市层级的角度看，开发区促进非中心城市企业进入的同时降低企业退出的概率，而对中心城市企业的作用却正好相反，但建设开发区都显著提升了两种层级城市企业的生产效率。⑤从开发区动态来看，其对企业进入退出及生产效率的影响均是长期的，显示出开发区建设强烈地滞后效应。⑥从开发区建设通过企业演化环节对区域经济效率的实际影响来看，开发区通过企业的资源再配置效应对经济效率增长的贡献最大，但通过企业进入、退出和自身成长的环节对总体效率增长的作用并不显著。整体看来，开发区的建设对宏观经济效率的改善具有明显作用，并且企业资源再配置效应在其中扮演着重要角色。最后，本部分根据分所有制的估计结果，在模型中加入国有企业比例和开发区设立的交互项。结果表明，国有企业是市场扭曲的重要原因，并在一定程度上掩盖了开发区对提升宏观经济效率的真实作用。

10.1.5　高速公路建设的静态经济效应

实证研究发现：①在中国大规模修改高速公路，确实可以优化要素资源配置。研究表明企业离高速公路越远，其中间投入扭曲和劳动扭曲会越严重，而资本扭曲会得到一定程度的缓解，主要原因可能在于中间投入和劳动的流动更多地受到运输成本方面的影响，而资本流动可能更多地受到制度等软环境等因素的制约。②由于高速公路建设影响了资源配置，因此造成了对总量生产率的影响。量化分析显示，中间投入扭曲造成的宏观经济效率损失要远高于资本投入扭曲和劳动投入扭曲，鉴于中国制造业对中间投入品依赖的现状，如果生产函数中不考虑中间投入要素，会导致宏观经济效率损失的严重低估。而高速公路基础设施的不断完善，可以使得企业在一个更广阔的市场上选择最优的投入要素，通过影响企业实际规模和理想规模的距离，改善了宏观经济效率。而进一步的分析表明，高速公路建设通过纠正中间投入扭曲和劳动投入扭曲起到了改善宏观经济效率的作用，其中中间投入扭曲渠道对宏观经济效率改善的幅度是劳动投入扭曲的至少两倍。③高速公路建设对总量生产率的影响表现出异质性特征，在不同区域和不同城市层级表现得尤为明显。高速公路建设对中部地区和西部地区的总量生产率促进作用，说明中西部地区的交通基础设施落后和经济增长对交通基础设施需求增强的矛盾日益突出。随着中国城市层级发展两极化现象的加剧，尽管高速公路对经济增长促进作用在增强，但中小城市的高速公路矫正中间投入扭曲和劳动投入扭曲造成的总量生产率提示是大城市的至少三到五倍，这意味着中小城市的高速公路建设对经济增长的提升潜力依然有很大的空间。本书还发现高速公路建设对私营企业、股份制企业、集体企业和国有企业的总量生产率促进作用相对大于外资企业和港澳台企业。

10.1.6 高速公路建设的动态经济效应

研究结果表明，修建高速公路确实会通过企业演化这一途径影响区域经济效率，具体表现为：①高速公路建设总体上提高了制造业企业的全要素生产率和新企业进入市场的概率，但同时减少了在位企业退出市场的概率；②从不同地区来看，交通基础设施的修建对东部地区的企业进入促进幅度最大、对中部地区的企业效率提升幅度最大，显现出强烈的区域异质性；③从不同所有制来看，修建高速公路以后，国有企业和外资企业进入该区域的可能性增加，相应的，私营企业和港澳台企业进入可能性下降。但与此同时，修建高速公路提升了私营企业的生产效率，对国有企业的生产效率却没有提升作用，直接导致修建高速公路并未起到提高资源动态配置效率的结果。④从高速公路建设通过企业演化对区域经济效率的实际影响效果来看，高速公路通过企业自身成长效应对区域经济效率有促进作用，但通过企业进入、退出和资源再配置，反而降低了区域经济效率。整体来看，由于资源再配置效应、企业进入退出效应和企业自身成长效应的冲突，高速公路修建对宏观经济效率的影响不太明显。结合分所有制的估计结果以及针对国企比例展开的具体分析发现，国家对低效国有企业的政策倾斜，导致低效国有企业在高速公路建设中获得更多红利，是导致上述现象产生的重要原因。

10.2 政策建议

对于行政审批改革的影响，本书的研究具有如下政策含义：①资源配置效率提升的需要催生了行政审批制度的改革(王克稳,2015),作为改善资源配置的重要抓手,行政审批中心将对企业资源配置效率产生显著影响。宏观上,行政审批中心优化了资源配置,促进了要素的跨区域流动,有利于宏观经济效率的提升。微观上,促进企业平均规模提升,发挥规模经济效益。为进一步释放行政审批制度改革促进企业资源配置效率提升和推动经济发展的作用,应明确行政审批制度改革的目的,加大推行简政放权力度,充分发挥市场机制在资源配置的决定性作用。具体而言,完善财政补贴制度,加强政务信息披露和监督,通过行政审批制度改革调整对低效率国有企业的倾向性政策,运用市场力量将更多优质资源配置向生产效率更高的私营企业。②建成全面小康社会需大力推进区域协调发展。管理者应充分发挥"帮扶之手"的作用,依托行政审批中心,通过户籍、土地等审批制度改革,建立土地有效流转机制、破除阻碍劳动力要素自由流动的障碍,打破劳动力市场分割;通过精简投资审批事项和环节,提升民间投资和企业融资的便利性,适度向资金缺乏地区给予一定的政策倾斜,引导资本流向急需发展的区域,一定程度兼顾效率与公平。

基于行政审批改革所产生的动态经济效应,针对优化行政审批改革对宏观经济效率所产生的实际作用,本书有如下几点建议:①完善企业质量的评估体系,贯彻落实"轻审批,重监管"的原则。简化审批流程的同时应该重视对进入企业技术质量和经营前景的评估,同时需要加强对新进入企业的长期跟进式监管和核查。这将有利于提高企业进入市场过程中的质量,提升宏观层面的进入效应。②加大对中小型创新企业的政策扶持力度。行政审批改革有利于形成公平开放的市场环境,提升市场的竞争程度,但竞争程度的加剧也对新进入企业的生存产生了挑战,需要科学的政策扶持保证企业基本创新动力的持续和创新成果的有效转化,采取充分的激励措施使成长效应得到有效发挥。③优化资源配置,重视区域内各企业的协调发展。新进入市场的国有企业与在位国有企业均具有更为可靠的发展质量和更为充裕的资源配置,其对于经济增长的贡献更为稳定。因此需要反对地方政府在改革过程中仍将资源过度配置于国有企业的行为，缓解国有企业层面的资源配置负效应。特别是对于市场竞争程度较高的东部地区，需要更加重视对于民营企业资源配置的保障，发挥"帮扶之手"的作用，使市场主体活力得到有效激发。

基于设立开发区的静态资源配置效应研究，可以获得如下政策启示：①开发区设立不仅能优化资源要素配置、促进要素合理流动，还能影响企业规模，使得企业实际规模与最优规模更加接近，可以更好发挥企业经济规模效应。为进一步发挥开发区设立优势，通过提高企业资源配置效率促进经济增长的作用，应结合经济现实和国家发展战略，明确新形势下开发区的优势定位，健全完善开发区运行机制，并适度适时调整政策目标，破除不同区域要素市场的分割。开发区优惠政策可以适当倾向资源配置优化作用更强的私营和股份制企业，更好发挥开发区资源优化配置的引导作用。②研究结果表明，开发区通过改善资源配置效率提升经济绩效的作用，在1999—2007年间呈现出先下降后上升的态势。2003年全国开发区过多过热，严重降低资源配置效率，还产生侵占耕作土地、损害农民利益等问题，政府开展全国范围内的开发区清理整顿、规划审核、设立审核及落实范围等工作，重新为开发区健康有序持续地发展注入新的活力。因此，避免开发区盲目扩张、无序竞争，有效科学管理开发区的建设，是发挥开发区制度促进经济绩效的重要手段。③中国区域发展不均衡成为新发展阶段的严峻挑战，管理者需要充分利用开发区带来经济绩效的增进效应，兼顾效率与公平，破除劳动力跨区流动阻碍和过多的资源要素流动的干预。同时，将中西部欠发达地区经济基础、产业布局、自然条件以及地方政府债务等因素考虑在内，着力探索出各地区差异设立开发区发展的路径，战略布局适度倾斜开发区发育程度较小的地区。并且，不能单纯依靠有形的手来干预生产要素流动，还需破除部分低效率政策干预，培育完善公平竞争机制，打破劳动力市场分割，通过带来总量生产率增进的效应来缩小东部和中西部、中心城市和一般城市之间的经济差距。

基于交通基础设施建设的静态资源配置效应研究，我们的启示有以下几点:①修路不仅可以致富,而且可以缩小地区经济发展差距。修路致富主要体现在修路在宏观上可以促进要素合理流动和优化资源配置,在微观上提高企业平均规模,更好地发挥规模经济效应。修路缩小地区差距体现在修路可以帮助落后地区的微观企业更优化地配置资源,进而提高自身生产率和地区总量生产率。②修路为中国接入全球价值链,进而构建国内价值链提供了基础网络和作用载体。近些年来,基于全球价值链在产业发展和全球经济治理中的重要影响,国内学者开始关注全球价值链,并且提出了构建国内价值链来促进产业升级和区域协调发展(张少军和刘志彪,2009)。但是对于如何构建国内价值链,国内学者还没有提出更好的思路和找到更好的载体。本书研究表明修建高速公路,可以帮助国内企业优化资源配置效率,可以帮助中西部地区通过提高总量生产率的方式来缩小和东部地区之间的发展差距。③修建高速公路和高铁技术走出国门有助于落实中国提出的"一带一路"倡议。随着中国"一带一路"倡议的提出,我国开始与"一带一路"沿线六十多个国家和地区开展了全方位的交流。而我国大规模推进"一带一路"上的高速公路和高铁建设,同样可以在国际层面起到促进要素流动、优化配置和缩小地区经济差距的作用,为"一带一路"沿线国家和地区的经济繁荣和政治稳定做出巨大贡献。

基于交通基础设施建设所产生的动态经济效应,本书的研究结论引发出如下政策启示:①硬件基础设施的建设要与软性制度改善结合才能发挥出硬件基础设施推动经济增长的全部潜力。从实证结果中可以看出,虽然修建高速公路确实提高了企业的生产效率,但通过企业进入、退出和资源再配置等企业演化环节并没有对区域经济效率的提升发挥作用,甚至产生了负面效应,抑制了宏观经济效率的提升。究其原因,市场竞争中国有企业被过度保护,利用自身地位获取优质资源且享有更多的市场保护,是导致区域交通便利化之后资源动态配置效率没有被有效提高的重要原因。因此,建立不同企业能够公平竞争的制度平台,充分发挥市场优胜劣汰机制的作用,是最大程度发挥交通基础设施建设经济效应的基本制度条件。②对僵尸企业的严厉管

控和对过度投资的监管是提升区域竞争力、平抑区域间发展不平衡的重中之
重。无论是高速公路修建通过企业演化影响宏观经济效率，或是全要素生产
率增长的直接分解，进入效应和退出效应都扮演着非常重要的角色。在不同
区域、不同所有制间的经济效率增长的差异中，两者还是主导因素。因此，
对银行过度放贷的系统性监管机制以及严控僵尸企业不合规地获得银行贷款
管控机制的建立，是确保区域竞争力提升的有效途径。③区域间的交通基础
设施投资仍然存在优化空间。东部地区的交通基础设施已经较为完善，西部
地区对于交通基础设施的利用率还不够高，相比之下，在中部地区和东北地
区修建交通基础设施的经济效应最好，未来制定交通基础设施修建计划应当
优先考虑投向中部地区和东北地区。④国家应进一步着力于改善制造业的资
源配置效率，减少对低效率国有企业的过度保护，让市场在资源配置中发挥
决定性作用，切实降低要素配置的扭曲，让交通基础设施建成为推进供给侧
结构性改革的有利推手。⑤东北地区的交通基础设施建设进度长期落后于其
他地区，已经严重抑制了东北地区的经济活力和经济效率，加大对东北地区
交通基础设施的投资、加快对东北地区交通基础设施建设的进度已经刻不容
缓。

参 考 文 献

[1] Nelson R R. An evolutionary theory of economic change [M]. Harvard University Press, 1982.

[2] Hopenhayn H A. Entry, exit, and firm dynamics in long-run equilibrium[J]. Econometrica, 1992, 60(5):1127-1150.

[3] Melitz M J. The impact of trade on intra-industry reallocations and aggregate industry productivity[J]. Econometrica, 2003, 71(6):1695-1725.

[4] Restuccia D, Rogerson R. Policy distortions and aggregate productivity with heterogeneous establishments[J]. Review of Economic Dynamics, 2008, 11(4):707-720.

[5] Hsieh C T, Klenow P J. Misallocation and manufacturing TFP in China and India[J]. Quarterly Journal of Economics, 2009, 124(4):1403-1448.

[6] Bartelsman E, Haltiwanger J, Scarpetta S. Cross-country differences in productivity: The role of allocation and selection[J]. American Economic Review, 2013, 103(1):305-334.

[7] Alfaro L, Charlton A, Kanczuk F. Plant-size distribution and cross-country income differences[R]. National Bureau of Economic Research, 2008.

[8] Schmitz J A. Government production of investment goods and aggregate labor productivity[J]. Journal of Monetary Economics, 2001, 47(1):163-187.

[9] Hopenhayn H, Rogerson R. Job turnover and policy evaluation: A general

equilibrium analysis[J]. Journal of Political Economy, 1993, 101(5): 915-938.

[10]Lagos R. A model of TFP[J]. The Review of Economic Studies, 2006, 73(4): 983-1007.

[11]Guner N, Ventura G, Xu Y. Macroeconomic implications of size-dependent policies[J]. Review of Economic Dynamics, 2008, 11(4): 721-744.

[12]Ordonez J C L. Tax collection, the informal sector, and productivity[J]. Review of Economic Dynamics, 2014, 17(2): 262-286.

[13]D'erasmo P N, Boedo H J M. Financial structure, informality and development[J]. Journal of Monetary Economics, 2012, 59(3): 286-302.

[14]Banerjee A V, Duflo E. Growth theory through the lens of development economics[J]. Handbook of Economic Growth, 2005, 1: 473-552.

[15]Erosa A. Financial intermediation and occupational choice in development [J]. Review of Economic Dynamics, 2001, 4(2):303-334.

[16]Amaral P S, Quintin E. Limited enforcement, financial intermediation, and economic development: A quantitative assessment[J]. International Economic Review, 2010, 51(3): 785-811.

[17]Buera F J, Kaboski J P, Shin Y. Finance and development: A tale of two sectors[J]. American economic review, 2011, 101(5): 1964-2002.

[18]Caselli F, Gennaioli N. Dynastic management[J]. Economic Inquiry, 2013, 51(1): 971-996.

[19]Midrigan V, Xu D Y. Finance and misallocation: Evidence from plant-level data[R]. National Bureau of Economic Research, 2010.

[20]Udry C. Misallocation, growth and financial market imperfections[J]. 2012: 135-150.

[21]Peek J, Rosengren E S. Unnatural selection: Perverse incentives and the misallocation of credit in Japan[J]. American Economic Review, 2005, 95

(4): 1144-1166.

[22] Banerjee A, Munshi K. How efficiently is capital allocated? Evidence from the knitted garment industry in Tirupur[J]. The Review of Economic Studies, 2004, 71(1): 19-42.

[23] Abernathy W J, Clark K B. Innovation: Mapping the winds of creative destruction[J]. Research policy, 1985, 14(1): 3-22.

[24] Audretsch D B. New-firm survival and the technological regime[J]. Review of Economics and Statistics, 1991, 73(3):441-450.

[25] Klepper S. Entry, exit, growth, and innovation over the product life cycle [J]. American Economic Review, 1996, 86(3):562-583.

[26] Dosi G. Sources, procedures, and microeconomic effects of innovation[J]. Journal of Economic Literature, 1988, 26(3):1120-1171.

[27] Fagerberg J. Schumpeter and the revival of evolutionary economics: An appraisal of the literature[J]. Journal of Evolutionary Economics, 2003, 13 (2):125-159.

[28] Henrekson M, Johansson D. Gazelles as job creators: A survey and interpretation of the evidence[J]. Small Business Economics, 2010, 35(2): 227-244.

[29] Coad A. The growth of firms: A survey of theories and empirical evidence [M]. Edward Elgar Publishing, 2009.

[30] Lee C Y. A theory of firm growth: Learning capability, knowledge threshold, and patterns of growth[J]. Research Policy, 2010, 39(2): 278-289.

[31] Romer P M. Endogenous technological change [J]. Journal of Political Economy, 1990, 98(5, Part 2): S71-S102.

[32] Aghion P, Howitt P. A model of growth through creative destruction[J]. Econometrica, 1992, 60(2):323-351.

[33] Hopenhayn H A. Exit, selection, and the value of firms [J]. Journal of

Economic Dynamics & Control, 1992, 16(3-4):621-653.

[34] Baily M N, Hulten C, Campbell D. Productivity dynamics in manufacturing plants[J]. Brookings Papers on Economic Activity, 1992:187-267.

[35] Peltoniemi M. Reviewing industry life - cycle theory: Avenues for future research[J]. International Journal of Management Reviews, 2011, 13(4): 349-375.

[36] Schumpeter J A. The theory of economic development: an inquiry into profits, capital, credit, interest, and the business cycle[M]. Transaction Books, 1961.

[37] Metcalfe J S. Evolutionary economics and technology policy[J]. Economic Journal, 1994, 104(425):931-944.

[38] Dosi G, Marsili O, Orsenigo L, et al. Learning, market selection and the evolution of industrial structures[J]. Small Business Economics, 1995, 7 (6): 411-436.

[39] Brynjolfsson E, Mcafee A, Sorell M, et al. Scale without mass: business process replication and industry dynamics[J]. Harvard Business School Technology & Operations Mgt. Unit Research Paper, 2008 (07-016).

[40] Klepper S, Miller J H. Entry, exit, and shakeouts in the United States in new manufactured products[J]. International Journal of Industrial Organization, 1995, 13(4): 567-591.

[41] Witt U. Evolutionary concepts in economics[J]. Eastern Economic Journal, 1992, 18(4):405-419.

[42] Alchian A A. Uncertainty, evolution, and economic theory[J]. The Journal of Political Economy, 1950, 58(3):211-221.

[43] Foster L, Haltiwanger J C, Krizan C J. Aggregate productivity growth. lessons from microeconomic evidence [M]. New Developments in Productivity Analysis. University of Chicago Press, 2001: 303-372.

[44] Mansfield E. Basic research and productivity increase in manufacturing [J]. American Economic Review, 1980, 70(5):863-873.

[45] Czarnitzki D, Thorwarth S. Productivity effects of basic research in low-tech and high-tech industries [J]. Research Policy, 2012, 41(9): 1555-1564.

[46] Silverberg G, Dosi G, Orsenigo L. Innovation, diversity and diffusion: A self-organisation model [J]. The Economic Journal, 1988, 98(393): 1032-1054.

[47] Agarwal R, Helfat C E. Strategic renewal of organizations [J]. Organization science, 2009, 20(2): 281-293.

[48] Parente S L. Technology adoption, learning-by-doing, and economic growth [J]. Journal of economic theory, 1994, 63(2): 346-369.

[49] Dearden L, Reed H, Van Reenen J. The impact of training on productivity and wages: Evidence from British panel data [J]. Oxford bulletin of economics and statistics, 2006, 68(4): 397-421.

[50] Abramovitz M. The catch-up factor in postwar economic growth [J]. Economic Inquiry, 1990, 28(1): 1.

[51] Penrose E. The theory of the growth of the firm [M]. Oxford University Press, 2009.

[52] Griliches Z, Regev H. Firm productivity in Israeli industry 1979-1988 [J]. Journal of Econometrics, 1995, 65(1): 175-203.

[53] Baily M N, Bartelsman E J, Haltiwanger J. Downsizing and productivity growth: Myth or reality? [J]. Small Business Economics, 1996, 8(4): 259-278.

[54] Bartelsman E J, Scarpetta S, Schivardi F. Comparative analysis of firm demographics and survival: Micro-level evidence for the OECD countries [J]. Industrial and Corporate Change, 2005, 14(3): 365-391.

[55] Bartelsman E J, Dhrymes P J. Productivity dynamics: US manufacturing plants, 1972-1986 [J]. Journal of Productivity Analysis, 1998, 9(1): 5-34.

[56] Schuh S. Industrial evolution in developing countries: Micro patterns of turnover, productivity, and market structure [J]. Journal of Economic Literature, 1998, 36(2):946-948.

[57] AW B Y, Chen X M, Roberts M J. Firm-level evidence on productivity differentials and turnover in Taiwanese manufacturing [J]. Journal of Development Economics, 2001, 66(1):51-86.

[58] Herrendorf B, Teixeira A. Barriers to entry and development [J]. International Economic Review, 2011, 52(2):573-602.

[59] Bergoeing R, Kehoe P J, Kehoe T J, et al., A decade lost and found: Mexico and Chile in the 1980s[J]. Review of Economic Dynamics, 2002, 5 (1):166-205.

[60] 朱喜, 史清华, 盖庆恩. 要素配置扭曲与农业全要素生产率[J]. 经济研究, 2011(5): 86-98.

[61] 陈永伟, 胡伟民. 价格扭曲、要素错配和效率损失: 理论和应用[J]. 经济学(季刊), 2011(4): 1401-1422.

[62] 柏培文. 中国劳动要素配置扭曲程度的测量[J]. 中国工业经济, 2012 (10): 19-31.

[63] 赵自芳, 史晋川. 中国要素市场扭曲的产业效率损失——基于 DEA 方法的实证分析[J]. 中国工业经济, 2006(10): 40-48.

[64] 盛仕斌, 徐海. 要素价格扭曲的就业效应研究[J]. 经济研究, 1999(5): 68-74.

[65] 蔡昉, 王德文, 都阳. 劳动力市场扭曲对区域差距的影响[J]. 中国社会科学, 2001(2): 4-14.

[66] 袁志刚, 解栋栋. 中国劳动力错配对 tfp 的影响分析[J]. 经济研究, 2011, (07): 4-17.

[67] 孙宁华, 堵溢, 洪永淼. 劳动力市场扭曲、效率差异与城乡收入差距 [J]. 管理世界, 2009(9): 44-52.

[68]鄢萍. 资本误配置的影响因素初探[J]. 经济学(季刊)，2012(2)：489-520.

[69]鲁晓东. 金融资源错配阻碍了中国的经济增长吗[J]. 金融研究，2008(4)：55-68.

[70]邵挺. 金融错配、所有制结构与资本回报率：来自1999—2007年我国工业企业的研究[J]. 金融研究，2010(9)：51-68.

[71]余婧，罗杰. 中国金融资源错配的微观机制——基于工业企业商业信贷的经验研究[J]. 复旦学报(社会科学版)，2012(3).

[72]张佩，马弘. 借贷约束与资源错配——来自中国的经验证据[J]. 清华大学学报：自然科学版，2012(9)：1303-1308.

[73]Dong B. Misallocation or Mismeasurement? Evidence from Plant-Level Data[R].mimeo New York University, 2011.

[74]Olley G S, Pakes A. The dynamics of productivity in the telecommunications equipment industry[J]. Econometrica, 1996, 64(6):1263-1297.

[75]Chari V V, Kehoe P J, Mcgrattan E R. Business cycle accounting[J]. Econometrica, 2007, 75(3):781-836.

[76]Bordo M D, Erceg C J, Evans C L. Money, sticky wages, and the great depression[J]. American Economic Review, 2000, 90(5):1447-1463.

[77]Bernanke B S, Gertler M, Gilchrist S. The financial accelerator in a quantitative business cycle framework[J]. Handbook of Macroeconomics, 1999(1):1341-1393.

[78]Carlstrom C T, Fuerst T S. Agency costs, net worth, and business fluctuations：A computable general equilibrium analysis[J]. American Economic Review, 1997, 87(5):893-910.

[79]Cole H L, Ohanian L E. New deal policies and the persistence of the great depression：A general equilibrium analysis[J]. Journal of Political Economy, 2004, 112(4):779-816.

[80]李春顶. 中国出口企业是否存在"生产率悖论"基于中国制造业企业数据的检验[J]. 世界经济, 2010(7): 64-81.

[81]李玉红, 王皓, 郑玉歆. 企业演化: 中国工业生产率增长的重要途径[J]. 经济研究, 2008(6): 12-24.

[82]谢千里, 罗斯基, 张轶凡. 中国工业生产率的增长与收敛[J]. 经济学, 2008(2): 809-826.

[83]戴觅, 余淼杰. 企业出口前研发投入、出口及生产率进步——来自中国制造业企业的证据[J]. 经济学(季刊), 2012(1): 211-230.

[84]黄勇峰, 任若恩, 刘晓生. 中国制造业资本存量永续盘存法估计[J]. 经济学(季刊), 2002(1): 377-396.

[85]孙琳琳, 任若恩. 资本投入测量综述[J]. 经济学(季刊), 2005(3): 823-842.

[86]Chen K, Wang H C, Zheng Y X, et al. Productivity change in chinese-industry-1953-1985[J]. Journal of Comparative Economics, 1988, 12(4): 570-591.

[87]Brandt L., Van Biesebroeck J, Zhang Y. Creative accounting or creative destruction? Firm-level productivity growth in Chinese manufacturing[J]. Journal of Development Economic, 2012, 97(2):339-351.

[88]卢锋, CCER"中国经济观察"研究组. 我国资本回报率估测(1978—2006)——新一轮投资增长和经济景气微观基础[J]. 经济学(季刊), 2007(3): 723-758.

[89]李治国, 唐国兴. 资本形成路径与资本存量调整模型——基于中国转型时期的分析[J]. 经济研究, 2003(2): 34-42.

[90]单豪杰. 中国资本存量K的再估算: 1952—2006年[J]. 数量经济技术经济研究, 2008(10): 17-31.

[91]柳标, 田椿生. 关于我国固定资产折旧的几个问题[J]. 经济研究, 1980(9): 62-67.

[92]李平，简泽，江飞涛.进入退出、竞争与中国工业部门的生产率——开放竞争作为一个效率增进过程[J].数量经济技术经济研究，2012(9)：11-29.

[93]简泽.企业间的生产率差异，资源再配置与制造业部门的生产率[J].管理世界，2011(5)：11-23.

[94]简泽.市场扭曲，跨企业的资源配置与制造业部门的生产率[J].中国工业经济，2011(1)：58-68.

[95]简泽.从国家垄断到竞争：中国工业的生产率增长与转轨特征[J].中国工业经济，2011(11)：79-89.

[96]聂辉华，贾瑞雪.中国制造业企业生产率与资源误置[J].世界经济，2011(7)：11-29.

[97]聂辉华，江艇，杨汝岱.中国工业企业数据库的使用现状和潜在问题[J].世界经济，2012，35(5)：142-158.

[98]鲁晓东，连玉君.中国工业企业全要素生产率估计：1999—2007[J].经济学(季刊)，2012(2)：11-20.

[99]余淼杰.中国的贸易自由化与制造业企业生产率[J].经济研究，2010(12)：250.

[100]陈诗一.中国工业分行业统计数据估算：1980—2008[J].经济学(季刊)，2011(3)：735-776.

[101]许宪春.中国国内生产总值核算[J].经济学(季刊)，2002(4)：23-36.

[102]Cai H B, Liu Q. Competition and corporate tax avoidance：Evidence from Chinese industrial firms[J]. Economic Journal, 2009, 119(537):764-795.

[103] Van Biesebroeck J. Robustness of productivity estimates[J]. Journal of Industrial Economics, 2007, 55(3):529-569.

[104]Leuven E, Sianesi B. Psmatch2：Stata module to perform full mahalanobis and propensity score matching, common support graphing, and covariate imbalance testing[J]. Statistical Software Components, 2012.

[105]姚洋. 非国有经济成分对我国工业企业技术效率的影响[J]. 经济研究, 1998(29、35): 16-21.

[106]刘小玄. 中国工业企业的所有制结构对效率差异的影响——1995 年全国工业企业普查数据的实证分析[J]. 经济研究, 2000(2): 17-25.

[107]刘小玄, 郑京海. 国有企业效率的决定因素: 1985—1994[J]. 经济研究, 1998(1): 39-48.

[108]宋立刚, 姚洋. 改制对企业绩效的影响[J]. 中国社会科学, 2005(2): 17-31.

[109]刘小玄, 李利英. 企业产权变革的效率分析[J]. 中国社会科学, 2005(2): 4-16.

[110]白重恩, 路江涌, 陶志刚. 国有企业改制效果的实证研究[J]. 经济研究, 2006(8): 4-13.

[111]涂正革, 肖耿. 中国的工业生产力革命——用随机前沿生产模型对中国大中型工业企业全要素生产率增长的分解及分析[J]. 经济研究, 2005(3): 30-40.

[112]Vainiomaki J. Technology and skill upgrading: Results from linked worker-plant data for finnish manufacturing [M]. Emerald Group Publishing Limited, 1999.

[113]Diewert W E, Fox K A. On measuring the contribution of entering and exiting firms to aggregate productivity growth [J]. Price and Productivity Measurement, 2010(6): 41-66.

[114]Haltiwanger J C. Measuring and analyzing aggregate fluctuations: The importance of building from micro-economic evidence[J]. Federal Reserve Bank of St. Louis Review, 1997, 79(3): 55.

[115]Foster L, Haltiwanger J, Syverson C. Reallocation, firm turnover, and efficiency: Selection on productivity or profitability? [J]. American Economic Review, 2008, 98(1):394-425.

[116] Comin D, Mulani S. A theory of growth and volatility at the aggregate and firm level[J]. Journal of Monetary Economics, 2009, 56(8):1023-1042.

[117] Aghion P, Dewatripont M, Du L, et al. Industrial policy and competition [R]. National Bureau of Economic Research, 2012.

[118] Aghion P, Blundell R, Griffith R, et al. The effects of entry on incumbent innovation and productivity[J]. The Review of Economics and Statistics, 2009, 91(1):20-32.

[119] Kelley M R, Arora A. The role of institution-building in US industrial modernization programs[J]. Research Policy, 1996, 25(2):265-279.

[120] Furman J L, Porter M E, Stern S. The determinants of national innovative capacity[J]. Research Policy, 2002, 31(6):899-933.

[121] Delgado M, Ketels C, Porter M E, et al. The determinants of national competitiveness[R]. National Bureau of Economic Research, 2012.

[122] Acemoglu D, Shimer R. Productivity gains from unemployment insurance [J]. European Economic Review, 2000, 44(7):1195-1224.

[123] 张杰, 李勇, 刘志彪. 出口促进中国企业生产率提高吗？——来自中国本土制造业企业的经验证据: 1999—2003[J]. 管理世界, 2009(12): 11-26.

[124] 周黎安, 张维迎, 顾全林, 等. 企业生产率的代际效应和年龄效应[J]. 经济学（季刊）, 2007: 1297-1318.

[125] 张军, 吴桂英, 张吉鹏. 中国省际物质资本存量估算: 1952—2000[J]. 经济研究, 2004(10): 35-44.

[126] 张军, 施少华, 陈诗一. 中国的工业改革与效率变化——方法、数据、文献和现有的结果[J]. 经济学（季刊）, 2003(4): 1-38.

[127] 许宪春. 中国国内生产总值核算中存在的若干问题研究[J]. 经济研究, 2000(2): 10-16.

[128] 宋海岩, 刘淄楠, 蒋萍, 等. 改革时期中国总投资决定因素的分析[J].

世界经济文汇，2003（1）：44-56.

[129]任若恩，刘晓生.关于中国资本存量估计的一些问题[J].数量经济技术经济研究，1997（1）：19-24.

[130]胡永泰.中国全要素生产率：来自农业部门劳动力再配置的首要作用[J].经济研究，1998（3）：33-41.

[131]贺菊煌.我国资产的估算[J].数量经济技术经济研究，1992（8）：24-27.

[132]何枫，陈荣，何林.我国资本存量的估算及其相关分析[J].经济学家，2003（5）：29-35.

[133]Hall R E, Jones C I. Why do some countries produce so much more output per worker than others? [J]. Quarterly Journal of Economics, 1999, 114(1):83-116.

[134]Young A. Gold into base metals: Productivity growth in the people's republic of China during the reform period[J]. Journal of Political Economy, 2003, 111(6):1220-1261.

[135]Chow G C. Capital formation and economic-growth in China[J]. Quarterly Journal of Economics, 1993, 108(3):809-867.

[136]Jefferson G H, Rawski T G, Zheng Y X. Growth, efficiency, and convergence in China state and collective industry [J]. Economic Development and Cultural Change, 1992, 40(2):239-266.

[137]Perkins D H. Reforming China's economic-system[J]. Journal of Economic Literature, 1988, 26(2):601-645.

[138]王小鲁.中国经济增长的可持续性与制度变革[J].经济研究，2000(7)：3-15.

[139]Wang Y, Yao Y D. Sources of China's economic growth 1952—1999: Incorporating human capital accumulation [J]. China Economic Review, 2003, 14(1):32-52.

[140]龚六堂,谢丹阳.我国省份之间的要素流动和边际生产率的差异分析
[J].经济研究,2004(1):21-39.

[141]王益煊,吴优.中国国有经济固定资本存量初步测算[J].统计研究,
2003(5):40-45.

[142]任若恩,孙琳琳.我国行业层次的 TFP 估计:1981—2000[J].经济学
(季刊),2009(3):925-950.

[143]陈勇,李小平.中国工业行业的面板数据构造及资本深化评估:1985—
2003[J].数量经济技术经济研究,2006(10):57-68.

[144]Perkins D H, Rawski T G. Forecasting China's economic growth to 2025[J].
China's Great Economic Transformation, 2008:829-886.

[145]李小平,朱钟棣.中国工业行业的全要素生产率测算——基于分行业面
板数据的研究[J].管理世界,2005(4):20-35.

[146]郑玉歆.80 年代中国制造业生产率变动及其来源[J].载郑玉歆、罗斯
基主编.体制转换中的中国工业生产率[M].第 1 版.北京:社会科学
文献出版社,1993:111-129.

[147]Solow R M. A contribution to the theory of economic growth[J]. The
Quarterly Journal of Economics, 1956, 70(1):65-94.

[148]Krugman P. What happened to Asia[M]. Springer, 1999.

[149]张军,施少华.中国经济全要素生产率变动:1952—1998[J].世界经
济文汇,2003(2):20-30.

[150]郭庆旺,贾俊雪.中国全要素生产率的估算:1979—2004[J].经济研
究,2005(6):50-60.

[151]Ozyurt S.中国工业的全要素生产率:1952—2005[J].世界经济文汇,
2009(5):1-16.

[152]Del Gatto M, Di Liberto A, Petraglia C. Measuring productivity[J]. Journal
of Economic Surveys, 2011, 25(5):952-1008.

[153]Levinsohn J, Petrin A. Estimating production functions using inputs to

control for unobservables[J]. Review of Economic Studies, 2003, 70(2):
317-341.

[154] Farrell M J. The measurement of productive efficiency[J]. Journal of the
Royal Statistical Society Series A (General), 1957, 120(3):253-290.

[155] Charnes A, Cooper W W, Rhodes E. Measuring the efficiency of decision
making units[J]. European Journal of Operational Research, 1978, 2(6):
429-444.

[156] Seiford L M, Thrall R M. Recent developments in DEA-the mathematical-
programming approach to frontier analysis [J]. Journal of Econometrics,
1990, 46(1-2):7-38.

[157] Aigner D, Lovell C, Schmidt P. Formulation and estimation of stochastic
frontier production function models[J]. Journal of Econometrics, 1977, 6
(1):21-37.

[158] Meeusen W, Van Den Broeck J. Efficiency estimation from cobb-douglas
production functions with composed error [J]. International Economic
Review, 1977, 18(2):435-444.

[159] Battese G E, Coelli T J. Frontier production functions, technical efficiency
and panel data: With application to paddy farmers in India[J]. Journal of
Productivity Analysis, 1992, 3(1-2):153-169.

[160] Blundell R, Bonds S. Initial conditions and moment restrictions in dynamic
panel data models[J]. Journal of Econometrics, 1998, 87(1):115-143.

[161] Blundell R, Bond S. Gmm estimation with persistent panel data: An
application to production functions [J]. Econometric Reviews, 2000, 19
(3):321-340.

[162] Griliches Z, Mairesse J. Production functions: The search for identification
[R]. National Bureau of Economic Research, 1995.